COLLECTION
*prisme*

L'épanouissement de la liberté et de la démocratie passe par la promotion du caractère pluraliste de l'espace public. Lorsque les majorités dialoguent entre elles sans négliger les minorités, quand la voix des générations montantes n'est pas étouffée et que les points de vue dissidents trouvent des espaces pour s'exprimer, les conditions sont réunies pour qu'une société puisse se considérer riche d'un espace public pluraliste. Toutefois, sur ce terrain comme sur d'autres en démocratie libérale, le triomphe définitif est un fol espoir. Rien ne saurait remplacer la pratique renouvelée du pluralisme. Une lucidité, une vigilance de tous les instants demeurent nécessaires.

La collection « Prisme » se définit comme l'un des lieux de cette vigilance dans la société québécoise contemporaine. On y accueillera des perspectives critiques face aux idées dominantes, des approches novatrices dans l'étude des réalités politiques. Des efforts particuliers seront déployés pour promouvoir la relève intellectuelle. On réservera aussi une place de choix dans cette collection à des traductions d'essais importants écrits par des auteurs anglophones du Québec et du Canada. Cette collection aura atteint ses objectifs si elle parvient à surprendre le public éclairé, à le déranger, à lui faire entendre des voix ignorées ou oubliées. Cette collection est dirigée par Guy Laforest.

# Robert Bourassa :
# un bâtisseur tranquille

# Robert Bourassa : un bâtisseur tranquille

Sous la direction de Guy Lachapelle et Robert Comeau
avec la collaboration de Valéry Colas

Les Presses de l'Université Laval
2003

*Les Presses de l'Université Laval reçoivent chaque année du Conseil des Arts du Canada et de la Société de développement des entreprises culturelles du Québec une aide financière pour l'ensemble de leur programme de publication.*

*Nous reconnaissons l'aide financière du gouvernement du Canada par l'entremise de son Programme d'aide au développement de l'industrie de l'édition (PADIÉ) pour nos activités d'édition.*

Mise en pages : Diane Trottier
Maquette de couverture : Chantal Santerre
Photographies du cahier témoignages : Andrew Dobrowolskyj


Dépôt légal 1er trimestre 2003

ISBN 2-7637-7942-5

Distribution de livres Univers
845, rue Marie-Victorin
Saint-Nicolas (Québec)
Canada G7A 3S8
Tél. (418) 831-7474 ou 1 800 859-7474
Téléc. (418) 831-4021
http://www.ulaval.ca/pul

# Table des matières

**Sa vision du politique, sa pratique du pouvoir et son rapport au parti**



**TÉMOIGNAGES – SECTION CENTRALE**



**Sa vision du fédéralisme et de la crise constitutionnelle**

**ANNEXES**

# Préface

C'est avec grand plaisir que l'Université Concordia et l'Université du Québec à Montréal ont décidé de s'associer pour la tenue du colloque sur Robert Bourassa, le 14e de la série sur les leaders du Québec contemporain. Nos deux institutions ont en effet beaucoup en commun : leur jeunesse, leurs programmes novateurs, leur accessibilité et le tissu urbain dans lequel elles évoluent.

Consacré à la vie et à l'œuvre de l'ancien premier ministre, ce colloque a suscité un grand intérêt. Nous n'en avons pas été étonnés, puisque la série des colloques sur les grands leaders, institutions ou événements ayant marqué le Québec a connu à l'UQAM, depuis 13 ans, un même succès. Cette année, le fait que le colloque était organisé pour la première fois conjointement avec l'Université Concordia a suscité énormément d'intérêt, autant dans les milieux académiques que dans le monde politique et journalistique.

Dans un article publié dans le journal *La Presse* et intitulé « Les analphabètes politiques fuient les urnes », le politologue Henry Milner écrivait que la compétence minimale pour être citoyen, c'était d'avoir la capacité de faire des choix politiques. Il établissait une corrélation entre le niveau de connaissance civique et le taux de votation. Il concluait: « Ce sont les citoyens informés qui nourrissent la démocratie. » Voilà justement l'objectif que nous nous sommes fixé pour ces colloques: enrichir le corpus de connaissances sur les personnes et les institutions qui ont façonné le Québec moderne, non seulement pour la communauté universitaire, mais également pour l'ensemble des citoyens.

Diverses enquêtes publiques nous indiquent que la fonction de politicien n'est pas valorisée dans notre société. Mais ce sont des hommes, des femmes qui sont à la barre de l'État et qui déterminent nos modes de vie quotidiens en société. Nous devons donc nous demander : Qui sont nos élus ? Que font-ils ? Comment gèrent-ils le présent et quel avenir nous ménagent-ils ? Nous les voyons tracer, à grands coups de projets et de réformes, les grandes lignes de l'organisation politique et sociale qui marque l'évolution du Québec. Aujourd'hui, cinq ans après le décès de Robert Bourassa, le temps nous semblait mûr pour un bilan des actions de celui qui fut pendant quatre mandats premier ministre et qui a marqué les trois dernières décennies du XXe siècle.

Le présent ouvrage est donc la somme des témoignages d'amis et de collègues qui ont aimablement accepté de livrer publiquement un portrait de l'homme qu'ils ont connu. Il réunit également les interventions de divers observateurs et universitaires qui, au cours des sept séances thématiques du colloque, nous ont entretenus des positions de Robert Bourassa à l'égard de l'économie, des questions autochtones, de la crise d'octobre 1970, ou encore de sa vision du politique et de sa pratique du pouvoir, de même que de l'évolution de ses positions constitutionnelles. Une connaissance plus intime de sa gestion du pouvoir et l'analyse de ses réalisations dans une perspective historique ne peuvent qu'éclairer les citoyens qui sont appelés à participer aux grands débats politiques à venir.

Robert Bourassa a été professeur, d'abord au Québec, puis en Europe et aux États-Unis, notamment à Yale et au Center of Advanced International Studies de l'Université John Hopkins. Comme universitaire, il aimait la réflexion, l'analyse et les débats d'idées. Les nombreux ouvrages qu'il a publiés témoignent de la richesse de sa pensée pour la génération montante. Le thème de ce colloque, « Le bâtisseur tranquille », aurait plu à Robert Bourassa, comme l'ont fait remarquer plusieurs de ses collaborateurs, amis et journalistes. Outre ses réalisations économiques incontestables, nous voulions souligner que c'est sous sa gouverne, avec la loi 22, que le français est devenu la langue officielle du Québec. Son action se voulait un effort pour faire le pont entre la promotion de la langue française et le respect des droits des minorités. Si certains lui reprochent une certaine ambivalence, on peut certainement affirmer qu'il fut associé de près aux communautés linguistiques francophone et anglophone, écoutant et tentant de répondre aux aspirations des deux électorats.

Ce livre arrive à point, non seulement en raison de la variété et de la qualité des interventions lors du colloque mais également parce qu'il s'insère dans un débat d'idées très actuel. Le colloque Robert Bourassa demeurera dans les annales de nos deux universités un moment fort de la série des grandes rencontres du Québec contemporain.

Roch Denis, recteur de l'UQAM
Frederick Lowy, recteur de l'Université Concordia

# Avant-propos

« Pourquoi donc un colloque sur Robert Bourassa, huit ans après sa mort ? » Voila peut-être une question que le lecteur de cet ouvrage aura en tête lorsqu'il entreprendra sa lecture. Nous avons voulu constituer un premier bilan de l'héritage de celui qui gouverna le Québec pendant quatre mandats avec tous ceux qui l'ont côtoyé et qui estiment pouvoir apporter un point de vue original sur sa contribution. Car c'est bien l'objectif des colloques de la série sur « les leaders du Québec contemporain » de réunir des témoins, des acteurs et des analystes de la scène politique pour constituer un bilan de l'action d'un leader politique et de sa contribution à notre histoire nationale. Ce premier ministre qui a dû composer avec des circonstances difficiles qui suscitent toujours autant de débats, entre les gardiens de sa mémoire et ses adversaires politiques.

Pour notre part, nous tenons à rappeler que nous avons toujours voulu permettre l'expression de plusieurs points de vue afin de favoriser ce débat. Ce n'est pas à nous d'évaluer si les personnes qui ont connu l'ancien premier ministre du Québec se sentaient prêtes à partager, tant avec les politologues, les historiens, les sociologues, les journalistes qu'avec le grand public leur évaluation de la contribution de Robert Bourassa au développement de la société québécoise. Nous n'avons exclu personne des débats. Certaines personnes ont choisi volontairement de ne pas accepter notre invitation comme panéliste, d'autres ont choisi de ne pas nous faire parvenir le texte de leur communication. Cet ouvrage regroupe uniquement les textes des participants qui ont accepté de nous rendre une version manuscrite de leur intervention au moment du colloque. Nous n'en avons refusé aucun. Chacun des auteurs conserve évidemment l'entière responsabilité de ses propos. Notre seule intervention a été de structurer l'ensemble des contributions en regroupant les textes de façon à aider le lecteur à mieux cerner les contours de l'homme public que fut Robert Bourassa.

Du point de vue d'un politiste ou d'un historien, il faut distinguer les témoignages de ceux et celles que nous appelons « les gardiens de la mémoire » et les témoignages des « spécialistes de l'analyse ». Pour les premiers, c'est avant tout leur expérience personnelle, l'amitié ou le respect pour le personnage public ou l'ami, et dans certains cas des considérations partisanes qui guident leurs propos. Pour les seconds, ce sont certains schèmes théoriques ou constructions intellectuelles qui sont le ferment de leur analyse. Lorsqu'on se demande pourquoi un personnage politique a posé tel geste ou tel autre, il faut jauger les opinions au creuset de l'expérience de tous et chacun. Conséquemment, le lecteur trouvera dans ce livre des lieux de convergence autant que de divergence quant à l'œuvre politique de Robert Bourassa.

Il ne nous appartenait pas de mettre en valeur certains points de vue plutôt que d'autres. Notre effort fut de faire de ce colloque un lieu d'échanges entre divers acteurs et de contribuer, dans la mesure du possible, au dialogue quant à la contribution de Robert Bourassa au développement économique, politique, social et culturel du Québec. L'exercice n'est jamais facile et sans doute périlleux lorsqu'il s'agit d'un personnage politique dont le souvenir demeure toujours vivant dans la mémoire de plusieurs.

Un dernier mot. Ce livre n'a certes pas la prétention de clore les débats et les analyses sur Robert Bourassa. Il se veut, comme d'ailleurs tous les autres de la série, un outil permettant d'approfondir certains aspects de l'histoire politique du Québec sous la gouverne de Robert Bourassa. Pour favoriser la poursuite des analyses, nous offrons aux lecteurs – sur le site Internet du colloque www.uqam.ca/Robert_Bourassa dans la section Documents – une bibliographie exhaustive des publications de Robert Bourassa et des travaux sur ce personnage.

*Guy Lachapelle et Robert Comeau*

# 1

# Portraits d'un leader politique : Robert Bourassa

# Équilibriste et magnanime

Gilles Lesage

« Certes, c'est un sujet merveilleusement vain, divers et ondoyant que l'homme. »

-Montaigne

Qu'est-ce qui n'a pas été dit ou écrit sur Robert Bourassa ? À tout le moins en images ou en comparaisons, tellement il semble difficile à cerner. Qui est-il donc ?

Le petit Robert, par rapport à l'autre – pas le dico, mais Henri, le grand. Houdini, le magicien. Rocky. Le sphinx ou Pinocchio. Le roseau qui plie mais ne rompt point. Le pretzel ou le gérant de caisse pop (version Jean-V. Dufresne). *The Yellow Submarine.* Le funambule. Le fildeferiste. La marionnette. L'escrimeur qui évite les coups. Le yogi, au-dessus ou hors de la mêlée. Le nageur... en eaux troubles. Un félin, un chat à sept vies qui retombe toujours sur ses pattes. Le renard, le lièvre, l'anguille, fuyante, insaisissable. Ou le crabe, qui avance et recule en même temps, de travers...

Ou Hamlet, dont Jouvet disait : « Hamlet est un personnage parfaitement humain, parce que complexe. » Ou le sage, pour qui *in medio stat virtus*, philosophie héritée de ses maîtres casuistes, les jésuites. Second Godbout (dixit Lucien Bouchard) ou Mackenzie King ressuscité. Le mangeur de hot-dogs (version Trudeau) ou l'amateur de gros steaks des petits restos de la Grande Allée. Sans oublier la « belle-mère », selon le mot cruel de Claude Ryan, qui n'en voulait pas dans son équipe libérale d'avril 1981.

Quelle tête de Turc ! J'en passe et des pires, en laissant la paternité à leurs auteurs justiciers.

## SÉRIEUX ET ASSIDU

Bourassa a 26 ans quand Jean Lesage et son « équipe du tonnerre » prennent le pouvoir, en juin 1960. Trop jeune pour en être, il fait ses classes avec sérieux et assiduité. Au collège Brébeuf, déjà, il aimait dire ou se laisser dire qu'il serait un jour premier ministre. À l'Université de Montréal, il fait partie de la première vague de la FLQ (Fédération libérale du Québec, devenue par la suite le Parti libéral du Québec). Avocat, spécialisé en économie et en finances publiques, le militant discret savoure déjà son premier slogan : jeune et brillant avocat économiste. Associé à la famille Simard, par sa femme, il enseigne et fait de la recherche, se préparant fébrilement à se mettre au service de ses deux modèles : Jean Lesage et René Lévesque.

Ça ne se passe pas comme il le voulait. En juin 1966, pour rester fidèle à son quartier d'origine – l'est de Montréal –, c'est dans Mercier qu'il est candidat et élu député du PLQ. Il espère ainsi, pendant quatre ans, poursuivre paisiblement son apprentissage à l'Assemblée, bientôt dite nationale (1968). Les libéraux récoltent plus de suffrages, mais Daniel Johnson rafle plus de comtés. Bourassa se retrouve donc dans l'opposition, une opposition mutilée et affaiblie, qui se déchire à qui mieux mieux.

Il louvoie avec Lévesque et sa « nouvelle union canadienne » ; mais il rentre au bercail quand il est question de souveraineté-association. Dauphin de Lesage et de l'establishment libéral, il navigue entre Pierre Laporte et Claude Wagner, évite les querelles partisanes et même le douloureux débat sur le « bill 63 » sur la langue, fréquente tous les clubs sociaux du Québec et multiplie les aménités envers la presse.

Chef de parti et premier ministre à 36 ans, à la fin d'avril 1970, il fait face dès l'automne 1970 à deux importantes secousses, inédites : la crise d'Octobre, avec les mesures de guerre, l'exécution du ministre Laporte et la rébellion des médecins spécialistes contre l'assurance maladie. Face à Trudeau et Drapeau d'une part, puis face au puissant lobby médical de l'autre, le timide gringalet semble faible et timoré. Il passe pourtant à travers la double tourmente, sauvegardant son cabinet d'un fantomatique gouvernement parallèle proposé par Claude Ryan, alors directeur du *Devoir*, instaurant par ailleurs (avec Claude Castonguay) l'assurance maladie que les Québécois attendent depuis une décennie.

## LA BAIE-JAMES

Élu facilement pour créer des « jobs », selon le portrait-robot idéal mis au point par Paul Desrochers et les bonzes libéraux, Bourassa doit être remis en selle. Ce sera le coup fumant de la Baie-James, proclamé avec tambours et trompettes au premier anniversaire de son élection. Juché dans la pénombre du Colisée de Québec, il ressemblait à une marionnette, mais l'intuition était géniale.

Aux péquistes qui misaient alors sur l'énergie nucléaire, Bourassa oppose l'énergie hydraulique et mise tout sur Hydro-Québec. Au fond, avec délectation, il poursuit l'œil grandiose de René Lévesque, qui lui donnera vite raison et reprendra le relais en 1976. Tant et si bien que, lors de la mise en œuvre des gigantesques travaux, en 1979, c'est l'invité de la dernière heure – Bourassa – qui volera le show à son successeur, à LG-2. Et, de Lévesque à Bernard Landry, en passant par Bouchard, le défi de l'énergie du Nord sera à l'avant-plan. Jusqu'à la si bien nommée « paix des braves ».

Une crise n'attend pas l'autre. Bourassa est aussi aux prises, dès 1971, avec les visées impérialistes et centralisatrices de Trudeau. Le jeune expert financier abhorre les arguties constitutionnelles. Il traîne pourtant cet énorme boulet, de Victoria à Meech et Charlottetown, jusqu'à la fin de son dernier mandat, s'égarant dans les labyrinthes des revendications dites traditionnelles et les conditions minimales du Québec, le rapport Allaire, le droit de veto et de retrait, les fronts communs illusoires et l'inéluctable solitude du Québec, à 2, à 10 ou à 17...

Un autre front commun le met à l'épreuve au printemps 1972 : celui des centrales syndicales qui, à l'instigation de quelques marxistes-léninistes, veulent casser le régime capitaliste. Les présidents Marcel Pepin, Louis Laberge et Yvon Charbonneau, arrêtés et emprisonnés pour désobéissance civile, deviennent des héros, des martyrs populaires.

Ce qui n'empêchera pas Bourassa, qui a fait le dur à cuire malgré lui et au grand dam de quelques ministres (surtout Claude Castonguay et Jean-Paul L'Allier), de rafler 102 des 110 sièges du Parlement à l'élection d'octobre 1973.

D'importantes mesures sociales sont mises en place : abolition des comtés protégés, aide juridique, Cour des petites créances, Union des producteurs agricoles, Charte et Commission des droits de la personne, loi 22 faisant du français la langue officielle, tel que recommandé par la commission Gendron.

Mais trop fort casse. Saccage syndical à la Baie-James et commission d'enquête Cliche (avec Brian Mulroney, Lucien Bouchard, Guy Chevrette), explosion des coûts des Jeux olympiques de 1976 à Montréal, Commission d'enquête sur le crime organisé (CECO), allégations de favoritisme, de népotisme et de gabegie, qui ne touchent toutefois pas directement le premier ministre.

## L'EXIL EUROPÉEN

Éclaboussé, Bourassa pense néanmoins tirer profit de la zizanie qui divise les péquistes et leur chef, René Lévesque, en déclenchant des élections anticipées, en novembre 1976. Pari perdu. Il perd le pouvoir et son comté, au profit du journaliste Gérald Godin. Homme de pouvoir, il recule pour mieux revenir. Il s'exile en Europe pour étudier l'émergence d'institutions fédératives pouvant servir de modèle au Canada. Détour par les États-Unis pour des conférences, puis par Québec pour un cours en science politique. De nouveau le circuit des clubs sociaux et des associations libérales qui, le comparant à Claude Ryan, s'ennuient de sa bonhomie.

Le référendum de 1980 le remet en selle, à ferrailler avec Jacques Parizeau et autres Pierre Bourgault. Dans l'ombre, le phénix a le triomphe modeste.

Avril 1981. Lévesque est réélu et abandonne le droit de veto. La greffe Ryan ne prend pas. Trudeau et ses acolytes, Jean Chrétien et autres André Ouellet, ne veulent pas de Bourassa. Il s'impose pourtant, facilement, contre Daniel Johnson et Pierre Paradis. Condamné puis réhabilité, son honneur est vengé, à moitié.

Il ne le sera tout à fait qu'à son retour au gouvernement, en décembre 1985, pour huit années tumultueuses. Il y eut entre autres la bataille du libre-échange, avec Mulroney, et contre les libéraux de Jean Chrétien (qui s'accommodera fort bien de l'ALENA, de retour au pouvoir...).

Mais, en dépit de ses compromis et des efforts de son ami Mulroney, le Québec ne peut réintégrer le giron constitutionnel canadien. Il en prendra acte solennellement en juin 1990 lorsque l'Accord du lac Meech devient caduc. La commission Bélanger-Campeau prônera des pistes de solution, mais Bourassa restera fidèle à ses racines et allégeances libérales (« Le Canada est notre premier choix »), misant malgré tout sur le fédéralisme rentable, la souveraineté culturelle, la société distincte du Québec et la Francophonie en gestation, depuis Niamey (1969) et le premier Sommet à Paris en 1986.

En même temps qu'à l'échec de Meech, Bourassa fait face à une crise autochtone, à ce qu'on a appelé le long « été indien », en 1990. Cette fois, jouant à fond « la force de l'expérience », celle-ci lui permet d'éviter le pire. Un policier meurt. Mais le bain de sang est évité. Avec patience et longueur de temps, l'affrontement se dénoue.

Fin 1993, à l'aube de la soixantaine, Bourassa quitte en douceur, sans pétarade. Mais sa santé est minée par le cancer depuis trois ans. Une autre vie après la politique, sa passion ? Si peu, si courte.

## CONCILIANT, MAGNANIME

Modeste, conciliant jusqu'à rechercher la quadrature du cercle, Bourassa n'avait pas l'air d'être au pouvoir. Il se contentait de l'exercer, rythmant à la fois le chaud et le froid, au gré de l'humeur changeante des Québécois, des sondages et de ses incessants appels téléphoniques. Il était comme porté par « l'ambivalence de l'histoire » (Jacques Maritain) et par « l'incontournable épaisseur de la réalité » (François Mitterrand).

« La magnanimité, a écrit La Rochefoucauld, est un noble effort de l'orgueil, par lequel il rend l'homme maître de lui-même. »

Bienveillant, incapable de mesquinerie, maître de lui-même, Bourassa était magnanime.

## SURPRENANT, N'EST-CE PAS ?

C'est le politologue Gérard Bergeron qui relève chez Bourassa cet attribut éminent. « Cet homme a au moins une qualité exceptionnelle, l'incapacité d'être mesquin ou vindicatif en toutes circonstances », écrit-il dans *Notre miroir à deux faces, Trudeau–Lévesque* (publié par Québec Amérique au début de 1985, alors que Bourassa était en train de compléter son étonnant retour en grâce politique). « Il se distingue ainsi des autres héros de ce livre qui cèdent parfois à des petitesses d'autodéfense. À ce titre, il mériterait de figurer en tête d'un tableau d'honneur. Comme il a décidé, une fois pour toutes, que la politique ne le meurtrirait jamais, il n'éprouve même pas l'instinct d'égratigner en léchant ses plaies. »

Une autre qualité marquante de l'individu Bourassa, « c'est certes ce qu'en euphémisme on pourrait appeler, positivement, sa constance ou, négativement, son obstination, ajoute Bergeron. De fait, l'allure filiforme d'un Pinocchio à lunettes est portée par une volonté d'acier trempé, animant la vie unidimensionnelle du « professionnel » politique qu'est Robert Bourassa. Il n'y a pas d'autre clé du personnage que la force précoce, et devenant invincible, de celui qui ne veut qu'une chose, mais toujours la même, intensément et tout le temps ! »

## FIDÈLE À LUI-MÊME

Quoi qu'on en dise, il me semble qu'au cours des dix dernières années de sa vie politique Bourassa est resté fidèle à lui-même et aux convictions qui l'animaient durant les vingt premières années. Ambivalent certes, mais non ambigu quant à l'essentiel, cet « étudiant besogneux qui a sauté trop de repas » (Jean-Marc Poliquin), cet « air d'une girafe élevée au Biafra », ce maigre roseau a continué de plier, mais sans rompre. Au grand dam des zélotes qui, oubliant son choix fondamental et jamais renié de septembre 1967 – restant fidèle à Jean Lesage plutôt que de suivre René Lévesque –, auraient voulu qu'il se transforme en chevalier de l'indépendance, à tout le moins en souverainiste-associationniste, avec ou sans trait d'union...

Ondoyant comme toujours, tentant de se faire tout à tous, tour à tour, maniant l'oxymoron et le louvoiement à loisir, maître en formules-chocs et en slogans durables, Robert Bourassa a néanmoins, et surtout, sauvegardé l'essentiel. Il n'a nullement démérité de sa patrie, le Québec, et de son pays, le Canada, aurait pu dire de lui Léon Dion. Le thème du colloque qui lui est consacré, « Bâtisseur tranquille », lui aurait fait plaisir. Et sur sa pierre tombale, on aurait aussi pu inscrire : Robert Bourassa, équilibriste... magnanime.

# « Il ne voulait jamais que la partie se termine »

Michel David

Je n'ai pas connu le Robert Bourassa première manière. En revanche, je l'ai couvert d'une façon presque obsessionnelle à titre de journaliste entre 1983 et 1993. À l'époque, les gens qui suivaient la politique d'un peu plus loin me disaient souvent, sur un ton qui se voulait plein de sympathie : « Mon Dieu, que ça doit être plate ! » Ils étaient toujours surpris de m'entendre dire que M. Bourassa était un des hommes les plus amusants que j'ai rencontré, alors qu'ils le tenaient, eux, pour la quintessence de l'ennui. Personnellement, j'ai eu un très grand plaisir à le côtoyer, à essayer de le prendre en défaut, bref à jouer avec lui. Je suis convaincu de parler au nom de la très grande majorité des membres de la Tribune de la presse, à Québec, en disant que nous avons beaucoup regretté son départ. Quand il a fait ses adieux à l'Assemblée nationale, en décembre 1993, j'ai commencé ma chronique dans *Le Soleil* par les mots suivants : « Maintenant qu'il est parti, je peux bien le dire : j'aimais bien Robert Bourassa. » Je pense qu'il le savait, mais je tenais quand même à lui dire.

Notre première rencontre m'avait pourtant laissé une impression assez mitigée. C'était au début de sa campagne de leadership, en 1983. Ce jour-là, il dévoilait un volet de son programme – le volet technologique, je crois à l'UQAM. Comme j'étais affecté à la couverture de toute sa campagne, je suis allé me présenter après la conférence de presse. Il m'a accueilli en me disant le plus sérieusement du monde : « Justement, je lisais, hier, une lettre que votre père m'a écrite. » Hier ! Mon père avait été son professeur à Brébeuf, mais j'ai trouvé la coïncidence un peu forte. Manifestement, ce gars-là me prenait pour un nono. J'ai sauté sur le premier téléphone pour demander à mon père : « As-tu écrit à Bourassa, dernièrement ? » Bien entendu, il n'en avait rien fait. J'ai cru comprendre que la lettre en question était plutôt une vieille composition française, que M. Bourassa avait ressortie en prévision de l'émission *Avis de recherche*, à laquelle il devait participer. Je me suis dit que j'avais affaire à un dangereux manipulateur et qu'à l'avenir je devais prendre tout ce qu'il dirait avec un grain de sel.

Au cours de la campagne de 1985, j'ai aussi compris qu'il fallait apprendre à le décoder. Dans ses discours, les candidats appelés à jouer un « rôle important » après l'élection étaient en fait destinés à rester sur les banquettes arrière. C'est seulement quand il parlait d'un « rôle clé », qu'on avait affaire à quelqu'un de ministrable. Il y avait toujours beaucoup plus de sous-entendus que d'affirmations claires dans ses propos et il donnait souvent un sens assez personnel aux mots. Le tableau classique, à la fin d'une conférence de presse de M. Bourassa, était celui d'un groupe de journalistes perplexes, qui mettaient leurs lumières en commun pour essayer de comprendre ce qu'il avait dit au juste. Il se plaignait continuellement d'être mal interprété, mais il y avait toujours trois ou quatre interprétations possibles. Heureusement, il lui arrivait à l'occasion d'échapper un savoureux lapsus qui semblait trahir sa pensée. Je me souviens, par exemple l'avoir entendu dire qu'il fallait attendre que la commission sur les questions afférentes à la souveraineté ait, non pas examiné, mais « compliqué » les choses. Pour ça, on pouvait toujours compter sur lui.

Une fois n'étant pas coutume, je me souviens l'avoir entendu déclarer très clairement et plus d'une fois, au cours de la campagne de 1985, qu'il était catégoriquement opposé au libre-échange avec les États-Unis, dans lequel il disait voir un prélude à l'annexion. Dans un article, j'avais résumé son argumentation en parlant de sa « théorie des dominos ». Il m'en avait d'ailleurs félicité dans un de ses discours. Vous comprendrez mon désarroi, quand il s'est transformé en ardent partisan du libre-échange. Au cours d'une entrevue, durant la campagne fédérale de 1988, il avait réfuté l'un après l'autre les arguments de John Turner, qui étaient exactement les mêmes que ceux qu'il avançait lui-même, trois ans plus tôt. Quand je lui ai reparlé, quelques années plus tard, il ne semblait même plus se souvenir de ce virage. Ou alors, a-t-il suggéré avec un sourire, il s'agissait sûrement d'un opposition circonstancielle. J'en ai tiré la conclusion qu'il ne fallait jamais sous-estimer la souplesse de ce qu'il appelait sa dialectique. Remarquez, Brian Mulroney aussi était contre le libre-échange avant de devenir chef du Parti conservateur.

M. Bourassa s'était évidemment rendu compte de mon scepticisme à son égard. Parfois, il s'en agaçait, mais il s'en amusait aussi. D'airs entendus en fausses confidences, il avait même fini par me faire douter de sa réelle volonté de faire adopter l'Accord du lac Meech. Une fois, au cours d'un souper dans un restaurant de Québec, en juillet 1989, je lui ai dit: « Excusez-moi, mais je ne vous suis plus très bien. Voulez-vous que ça marche ou non ? » Il a éclaté de rire et refusé de répondre. Tout ce qu'il m'a dit, c'est: « Si ça marche, regarde-moi bien aller. » C'est seulement au cours de la semaine marathon du début de juin 1990, à Ottawa, que j'ai été définitivement convaincu qu'il y tenait vraiment. Par la suite, je me suis souvent demandé ce qu'il aurait fait de différent, s'il était demeuré en santé.

On a beaucoup insisté – et avec raison – sur la modestie et la simplicité de M. Bourassa. Il n'y avait aucun snobisme chez lui. Bien sûr, les journalistes n'étaient pas dupes de sa familiarité, mais ils étaient même flattés qu'il les traite comme des vieux *chums.* Lors des soupers auxquels il nous conviait à l'occasion d'un voyage à l'étranger ou à la fin d'une campagne électorale, ou quand nous l'invitions nous-mêmes, il pouvait très bien piquer une fourchette dans l'assiette de son voisin pour goûter un mets qui le tentait. Des sept premiers ministres que j'ai eu l'occasion de couvrir, il a été de loin le plus accessible et le plus patient avec la presse, même si sa gentillesse nous amenait parfois à exagérer, parce qu'il n'intimidait pas, comme pouvaient le faire Jacques Parizeau ou Lucien Bouchard. Au contraire, plus il se fâchait, plus on trouvait ça drôle.

Si modeste qu'il était, il y avait pourtant une forme de vanité chez lui. Rien ne lui faisait plus plaisir que de voir reconnue son habileté politique. Une fois, le magazine britannique *The Economist* – son préféré – l'avait qualifié de politicien le plus habile du Canada. Ça lui avait fait un plaisir immense. Il m'a demandé, le plus nonchalamment possible, si je l'avais lu. Vous pensez bien que son attachée de presse s'était assurée qu'une photocopie de l'article en question atterrisse sur mon bureau. En public, M. Bourassa semblait imperméable à l'injure. Elle coulait sur lui comme sur le dos d'un canard. La seule fois où il m'a semblé réellement insulté, c'est quand Jacques Brassard l'a accusé, à l'Assemblée nationale, de s'être conduit en amateur dans les tractations qui ont lieu entre Meech et Charlottetown. Qu'on dise qu'il était un fourbe ou qu'il s'écrasait devant Ottawa, ça ne le dérangeait pas. Mais se faire traiter d'amateur, il ne le prenait pas.

D'ailleurs, il tenait à ce qu'on sache qu'il n'était pas dupe de ce qu'on disait de lui. Il a fait une chose assez surprenante à l'issue du congrès spécial qui avait rejeté le rapport Allaire et entériné l'Accord de Charlottetown, en août 1992. Ce soir-là, il a « coulé » au *Soleil* un sondage interne du PLQ, qui indiquait que les francophones préféraient majoritairement l'indépendance pure à l'entente de Charlottetown. C'est comme s'il avait voulu nous prévenir dès le départ qu'il ne se faisait aucune illusion sur ce qui allait survenir au cours des semaines suivantes.

Manifestement, il trouvait cette entente mauvaise. C'était l'affaire de Mulroney. Il avait le plus grand mal à conserver son sérieux quand il parlait des six droits de vote et des 31 gains. Quand la campagne du OUI a dérapé complètement, avec l'affaire Wilhelmy, il a carrément pris le parti d'en rire. On le voyait arriver chaque matin, tout souriant : « L'eau monte, disait-il, l'eau monte. » Avec un petit geste pour montrer qu'il en avait jusqu'au cou. Je n'ai rencontré aucun autre homme politique qui avait sa capacité d'autodérision. Remarquez, il était aussi capable de rire des autres. Dans des conversations *off the record*, il se moquait volontiers des travers de ses adversaires, bien sûr, mais aussi de ses ministres ou des chefs d'État qu'il rencontrait. Il lui arrivait même d'orchestrer la fuite d'un document ou d'un sondage qui mettait un de ses ministres dans l'embarras. Pas trop, mais un peu. Ça l'amusait beaucoup.

Ça prenait évidemment un minimum de cynisme pour apprécier son humour. Avant de partir, il avait convié la presse à un cocktail d'adieu au bunker. Au beau milieu de la réception, il a enlevé son veston, s'est assis à son bureau et a commencé à signer une grosse pile de nominations. À un moment donné, il a levé des yeux pétillants de malice et il a demandé : « Mulroney en a signé combien déjà ? »

Les entrevues avec lui était un véritable délice, en même temps qu'un sérieux défi. Je me souviens qu'au *Soleil* nous les préparions avec le plus grand soin. C'était généralement des dîners-entrevues ou, mieux encore, des soupers-entrevues qui pouvaient durer des heures. Je pense qu'il prenait, lui aussi, un certain plaisir à ces rencontres. En autant qu'elles ne soient pas ennuyeuses. Il n'aimait pas les questions trop simplistes. Je me souviens d'une fois où j'ai essayé de façon un peu trop évidente de l'amener à dire du mal de Jean Chrétien. Il m'avait regardé d'un œil désapprobateur, en disant : « Michel, vous savez très bien que vous perdez votre temps. » C'était comme si je l'avais déçu. À la fin de l'entrevue, il avait l'habitude de conclure, le sourire en coin : « Je ne vous ai pas donné grand-chose, hein ? » Je me plais à croire qu'il a parfois été surpris en ouvrant son journal.

Vers la fin de la campagne sur l'Accord de Charlottetown, un auditeur se présentant comme un voisin d'enfance de M. Bourassa – un dénommé Riendeau – a appelé à l'émission de radio *Le midi 15* pour raconter que son ami Robert et lui passaient des heures à jouer au Monopoly. « Il ne voulait jamais que la partie se termine. Il voulait seulement continuer à jouer », disait-il. J'ai demandé à M. Bourassa s'il s'en souvenait. Bien sûr, il s'en souvenait. Au cours de ce colloque, on va discuter longuement de ce que M. Bourassa a fait et aussi, j'imagine, de ce qu'il n'a pas fait. Mais le Bourassa que j'ai connu, c'est surtout celui que décrivait son ami Riendeau, le joueur qui ne se fatiguait jamais.

# Un bâtisseur trop tranquille ?

Michel Vastel

Robert Bourassa a toujours été une cible facile pour les pamphlétaires et les caricaturistes. On pourrait même dire qu'ils ont abusé et que la victime s'est montrée trop consentante. M. Bourassa a surtout commis l'erreur de la plupart des politiciens du Québec : se laisser attaquer, souvent de façon vicieuse, par les politiciens et les gens d'influence du Canada anglais. À travers lui, c'est tout le Québec qui en fut ainsi affaibli. On peut presque parler, dans le cas de Robert Bourassa, de soumission coupable. Le thème de ce colloque : « Robert Bourassa : un bâtisseur tranquille » est approprié. J'y aurais peut-être ajouté un mot : « trop ». Bourassa était un chef de gouvernement « trop tranquille ». C'en était souvent agaçant ! Qu'on y pense : cet homme-là a fait face à un nombre incroyable de crises : terrorisme, enlèvement et assassinat politique en 1970, affrontement avec les chefs syndicaux en 1973, les Jeux olympiques en 1975-1976… et les Américains nous prenaient malgré tout pour *the Texas of the North* ! Puis, dans le deuxième mandat, la crise constitutionnelle en 1988-1990, l'insurrection d'une bande de Mohawks. Et la maladie !

Incidemment, je trouve qu'on a un peu occulté les réalisations sociales de Bourassa. Lors de son allocution, Raymond Garneau racontait comment, dans un discours du budget, Robert Bourassa avait voulu qu'on ajoute une profession de foi en faveur de la sociale démocratie. C'est Bourassa qui avait raison. On n'a pas assez parlé de Bourassa le social-démocrate alors qu'on lui doit tout de même des soins dentaires gratuits aux enfants, des médicaments gratuits aux personnes âgées, l'aide juridique aux personnes dans le besoin. C'est encore lui qui a permis le syndicalisme agricole et créé l'assurance récolte. Et l'Université du Québec a ouvert des constituantes dans tous les coins de la province… Et il a fait du français la langue officielle du Québec.

Une chose était frappante à la première séance de ce colloque : ceux qui avaient connu Bourassa I entre 1966 et 1976, Paul-Gérin-Lajoie et Raymond Garneau en particulier, ne parlaient pas le même langage que ceux, Mario Bertrand et Michel David par exemple, qui ont fréquenté Bourassa II entre 1985 et 1995. Y aurait-il eu deux Robert Bourassa ? J'ai eu la chance de connaître Robert Bourassa de l'intérieur en 1971-1973. D'assez près pour comprendre comment il fonctionnait. Puis je l'ai retrouvé, de l'extérieur cette fois, après 1985. C'est surtout de la deuxième période que je veux parler pour mettre en évidence le fait que Bourassa a fait face à deux régimes très différents au Canada.

De 1966 à 1976, et surtout après le 29 avril 1970, quand il devient, à 36 ans, « le plus jeune premier ministre de l'histoire du Québec », Pierre Elliott Trudeau est en poste à Ottawa. On n'en parle pas beaucoup de nos jours, comme si un premier ministre du Québec, le Québec en fait, pouvait exister par lui-même. Les réactions à l'incident du « mangeur de hot-dogs » – exagéré j'en conviens – sont révélatrices. Imaginez que Jean Chrétien se rende à Québec et traite Bernard Landry, l'actuel premier ministre du Québec, de « mangeur de binnes ». Pensez-vous que cela ne provoquerait pas quelques remous ? C'est pourtant ce qui est arrivé à Robert Bourassa. L'homme haussa les épaules et le peuple ricana...

De 1985 à 1994, après un retour surprenant, autant que spectaculaire, c'est Brian Mulroney qui mène à Ottawa. De cela non plus on n'en parle pas beaucoup. Du mépris qui dominait souvent les rapports entre Trudeau et Bourassa, on passa à la condescendance. Brian Mulroney voulait certes régler la question du Québec, « dans l'honneur et l'enthousiasme » dit-on, mais c'était autant pour satisfaire son aile nationaliste que pour accommoder Bourassa. Et celui-ci y voyait l'occasion de neutraliser le mouvement souverainiste « jusqu'à l'an 2000, peut-être... »

L'opération constitutionnelle de 1987-1990, c'était l'œuvre de deux stratèges politiques. Plus encore que le combat de deux visionnaires. C'est à cette époque que j'ai découvert « l'ignorance » de Robert Bourassa. On se rappelle peut-être les fables qui couraient sur la complicité entre David Peterson, Robert Bourassa et Brian Mulroney. « Robert, Brian and I. » Pourtant, c'est Peterson qui, le premier, a mené la vie dure à Robert Bourassa, dans cette fameuse « nuit du Langevin ». C'est de là qu'est partie l'opposition la plus sérieuse. Avant même que l'Accord ne soit signé. Dès 1988, « nous à Ottawa », nous voyions bien que cela n'allait nulle part. McKenna avait pris le pouvoir. Clyde Wells était en campagne. Et Marc Lalonde avait prévenu que Trudeau se servirait des provinces pour faire échec à l'opération. Lui, il connaissait les ressources de cette formule d'amendement qu'il avait fait adopter en 1981 ! Qu'a fait Robert Bourassa ? Pendant toute cette période, et surtout après l'adoption de la loi 178, je lui disais qu'il courait à l'échec. Il s'écrivait et se disait des horreurs sur son dos. Je lui demandais pourquoi il ne réagissait pas : « Ils comprendront », me disait-il. Bourassa a-t-il sous-estimé le Canada anglais ? L'a-t-il ignoré ? Ou a-t-il eu peur ? Toujours est-il qu'un accord qu'on disait historique, que bien des gens regrettent aujourd'hui, a été rejeté par un *pyschopathe* de Terre-Neuve et un *autochtone frustré* qui se défoulait sur le dos du Québec. L'Histoire jugera.

La réalité, cruelle, est que tout le monde a laissé tomber Bourassa, comme en 1976, les uns et les autres, d'Ottawa, l'ont poussé dans sa chute. L'an 2000 est passé et – Jean Chrétien semble avoir raison – le Québec vit « dans un relative stabilité », comme le voulait Robert Bourassa. Alors, a-t-il perdu son temps ? Oui ou non ?

Je pense qu'on pourrait reprocher à Robert Bourassa de n'avoir point compris qu'au-delà de sa personne, c'est le Québec qui était attaqué. Je lui ai souvent reproché de ne pas aller au Canada anglais s'expliquer, sinon se défendre. C'est d'ailleurs quelque chose de particulier à tous les premiers ministres du Québec depuis Jean Lesage. L'âge d'or des relations entre Maurice Duplessis et Leslie Forest, premier ministre de l'Ontario, a fait place à une sorte d'isolement du Québec. Qu'on se souvienne de Daniel Johnson, le père, en 1968, de René Lévesque en 1981, de Robert Bourassa en 1990, de Lucien Bouchard en 1995 (à propos de l'Union sociale), et sans doute de Bernard Landry dans la bataille sur le déséquilibre fiscal, les résultats sont pitoyables. On verra si Jean Charest, comme il le prétend, fera mieux !

En résumé, Robert Bourassa fut un peu l'artisan de son propre malheur. Cependant, depuis son départ, aucun premier ministre – il y en a eu tout de même quatre (Daniel Johnson fils, Jacques Parizeau, Lucien Bouchard et Bernard Landry) –, aucun n'a eu le temps ou la volonté d'en faire davantage. Alors, pourquoi l'Histoire hésite-t-elle encore à le réhabiliter ? « Les chefs du gouvernement québécois ont toujours eu à combattre, beaucoup plus que les autres chefs de gouvernement du Canada… (cinq millions contre deux cent cinquante, nous sommes nés pour nous battre », disait Robert Bourassa).

Hélas, cet homme n'était pas un « battant ». Il agaçait ses collègues, ses conseillers, les commentateurs, ses adversaires même, par sa manière de fuir l'affrontement ou de subir les revers. « Il épuisait l'adversaire plutôt que de lui dire non ! », raconte Raymond Garneau. Jamais knock-out, toujours capable, quoique souvent ébranlé, de se rendre au dernier round, il lui arrivait de gagner aux points. Mais Robert Bourassa craignait la victoire autant que l'échec. C'est pour cela par exemple qu'en 1990 il n'a pas voulu déclencher un référendum sur la souveraineté, ni envoyer l'armée contre les hors-la-loi de Kanawake.

« Le lendemain, on fait quoi ? », demandait-il toujours à ceux qui voulaient le voir envoyer l'adversaire au tapis. Le lendemain, on dit quoi ?

# Le « style » social-démocrate

Lysiane Gagnon

Normalement, il faudrait insister davantage sur la deuxième partie du thème, soit sur la pratique du pouvoir, car je crois que l'on peut passer rapidement sur la vision politique de Bourassa. Non pas qu'il n'en ait pas eu une. Simplement, elle ne coïncidait pas avec l'air de son époque, époque où les politiciens devaient obligatoirement se définir par rapport à l'équation fédéralisme-souverainisme.

Bourassa voulait créer des emplois. Sa vision politique tenait en un mot : prospérité. S'il rêvait d'aménager les rivières du Grand Nord, ce n'était pas du tout par romantisme, ni sous l'effet de quelque mystique nordique ou nationaliste, c'était purement et simplement au nom du développement économique.

En fait, je me suis souvent dit que Bourassa est arrivé au pouvoir au mauvais moment. Il lui aurait été plus facile de gouverner au début du XXIe siècle, alors qu'on se rebelle contre les idéologies trop rigides, et que l'on a tendance à éviter les visionnaires au profit d'honnêtes gérants de la chose publique. Hélas pour lui, Bourassa s'est retrouvé à la tête d'une société où les idéologies accaparaient l'âme et l'esprit des élites.

Ses deux premiers mandats ont été marqués par des affrontements constants, souvent violents, avec les minorités actives de la mouvance socialiste et indépendantiste. Les idéologies, alors, étaient d'autant plus intenses qu'elles venaient en quelque sorte combler l'immense vide laissé par l'effondrement de l'Église.

Durant ses deux derniers mandats, Bourassa s'est trouvé obligé de composer avec une autre sorte de société. Les idéologies de gauche s'étaient dissipées, et le mouvement souverainiste, en se répandant à travers la société, avait perdu en profondeur mais gagné en largeur.

L'indépendance n'était plus un projet subversif et ne déclenchait plus les mêmes passions que durant les années 1970. L'idée s'était en quelque sorte « banalisée », était presque devenue une idée reçue – une idée que l'on ne voulait pas mener à terme, c'était bien évident au référendum de 1980 et à travers les multiples sondages qui ont suivi, mais une idée qui était devenue *politically correct* et que l'on ne pouvait contester facilement.

À quoi il faudrait ajouter le désarroi des « fédéralistes mous » qui se sentaient coupables d'avoir voté Non, et qui s'étaient empressés, après leur victoire, d'inventer le scénario selon lequel Trudeau aurait promis de réformer le fédéralisme si les Québécois votaient Non. C'est un scénario sans fondement (il faut, pour s'en convaincre, relire le verbatim du discours de Trudeau au Centre Paul-Sauvé), mais enfin telle fut la construction idéologique, probablement motivée par le désir de panser les plaies qui s'étaient ouvertes dans les familles et les milieux de travail.

De tout cela découla une situation à travers laquelle Robert Bourassa, l'homme qui détestait les conflits et craignait comme la peste tout ce qui ressemblait à une manifestation publique, pratiqua, sur les vagues houleuses d'un Québec qui ne lui ressemblait pas, un « surf » qui ferait mourir d'envie les blonds athlètes de la Californie.

Je ne veux pas dire ici que Bourassa n'était pas nationaliste. Il l'était, instinctivement – de manière plus isolationniste, pourrait-on dire, que les leaders indépendantistes de l'époque.

Il ne parlait pas très bien anglais – durant toutes ces années passées à parler de « développement (économique) », Bourassa n'a jamais réussi à maîtriser l'accent tonique du mot anglais. Il était mal à l'aise dès qu'il sortait du Québec. À Bruxelles, où il aurait pu s'intéresser à autre chose, il ne pensait qu'à la façon d'accommoder le modèle européen à la sauce canado-québécoise. Quand il s'aventurait au Canada anglais, il restait en retrait, avec sa bande de conseillers québécois et sa bande de chroniqueurs parlementaires québécois. C'était très frappant durant les négociations de Meech et de Charlottetown.

On ne lui connaissait guère d'amis, ni de complices, au Canada anglais, alors que René Lévesque, le souverainiste, en avait des dizaines. Je suis convaincue que, si Mulroney ne lui avait pas tendu la main, et ne l'avait pas porté à bout de bras pendant plus de trois ans, jamais Bourassa ne se serait engagé dans l'aventure de Meech. Les termes de l'accord correspondaient à la plate-forme libérale, mais Bourassa n'aurait eu ni les moyens, ni la capacité, ni même le désir, de « vendre » cela au reste du Canada.

Il ne ressentait manifestement aucun attachement émotionnel au Canada, qu'il avait coutume, comme pour bien marquer son détachement, de désigner sous toutes sortes d'appellations utilitaires – fédération canadienne, ensemble canadien, union économique, fédéralisme rentable, etc. Il n'a jamais parlé du Canada qu'en termes comptables, et est allé jusqu'à reprendre à son compte l'odieuse expression de Duplessis, sur le « butin » qu'il fallait aller chercher.

Le seul éloge relativement franc du Canada que j'ai entendu de sa bouche était indirect : « À l'échelle de la misère humaine », avait-il dit un jour à quelques mots près, « il y a pire que la fédération canadienne ». C'était dit, bien sûr, avec le sens de l'humour subtil qui le caractérisait.

Sur la question linguistique, je crois qu'on n'a pas donné assez de crédit à Bourassa. La loi 22 fut la première à faire du français la langue officielle. Cette loi, à certains égards – au chapitre des entreprises – était même plus contraignante que la loi 101 !

On peut se demander si Bourassa serait allé aussi loin s'il n'avait pas fait face, quelques mois avant la campagne électorale, à une opposition péquiste fortement médiatisée, mais enfin, reconnaissons-lui une partie du mérite accaparé par Camille Laurin. La minorité anglophone, en tout cas, ne s'y est pas trompée : c'est de Bourassa qu'est venu le premier vrai coup à l'hégémonie de l'anglais comme langue du prestige et de l'argent. Des milliers d'électeurs anglophones se vengèrent en votant pour l'Union nationale de Biron, facilitant la victoire du PQ.

J'ai renoncé depuis longtemps à savoir ce que Bourassa pensait exactement de la souveraineté. Mon impression est que, s'il n'y avait pas eu un courant souverainiste important au sein de son électorat, il n'y aurait pas pensé deux secondes, et que les questions touchant à la constitution et à la langue l'ennuyaient profondément. Parce qu'il était très intelligent et qu'il avait étudié chez les Jésuites, il pouvait longuement disserter là-dessus et confondre tout le monde, mais son coeur n'était pas là.

J'en arrive donc au second volet – sa pratique du pouvoir –, qui le résume tout entier. En dehors de sa vie personnelle, Bourassa n'avait qu'une passion, qui fut dévorante – la politique. Le jeu, la stratégie, la tactique politique. Ce n'était pas, comme Trudeau, un *gambler* audacieux. Il avançait à petits pas timorés ou prudents, regardant derrière lui autant qu'en avant, les yeux rivés sur sa droite et sa gauche.

Sa préoccupation constante tournait autour des élections. Se faire élire, puis réélire, et par la suite, dix ans plus tard, se faire élire, puis réélire. Surtout, surtout, éviter à tout prix la terrible humiliation de la défaite de 1976.

La crise d'Octobre, les grandes grèves du secteur public avaient à jamais traumatisé Bourassa, cet homme paisible et courtois qui ne détestait rien tant que les conflits. Dorénavant, il s'organiserait pour ne jamais être la cible de manifestations de rue, il s'organiserait pour être aimé de tous, tout en s'assurant que les « nationalistes mous » travaillés par la tentation souverainiste resteraient dans le giron libéral.

Il serait désormais tout à tous, au risque de faire la politique de ses adversaires.

Pour cela, il allait marcher sur ses principes, revenir sur ses promesses, se contorsionner jusqu'à devenir un caméléon changeant, non pas de couleur mais de teinte, selon l'environnement... jusqu'à développer – dixit Jean-V. Dufresne – une pensée en forme de pretzel.

Chose certaine, cet homme, qui aimait les chiffres et se méfiait comme de la peste de tout déferlement de passions, a toujours eu une peur panique des émeutes.

Lors de la crise d'octobre 1970, on le sait, c'est lui qui a requis la Loi des mesures de guerre. Vingt ans plus tard, lors de la crise d'Oka, il surévaluait encore les risques de toute manifestation chargée d'émotion. Il voyait déjà les pylônes d'Hydro-Québec sabotés par des militants aborigènes... et son inquiétude était telle qu'il allait mettre sa vie en péril en reportant les traitements exigés par un cancer diagnostiqué six mois auparavant. Cette fois, l'expérience aidant, sa réaction était différente – en 1990, il prit la manière douce, alors qu'en 1970 il avait choisi la manière forte – mais le réflexe de base était le même, et menait à la sur-dramatisation.

Rien ne le terrorisait davantage que la possibilité que se recrée, autour de symboles aussi explosifs que la langue et la constitution, la puissante coalition PQ-syndicats-enseignants-étudiants qui avait eu raison de lui en 1976.

En 1988, dès que cette coalition fit mine de se reformer en réaction au jugement de la Cour suprême sur l'affichage, Bourassa – qui était pourtant très solidement réinstallé au pouvoir – allait défier le jugement de la Cour en invoquant la clause nonobstant, répudier un engagement électoral solennel, et reprendre mot à mot le discours alarmiste du PQ sur la langue – même si cela allait mettre en danger cet accord du lac Meech auquel il tenait tant.

Il avait, en un sens, plus peur du PQ et des alliés du PQ que de l'opinion publique, laquelle (à en juger par les sondages de l'époque) était toute disposée à accepter une certaine mesure de bilinguisme dans l'affichage.

Ce sont la commission Bélanger-Campeau et le comité Allaire qui allaient symboliser l'ambivalence bourassienne.

Mentalement affaibli par la faillite de Meech et la crise d'Oka, physiquement miné par une maladie mortelle, Bourassa se laisse piéger par l'illusion du consensus. Une fois déposé le rapport Bélanger-Campeau, le premier ministre s'abaisse jusqu'à expliquer pourquoi lui, chef de gouvernement élu, ne donne pas suite aux recommandations des commissaires non élus de Bélanger-Campeau...

Un leader fort, ou simplement conscient de l'importance de sa fonction, aurait envoyé promener ceux qui le sommaient de suivre la voie tracée par ce groupe de non-élus. Mais Bourassa n'a jamais eu ces réflexes de dignité élémentaire qui auraient dû, par exemple, le traverser tout entier lorsque Trudeau l'a traité avec mépris de « mangeur de hot-dogs ».

Bourassa préférait laisser passer les attaques comme un canard imperméable à la pluie, courbant l'échine : il valait mieux accepter l'insulte que de se battre contre plus fort que lui. Certains verront dans cette mollesse une qualité – une extraordinaire flexibilité qui lui aura effectivement permis de remporter victoire (électorale) sur victoire (électorale) contre vents et marées, sans gaspiller son énergie dans des batailles secondaires. Chose certaine, contrairement aux Trudeau, Lévesque, Parizeau et Bouchard, jamais Bourassa n'aura-t-il été handicapé par un excès d'amour-propre.

Retour, donc, à la période confuse de l'après-Meech. Bourassa laisse son parti s'engluer dans la veulerie du rapport Allaire, lequel réclame les avantages de la souveraineté... moins les responsabilités – le plaisir, mais pas les corvées.

Mars 1991. Le PLQ est en congrès. Le samedi, Bourassa, de même que ses proches et la majorité de ses ministres laissent sans mot dire quelques délégués déchaînés voter à tour de bras, sans débat, des résolutions complètement loufoques, dans une salle aux trois-quarts vide : le rapport Allaire devient *ipso facto* la plate-forme officielle du PLQ. Le dimanche, 24 heures trop tard (en fait, des mois trop tard), Bourassa remet les pendules à l'heure. Ballotté entre les pressions du Comité des jeunes et celles de Claude Ryan, il a finalement cédé aux secondes. Tout le monde, au PLQ, se sentira trahi, et cela aboutira à la naissance de l'ADQ de Mario Dumont, qui est restée depuis ce temps l'épine au pied des libéraux.

Pragmatisme est un mot bien faible pour décrire le parcours sinueux de Robert Bourassa. Comme au Kremlin ou à Beijing, des générations de journalistes et de politologues ont joué les exégètes, soucieux de décoder, derrière les contradictions, les allusions voilées, les réponses sibyllines et les commentaires équivoques, la vraie pensée du premier ministre.

Réflexion faite, cela n'a finalement pas beaucoup d'importance. La recette de Bourassa, ancrée dans une époque, ne peut être rééditée, et si l'on faisait l'histoire des sondages, on en saurait presque autant.

Mais le fait est qu'il fut, précisément de par son ambiguïté, à une époque où le Québec était plus ambivalent que jamais, le politicien qui allait accumuler le plus de succès électoraux de toute l'histoire contemporaine du Québec. Jamais il ne conduisit le peuple, et en ce sens Bourassa n'avait rien d'un leader. Il resta plutôt à la remorque des leaders d'opinion – à la remorque non pas tellement du peuple que de ceux qui parmi lui parlaient le plus fort, tout en s'en méfiant et en les manipulant habilement.

Il ne fut pas le politicien le plus aimé de l'histoire du Québec, ni le plus admiré, mais il fut, en dernière analyse, le plus estimé et certainement le plus efficace, puisqu'il fut quatre fois porté au pouvoir avec de confortables majorités et que ses quatre mandats, mis bout à bout, de même que son extraordinaire retour aux affaires après quatre ans d'exil, constituent la plus grande réussite électorale de l'histoire du Québec.

Il est même fort probable que, si la maladie ne l'avait entravé, Bourassa aurait facilement remporté, contre Jacques Parizeau, une troisième victoire d'affilée.

L'homme était indéniablement progressiste. C'était un social-démocrate plus raisonné, plus rationnel, plus efficace, que René Lévesque, qui avait davantage « le style » social-démocrate mais dont l'héritage, à ce chapitre, est beaucoup plus mince. Bourassa a parrainé de grandes réalisations sociales et laissé de solides institutions – de l'assurance maladie jusqu'à la Commission des droits et libertés, en passant par l'aide juridique et la Cour des petites créances.

On ne peut que rêver à ce que ce long règne aurait laissé, comme matière tangible, s'il n'avait été constamment entravé par ces incontournables pierres d'achoppement que sont la langue et la constitution.

# René Lévesque : son mentor

Pierre Godin

Le bilan dont je veux vous faire part est celui d'une relation politique plutôt particulière, agrémentée à l'occasion d'une certaine dose affective, entre un mentor, René Lévesque, et son pupille, Robert Bourassa.

C'est l'histoire d'une amitié politique dont on pourrait penser qu'elle a mal tourné. Mais pas tant que ça. Si on regarde les choses de près, on s'aperçoit que tout adversaires politiques qu'ils soient devenus un jour, ils sont toujours restés des frères. Des frères ennemis. En effet, malgré leur divorce politique à propos du statut du Québec, certaines blessures à l'âme, quelques coups de griffes, et l'esprit de parti qui colorait leurs rapports, ces deux-là n'ont jamais été capables de vraiment se détester. Le soir du 29 avril 1970, un Bourassa ennivré de sa victoire n'avait qu'une seule idée : parler le plus vite possible à René Lévesque, son malheureux adversaire qui n'avait même pas réussi à se faire élire dans son comté de Laurier. Pourtant, il avait tout fait pour le laisser gagner. Il ne lui avait pas opposé un « gros canon » et était passé en coup de vent dans Laurier durant la campagne. À tel point que ses organisateurs l'accusaient de protéger le « séparatiste », de ne pas se forcer pour le faire battre.

Six ans plus tard, le 15 novembre 1976 au soir, un Lévesque victorieux voudra en faire autant après avoir prié ses militants en transes d'arrêter de huer le nom de celui dont il vantera le courage politique, le faisant applaudir même, et qui, comme lui en 1970, venait de subir une défaite criante dans son comté de Mercier. Comme m'a dit quelqu'un qui les connaissait bien tous les deux, analyser la relation affective qui unissait René et Robert, c'est comme plonger une sonde dans la fibre québécoise la plus profonde. Là où persistent l'ambivalence et l'équivoque d'un peuple minoritaire au destin à deux faces qu'ils personnifiaient tous les deux avec une sincérité au moins égale, préoccupés chacun de concilier soif de liberté et réalisme économique.

Il faut dire que le ciment a pris très tôt. Autour des années 1963-1965. Alors que René Lévesque était l'un des ministres vedettes de la fameuse équipe du tonnerre, Robert Bourassa, lui, était alors un jeune économiste en émergence qui se cherchait un rôle utile dans la société. Il était alors secrétaire général de la commission Bélanger sur la fiscalité. C'est à cette époque que Robert Bourassa prend sa carte du PLQ et succombe vite au charme dévastateur du mouton noir du Parti libéral par l'entremise de la commission politique que Lévesque utilise à plein pour faire passer ses idées et dont Robert Bourassa devient l'un des participants les plus zélés. Subjugué, il devient aussi l'un des habitués de la maison de René Lévesque, rue Woodbury, à Outremont. Cette « mauvaise fréquentation » risque de compliquer joliment son ascension politique. Mais, pour l'heure, Lévesque symbolise à ses yeux le dynamisme, le progressisme et la sincérité politique.

De son côté, René Lévesque est séduit par ce jeune économiste à l'allure sévère et au ton feutré qui représente à ses yeux un nouveau type d'animal politique. Le *timing* est bon pour Bourassa. Il surgit dans le décor au moment où le discours politique tourne de plus en plus à l'économie. René Lévesque s'applique, mine de rien, à le mettre sur un piédestal : « Il est à peu près temps qu'on ait quelqu'un qui parle de chiffres et qui soit capable de dépasser la gestion comptable et de voir les grands enjeux de la macro-économique. »

Aux élections de juin 1966 où il est candidat, Robert Bourassa voue encore une admiration presque filiale à René Lévesque. À ses yeux, il incarne mieux que tout autre la Révolution tranquille. L'élève écoute le conseil de son mentor quand, hésitant entre le comté de Saint-Laurent, où le vote anglophone est majoritaire, et le comté tricoté serré de Mercier où il est né, il s'entend dire par son mentor : « Vous n'aurez pas les mains attachées dans le dos par les Anglais si vous allez dans Mercier. » Durant la campagne, René Lévesque fait tout ce qu'il peut pour qu'il soit élu en mettant sa popularité à son service. Un soir où il vient parler en sa faveur dans Mercier – c'est un petit fait amusant que racontait Bourassa et qui éclaire le climat politique de l'époque – il y a là, à l'entrée de sa salle, quatre honnêtes travailleurs d'élections que René Lévesque semble connaître. Il leur lance à la blague, en faisant un clin d'œil à Bourassa: « Aïe, les gars, pas trop de télégraphes, hein ? » L'un d'eux lui réplique du tac au tac: « René, souviens-toi de ta majorité en 1960: 129 voix ! » Autrement dit, si tu as été élu, bonhomme, c'est un peu grâce à nous !

À la fin des années 1960, la montée de l'indépendantisme met à rude épreuve leur connivence politique. Et quand René Lévesque conclut qu'il n'y pas d'autres voies que la souveraineté doublée d'une association économique avec le Canada, il lui fait faux bond. Jamais, il n'ira jusqu'à la séparation, interdite à ses yeux par l'intimité des rapports commerciaux, financiers et fiscaux entre le Québec, le Canada et l'Amérique du Nord. S'il a participé aux conciliabules de la grenouillère souverainiste, c'était pour deux raisons: empêcher son idole de quitter le Parti libéral et, deuxièmement, trouver une formule constitutionnelle mitoyenne qui lui éviterait de franchir le Rubicon.

Un soir de la fin d'été 1967, chez lui, à Mont-Royal, il lui dit en aparté, après avoir dégusté des spaghettis: « René, j'ai réfléchi. Je ne peux accepter ça. Les inconvénients l'emportent sur les avantages. » Il lui sert l'argument de la monnaie québécoise qu'il trouve irréaliste et celui des coûts de transition. Bientôt, il ravalera son option à du romantisme irréalisable que les Québécois n'achèteraient jamais, à du néo-fédéralisme puisqu'il y aurait des institutions communes. Il valait mieux dans ce cas éviter une rupture possiblement coûteuse. René Lévesque est ébranlé plus qu'il n'y paraît par sa défection. Elle lui fait mal personnellement et politiquement car il comptait sur sa crédibilité d'économiste pour donner du poids à son option. Il en restera amer et parfois se montrera carrément méchant. Il laissera entendre que sa décision était prise dès le début de la réflexion. Il y avait participé pour tenir Jean Lesage au courant et repérer quelques gars gênants qui risquaient de lui causer des embêtements le jour où il dirigerait le Parti libéral.

J'ai vu Robert Bourassa pour la biographie de René Lévesque, et je lui ai demandé ce qui l'avait empêché en bout de ligne de monter à bord du train souverainiste, vu qu'il idéalisait la formule européenne d'États souverains se partageant un marché commun, ce qui était assez proche de la souveraineté doublée d'une association économique avec le Canada que proposait René Lévesque. Sa réponse était à la fois limpide et ambiguë. Pour lui, il valait toujours mieux réaménager le lien fédératif que de le rompre. Cependant, il avait tenu à préciser, petite nuance très bourassiste, qu'il parlait du « lien fédératif », non pas du fédéralisme canadien comme tel, ou tel qu'il existait, qui ne semblait pas sacré à ses yeux. Mais au-delà de toutes les formules imaginables de réaménagement du lien fédératif, ce qui n'était après tout qu'une question de structure ou de plomberie, une chose lui paraissait plus importante. C'était que le Québec continue d'exister en français. Il avait voulu bâtir un État français qui pourrait s'exprimer à l'intérieur du Canada quelle qu'en soit la structure. D'où sa formule : « Québec, État français, dans un marché commun canadien. »

Une formule qui ne serait pour René Lévesque qu'une coquille vide tant que cet État français ne percevrait pas tous ses impôts et resterait soumis aux lois et aux traités votés par un autre peuple majoritaire avec ou sans son consentement, étant donné le rapport de force qui lui serait toujours défavorable. La fierté de Robert Bourassa était d'avoir fait adopter la première loi affirmant le caractère français du Québec, la loi 22. Je me souviens qu'il m'avait dit sur ce ton familier qui lui était propre : « Écoute, Pierre, depuis 1763, le français n'était plus la langue officielle. C'est moi qui l'ai rétablie et j'en ai payé le prix auprès des anglophones... »

Au congrès d'octobre 1967, c'est la brisure. Robert Bourassa est à cheval entre les deux camps, car il admire autant Jean Lesage que René Lévesque. La veille de ce congrès féroce, il est le seul ténor du PLQ à souhaiter publiquement qu'il ne quitte pas le parti. C'est que Robert Bourassa le voit toujours, malgré sa nouvelle option politique, comme une sorte de police d'assurance contre l'embourgeoisement du Parti libéral. S'il part, il l'abandonnera aux mains des droitistes et des revenchards qui se sont emparés de l'oreille de Lesage depuis l'humiliante défaite électorale de juin 1966, qu'ils lui mettent d'ailleurs sur le dos. Sur le plancher du congrès, Robert Bourassa tente un dernier effort pour retenir le rebelle en lui citant le cas du chef de la gauche travailliste, Aneurin Beavan, qui, mis en minorité sur l'orientation du parti et les armes nucléaires, était resté pour continuer à lutter pour ses idées. Et quand René Lévesque sort avec fracas de la salle du congrès, avant de se faire expulser, Robert Bourassa reste assis, l'air morose, gêné face à ceux qui, autour du démissionnaire, l'invitent à se lever. Ils comprennent son malaise puisque, n'est-ce pas, c'est chez lui qu'a été concocté le manifeste souverainiste.

Le calcul n'est pas étranger à sa décision de ne pas suivre celui qui a été jusqu'alors sa source d'inspiration. Le manœuvrier qu'il est devine que, s'il le suit, il ne sera toujours qu'un second violon. Alors que, pour réaliser son rêve de diriger la province, il lui sera plus facile de s'emparer du leadership du Parti libéral, Jean Lesage n'étant plus qu'un chef en sursis. À la sortie du congrès, Robert Bourassa soutient que le départ de René Lévesque est une grande perte pour le parti. Mais il tourne la page quelques jours à peine après le congrès, déclarant au *Devoir* que « la thèse de Lévesque est inapplicable ». Il donne aussi à la revue *Maintenant* deux longs articles dans lesquels il formule une série d'objections qu'on entendra *ad nauseam* dans les années à venir. Robert Bourassa versera à l'occasion une larme ou deux sur le passé et l'ami René. Toutefois, même dans ses attaques les plus dures, il évitera toujours l'acrimonie ou la basse mesquinerie.

Leur face-à-face, qui marquera les années 1970, n'est pas exempt cependant de critiques mutuelles. Quels péchés René reprochait-il à Robert ? D'abord, d'avoir du mal à distinguer, ou à choisir, entre l'appétit des individus ou des groupes de pression et l'intérêt général. Exemple : l'assurance automobile publique qu'il avait promis de réaliser. Il disposait du rapport Gauvin, mais il l'avait mis sur les tablettes parce qu'il proposait un régime public. René Lévesque l'accusait d'avoir plié devant les compagnies d'assurances et les avocats qui alimentaient sa caisse électorale.

D'ailleurs, si Lise Payette a réussi là où sa devancière Lise Bacon avait échoué faute de volonté politique de la part de son gouvernement, c'est grâce à l'appui décisif de René Lévesque qui a imposé la réforme à son cabinet aussi divisé et torturé que celui de Bourassa.

Le chef du PQ lui reprochait également un certain fatalisme ou cynisme vis-à-vis du favoritisme, des conflits d'initiés, du tripotage des fonds publics, bref, cette fameuse transparence politique qui lui était si chère. Il avait du mal à accepter le népotisme dans lequel Robert Bourassa s'était placé en nommant ministre son beau-frère, Claude Simard. Celui-ci et sa soeur, Andrée Simard, l'épouse du premier ministre, détenaient des actions dans la société Paragon qui avait obtenu des contrats gouvernementaux dépassant le million de dollars. René Lévesque l'accusait encore d'avoir retourné sa veste au sujet de l'abolition de la caisse électorale secrète qui était pour lui un véritable poison antidémocratique. Lors du fameux congrès des réformistes libéraux de 1966, Robert Bourassa l'avait soutenu alors qu'il tentait de convaincre Jean Lesage de mettre fin au financement clandestin des partis politiques. C'est d'ailleurs durant ce congrès haute tension que le mentor avait traité son fils spirituel de « calmant ambulant » parce qu'il tentait de l'empêcher de faire un esclandre. Une fois chef du parti, puis premier ministre, Robert Bourassa a promis une réforme, mais sans jamais passer de la parole aux actes. Ce sera finalement René Lévesque qui se dépêchera de rendre illégales ces pratiques de financement clandestin aussitôt après sa prise du pouvoir, en novembre 1976.

Le troisième péché que René Lévesque attribuait à Robert Bourassa, c'était son indécision chronique, ce que certains appelleront plutôt son extrême prudence ou son ambivalence de Québécois. Il avait de la difficulté à trancher, à trouver des solutions qui règlent vraiment les problèmes. Il donnait en exemple la loi 22. Robert Bourassa avait réussi à mécontenter tout le monde et son père. Les anglophones, en imposant des tests linguistiques, que René Lévesque jugeait discriminatoires et odieux, aux enfants non anglophones désireux de s'inscrire à l'école anglaise. Les francophones, en s'en remettant à l'incitation et aux bons sentiments pour régler la question capitale de l'anglicisation massive des immigrants qui, combinée à la dénatalité galopante, allait à plus ou moins long terme mettre en danger la survie des francophones. Enfin, il l'accusait d'être obnubilé, dans ses rapports avec le fédéral, par la recherche de gains monétaires immédiats et de chercher à éviter à tout prix les chicanes au détriment parfois de ses objectifs. Il lui reprochait d'avoir freiné l'élan du Québec vers l'affirmation de ses pouvoirs, amorcée sous Jean Lesage et Daniel Johnson. Loin de récupérer des points d'impôt, il avait permis une poussée centralisatrice du fédéral qui avait mis son nez dans plusieurs domaines considérés comme relevant des provinces : affaires urbaines, ressources naturelles, communications, technologie, formation de la main-d'œuvre, bien-être social.

Robert Bourassa nourrissait des griefs lui aussi contre son ancien mentor politique. Sur un plan plus personnel, il avait du mal à lui pardonner certains propos franchement méchants à son endroit. Mais, à ce sujet, il n'était pas le seul à montrer ses égratignures... Ainsi, peu avant les élections du 15 novembre 1976, il l'avait indirectement défendu contre Pierre Trudeau, qui l'avait traité de mangeur de hotdogs, parce qu'il n'admettait pas que le chef fédéral vienne à Québec insulter le premier ministre. Mais, du même souffle, il le ridiculise lui aussi en le traitant de Pro-Consul qui se laisse gifler publiquement par le roi Pète-Haut sans réagir, ce qui démontrait à quel niveau l'État québécois était descendu. Mais c'est son slogan électoral « On mérite mieux que ça » qui l'avait blessé plus cruellement. Que René Lévesque ait laissé circuler une photo désastreuse de lui affublée de cette mention infâme l'avait piqué au vif et il lui en voulait encore peu avant sa mort.

Il faut dire qu'il y a des hauts et des bas dans leur relation. Durant leur duel radiophonique de la campagne de 1976, ils étaient comme deux larrons en foire qui riaient et levaient leur chapeau, ou leur index, quand l'autre portait un bon coup d'estoc. Durant la transition, même connivence. Les deux hommes s'amusèrent à former le premier cabinet souverainiste de l'histoire, Robert Bourassa déconseillant au nouveau premier ministre de nommer Jacques Parizeau aux Finances, mais l'incitant fortement à inviter au cénacle ministériel Claude Charron, dont il doperait ainsi l'esprit contestataire. En revanche, durant la visite du premier ministre français Raymond Barre, en février 1979, Lévesque ridiculise Bourassa qui est présent, au cours d'un dîner officiel fortement arrosé d'ailleurs, ce qui peut expliquer des choses, se moquant entre autres de sa mince contribution aux échanges France-Québec. Quelques mois plus tard, lors de l'inauguration de la centrale LG-2, le même René Lévesque répare l'injure qu'un mesquin de son entourage a commis en oubliant de le faire inviter, lui, le père de la Baie-James. Bourassa est doublement touché. Par l'invitation personnelle qu'il lui fait expédier. Et par son ralliement au « projet du siècle », qui n'était que la poursuite de leur « œuvre commune », la mise en valeur de l'énergie québécoise.

Car l'électricité, c'était aussi le bébé de René Lévesque. C'est lui qui, dix ans plus tôt, en 1962, avait bâti Hydro-Québec en nationalisant les compagnies privées. Pourtant, soumis à l'influence de Jacques Parizeau, vendu au nucléaire, il avait décrié le développement de la Baie-James. Il avait fallu le choc pétrolier de 1973-1974 et les accidents nucléaires pour qu'il admette enfin que « Bourassa avait vu juste ».

Le référendum du 20 mai 1980 constituait aux yeux de l'ancien premier ministre la plus grave erreur politique de René Lévesque. Il ne lui reprochait pas d'avoir consulté les Québécois sur leur avenir, mais de l'avoir fait en sachant qu'il risquait de perdre, comme le prédisaient les sondages. C'était un pari plus que risqué qui allait ouvrir la porte à Pierre Trudeau, qui brûlait d'envie de rapatrier la constitution à sa façon sans tenir compte des exigences québécoises. Soit dit en passant, Robert Bourassa jugeait Pierre Trudeau plus sévèrement que René Lévesque dans cette histoire. Parce qu'il avait profité de la faiblesse postréférendaire de celui-ci pour réduire les pouvoirs d'une province importante comme le Québec, sans son consentement. « On est encore pris avec ce problème », disait-il, en signalant que le Québec n'avait toujours pas signé la constitution de 1982. Il se souvenait d'avoir été très étonné pour ne pas dire déçu que la population reste inerte devant le coup de force d'Ottawa. Il y avait alors une grande grève à l'Université de Montréal, mais c'était pour une question de salaires... Il avait ajouté que, tôt ou tard, cette question reviendrait sur le tapis et qu'il y aurait alors un prix à payer pour cet affront fait à la dignité des Québécois.

À l'automne 1984, quand un René Lévesque doublement désillusionné par sa défaite référendaire et constitutionnelle avait affirmé qu'après tout le fédéralisme n'était pas le goulag, il n'avait pas cru à un virage fédéraliste, le fameux « beau risque ». Trop rapide pour être crédible. Il avait défendu la souveraineté pendant plus de 15 ans, d'une façon convaincante et passionnée, et là il aurait ravalé d'un seul trait tout ce qu'il avait prêché ? Pour lui, le flirt fédéraliste de René Lévesque venait en droite ligne de ce qui s'était passé à Ottawa, en novembre 1981, et de l'engagement de Brian Mulroney à réparer les pots cassés par Pierre Trudeau. Il voulait aider le p'tit gars de Baie-Comeau à le débarrasser des libéraux fédéraux tant détestés. Du « beau risque », c'est-à-dire de la stratégie politique, n'en n'avait-il pas fait lui-même au début des années 1990, au moment de l'échec de l'Accord du lac Meech qui le coinçait, quand il avait flirté avec la souveraineté ?

En 1985, la démission pathétique de Lévesque avait troublé Robert Bourassa. Redevenu chef du PLQ, il se désolait de la contestation bruyante du leadership de René Lévesque par ses ministres et députés. Il avait dit à Louise Beaudoin : « C'est vraiment triste ce qui arrive à René. » Sur le plan humain, il trouvait épouvantable de voir René Lévesque se faire détruire publiquement par les siens. Mais, sur le plan politique, ça le servait : il attendait pour ramasser les restes. En d'autres mots, il aimait la déconfiture du gouvernement du Parti québécois, mais pas celle de Lévesque qui le déprimait. Malgré tout, son ancien mentor ne lui donnait pas l'impression d'un chef qui n'était plus aux commandes. Il demeurait un adversaire redoutable. Les élections étaient imminentes et il le craignait plus qu'un Pierre Marc

Johnson inexpérimenté qui ne faisait pas l'unanimité des péquistes. En Europe, durant ses années « d'exil », il en avait vu des politiciens soi-disant enterrés qui avaient ressuscité, comme lui-même était en train de le prouver.

Durant les deux dernières années de la vie de René Lévesque, entre 1985 et 1987, alors que lui était de nouveau premier ministre, Robert Bourassa s'en faisait à son sujet. Au Sommet de la francophonie, ça lui faisait pitié de le voir, lui, l'ancien premier ministre redevenu journaliste, cuisiner en entrevues les grands de ce monde, comme François Mitterrand, avec qui il avait traité d'égal à égal comme chef de gouvernement. On lui avait signalé qu'on voyait parfois René Lévesque à l'île des Soeurs où il demeurait, attablé seul avec café, cigarettes et journaux, comme abandonné de tous. Mais l'ingratitude et les revers de fortune, Robert Bourassa connaissait cela, aussi. Ils se parlaient parfois. Comme ce jour où Bourassa voulait nommer le président de la FLQ, Louis Laberge, à l'Ordre national du Québec, sans doute pour se faire pardonner de l'avoir fait emprisonner quelques années plus tôt ! Comme il ne pouvait pas s'immiscer dans le choix du jury, il avait prié René Lévesque d'en faire la suggestion publique d'une manière ou de l'autre. Ce qu'il avait fait. Louis Laberge avait eu sa médaille en même temps que le financier Paul Desmarais, pour « l'équilibre ».

En février 1996, quelques mois avant sa mort, il m'avait fait revenir chez lui pour préciser des choses qu'il m'avait dites précédemment au sujet de ses rapports avec René Lévesque. Il avait surtout vilipendé Pierre Trudeau qui, dans ses mémoires télévisées, lui avait reproché son attitude louvoyante à la conférence constitutionnelle de Victoria, en 1971, et durant la crise d'Octobre. Je me souviens qu'il avait pris la défense de René Lévesque contre Pierre Trudeau qui, au cours de la même émission, avait ravalé son ancien rival à un personnage brouillon et confus. « Je n'ai pas connu cet homme confus dont parle Trudeau », m'a-t-il dit, en rappelant la cohérence de son itinéraire politique, son bilan impressionnant sous Jean Lesage et, plus tard, comme premier ministre.

La mort de Lévesque avait constitué pour Robert Bourassa un événement historique important. Il avait voulu faire les choses en grand et avait imposé des funérailles d'État à la famille qui préférait une cérémonie privée. Curieusement, il se culpabilisait à propos de sa mort prématurée. Durant les deux années qui avaient suivi la démission de René Lévesque, il lui avait laissé voiture et chauffeur, mais avait été contraint par la règle de l'en priver un mois avant sa mort. Et il se demandait si ce fait ne lui avait pas causé un nouveau choc. Car il s'était retrouvé plus seul et plus démuni encore.

Avant de le quitter, je lui avais demandé de résumer ce qui l'avait rapproché de René Lévesque et comment il voyait son héritage politique ? Il m'avait répondu : « Nous avions en commun un dévouement inconditionnel à la cause du Québec. » Comme lui, il n'avait fait de la politique qu'à Québec et, quand Ottawa lui avait offert ambassades et médailles, il avait toujours refusé. Il avait aussi partagé avec René Lévesque la prudence. Car le chef souverainiste faisait attention, lui aussi. Sa souveraineté conditionnelle à l'association avec le Canada, c'était le même réflexe de sécurité économique que lui avait toujours eu. Ce qui avait compté pour tous les deux, au-delà du reste, c'était que le Québec français continue d'exister et de se développer. Mais ils ne s'étaient pas entendus sur les moyens d'y arriver. C'est ça qui les avait séparés. Et quant au jugement de l'histoire sur René Lévesque, Robert Bourassa n'avait pas peur à cause de ce qu'il connaissait de lui, de son rêve, de son itinéraire, de ses réalisations. En bon biographe, je me souviens d'avoir doublement souligné sa dernière phrase : « René était vraiment l'un des grands Québécois que l'histoire nous a donnés. Il n'y en a pas beaucoup dans un siècle des hommes comme lui. » Venant de Robert Bourassa, qui aurait lui aussi à subir le jugement de l'histoire, cet éloge en dit long sur ce qu'on appelé sa magnanimité et sur cette relation très spéciale qui l'unissait à René Lévesque en dépit de leurs divergences à propos de l'avenir des Québécois comme peuple différent.

## SOURCES PRINCIPALES

**Entretiens** (réalisés pour la biographie de René Lévesque) : Robert Bourassa, Claude Ryan, Jean-Claude Rivest, Gérard Pelletier, Marc Lalonde, Camille Laurin, Claude Charron, Claude Morin, Marc Brière, Jean-Roch Boivin et Louis Bernard.

### LIVRES PRINCIPAUX :

Bourassa, Robert : *Gouverner le Québec,* Montréal, Fides, 1995 ; *Bourassa Québec !,* Montréal, Les éditions de l'Homme, 1970 ; *L'Énergie du Nord,* Montréal, Québec Amérique, 1984 ; *Les 1000 jours du gouvernement Bourassa,* Montréal, Les éditions du Jour, 1973. Lévesque, René, *Attendez que je me rappelle,* Montréal, Québec Amérique, 1986. Morin, Claude, *Mes premiers ministres,* Montréal, Boréal, 1991. MacDonald, L. Ian, *De Bourassa à Bourassa,* Montréal, Primeur Sand, 1985. Godin, Pierre, *Les Frères divorcés,* Montréal, Les éditions de l'Homme, 1986, et les tomes 2 et 3 de René Lévesque, *Héros malgré lui* et *L'Espoir et le chagrin,* Montréal, Boréal, 1997 et 2001.

# 2

# Le bâtisseur tranquille

# 2.1

## Dossiers économiques : Baie-James et création d'emplois

# L'économie du Québec

Pierre Fortin[1]

Dès le début de sa carrière politique, le premier ministre Bourassa mit cartes sur table : « La grande priorité chez nous, ce doit être d'abord et avant tout le développement économique[2]. » Il n'a pourtant jamais conçu l'économie comme une fin en elle-même. Ses objectifs ultimes étaient le progrès social et la sécurité culturelle du Québec. Il voyait le progrès économique comme un simple outil, mais un outil absolument essentiel, pour atteindre ces deux objectifs qui lui paraissaient encore plus fondamentaux.

M. Bourassa n'était pas né avec une cuiller d'argent dans la bouche. Jamais il n'a renié son origine sociale modeste. Parmi les mesures dont il disait être le plus fier, on retrouvait l'assurance maladie, la protection du consommateur, la progressivité de l'impôt des particuliers, les allégements fiscaux pour les familles et la parité à l'aide sociale pour les jeunes. On note dans ses discours et ses écrits une inquiétude constante face aux taux élevés de chômage, de toxicomanie et de suicide, particulièrement chez les jeunes et les autochtones. Sa préoccupation de justice sociale explique aussi bien son inscription au Parti travailliste lors de ses études en Angleterre que sa préférence pour un salaire minimum élevé dans les années 1970, son rejet de certaines recommandations extrêmes des « rapports des Sages » dans les années 1980 et son hésitation à combattre trop durement les déficits budgétaires pendant la récession de 1990 à 1993. Avant toute chose, M. Bourassa était convaincu que le développement économique était une condition *sine qua non* du développement social.

---

1. Pour leur aide précieuse dans la préparation de cet exposé, je suis redevable à Pierre Anctil, Robert Comeau, Marcel Côté, Charles Denis, Richard Drouin, Claude Forget, Louis Lavigne, John Parisella, Guy Saint-Pierre et Claude Séguin.

2. Robert Bourassa, *Bourassa Québec*, Montréal, Éditions de l'Homme, 1970, p. 11.

Il affectionnait tout particulièrement le mot de Jean Jaurès affirmant que la pauvreté n'est pas une base sur laquelle on peut construire le socialisme.

Sur le plan culturel et politique, M. Bourassa se considérait comme un patriote québécois au même titre que René Lévesque. À son avis, l'objectif fondamental à poursuivre était « que le Québec soit reconnu comme État français en Amérique du Nord, avec le français comme seule langue officielle[3] ». M. Bourassa jugeait que sa divergence d'opinion avec M. Lévesque portait non pas sur cette fin essentielle, mais sur les moyens de l'atteindre ou, comme il le disait, sur les « techniques de gestion ». La vision fédéraliste de M. Bourassa demeura toujours foncièrement utilitaire et axée sur les besoins du Québec tels qu'il les perçut. Cette vision purement instrumentale du fédéralisme et sa propension à la désigner par des expressions comme « fédéralisme rentable » irritaient ses alliés fédéralistes canadiens et suscitèrent la méfiance à son endroit à l'extérieur du Québec. Son rejet de l'option souverainiste était basé sur sa conviction, exprimée dès 1967 à l'occasion de son différend avec M. Lévesque sur la question monétaire[4], que la souveraineté n'offrait pas de garanties économiques suffisantes pour le Québec[5]. Or, le développement économique lui paraissait indispensable au progrès culturel : « Plus nous serons dans un état de pauvreté relative par rapport au niveau de vie canadien et américain, disait-il, plus nous serons tentés d'abandonner notre culture et d'emprunter constamment aux valeurs des sociétés plus riches[6]. » C'est pourquoi l'option de M. Lévesque lui parut inacceptable.

Donc, priorité à l'économie, mais fondée sur des objectifs encore plus profonds en matière de justice sociale et de sécurité culturelle. La stratégie de développement économique de M. Bourassa a reflété quatre préoccupations fondamentales : la création d'emploi, le développement hydroélectrique, l'investissement des entreprises et la gestion des finances publiques. Ces préoccupations font l'objet des quatre sections qui suivent.

---

3. Robert Bourassa, *Gouverner le Québec*, Montréal, Fides, 1995, p. 102.
4. Voir Robert Bourassa, « Épilogue de Robert Bourassa », dans Jean-Paul Lefebvre, *Réflexions d'un citoyen*, Cahiers de Cité libre, n° 2, Montréal, Éditions du Jour, 1968, p. 99-113.
5. Robert Bourassa, *Gouverner le Québec*, *op. cit.*, p. 253.
6. Robert Bourassa, *Bourassa Québec*, *op. cit.*, p. 64.

## LA CRÉATION D'EMPLOI

Première préoccupation : la création d'emploi. Le slogan des « 100 000 emplois en 1971 » est sans doute ce qui contribua le plus à définir l'image et la réputation de M. Bourassa auprès de la population lors de la campagne électorale de 1970. C'était un coup fumant sur le plan de la propagande, mais M. Bourassa savait très bien que les chances qu'il se crée 100 000 emplois en une seule année au Québec étaient extrêmement minces, car cela exigeait que l'emploi croisse trois fois plus vite que la population adulte. Cela ne s'est produit que deux fois en 50 ans. Mais, par une chance extraordinaire, l'une de ces deux fois tomba sur l'année 1973, alors que – incroyable, mais vrai – l'économie du Québec parvint à créer 125 000 nouveaux emplois, principalement sous l'influence de la puissante vague d'expansion économique qui souleva l'Amérique du Nord tout juste avant la crise pétrolière. Naturellement, M. Bourassa en tira un avantage politique énorme lors de l'élection parfaitement synchronisée d'octobre 1973, à l'issue de laquelle l'opposition fut pulvérisée.

L'exploit de 1973 n'a pas été réédité depuis. De toute façon, on ne peut juger du rendement global du Québec en matière d'emploi en observant son niveau *absolu* de création annuelle d'emploi. Cette statistique n'indique pas si, étant soumis à la même conjoncture économique continentale et aux mêmes politiques fédérales que ses partenaires canadiens, le Québec a fait mieux ou moins bien qu'eux. En fait, seule une comparaison de la performance du Québec avec celle de la province voisine d'Ontario, qui constitue le centre de gravité économique du Canada, permet d'apprécier comment le comportement du Québec s'est démarqué. À cette fin, le graphique 1 trace l'évolution annuelle du *taux d'emploi* du Québec (c'est-à-dire la fraction de sa population adulte qui détient un emploi) en pourcentage de celui de l'Ontario de 1961 à 2002. On voit immédiatement que la comparaison interprovinciale inverse la perspective. Les années 1970 à 1976 n'impressionnent guère ; en fait, c'est toute la période de 1968 à 1982 qui est marquée par une détérioration des résultats d'emploi relatifs du Québec. Au contraire, la période de 1982 à nos jours a vu l'emploi au Québec remonter la côte par rapport à l'emploi en Ontario. En particulier, la période récessionniste de 1990 à 1994 vécue par M. Bourassa vit le Québec tirer très bien son épingle du jeu : ça allait mal au Québec, mais c'était pire en Ontario.

**Graphique 1**
**Taux d'emploi du Québec en pourcentage de celui de l'Ontario, 1961-2002**

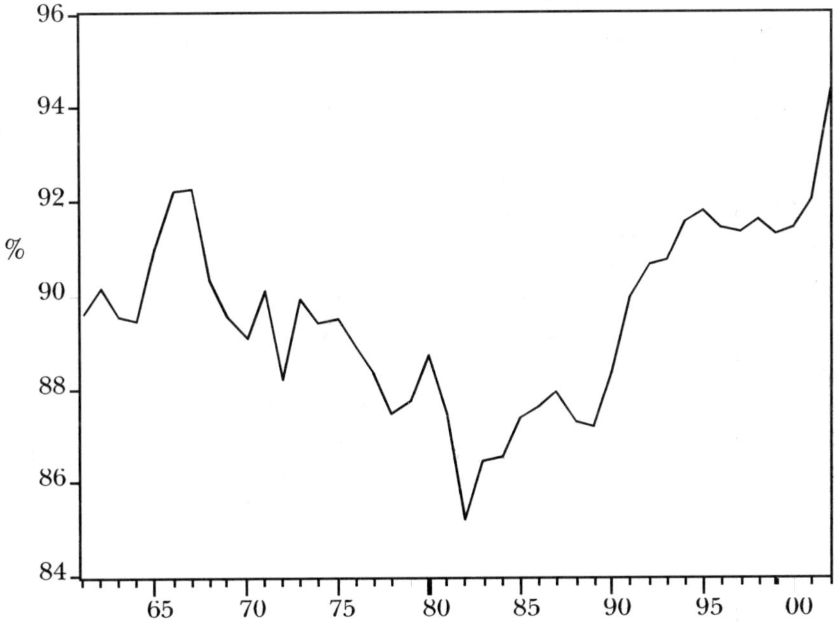


Note : pour 2002, le chiffre est celui du premier semestre.
Source : Statistique Canada.

Comment comprendre cette évolution et le rôle joué par M. Bourassa ? De 1966 à 1985, le monde du travail au Québec connut une agitation extrême. Le chantage dans les services essentiels (policiers, pompiers, médecins, employés d'hôpitaux, travailleurs de l'électricité, etc.) et la désobéissance civile furent monnaie courante. Des chefs syndicaux furent emprisonnés. Le grand chantier du barrage LG-2 fut saccagé et mis à feu. Une commission d'enquête sur la violence et la corruption sur les chantiers de construction, la commission Cliche, fut instituée. Le vol de matériel sur les chantiers olympiques fut endémique et les conflits de travail vinrent près d'entraîner l'annulation des Jeux de Montréal. *In extremis,* M. Bourassa sauva de la catastrophe une administration montréalaise manifestement dépassée par les événements. Au cours de cette période houleuse, les grandes manœuvres du Front commun intersyndical paralysèrent le secteur public pendant plusieurs mois tous les trois

**Graphique 2**
**Nombre de jours perdus annuellement pour cause de grève ou de lock-out, par millier d'emplois, au Québec et en Ontario, 1963-1998 (moyenne mobile centrée de six ans)**

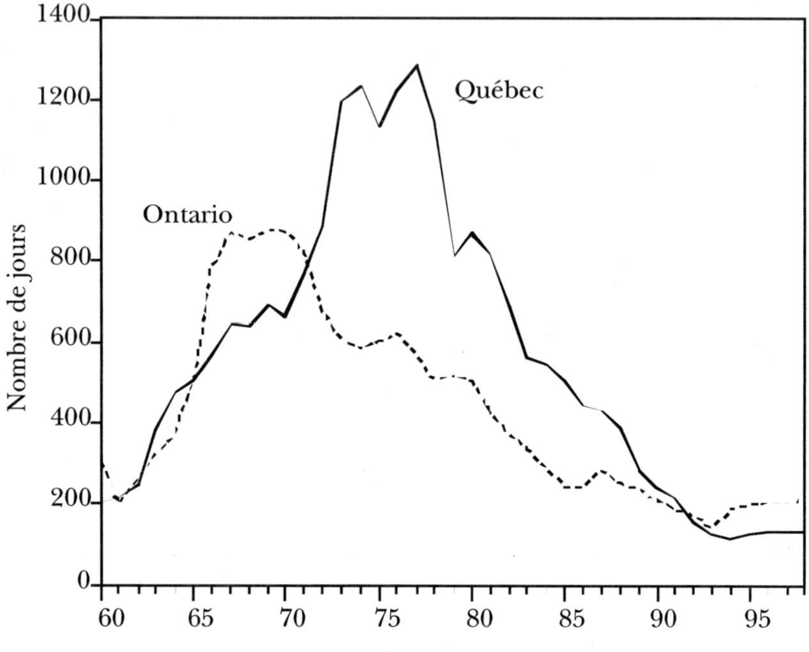


Source : Développement des ressources humaines Canada.

ans. Bref, après la violence politique des années 60 qui culmina avec la Crise d'octobre 1970, M. Bourassa et son successeur, M. Lévesque, durent affronter une période de violence économique sans précédent.

Le graphique 2 met en relief l'évolution globale du climat des relations de travail en présentant une mesure révélatrice de l'intensité des conflits, soit le nombre de jours perdus annuellement pour cause de grève ou de lock-out par millier d'emplois. En Ontario, l'intensité des conflits atteignit son sommet dans la seconde moitié des années 1960 à 850 jours par millier d'emplois, puis s'atténua progressivement jusqu'à la fin des années 1980. Au Québec, les conflits de travail prirent de l'ampleur sous l'Union nationale en 1966-1969, atteignirent leur paroxysme autour de 1 250 jours par millier d'emplois sous MM. Bourassa et Lévesque entre 1972 et 1980, puis diminuèrent ensuite jusqu'au début des années 1990. Le niveau de 1 250 jours perdus annuellement par millier d'emplois au milieu des

**Graphique 3**
**Rémunération hebdomadaire moyenne du Québec en pourcentage de celle de l'Ontario, 1961-2001**

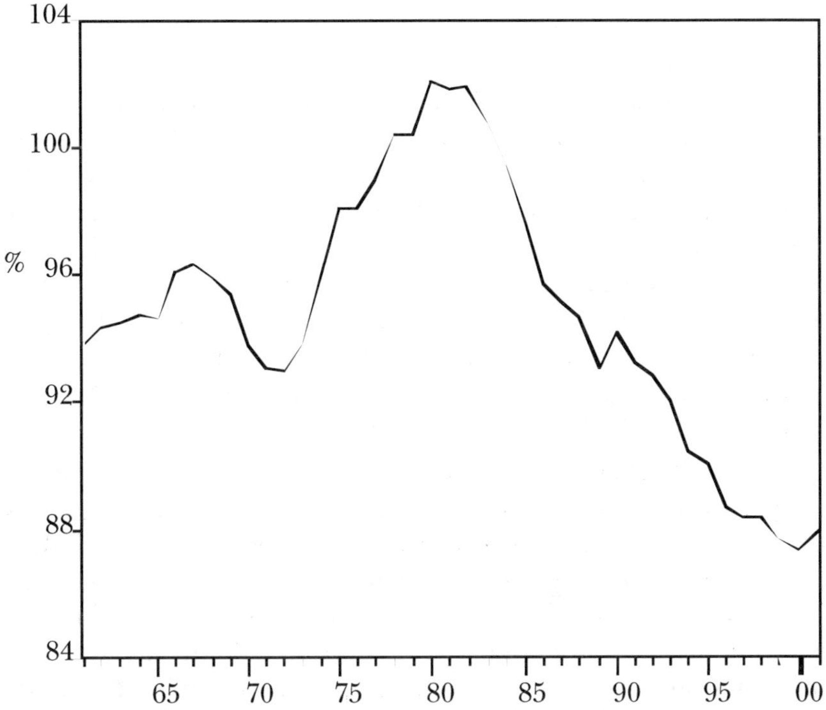


Note : secteur privé avant 1983; tous les secteurs depuis 1983.
Source : Statistique Canada.

années 1970 au Québec est parmi les plus élevés jamais enregistrés dans un pays industriel à l'époque contemporaine. De toute évidence, ni M. Bourassa ni son successeur, M. Lévesque, n'eurent la partie facile sur le plan social.

Ce rock-and-roll continuel dans les relations de travail et la tendance initiale de MM. Bourassa et Lévesque à régler les conflits en achetant la paix sociale au prix fort eurent des conséquences désastreuses pour l'emploi au Québec. À l'époque, la stratégie syndicale reposait sur la célèbre « théorie de la locomotive » : des accords salariaux très avantageux dans quelques secteurs stratégiques (surtout le secteur public) allaient tirer les wagons dans le reste de l'économie. Un simple coup d'œil au graphique 3 permet de constater que cette stratégie connut un réel succès. La locomotive eut un puissant effet d'entraînement sur la rémunération moyenne du secteur privé. Le graphique démontre que la rémunération privée au Québec explosa littéralement pendant les années 1970, passant de 93 % de la rémunération ontarienne en 1971 à 102 % en 1980. Le Québec connut ainsi son épiphanie salariale avec une décennie de retard sur le Mai 68 européen… et ontarien.

Bien évidemment, le problème est qu'au moment même où le salaire moyen du Québec atteignait 102 % de celui de l'Ontario la productivité fondamentale de l'économie québécoise, quant à elle, demeurait inférieure à 90 % de celle de l'économie ontarienne. Ainsi déconnecté de la productivité, le train salarial québécois perdit peu à peu les wagons de l'emploi. Comme on le voit au graphique 1, le taux d'emploi du Québec dégringola du niveau de 92 % du taux d'emploi de l'Ontario, atteint en 1967, à 89 % en 1976, puis à 85 % en 1982. Marquée en plus par la récession que l'on sait, l'année 1982 fut celle de l'apocalypse de l'emploi au Québec.

L'électrochoc de 1982 ébranla les colonnes du temple. M. Lévesque bloqua les salaires publics au début de 1983. Son parti en paya le prix à l'élection de 1985, mais les conséquences furent durables. M. Bourassa en profita pour faire adopter le projet de loi 160 sur le maintien des services essentiels, peu après son retour. Le monde syndical sentit le vent tourner et se réorienta sous la pression d'une base devenue plus intéressée à sa sécurité d'emploi qu'à de nouvelles hausses de salaires. L'avènement du Fonds de solidarité des travailleurs du Québec, appuyé par MM. Mulroney et Bourassa, contribua aussi à transformer les relations patronales-syndicales. Les années qui suivirent furent marquées par un assainissement des relations industrielles (graphique 2), une modération des salaires (graphique 3) et une remontée du taux d'emploi (graphique 1) tous très significatifs.

En effet, comme l'illustre le graphique 1, une conséquence marquée de ce revirement du monde du travail est que l'emploi au Québec tint le coup mieux qu'ailleurs au Canada pendant la longue récession de 1990 à 1994. De 88 % du taux d'emploi ontarien en 1990, le taux d'emploi du Québec grimpa à 92 % en 1994. La récession fut pénible partout, mais elle fit perdre beaucoup moins d'emplois au Québec qu'aux autres provinces. L'ironie est qu'à l'époque la presse nationale du pays fut plus intéressée à raconter des histoires d'horreur sur la soi-disant « fermeture » de la rue Sainte-Catherine qu'à reconnaître dans les faits que, du sommet au creux de la récession, le taux d'emploi avait diminué deux fois plus à Toronto qu'à Montréal, soit de 14 % contre 7 %.

Je ne suis pas certain que M. Bourassa ait été pleinement conscient de cette évolution comparative qui fut heureuse pour le Québec. Lorsqu'on perd des emplois en récession, on n'a pas le cœur à se réjouir d'en perdre moins que les autres. Mais il est clair que sa contribution au redressement relatif du Québec fut importante. À partir de 1985, par son action gouvernementale, il a allégé la fiscalité des entreprises, favorisé l'investissement et la concurrence, appuyé l'Accord de libre-échange avec les États-Unis et encouragé la paix sociale et la modération – toutes orientations qui furent favorables à l'emploi. Après son départ, le Québec a non seulement maintenu sa position relative sur le plan de l'emploi, mais l'a encore améliorée.

## LE DÉVELOPPEMENT DE LA BAIE-JAMES

La deuxième préoccupation de M. Bourassa fut le développement hydroélectrique de la Baie-James. Pour suivre l'évolution des travaux de construction, on se reportera au graphique 4, qui trace l'évolution des immobilisations d'Hydro-Québec en pourcentage du PIB du Québec de 1961 à nos jours.

Au début des années 1970, même en tenant compte de la mise en service à venir des centrales du complexe Manicouagan-Outardes (voir le graphique 4) et de Churchill Falls au Labrador, Hydro-Québec prévoyait, en matière d'énergie électrique, un déficit de puissance d'environ 15 000 mégawatts pour la province en 1985. Il fallait planifier un ajout de puissance considérable. La société exploitait déjà la centrale nucléaire de Gentilly et la centrale thermique de Tracy, mais elle privilégiait néanmoins le développement de la filière hydroélectrique.

M. Bourassa appuya sans détour le choix d'Hydro-Québec[7]. Il comprit immédiatement que la filière hydroélectrique était la moins coûteuse, la plus fiable, la moins polluante et la plus sécuritaire. Les ressources hydrauliques étaient abondantes au Québec et les retombées économiques étaient fort prometteuses pour l'emploi, le développement industriel et régional et le développement d'une expertise internationale. En somme, résumait-il, « nous avons étudié, comparé, évalué la totalité des avantages et inconvénients des différents systèmes modernes de production d'énergie électrique. Nous sommes détenteurs d'une richesse unique au monde ; nous devons dévelop-

7. Robert Bourassa, *La Baie James*, Montréal, Éditions du Jour, 1973.

**Graphique 4**
**Investissements en immobilisations d'Hydro-Québec en pourcentage du PIB du Québec, 1961-2000**

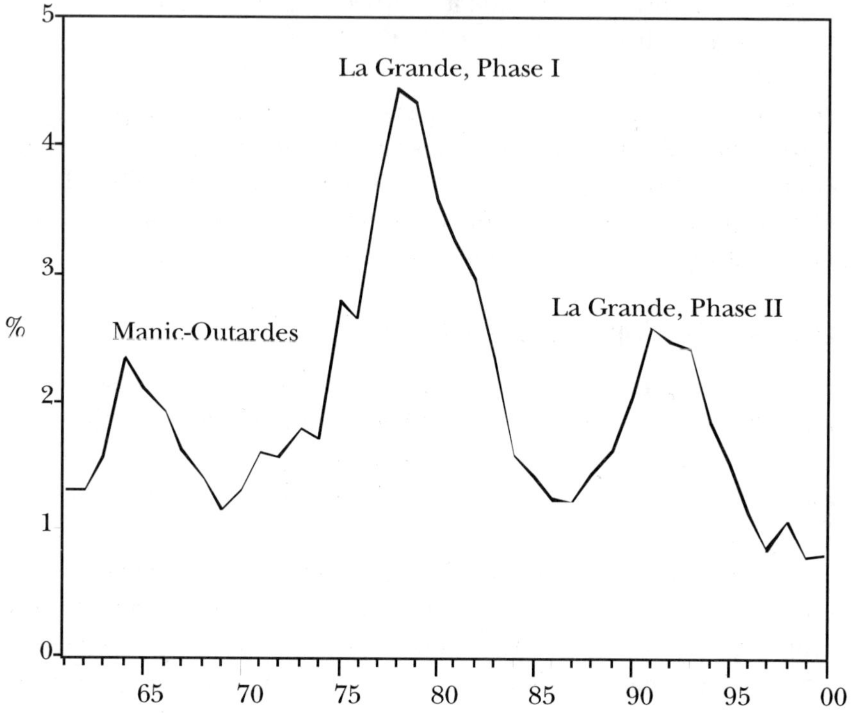


Sources : Hydro-Québec; Statistique Canada.

per cette richesse qui nous appartient[8]. » Après avoir favorisé au départ l'aménagement des rivières Nottaway, Broadback et Rupert, Hydro-Québec fixa son choix définitif sur le bassin de la rivière La Grande, situé plus au nord. M. Bourassa ratifia ce choix et pressa Hydro-Québec d'agir. Il annonça le projet de la Baie-James en avril 1971 et, peu après, créa tour à tour la Société de développement et la Société d'énergie de la Baie-James. Les travaux d'aménagement du projet La Grande débutèrent en 1972 et connurent leur période la plus intense de 1977 à 1982. Le graphique 4 atteste du poids énorme qu'ils représentèrent dans l'économie du Québec à l'époque : jusqu'à 4,5 % du PIB en 1978 et en 1979. La première centrale, LG-2, fut mise en service en 1979, suivie de LG-3 en 1982.

---

8. *Ibidem*, p. 30.

Dans la première moitié des années 1980, M. Bourassa, alors simple citoyen, revint à la charge et publia trois livres[9] où il proposait d'accélérer le programme de construction de nouvelles centrales hydroélectriques à la Baie-James. La nouvelle optique de M. Bourassa ne concernait plus les seuls besoins de la consommation locale d'électricité, mais portait le débat plus loin dans trois directions : les exportations, la stabilité financière d'Hydro-Québec et le développement industriel et régional en aval. En premier lieu, pendant que le Québec souffrait d'une grave crise économique entre 1981 et 1983, l'eau de ses rivières non encore aménagées coulait en pure perte. De son côté, le nord-est des États-Unis était étouffé par les prix exorbitants de l'énergie, par la pollution des centrales thermiques et, après l'accident de Three Mile Island, par la hantise du nucléaire. Il y avait là un contact à établir et un marché intéressant à conquérir pour l'hydroélectricité québécoise, propre et peu coûteuse. L'Alberta exportait déjà son pétrole et son gaz aux Américains, mais la position du Québec était encore plus intéressante. Contrairement aux hydrocarbures, l'énergie hydroélectrique était une ressource renouvelable qui pouvait être ramenée au Québec lorsque la province en aurait ultérieurement besoin pour sa propre consommation.

En deuxième lieu, l'expansion des exportations apportait une solution élégante au délicat problème de la stabilité financière d'Hydro-Québec. La dépréciation du dollar canadien alourdissait de plus en plus les charges d'intérêts que devait assumer Hydro-Québec pour servir sa dette libellée en dollars américains. Des contrats lucratifs d'exportation à prix fixés en dollars américains feraient au contraire augmenter les revenus d'Hydro-Québec lorsque le taux de change du dollar canadien se déprécierait. Une dépréciation du huard voudrait dire en effet que les recettes en dollars américains d'Hydro-Québec lui rapporteraient plus de dollars canadiens. Exporter permettrait donc d'atténuer le risque financier associé aux variations du taux de change, sinon de l'éliminer entièrement.

En troisième lieu, M. Bourassa pensait au développement industriel et régional en aval. Une partie de l'excédent de la production sur la consommation d'électricité pourrait servir à attirer et à retenir au Québec des entreprises de transformation qui font un

9. Il s'agit de *Deux fois la Baie James*, Montréal, La Presse, 1981 ; de *Power from the North*, Scarborough, Prentice-Hall Canada, 1983 ; et de *L'Énergie du Nord, la force du Québec*, Montréal, Québec-Amérique, 1985.

emploi intensif d'énergie électrique (alumine, magnésium, fer et titane, etc.). L'industrie de l'aluminium avait un avenir prometteur en raison de la légèreté du métal qui permettrait notamment de réduire le poids des véhicules automobiles et, par conséquent, leur consommation d'énergie et leurs émissions polluantes.

La position défendue par M. Bourassa fut acceptée par Hydro-Québec et l'opinion publique. Mais son intervention n'eut pas d'effet aussi marqué sur le développement hydroélectrique dans les années 1980 et 1990 que son engagement du début des années 1970 en faveur du projet La Grande. Trois raisons expliquent ce revers apparent. Premièrement, le rythme d'augmentation de la consommation québécoise d'électricité fut plus lent que prévu : 4 % par année dans les années 1980, 1,5 % dans les années 1990. Deuxièmement, après avoir remporté quelques bons contrats d'exportation aux États-Unis, Hydro-Québec vit la demande américaine se replier en raison de la baisse relative des prix du pétrole et du gaz, de la récession de 1990-1992 et de la pression montante des groupes autochtones et environnementaux. Avec moins de consommation et moins d'exportations que prévu, il était devenu possible de dégager un excédent d'énergie sans accélérer le programme de construction. De 1989 à 1995, Hydro-Québec alla de l'avant avec les travaux déjà prévus de la phase II du complexe La Grande, mais sans plus (graphique 4). Troisièmement, les groupes autochtones et environnementaux combattirent avec acharnement toute addition au programme de construction de centrales, notamment le projet Grande-Baleine. L'opinion québécoise n'étant pas insensible à leur point de vue, le soutien politique à une accélération de la construction faisait de plus en plus défaut.

Pragmatique comme toujours, M. Bourassa ne s'opposa pas à ces tendances, qu'il voyait incontournables. Avec le temps, et particulièrement après la crise d'Oka, ses discours et ses écrits traduisirent une sympathie croissante pour les causes autochtone et environnementale. Il ne mit pas sa tête sur le billot pour défendre le projet Grande-Baleine. Cette réaction était compréhensible. Car, depuis ses premières réflexions sur la mise en valeur des territoires du Nord et la signature de la convention de la Baie-James en 1975, le respect des nations autochtones et du milieu naturel avait toujours constitué pour lui une priorité absolue. La réputation écologique du premier ministre qui avait « sauvé » le Québec des dangers de la filière nucléaire était également en jeu.

Tout comme l'engagement personnel de M. Lévesque fut déterminant pour la nationalisation de l'électricité, ainsi celui de M. Bourassa fut-il décisif pour le développement hydroélectrique de la Baie-James. Il joua un rôle d'analyste, de catalyseur et de décideur. M. Bourassa, ce fut Monsieur Baie James. L'ovation monstre dont il fut l'objet lors de l'inauguration de la centrale LG-2 en octobre 1979, de même que la désignation ultérieure de ce grand ouvrage comme la centrale Robert-Bourassa ont reconnu sa contribution remarquable au développement énergétique, industriel et régional du Québec. Il en fut très ému.

## L'INVESTISSEMENT DES ENTREPRISES

La troisième préoccupation de M. Bourassa concerna le principal vecteur du progrès technologique et de la croissance économique, c'est-à-dire l'investissement des entreprises. Le graphique 5 adopte pour l'investissement privé la même perspective comparative que le graphique 1 pour l'emploi, afin de vérifier si le Québec a fait mieux ou moins bien que son principal concurrent, l'Ontario. Il trace l'évolution, au cours des quatre dernières décennies, du stock d'équipement productif par habitant installé par les entreprises du Québec en pourcentage de celui de l'Ontario. Ce stock d'équipement découle de l'accumulation des investissements passés des entreprises en usines, immeubles, machinerie et outillage, moins les amortissements. Les travaux de génie sont omis, afin d'éviter la distorsion de la réalité que causerait l'inclusion des mastodontes que sont les centrales hydroélectriques.

Le graphique 5 révèle que l'essor de l'investissement des entreprises au Québec est un phénomène récent. Avant la seconde moitié des années 1980, l'investissement privé n'allait nulle part. L'équipement productif par habitant stagnait autour de 73 % du niveau ontarien. Le Québec suivait le rythme ontarien, mais ne parvenait pas à réduire l'écart avec la province voisine. Le déblocage s'est produit au cours des 15 dernières années, l'écart interprovincial ayant diminué à vive allure. Parti de 73 % en 1986, le rapport Québec-Ontario avait grimpé à 85 % à la fin de 2001.

Comment expliquer le contraste entre l'essor des 15 dernières années et la stagnation des années antérieures ? La littérature économique contemporaine fait ressortir quatre conditions gagnantes : un entrepreneuriat et une main-d'œuvre qualifiés et prêts à l'innovation

**Graphique 5**
**Stock d'équipement productif par habitant adulte cumulativement installé dans les entreprises du Québec en pourcentage de celui de l'Ontario, 1961-2001**

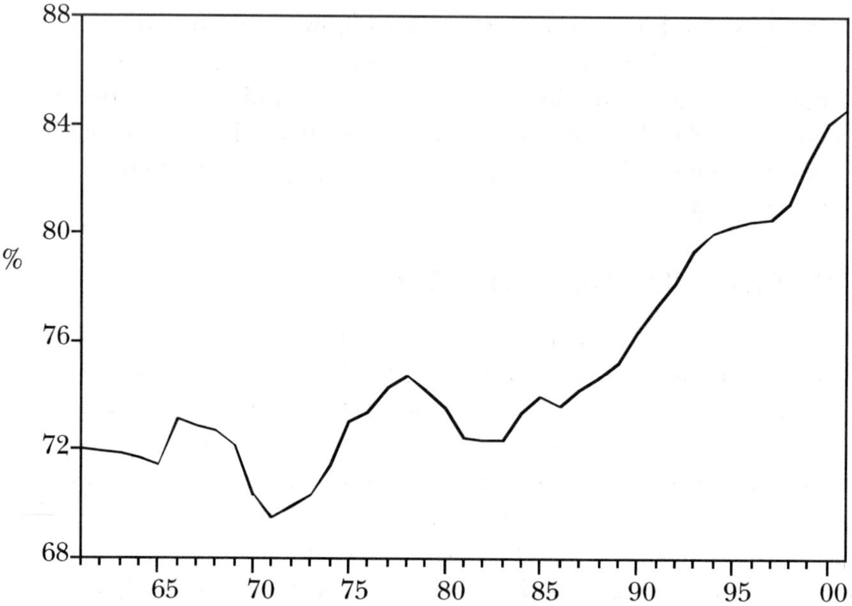


Note : les travaux de génie (comme les centrales hydroélectriques) sont exclus.
Source : Statistique Canada.

et au changement technologiques, une politique d'ouverture à la concurrence, au libre-échange et à l'investissement étranger, une fiscalité avantageuse pour l'entreprise et un climat politique et social accueillant. La lenteur de l'investissement des entreprises à prendre son élan une fois la Révolution tranquille engagée n'a pas de quoi surprendre. Réunir ces quatre conditions est une tâche longue et ardue. Il a, par exemple, fallu 40 ans d'efforts soutenus à l'Irlande pour aboutir au boom économique extraordinaire de la dernière décennie. M. Bourassa comprenait que l'art de gouverner, « ça implique également un certain équilibre entre le court terme et le long terme[10] ».

La première condition concerne l'éducation et la formation. Les Québécois du début des années 1960 formaient le groupe le moins

10. Robert Bourassa, *Gouverner le Québec*, *op. cit.*, p. 248.

scolarisé de l'Amérique du Nord. Les francophones étaient largement absents des commandes des entreprises. On a beau amorcer une grande réforme de l'éducation et lancer des slogans du genre « maîtres chez nous », le niveau moyen de qualification de la main-d'œuvre et de l'entrepreneuriat ne se relève pas en un jour. Il a fallu 30 ans d'efforts constants. D'origine sociale modeste, M. Bourassa appuyait fermement l'effort de scolarisation des masses. Il y ajouta une touche personnelle. Son programme incitatif de formation accélérée des cadres et des gestionnaires d'entreprises aida à transformer peu à peu le Québec de désert de compétences en management à pépinière canadienne de diplômés en gestion. Quinze ans plus tard, au milieu des années 1980, le Québec était prêt pour son envol économique. Les jeunes générations acquéraient alors en moyenne 14 années de scolarisation, alors qu'au sortir de la guerre de 1939-1945 les jeunes Québécois ne passaient pas plus de neuf ans à l'école.

La deuxième condition nécessaire à un essor de l'investissement est l'ouverture à la concurrence locale et internationale. Le Québec des années 1960 et 1970 pratiquait un interventionnisme d'État élaboré, il était plutôt protectionniste sur le plan commercial et il se méfiait des investisseurs étrangers. Là aussi, l'ouverture à la concurrence, au libre-échange et à l'investissement étranger a pris du temps à venir. M. Bourassa fit œuvre de précurseur. Dès son premier mandat, il fonda le Conseil général de l'industrie, participa régulièrement à ses réunions et l'accompagna dans ses missions – précédant ainsi de vingt ans les Mission Québec et *Team Canada*. Son engagement marqué dans le projet de la Baie-James ne l'empêcha pas de reconnaître très tôt que le fondement de la croissance économique contemporaine n'était plus le développement des ressources naturelles, mais une main-d'œuvre hautement qualifiée et des entreprises capables de relever le défi du changement technologique, de la productivité et de la compétitivité internationale dans tous les secteurs de l'économie[11].

En matière d'investissements étrangers, M. Bourassa manifesta une ouverture précoce. Dès 1970, dans son discours du budget, il déclara : « Nous sommes donc disposés à accueillir au Québec tous les capitaux étrangers, de quelque origine qu'ils soient, afin de pouvoir bénéficier des avantages économiques qu'ils sont en mesure de

11. Voir, notamment, Robert Bourassa, *Le Défi technologique*, Montréal, Québec-Amérique, 1985.

nous procurer[12]. » Il fut naturellement en désaccord avec la politique fédérale de tamisage des investissements étrangers et il ne se gêna pas pour le faire savoir.

En matière commerciale, M. Bourassa, après une hésitation initiale, finit par appuyer fermement l'Accord de libre-échange canado-américain et s'engagea à fond dans la campagne libre-échangiste fédérale de 1988. La hausse des exportations vers les États-Unis dans les années 1990 découla en partie de cet accord et fut plus prononcée au Québec que dans les autres provinces canadiennes. M. Bourassa y vit une preuve convaincante de la justesse de sa position libre-échangiste.

Enfin, M. Bourassa reconnut qu'à mesure que le secteur privé du Québec se renforçait le réseau étendu de sociétés d'État développé par suppléance au cours des années 1960 et 1970 perdait peu à peu sa raison d'être. Il devait être épuré et allégé. Il procéda à une trentaine de privatisations concernant des entreprises comme la Raffinerie de sucre du Québec, Québecair, Cambior, Donohue, Noverco et Sidbec. Cependant, il ne voulut point changer le statut d'Hydro-Québec comme société d'État. Il s'agissait à ses yeux d'un levier fondamental de développement économique pouvant, au surplus, apporter des dividendes alléchants au gouvernement. La Caisse de dépôt et placement du Québec fut restructurée, mais elle conserva son double rôle de gestionnaire de portefeuille et de levier de développement économique. M. Bourassa fut toujours respectueux de l'indépendance de la Caisse. De son côté, la Société générale de financement contribua à la mise en œuvre de la politique des « grappes industrielles » préconisée par M. Gérald Tremblay. La Société de développement industriel, quant à elle, conserva son mandat de facilitatrice des investissements au Québec.

La troisième condition gagnante en matière d'investissement est l'adoption d'une fiscalité avantageuse pour l'investissement des entreprises. Ce fut, encore une fois, un travail de longue haleine. L'effort de promotion de la compétitivité fiscale des entreprises québécoises commença modestement dès le premier régime Bourassa. Il se poursuivit de 1977 à 1985 sous l'impulsion de MM. Parizeau et Lévesque. De 1986 à 1993, M. Bourassa adopta plusieurs mesures qui confirmèrent cette orientation. Il faut mentionner ici les déductions

12. Robert Bourassa, *Discours du budget*, Québec, ministère des Finances, 1970, p. 40.

fiscales accordées aux pourvoyeurs de capital de risque (REA, SPEQ, Fonds de solidarité, etc.), les crédits d'impôts pour la recherche et le développement, les déductions pour investissements de nature stratégique ou technologique, l'amortissement accéléré pour les investissements manufacturiers, les crédits d'impôts pour la formation, et l'harmonisation de la taxe de vente provinciale (la TVQ) avec la nouvelle taxe fédérale sur les produits et les services (la TPS), qui exonérait les investissements et les exportations. Les budgets du Québec déposés depuis 1993 par les successeurs de M. Bourassa ont poursuivi sur la même lancée. Ce qui frappe dans la politique fiscale québécoise à l'égard des investissements depuis 30 ans, c'est la cohérence et la continuité de l'orientation en dépit de l'alternance des partis politiques. Les études comparatives internationales accordent aujourd'hui d'excellentes notes au Québec en matière de compétitivité fiscale d'entreprise.

La quatrième condition influant sur l'investissement des entreprises est la qualité du climat politique et social. Du milieu des années 1960 au milieu des années 1980, ce climat fut tendu et agité. Les bombes dans les boîtes postales et à la bourse, un diplomate enlevé et un ministre assassiné, les premières vagues plutôt désordonnées du souverainisme, la corruption et la violence sur les chantiers de construction, les grèves à répétition dans les services essentiels, les grandes manœuvres périodiques dans le secteur public n'ont pas aidé l'investissement à fleurir. À l'époque, convaincre les entreprises québécoises ou étrangères d'investir au Québec, c'était un peu, beaucoup, « ramer dans la gravelle ». Très tôt, M. Bourassa comprit qu'il fallait que patrons et syndicats commencent à se parler au Québec. C'est ainsi qu'il anima lui-même dès 1971 le Conseil consultatif du travail et de la main-d'œuvre. M. Lévesque poursuivit sur cet élan en convoquant des sommets économiques où patrons et chefs syndicaux prirent des décisions communes. On a vu comment, plus tard entre 1982 et 1986, MM. Lévesque et Bourassa ont réussi à modifier l'environnement des relations de travail et comment le mouvement syndical a fini par surmonter sa crise de croissance. Que l'emploi et l'investissement des entreprises aient pris leur envol par la suite n'est certes pas une coïncidence.

Sur le plan politique, le référendum de 1980 aurait pu mettre fin à l'incertitude constitutionnelle. Mais cette incertitude a été prolongée par l'imposition de la Loi constitutionnelle fédérale de 1982 malgré l'opposition quasi unanime de l'Assemblée nationale, et par le rejet subséquent de l'Accord du lac Meech et de l'entente de Charlottetown malgré tous les efforts de réconciliation de M. Bourassa. Néanmoins, l'évolution politique ne paraît pas avoir freiné le nouvel élan économique du Québec depuis 15 ans.

## LA GESTION DES FINANCES PUBLIQUES

La quatrième préoccupation de M. Bourassa fut la bonne gestion des finances publiques. Il concentra son attention sur quatre questions principales : 1) la compétitivité du fardeau fiscal québécois, 2) le contrôle de la dette et des déficits, 3) le déséquilibre fiscal fédéral-provincial et 4) la justice sociale.

La première question fut la lourdeur du fardeau fiscal du Québec relativement à celui de l'Ontario. Cette comparaison a toujours fait partie des discours des premiers ministres du Québec, de Gouin à Landry en passant par Taschereau et Duplessis. Avec l'avènement de M. Bourassa en 1970, elle acquit une importance renouvelée en raison de la forte progression des dépenses de santé, d'éducation et de bien-être et de la concurrence interprovinciale accrue pour la main-d'œuvre hautement qualifiée et l'investissement des entreprises. Le graphique 6 permet de suivre l'évolution du fardeau fiscal au Québec et en Ontario de 1961 à 1999. Il faut envisager ce fardeau au niveau *global*, qui inclut les impôts et taxes des trois niveaux de gouvernement, parce que la répartition intergouvernementale de l'assiette fiscale et des responsabilités de dépense est différente d'une province à l'autre. L'*écart* entre les fardeaux globaux des deux provinces est cependant une mesure assez fiable de leurs différences fiscales au niveau provincial et municipal consolidé.

Le graphique 6 ne laisse aucun doute sur les efforts accomplis par M. Bourassa pour stabiliser le fardeau fiscal québécois entre 1970 et 1976. Cependant, un écart important avec l'Ontario se creusa malgré tout en raison de la politique d'allégement fiscal du gouvernement conservateur ontarien qui se poursuivit pendant toutes les années 1970. Lorsque M. Bourassa revint au pouvoir en 1985, l'écart avec l'Ontario dépassait l'équivalent de 2 % du PIB. À la fin de la décennie, il avait réussi à réduire l'écart à 1 % seulement, grâce à la marge de manœuvre procurée par l'expansion économique, au contrôle serré des dépenses appliqué par M. Paul Gobeil et aux augmentations d'impôts décrétées par le gouvernement Peterson en Ontario. Mais, par la suite, une dure récession, les compressions importantes

**Graphique 6**
**Fardeau fiscal global du Québec et de l'Ontario en pourcentage du PIB, 1961-1999**

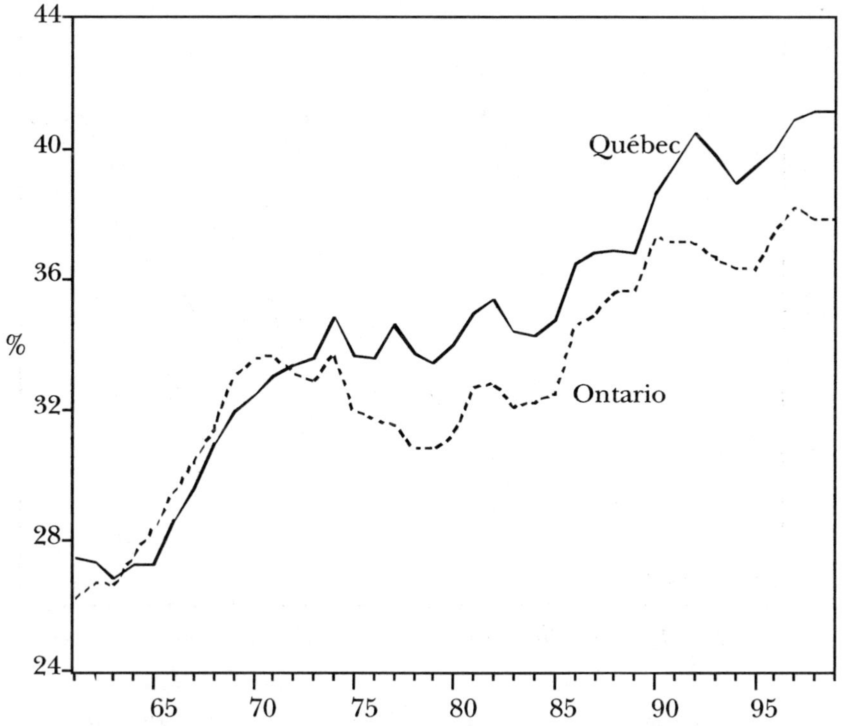


Source : Statistique Canada.

déjà effectuées dans les transferts fédéraux et, sans doute, une certaine réticence personnelle de M. Bourassa à sabrer dans les dépenses sociales au milieu d'une période économique difficile ont porté l'écart de fardeau fiscal avec l'Ontario à 3 % du PIB – niveau où il est demeuré depuis. En 2002, les Québécois paient environ 7 milliards de plus en impôts que si les lois fiscales ontariennes s'appliquaient au Québec. Comme la fiscalité québécoise est encore aujourd'hui avantageuse pour les entreprises, c'est surtout le fardeau des particuliers qui soutient mal la comparaison avec l'Ontario.

La deuxième question fut le contrôle de la dette. Comme la dette est, par définition, égale à l'accumulation des déficits budgétaires passés, elle ne peut être contrôlée qu'en réduisant les déficits budgétaires annuels. Le graphique 7 présente la trajectoire du fardeau

**Graphique 7**
**Dette totale du Gouvernement du Québec en pourcentage du PIB, 1970-1996**

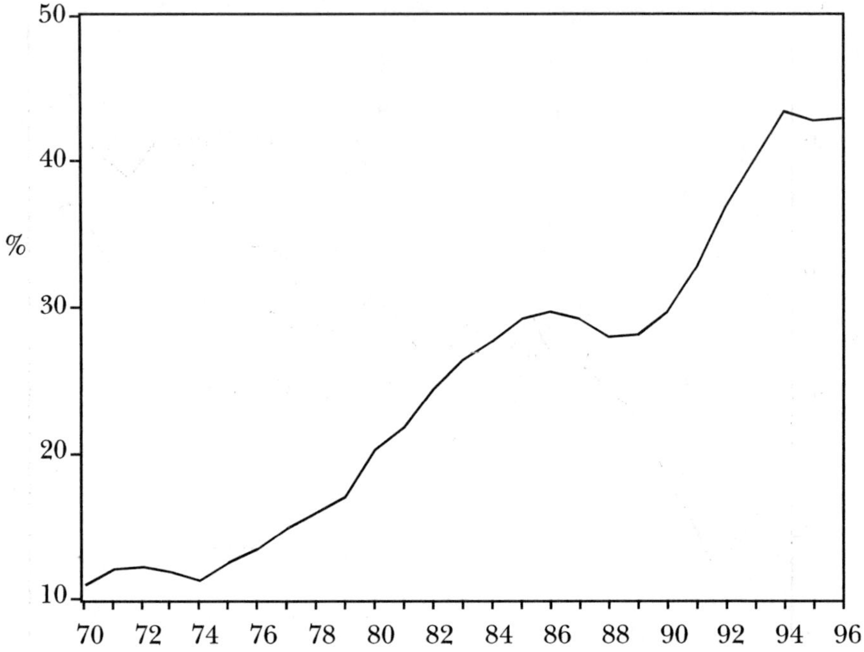


Note : Afin d'assurer la cohérence, les chiffres sont tous présentés sur la base des anciennes normes comptables.
Sources : ministère des Finances, Statistique Canada.

de la dette totale accumulée du Québec. Soumis aux mêmes influences que le fardeau fiscal, le poids de la dette sous M. Bourassa a connu une évolution semblable : stabilisation de 1970 à 1976 et de 1985 à 1990, mais glissement de 1990 à 1994. De 28 % du PIB au début de 1990, la dette totale du Québec avait grimpé à 40 % quatre ans plus tard. Le premier ministre fut très déçu de cette évolution. « Il est important également, disait-il en 1995, d'avoir des finances publiques saines, pour éviter la dépendance du gouvernement à l'égard des prêteurs étrangers. C'est pourquoi il faut toujours accorder la priorité à cet objectif. Je dois dire, concédait-il cependant, que le dernier mandat, à cet égard, était assez ingrat, puisque nous avons eu à assumer quatre ans de récession, qui ont entraîné une diminution des revenus et une augmentation des dépenses, l'aide sociale et le taux de chômage étant directement liés[13]. »

La troisième question fut celle du déséquilibre fiscal entre Ottawa et les provinces. Le coup d'envoi budgétaire de M. Bourassa en juin 1970 contenait déjà la phrase suivante : « Le Québec continuera d'insister afin que soit corrigée cette inégalité croissante entre les ressources fiscales des provinces et celles du gouvernement fédéral[14]. » À la fin des années 1980, M. Gérard D. Levesque, inventant au passage la savoureuse notion de « fédéralisme prédateur », exprima son indignation face aux compressions fédérales dans les transferts aux provinces et à l'incertitude chronique sur les montants à recevoir. Les mêmes doléances continuent d'être entendues encore aujourd'hui tant au Québec que dans les autres provinces. Le graphique 8 montre que les transferts fédéraux au Québec (péréquation, transfert social canadien, etc.) ont dégringolé du niveau de 6,5 % du PIB atteint en 1983 à 3,5 % du PIB en 2000-2001. Cet écart de trois points de PIB représente une pomme de discorde de près de 7 milliards de dollars. Comme l'argent provient des coffres fédéraux, il n'y a pas grand-chose que les premiers ministres provinciaux comme M. Bourassa ou ses successeurs ont pu y faire. En tant que fédéraliste, M. Bourassa en éprouva beaucoup d'amertume.

La quatrième question en rapport avec les finances publiques fut la justice sociale. Le souci d'équité de M. Bourassa fut présent depuis son premier budget en 1970 jusqu'à son dernier en 1993. Il a comporté plusieurs dimensions, notamment le régime d'assurance maladie, qui dans son esprit fut la plus importante réalisation de son premier mandat, une fiscalité des particuliers plus progressive, une sécurité du revenu réformée (parité à l'aide sociale pour les jeunes, divers encouragements au travail, programme APPORT, etc.) et intégrée à la fiscalité des particuliers, un soutien fiscal croissant pour les familles (allocations familiales, allocations à la naissance, baisses d'impôts pour les familles, etc.) et un traitement fiscal avantageux pour le développement régional (avantages fiscaux à l'investissement en région, rôle régional des sociétés d'État, traitement fiscal des ressources naturelles, etc.). Ici encore, il faut souligner la continuité de la politique fiscale du Québec depuis 30 ans en dépit de l'alternance des partis politiques.

---

13. Robert Bourassa, *Gouverner le Québec*, *op. cit.*, 1995, p. 247.
14. Robert Bourassa, *Discours du budget*, *op. cit.*, p. 39.

**Graphique 8**
**Transferts fédéraux versés au Québec en pourcentage du PIB, 1970-2000**

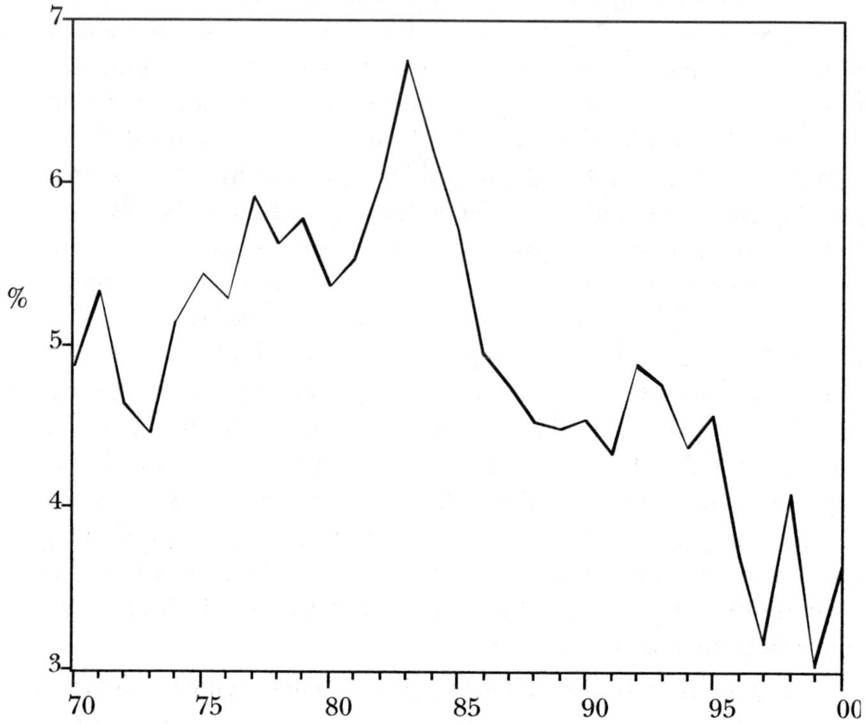


Sources : ministère des Finances, Statistique Canada.

Une mesure fiscale a cependant porté plus que toute autre la marque de M. Bourassa : le régime des allocations à la naissance, et tout particulièrement à la naissance du troisième enfant et des suivants. Mis au point dans la seconde moitié des années 1980 – sans doute sous influence suédoise –, ce régime reflétait non seulement son souci d'équité pour les familles plus nombreuses, mais également sa vive inquiétude pour l'avenir démographique du Québec. Les allocations à la naissance visaient à la fois à aider financièrement les nouveaux parents et à les convaincre de faire des bébés en plus grand nombre. Des recherches récentes effectuées à l'UQAM et à l'Université de Toronto soulèvent d'ailleurs la possibilité que ces allocations à la naissance aient eu un certain effet sur la natalité québécoise, dont le niveau est parmi les plus bas en Occident.

## CONCLUSION

Pendant les trois décennies que dura sa carrière politique, la grande priorité de M. Bourassa fut le développement économique du Québec. Le développement social et culturel lui paraissait encore plus fondamental, mais à ses yeux une économie forte était absolument essentielle à une société juste et à une culture vivante. Cette logique instrumentale fondait également son option constitutionnelle. L'économie du Québec et, par conséquent, la société et la culture québécoises avaient, croyait-il, de meilleures chances de progresser dans un Canada fédéral que dans un Québec souverain. Sa vision foncièrement utilitaire du fédéralisme confronta les souverainistes québécois, bien sûr, mais eut également l'heur de déplaire aux fédéralistes canadiens. M. Bourassa structura toute sa pensée et son action en fonction des intérêts supérieurs du Québec tels qu'il les perçut.

Quatre préoccupations économiques ont motivé principalement M. Bourassa : la création d'emploi, le développement hydroélectrique, l'investissement des entreprises et la gestion des finances publiques. Pour apprécier son parcours avec justesse, il faut non seulement bien saisir sa vision et ses objectifs, mais également reconnaître la grande fragilité de l'environnement économique, social et politique avec lequel il a dû composer. M. Bourassa fut le bâtisseur tranquille d'une société qui, pendant un temps, fut loin d'être tranquille. Onze de ses quinze années de pouvoir furent des années de misère. De 1970 à 1976, il dut affronter une crise politique grave et une agitation sociale extrême. De 1990 à 1994, il fut aux prises avec une crise constitutionnelle sans précédent, une importante rébellion autochtone, la pire récession canadienne depuis la crise des années 1930 et un mélanome envahissant. Seule la période de quatre années de 1985 à 1989 lui accorda un temps de répit.

M. Bourassa avait une vision moderne du développement économique. Il reconnaissait qu'en matière de ressources hydrauliques le Québec disposait d'un avantage exceptionnel qu'il fallait mettre en valeur. Mais il s'assura que le potentiel hydroélectrique du Québec soit développé autant que possible par l'expertise et les compétences québécoises. M. Bourassa était convaincu que, pour l'avenir, la croissance économique du Québec ne viendrait pas du développement des ressources naturelles réalisé par des firmes étrangères (comme on le croyait au temps de Taschereau et de Duplessis), mais essentiellement d'une main-d'œuvre hautement éduquée et d'entrepreneurs locaux ouverts sur le monde et capables de relever le défi du changement technologique, de la productivité et de la compétitivité internationale dans tous les secteurs de l'économie. La panoplie des mesures fiscales contenues dans les budgets successifs de M. Bourassa visèrent la compétitivité de l'ensemble de l'économie québécoise. L'équilibre budgétaire qu'il recherchait, mais qui lui a malheureusement échappé lors de la récession de 1990-1993 traduisait sa volonté de libérer les finances et la politique économique du Québec de l'emprise des bailleurs de fonds, locaux ou étrangers.

Le bilan économique de M. Bourassa demeure nettement positif malgré les embûches. Le développement hydroélectrique de la Baie-James fut un grand succès. M. Bourassa épargna au Québec les dangers du nucléaire. Les retombées économiques furent extraordinaires et le sont encore. Avec le temps, il manifesta une sympathie croissante pour les causes autochtone et environnementale. Il avait accepté à l'avance le report du projet Grande-Baleine. Il aurait certainement applaudi la signature récente de l'accord entre le Québec et la nation crie, de même que le nouvel accent mis sur les économies d'énergie.

En matière de création d'emploi et d'investissement des entreprises, le Québec, après plusieurs décennies de stagnation relative, a connu un essor comparatif soutenu depuis le milieu des années 1980. Cette évolution réconfortante résulte de plusieurs décennies d'efforts constants pour scolariser la population, ouvrir l'économie à la concurrence intérieure et internationale, développer une fiscalité d'entreprise avantageuse, apaiser le climat social et assainir les relations de travail. La contribution particulière de M. Bourassa à cet élan nouveau fut marquante. La cohérence et la continuité de la politique québécoise dans tous ces domaines ont aussi été impressionnantes, indépendamment du parti politique au pouvoir.

Sur le plan des finances publiques, la préoccupation de justice sociale de M. Bourassa se concrétisa dans la loi fondant l'assurance maladie et dans un grand nombre de mesures favorisant les contribuables à faible revenu, les assistés sociaux, les familles et les régions. Le premier ministre a néanmoins regretté lui-même de n'avoir pu achever le rééquilibrage des finances publiques pendant son dernier mandat. Si la cohérence et la continuité ont un sens, il se réjouirait certainement du succès de MM. Bouchard et Landry à éliminer le déficit budgétaire. Mais il leur poserait aussi des questions sur les accrocs à la justice sociale qui ont inévitablement accompagné les compressions budgétaires des années récentes. Quant au déséquilibre fiscal canadien, qui préoccupait tant M. Bourassa, un saint homme de mes amis m'a raconté que, dès son entrée au paradis, le premier ministre téléphona à Dieu le Père et lui demanda quand cet épineux problème finirait par trouver une solution. Il paraît que Dieu le Père répondit sans hésiter : « Pas sous mon règne, Robert, pas sous mon règne ! »

# La méso-économie : l'homme de Buridan et ses demi-mesures

GILLES PAQUET[1]

> « Le flegme peut être très utile en politique, de même qu'un peu d'humour à l'occasion. »
>
> Robert Bourassa (1995 : 249)

Les jugements portés sur un homme de compromis comme Robert Bourassa sont souvent manichéens. Il y a ceux qui l'accusent d'indécision chronique, voire de tricherie, et qui lui font porter la responsabilité de tous les déboires du Québec sous son règne. Et puis il y a les hagiographes qui, sur la base de corrélations rapides, attribuent à son génie toutes les grandes réalisations du Québec au cours de ses périodes au pouvoir. Il s'agit là de constats excessifs. Robert Bourassa n'est ni aussi maléfique ni aussi génial qu'on se plaît à le dire, et très certainement pas aussi important que ses ennemis ou ses chantres veulent nous le faire croire.

Sur le plan économique, comme sur bien d'autres plans, le contexte a joué un rôle déterminant durant les mandats de Robert Bourassa. Parfois la chance l'a fait paraître génial, et parfois elle l'a mal servi, mais on a tort d'attribuer à Robert Bourassa la paternité de tellement de choses sur lesquelles il n'a pas eu d'effet décisif.

Bourassa est aux commandes du gouvernement québécois à un moment particulièrement difficile pour la socio-économie québécoise. Voilà qui explique qu'il sera souvent dépassé par les événements. C'est un homme modeste, fort conscient non seulement de l'inimportance relative du Québec et de sa marginalisation croissante

1. L'assistance de Daniel Hubert et de Marie Saumure dans la préparation de ce texte a été précieuse.

sur l'échiquier mondial, mais aussi de la nécessité de faire bon usage de toutes les faibles marges de manœuvre qui restent. Robert Bourassa, homme prudent, va chercher à comprendre, sans toujours réussir, et surtout à respecter une sorte de serment d'Hippocrate économique – ne pas faire trop de mal.

Car Robert Bourassa est d'abord un avocat qui avait une certaine foi économiste. C'était cependant une foi bien pragmatique, utilitaire, opportuniste même. C'est Claude Morin qui disait de lui qu'« il raisonnait à partir de l'hypothèse selon laquelle, si les choses allaient bien dans l'économie, elles ne pourraient pas aller mal ailleurs. Ou si, malgré tout, elles allaient mal, le public, impressionné par la prospérité apparente, ne s'en apercevrait pas » (1991). Il va donc tout au long de sa carrière faire bon usage de l'économisme. Pour lui, le langage économique est surtout une forme de rhétorique utile qui lui permet de rappeler à tout moment qu'il y a des coûts et des avantages attachés à toute action politique. Ces réalités lui sont d'utiles points d'ancrage dans la définition de stratégies.

Bourassa va cependant être mal servi par le discours économique en lequel il a foi. Celui-ci se modifie continuellement et vit des transformations dramatiques d'abord dans les années 1970 puis dans les années 1980. En bon élève, il va changer de discours, quand le vent va changer, mais il aura souvent l'air d'être en retard d'un recadrage. Souvent aussi, parce que sa foi économiste n'est pas ardente, il ne voudra pas aller jusqu'au bout de la logique que lui suggère son raisonnement économique. Ce manque de conviction va lui faire rater bien des occasions, mais lui permettra aussi d'éviter bien des écueils.

Finalement, Robert Bourassa va aussi être mal servi par le fait qu'une économie concrète est un peu comme un Rorschach : on peut en faire bien des lectures. Ses lieutenants ne vont pas nécessairement avoir la même lecture économique que lui, et ils vont, surtout dans les derniers mandats, presser le chef dans des directions qu'il n'acceptera pas d'appuyer avec vigueur.

## LES CONTEXTES

Quand Robert Bourassa arrive au pouvoir en 1970, la socio-économie québécoise est déjà en perte de vitesse depuis le milieu des années 1960. Cela est attribuable à la combinaison de facteurs externes qui ont émergé partout dans le monde industriel et de circonstances plus particulières au Québec.

La croissance économique avait été alimentée dans l'après Seconde Guerre mondiale par l'ouverture des marchés internationaux, une urbanisation rapide et la croissance de la main-d'œuvre industrielle, une forte croissance de la productivité, et une gestion de la demande globale pour assurer le plein emploi. Ces forces s'essoufflent dans tous les pays industrialisés à la fin des années 1960, mais il y a déni de la part des nombreux groupes de détenteurs de créances sociales qui ont été habitués à une croissance rapide depuis deux décennies. On a donc une explosion des salaires, en même temps qu'un ralentissement de la croissance de la productivité, et une chute des investissements. On commence à vivre la stagflation, c'est-à-dire l'accroissement concomitant de l'inflation et du chômage (Cairncross et McRae 1975).

Au Québec, la détérioration a été plus grave qu'ailleurs parce que, après une forte bouffée d'investissements publics dans la première moitié des années 1960, il y a eu ralentissement. Cette chute des investissements publics au moment où les investissements privés chutaient aussi a fait qu'on a pu parler d'un déclin de l'économie québécoise à partir de 1965 (Fréchette et Vézina 1985). Voilà qui explique un désordre social plus profond et une grogne plus vive qu'ailleurs à proportion que l'écart se creuse plus profondément entre la réalité et les attentes.

Le keynesianisme et l'étatisme règnent encore en maîtres en 1970, même si les premiers signes d'essoufflement de cette vision du monde se font déjà jour. Les pressions inflationnistes grondent, le système monétaire international est sur le point de s'effondrer, la fuite en avant engendrée par l'ouverture des marchés et l'urbanisation accélérée ralentit, et les nouvelles dynamiques fondées sur l'innovation sont déjà identifiées et soulignées un peu partout. Ces signes, Robert Bourassa ou bien ne les verra pas ou bien n'en tiendra pas compte suffisamment.

Malgré un discours qui se veut moins grandiloquent que celui de Lesage, et qui, par moment, prend un tour plus « conservateur », Robert Bourassa va rester sous le joug de la rhétorique économique en vogue : il va promouvoir hardiment la continuation d'une politique de l'État entrepreneur qui, avec ses grands travaux, peut venir sans danger à la rescousse de l'entrepreneuriat privé déficient (métro,

Baie-James, Jeux olympiques, modification du statut de la Société générale de financement en société d'État à proprement parler pour en faire un outil de création d'emploi, etc.).

En ce sens, Robert Bourassa, première période, malgré le fait qu'il articule un certain malaise vis-à-vis des politiques technocratiques et étatistes de l'ère Lesage, et qu'il semble, par moments, avoir intériorisé une certaine prudence du gouvernement Johnson, s'inscrit en complète continuité avec les visions du gouvernement Lesage. Le regard de Bourassa reste rivé aux grands agrégats économiques comme « les investissements » et il ne sent pas le besoin d'aller, derrière ces agrégats, mobiliser les forces vives de la méso-économie dans les soubassements du secteur privé et de la société civile, au ras du sol. Tout au moins il ne le fait pas autant que son prédécesseur, Daniel Johnson (Paquet 1991).

Au cours de la période 1970-1976, les résultats du Québec sont médiocres pour ne pas dire franchement mauvais. Cela tient évidemment à un ensemble de facteurs allant du désordre social à la crise énergétique, mais aussi au manque de leadership de Robert Bourassa : il ne saura pas bien diagnostiquer les causes de la stagflation, gérer la crise sociale et enrayer l'explosion des salaires, et mettre en place les politiques qui s'imposent du côté de l'offre (productivité, etc.).

Robert Bourassa aura un double langage dans ces premiers mandats : (1) d'une part il célébrera l'entreprise privée, et d'autre part, il continuera la politique des grands projets publics ; (2) il parle beaucoup de l'importance du secteur privé et des investissements étrangers, mais refuse les avertissements du rapport Descôteaux de 1974 qui recommande un interventionnisme étatique moins macroscopique et davantage un rôle d'animation et de concertation ciblées du côté de l'offre plutôt que la force de frappe des grands projets du côté de la demande ; (3) de plus, Bourassa ne semble pas enregistrer les messages qui viennent de ceux qui, comme Maurice Lamontagne, suggèrent, dans les rapports du Comité du sénat sur la politique scientifique et ailleurs, que le nouveau dynamisme de l'économie vient du côté de l'offre, par la technologie et l'innovation, par la PME, par le bas ; il n'en deviendra conscient que bien plus tard.

Heureusement pour Robert Bourassa, il perd le pouvoir en 1976.

C'est au PQ qu'il reviendra de vivre la très difficile transition. Cela se fera dans le désordre. On improvise, on le fait maladroitement, mais le gouvernement Lévesque essaie de changer de cap, de reconstruire le consensus social, de prendre le virage technologique, etc. Le régime péquiste va voir la mise en application du rapport Descôteaux, la mise en place du régime d'épargne-actions en 1979, le premier sommet socio-économique – autant de signes que le gouvernement cherche à construire de nouveaux partenariats avec les secteurs privé et associatif. Mais les catastrophes s'abattent de partout : second choc pétrolier, politiques fédérales mal inspirées, crise économique grave, tensions sociales atténuées mais encore fort importantes.

Quand, en 1985, Robert Bourassa revient au pouvoir, le keynesianisme n'a plus le vent en poupe. On ne se fie plus aux grands instruments de politique fiscaux et monétaires non plus qu'aux grands projets pour stimuler la croissance économique. On cherche maintenant à bâtir sur des fondements davantage méso-économiques : on cherche le salut dans la créativité et l'innovation par le bon usage des secteurs public, privé et communautaire, comme avait commencé à le faire le PQ, mais sans le carcan d'un État trop lourd et bureaucratique.

Dans ce nouveau contexte, « un profond changement de mentalité s'impose : c'est un rôle plus humble et moins spectaculaire que devra désormais jouer le gouvernement » (Bourassa 1985 :144).

Dans ces derniers mandats, le discours méso-économique de Robert Bourassa est complexe, ne dit rien clairement et n'est pour tout dire pas très convaincant : il veut être axé à la fois sur le marché et sur les partenariats, il se veut néolibéral mais aussi « nationaliste » et partenarial. Au cours de la décennie qui suivra, Robert Bourassa permettra à certains acolytes de lancer des ballons, de faire des études, de proposer des avenues pour réaliser ce programme méso-économique. Ces plans sont inspirés surtout par le néolibéralisme dans le troisième mandat, surtout par la concertation nouveau genre dans le quatrième. Mais Robert Bourassa ne s'engage jamais pleinement dans l'une ou l'autre direction : il se contente de demi-mesures.

Le virage néolibéral des trois rois mages (Scowen, Gobeil, Fortier) va donc tourner court parce que Bourassa s'embourbe dans des positions mitoyennes stériles (Bourque 2000 :113). Quant à la stratégie misant sur la concertation à la Gérald Tremblay, elle se fait presque contre Robert Bourassa et ne donne pas les résultats escomptés – encore que l'accord n'est pas fait à ce propos (Paquet 1999; Bourque 2000).

Les avis sont assez discordants au moment de juger du rendement économique du Québec entre 1985 et 1994. C'est une période de croissance relativement rapide dans les années 1980 suivie d'une récession importante pour le pays au début des années 1990. C'est aussi un moment de grande transformation au pays quand on crée l'espace de libre-échange nord-américain. Il ne faut pas oublier non plus les effets d'écho et le caractère traumatisant de la première récession du début des années 1980 qui a donné un choc important au système social: la nécessité de prendre des moyens radicaux pour arrêter la flambée des salaires produit des résultats, le désordre social s'atténue, le taux d'emploi s'améliore relativement à l'Ontario.

Quant à savoir si cette compétitivité accrue est attribuable à Robert Bourassa, il y a doute. Très certainement, les conséquences des actions prises par les gouvernements qu'il dirige ont contribué à améliorer les résultats du Québec. Mais sa stratégie des demi-mesures porte à croire que son effet personnel a peut-être retardé les progrès qu'on aurait pu faire sur le plan économique au cours de cette période.

## PREMIERS MANDATS : ÉTAT-LEVIER ET GRANDS PROJETS

Robert Bourassa continue dans son premier mandat la tradition de colbertisme qui a habité les années 1960 de l'ère Lesage. Il met l'accent sur un État levier de développement, sur l'exploitation des ressources naturelles, sur une certaine diversification industrielle et sur la propriété des entreprises par les Québécois. L'État se perçoit comme le mieux placé, habilité et outillé pour faire le travail. Cette période a une saveur technocratique. On intervient par le truchement de sociétés d'État ou par voie d'investissement public massif.

Ce travail étatique se fait de l'extérieur, si l'on peut dire, sans la participation des autres intervenants. Tant le patronat que les syndicats québécois se sentent exclus, ce qui fait que le gouvernement Bourassa sera contesté par l'un et l'autre groupe dès le commencement de son premier mandat. Les contrats moraux qui avaient uni les intervenants dans les premiers moments du pré-Québec inc. semblent s'être effilochés.

L'État va travailler à planifier le développement et à attirer les capitaux étrangers nécessaires pour entreprendre certains grands projets de développement basés sur les ressources naturelles ou de développement d'infrastructures. Mais la turbulence dans le soubassement social et le contexte mondial vont miner le travail du gouvernement Bourassa : le désordre et le terrorisme en émergence, les affrontements exacerbés avec les syndicats et le patronat, un consensus social qui s'effrite. Viendra ensuite la crise du pétrole qui révèle la sagesse des investissements hydroélectriques mais en même temps qui frappe toutes les économies industrialisées et en ralentit la croissance.

Ces deux hypothèques importantes (désordre interne et choc pétrolier) commandent un changement de cap pour le second mandat de Robert Bourassa. Cela ne se fera pas. Et pourtant le rapport Descôteaux de 1974 montre la voie, mais le gouvernement Bourassa ne se débarrassera pas de son habitus centralisateur, même s'il demeure hésitant et tatillon. C'est le Parti québécois en 1976 qui mettra en application les recommandations du rapport Descôteaux.

Mis à part les développements hydroélectriques qui se sont avérés *ex post facto* fort sages, le rendement économique dans les deux premiers mandats n'a pas été très bon. Le contexte social et international a été particulièrement taxant, l'instabilité politique a nui aussi, mais il reste que Robert Bourassa durant cette période a suivi surtout les voies tracées par ses prédécesseurs et ne s'est pas montré capable de comprendre aussi vite que ses collègues de l'Ontario l'importance d'une meilleure discipline fiscale et d'un climat fiscal qui encourage l'investissement privé, et les dangers d'un interventionnisme étatique excessif.

Durant cette période, Robert Bourassa est avant tout sur le plan économique un surfer.

Il continue sur la lancée des grands projets dans la logique des années 1960, continue la mise en place d'un appareil étatique dont les devis étaient déjà sur les planches à dessin depuis les années 1960, et ne donne aucun des coups de barre qui s'imposaient aux politiques méso-économiques (Paquet 1971).

Période terne, effet minimal, leadership économique sans grande envergure, ce sont des années qui, par comparaison avec ce qui se passe ailleurs, représentent des occasions perdues et un certain attentisme. Dans le maelstrom des forces malveillantes qui se déchaînent au cours des années 1970-1976, il est difficile de bien déterminer jusqu'à quel point ce rendement économique relativement mauvais est attribuable au leadership de Robert Bourassa. Disons que ses responsabilités ne sont pas nulles.

## SECONDS MANDATS : LA TENTATION DE LA RIGUEUR ET LE GOÛT DE LA CONCERTATION

Robert Bourassa a vécu un long purgatoire et, quand il revient au pouvoir en 1985, il entre dans un monde économique entièrement transformé tant sur le plan idéologique que dans sa trame institutionnelle. Les anciens modèles keynesiens n'ont plus cours. La nouvelle idéologie en vogue est plutôt néolibérale mais avec un intérêt profond pour certaines formes de concertation qui ont bien servi le gouvernement péquiste. De plus, la nouvelle économie donne plus d'importance à la main-d'œuvre hautement qualifiée et à la technologie qu'aux ressources naturelles.

Déjà le PQ, face au second choc pétrolier et à la crise économique, a donné le ton en prenant des décisions courageuses pour arrêter le désastre des finances publiques, donner une douche froide aux expectatives sociales, et il a annoncé la nécessité de faire le virage technologique. Bourassa ne va pas innover, il va hériter d'une série de priorités incontournables et de certaines mauvaises habitudes difficiles à secouer (déni face à la crise des finances publiques, etc.). Le PQ avait fait la preuve qu'une certaine concertation pouvait avoir des effets positifs importants, et qu'un réaménagement de l'intervention étatique s'imposait. Robert Bourassa va tenter de naviguer entre ces contraintes.

Mais son indécision congénitale et sa prudence excessive vont faire qu'il n'osera aller fermement ni dans l'une ni dans l'autre des directions que ses collègues lui proposeront. Bourassa n'est pas prêt à imposer la rigueur néolibérale, que tous, ailleurs, semblent accepter à contrecœur. Il n'est pas prêt non plus à jouer sa tête sur le pari pour une nouvelle forme de consensus social basé sur la participation – sorte de blairisme avant Blair. Bourassa évite les extrêmes mais d'une manière qui trahit un certain désengagement qui ressemble à de l'inconscience et qui ne satisfait personne.

Les grands indicateurs macroéconomiques sont ambigus pour la période de 1985 à 1994. Il s'agit dans un premier temps d'une période où Bourassa surfe sur la croissance nord-américaine. Il hésite à suivre les avis de ceux qui voudraient une politique de rigueur plus vigoureuse, pourtant nécessaire. Et puis, quand viendra la crise entre 1990 et 1994, il hésitera encore et on devra presque lui imposer une politique active de développement industriel susceptible d'aider le Québec à se redonner une concertation porteuse de croissance.

Ces deux grandes hésitations feront que Robert Bourassa va en fait deux fois neutraliser les sources vives et contradictoires au sein de son cabinet : ceux qui veulent donner plus de forces aux impératifs néolibéraux et ceux qui veulent rebâtir une stratégie fondée sur la concertation.

## La tentation de la rigueur

La rigueur s'impose dans les années 1980 à cause des déficits et de la dette. Or le gouvernement Bourassa ne profitera pas de la croissance économique rapide pour juguler ce problème. Le manque de détermination sera mis au test en 1986 quand arrivent sur le bureau de Robert Bourassa les rapports des trois rois mages : Pierre Fortier (sur la privatisation), Paul Gobeil (sur la réforme des organisations gouvernementales) et Reed Scowen (sur la déréglementation).

Ces trois rapports proposent un remède de cheval aux maux de la socio-économie québécoise. Ensemble, ces rapports proposent une philosophie de gouvernance fondée sur la subsidiarité. Ne revient au gouvernement que ce que le secteur privé ou communautaire ne peut pas faire aussi bien. C'est la possibilité de faire, dix ans avant le gouvernement fédéral, l'équivalent de l'exercice d'examen des programmes.

Le caractère « radical » de ces rapports a été dénoncé à l'époque, encore qu'ils ne contiennent rien de vraiment nouveau. Il s'agit d'un ensemble d'actions destinées à relever les défis fiscal, économique et socio-démographique du Québec. Or Robert Bourassa prendra vite ses distances par rapport à ces travaux. Il sent que la population n'est pas psychologiquement prête à les accepter quelles que soient les bonnes raisons pour les mettre en œuvre. Et il n'est pas prêt lui-même à se faire le Thatcher local (Courchene 1987).

Il y aura certaines privatisations, on réformera un peu les organisations gouvernementales, et on déréglementera un peu. Cette stratégie des demi-mesures ne sera pas suivie en raison d'un choix idéologique, Bourassa est simplement casuistiquement pragmatique.

Il n'a ni la conviction ni le courage politique de Reagan et Thatcher. Il partage avec Mulroney un certain agnosticisme qui les fait tous deux trop hésiter avant d'agir à un moment où les citoyens vivent encore dans l'illusion que c'est *business as usual*, que les déficits et la dette sont de faux problèmes. Dans les deux cas, leur foi économique est moins ardente que leur prudence politique.

Les coûts de ce manque d'ardeur vont être importants. Beaucoup de ceux qui défendaient des réformes en profondeur vont quitter le bateau. Fortier, Gobeil et Scowen ne se représenteront pas aux élections de 1989.

Ces péchés d'omission n'empêchent pas l'économie québécoise de progresser, mais minorisent considérablement les efforts pour la débarrasser d'un carcan étatique trop lourd et donc porteur d'inefficacité. Même s'il est fort difficile de mesurer pleinement le degré de sérieux de ces efforts de dégraissage, il semble bien que, malgré certaines privatisations tonitruantes, le nombre d'organismes permanents du gouvernement, que les trois rois mages voulaient voir passer de 202 à 116, est tombé autour de 180 dans les premières années qui suivent, mais était remonté au-dessus de la barre des 200 en 1990 (Bourgault, Dion, Gow 1994).

Voilà qui explique en bonne partie l'incapacité de l'économie québécoise à se débarrasser d'un fardeau fiscal global beaucoup plus lourd que celui de l'Ontario, et donc d'enrayer le processus d'érosion de l'importance relative de la part du Québec dans les investissements privés au Canada – qui est passée de 25 % au milieu des années 1960 à 15 % au milieu des années 1990.

Il serait donc déraisonnable de célébrer ce mandat des années 1980 comme le résultat d'un leadership économique impressionnant de Robert Bourassa. Croissance économique il y a eu, redressement partiel de certains indicateurs aussi, mais le plus souvent attribuable au contexte ou aux pressions d'autres acteurs clés plutôt qu'à l'action de Robert Bourassa.

## Le pari sur la concertation

Les gains relativement minimes des années 1980 ont laissé tous les intervenants sur leur appétit. Les années 1990 posaient pour leur part un double défi : d'abord celui du libre-échange nord-américain qui ouvre le marché américain aux entreprises québécoises mais ouvre aussi le Québec à la concurrence du reste du continent et, ensuite, la récession du début des années 1990.

La croissance importante des exportations canadiennes engendrée par l'accord de libre-échange va sortir le Canada de la récession, mais on va sentir le besoin de ne pas s'en remettre entièrement au marché libre. Les ténors néolibéraux ayant tiré leur révérence, on va s'interroger sur les expériences de réseautage qui marquaient les beaux jours de Québec inc. Et on va se demander quel type de concertation pourrait accroître la compétitivité de la socio-économie québécoise.

Cette tentation de la concertation ne viendra pas d'une seule source et ne se concrétisera pas en un seul lieu ou dans une seule dimension. Il y aura volonté nouvelle dans la société civile de prendre les mesures nécessaires pour survivre dans un monde d'où les gouvernements se dégagent plus ou moins rapidement de certaines de leurs obligations traditionnelles. Le Forum sur l'emploi montre toute la résilience de cette société civile qui a décidé de se prendre en main. Apparaissent aussi sur la scène politique des nouveaux venus, comme Gérald Tremblay, plus interventionnistes, plus nationalistes, davantage portés à miser sur le concertation. On va sentir leur influence dans le monde de la main-d'œuvre, du développement régional et du développement industriel.

On aurait tort de minimiser l'effet de ces initiatives. Elles n'ont pas accompli autant qu'on l'avait espéré parce que le capital social de base et la socialité n'étaient pas au rendez-vous, mais le désordre social est apaisé, l'investissement productif croît, et le taux d'emploi grandit.

Robert Bourassa va réagir avec autant de réserve à ces efforts de certains de ses ministres pour orchestrer une politique active de développement économique dans le dernier mandat qu'il l'avait fait aux propositions des néolibéraux dans son avant-dernier mandat.

Une analyse attentive des événements qui ont mené au développement du projet de grappes industrielles de Gérald Tremblay montrerait que Tremblay va devoir bousculer Robert Bourassa et court-circuiter le gouvernement à l'automne de 1991. Il faut dire que crise oblige.

Sans l'appui inconditionnel de Robert Bourassa, ces initiatives survivent mais ne portent pas les fruits escomptés. J'ai suggéré ailleurs (Paquet 1999) que ces efforts de concertation ont tourné court à cause d'une érosion du capital de confiance, sans toutefois nier les effets bénéfiques de ces nouveaux partenariats. Gilles L. Bourque (2000) argue pour sa part que, malgré les résultats mitigés, il y a eu en fait beaucoup d'effervescence et l'émergence d'un nouveau Québec des solidarités comme effet non prévu de ces bouillonnements.

Il est vrai que le coefficient d'activité de concertation augmente au cours de cette période. La CSN range ses armes et la FTQ prône ouvertement la concertation ; le Conseil du patronat du Québec lance son rendez-vous économique ; il y a explosion du nombre de regroupements et d'associations de développement économique communautaire ; les actions gouvernementales pour susciter la concertation se font aussi jour avec des énoncés de politiques qui s'accumulent en 1991-1992 – main-d'œuvre, grappes industrielles, développement régional. C'est le passage d'une politique d'État-providence vers une politique d'État-partenaire (Bourque 2000 : ch. iv).

La liste des tables de concertation et des lieux de partenariat et de contrats sociaux est longue. Cependant, l'effet est fort limité. Même Gilles L. Bourque, qui a bien documenté ce renouvellement du modèle québécois, est fort prudent dans ses conclusions. Plus important pour notre propos, il est loin d'être certain que Robert Bourassa puisse être considéré comme le parrain de cette effervescence.

Certains entrepreneurs en changement social, dont Gérald Tremblay est certainement l'un des plus importants, vont redonner un certain souffle à l'appareil d'État, un rôle plus important dans la coordination des activités méso-économiques. Mais il s'agit d'une effervescence qui, si elle contribue à modifier lentement les mentalités et commence à construire une nouvelle socialité capable peut-être dans l'avenir de fonder une concertation sérieuse, n'a pas encore produit ses résultats. Quant aux répercussions de la politique des grappes industrielles et des concertations qu'elle a alimentées, rien de catastrophique mais ce n'est pas un grand succès.

On n'y trouve pas non plus l'empreinte digitale de Robert Bourassa.

Dans les années 1990, Robert Bourassa est encore obnubilé par la possibilité de faire le travail de réjuvénation de l'économie non pas par le partenariat, mais par le simple jeu des incitations fiscales. Cette ronde de déductions fiscales et de crédits d'impôts que Robert Bourassa va vigoureusement patronner, malgré les échecs retentissants des années 1980, et son refus de parier sur les partenariats nécessaires et de miser sur la concertation montrent à l'évidence son retard à percevoir l'importance centrale des réseaux dans la nouvelle économie.

Pas question de tirer des conclusions définitives de ces quelques vignettes. Pas question non plus de se contenter de listes comme celle-ci, puis de tirer la ligne, et de présenter Robert Bourassa comme la simple somme de ces mandats. Ce ne rendrait pas justice à l'homme. En plus de cette somme, il y a le reste. Ce reste est fort difficile à jauger et tient dans une évaluation de son leadership.

D'une part, dans un monde en turbulence, le leadership ne s'exprime pas nécessairement de la même manière que dans des conditions d'accalmie. Même s'il n'est pas à l'origine du projet de la Baie-James, Robert Bourassa va s'en faire le chantre. Cet appui va faire toute la différence. Mais, si on voit la « main visible » de Robert Bourassa dans ce dossier, il faut accepter de voir aussi le « pied visible » du même Robert Bourassa freinant aussi bon nombre d'initiatives (Magee 1984). Et il faut mettre au passif de son règne ces initiatives ou ces aventures qui ont mal tourné parce qu'il ne les a pas soutenues avec suffisamment de vigueur.

D'autre part, dans la plupart des dossiers traités au cours de ces quinze ans, il est naïf de croire que cette sorte de leadership transversal (aussi important qu'il puisse être dans des dossiers précis) va être capable d'imprimer une direction précise à tous les dossiers économiques. Le contexte, les partenaires ou la chance ont souvent eu des effets beaucoup plus importants que la seule volonté de Robert Bourassa ou que sa seule indécision. Et en fait, à proportion que la nouvelle économie se complexifie, la valence de Robert Bourassa s'atténue. Dans les premiers mandats, ses actions portaient bien plus à conséquence (pour le meilleur et pour le pire) que dans ses derniers mandats où on a l'impression qu'il était surtout question de bémols et de freinage.

Finalement, au moment de passer jugement sur l'œuvre économique de Robert Bourassa, il est important de se rappeler que la politique publique se définit comme un modèle d'action ou d'inaction choisi par les autorités publiques pour traiter d'un problème ou d'un ensemble de problèmes interreliés (Pal 1997). Dans un monde qui privilégie la « solutionnite » et qui prétend réduire tous les problèmes à des casse-têtes n'ayant qu'une seule « bonne » solution technique, on célèbre les « solutionnistes » (Segal 1997) et on tance ceux qui insistent pour complexifier les choses et pour dire qu'il n'y a pas de « solutions » aux vrais problèmes mais seulement des « réponses » plus ou moins adéquates.

Robert Bourassa a été un leader moderne et modeste. Son leadership transversal était bien ancré dans une forme d'intelligence que les Grecs connaissaient bien – la métis. C'est un ensemble cohérent d'attitudes et de comportements intellectuels combinant « le flair, la sagacité, la prévision, la souplesse d'esprit, la feinte, la débrouillardise, l'attention vigilante, le sens des opportunités » et qui s'applique à « des réalités fugaces, mouvantes, déconcertantes, ambiguës, qui ne se prêtent ni à la mesure précise, ni au calcul exact, ni au raisonnement rigoureux » (Détienne et Vernant 1974).

Robert Bourassa est un maître de la métis. Certains comme Platon dénoncent cette intelligence tâtonnante, d'autres comme Aristote en font l'éloge parce que c'est le fondement de la prudence.

Il se peut que Robert Bourassa ait fait un usage abusif de la métis, que cette intelligence fluide l'ait parfois mal servi, ou qu'il soit devenu dans certains dossiers un véritable homme de Buridan – incapable de choisir. Il ne faudrait pas pour autant le diaboliser ou le déifier.

En effet il serait périlleux d'attribuer métonymiquement (en prenant la partie pour le tout) à Robert Bourassa tout le crédit pour les succès et les échecs économiques du gouvernement du Parti libéral du Québec ou du gouvernement du Québec ou de la socio-économie québécoise au cours de ces périodes.

Mieux vaut conclure avec Gilles Lesage dans *L'Année politique au Québec 1993-94* qu'il savait « faire travailler ensemble des personnes très différentes » et que « sans mesquinerie mais avec roublardise, le magicien fut souvent un illusionniste débonnaire, simple et sympathique ».

Voilà pourquoi, peut-être, les commentateurs ont utilisé un bestiaire considérable pour étiqueter cet homme flegmatique et insaisissable (Lesage 2002). C'est que les catégories usuelles semblaient tellement inadéquates justement : le bestiaire cherchait à cerner le reste, ce qui échappe aux analyses traditionnelles.

## BIBLIOGRAPHIE

Bourgault, J., S. Dion, J.I. Gow, 1994, « L'évolution du rôle des organismes centraux des gouvernements du Québec 1960-1994 » dans A.G. Gagnon, dir., *Québec : état et société, Montréal,* Québec-Amérique,

Bourassa, R., 1985, *Le Défi technologique,* Montréal, Québec-Amérique.

Bourassa, R., 1995, *Gouverner le Québec,* Montréal, Fides.

Bourque, G.L., 2000, *Le Modèle québécois de développement – de l'émergence au renouvellement,* Sainte-Foy, Presses de l'Université du Québec.

Cairncross F. et H. McRae, 1975, *The Second Great Crash,* London, Methuen.

Courchene, T.J., 1987, *Les Offrandes des trois rois mages,* Toronto, C.D. Howe.

Détienne, M., et J.P. Vernant, 1974, *Les Ruses de l'intelligence,* Paris, Flammarion.

Fréchette, P. et J.P. Vézina, 1985, *L'Économie du Québec,* Montréal, Les Éditions HRW.

Lesage, G., 2002, « Robert Bourassa, équilibriste et magnanime », *Le Devoir,* mars 16-17, B.1-2

Magee, S., 1984, « Endogenous Tariff Theory : A Survey » in D.C. Colander (ed.) *Neo-classical Political Economy,* Cambridge, Mass., Ballinger.

Morin, C., 1991, *Mes premiers ministres : Lesage, Johnson, Bertrand, Bourassa, et Lévesque,* Montréal, Boréal.

Pal, L., 1997, *Beyond Policy Analysis,* Toronto, Nelson.

Paquet, G., 1971, « Un État empêtré dans une société temporaire » C. Ryan, dir., *Le Québec qui se fait,* Montréal, HMH, p. 123-128.

Paquet, G., 1991, « Daniel Johnson et la société spectrale » dans R. Comeau, M. Lévesque, Y. Bélanger, dir., *Daniel Johnson – Rêve d'égalité et projet d'indépendance,* Sillery, Presses de l'Université du Québec, p. 369-378.

Paquet, G., 1999, *Oublier la Révolution tranquille,* Montréal , Liber.

Segal, H., 1997, *Beyond Greed,* Toronto, Stoddart.

# La Baie-James: une partie de son héritage économique

GUY SAINT-PIERRE

Élu le 29 avril 1970 avec le slogan électoral « 100 000 emplois », on pouvait s'attendre à ce que Robert Bourassa attacherait beaucoup d'importance aux grandes questions économiques. Dans ses interventions publiques, il lançait souvent le leitmotiv « Pas de progrès social ou de sécurité culturelle, sans croissance économique ». Création d'emplois, productivité, investissements, exportation, innovation étaient des thèmes qui revenaient souvent dans des discussions avec lui.

Je voudrais m'attarder à un projet particulier qui fut, à mon sens, sa contribution la plus importante, sur le plan économique, à la société québécoise. Il s'agit, bien sûr, du projet de la Baie-James. Sans sa vision, son leadership, sa détermination, ce projet n'aurait jamais vu le jour tel que nous le connaissons aujourd'hui. Pour employer une expression populaire, le Québec aurait pu « manquer le bateau » sur le plan économique. À cette époque, il y avait une conjoncture qui aurait pu appauvrir le Québec d'une façon très sérieuse. Revoyons certains éléments du dossier.

Comment est né ce projet ? Entre 1964 et 1968, Hydro-Québec avait poursuivi des travaux d'exploration du territoire de la Baie-James. Durant cette période, on s'attarda surtout sur le potentiel hydroélectrique des rivières les plus au sud, soit la Nottoway, la Broadback et la Rupert – connues comme le complexe NBR. En 1968, le parti alors au pouvoir à Québec, l'Union nationale, sabrait de 20 millions de dollars le budget d'Hydro-Québec relié aux travaux à la Baie-James. Le conseiller économique du gouvernement, Jacques Parizeau, estimait « que le coût de développement des ressources de cette région éloignée serait trop élevé et que le Québec devait plutôt se tourner vers l'énergie nucléaire ».

Pendant ce temps, sous le leadership éclairé de François Rousseau, un cadre à la retraite d'Hydro-Québec qui avait accepté le poste de vice-président chez Acres Québec, un groupe de jeunes ingénieurs tentaient de définir un vaste projet hydroélectrique. Pour différentes raisons, nous avions opté, non pas pour l'aménagement des rivières du complexe NBR, mais pour celui de la rivière La Grande, beaucoup plus au nord. Personne ne nous avait mandatés pour ce travail ; nous le faisions gratuitement en espérant intéresser les gens d'Hydro-Québec. Malgré beaucoup d'efforts, en 1968 et 1969, les décideurs d'Hydro-Québec montraient peu d'intérêt à nos travaux... bénévoles ! ! !

Je me souviens des longues discussions que nous avions avec François Rousseau, après les heures normales de travail sur différents aspects du projet. Dans le groupe, il y avait surtout Claude Laliberté, un ingénieur hydraulicien, qui deviendra plus tard président de la Société d'énergie de la Baie-James (SEBJ). Il y avait aussi Miville Gagnon et Genest Bordeleau. D'autres collègues du temps, dont Roger Warren, René Cayer, Gilles Sauvé et Jean-Paul Dick participaient sporadiquement à ces études, étant pris jusqu'à 100 % par notre participation au projet de Churchill Falls et à d'autres mandats détenus par Acres Québec.

Un concours imprévu de circonstances fit de moi le candidat libéral dans le comté de Verchères à l'élection générale du 29 avril 1970. Nommé ministre de l'Éducation treize jours plus tard, j'étais très absorbé par l'apprentissage de ces nouvelles fonctions. J'ai néanmoins organisé une rencontre entre quelques sous-ministres de ministères à vocation économique et mes anciens collègues d'Acres Québec afin de permettre à ces derniers d'exposer le travail fait sur le potentiel hydroélectrique de la rivière La Grande. Cette rencontre ne donna aucun résultat.

Je me retournai alors vers Paul Desrochers, le conseiller spécial du premier ministre. Une première rencontre eut lieu à Montréal – de mémoire au Club Saint-Denis – le 12 juin 1970. Au cours de la réunion, François Rousseau évoque le potentiel hydroélectrique de la rivière La Grande au nord de la baie James. Intrigué par le projet et ayant à l'esprit les 100 000 emplois promis par son patron, Paul Desrochers lui-même provoque une nouvelle rencontre, seul avec François Rousseau, trois jours plus tard, soit le 15 juin 1970. Ils dînent dans un restaurant de Montréal et la rencontre se poursuit à l'appartement de François Rousseau sur la rue Sherbrooke Ouest. Revoyant cartes, données, projets préliminaires, estimations de coûts, etc., la réunion se terminera à 4 h 30 le lendemain matin.

Paul Desrochers est convaincu… À mon point de vue, le bébé « Baie-James » venait de naître ! Les astres lui prévoyaient une enfance agitée et difficile, mais qui recelait un très grand potentiel à l'âge adulte !

Plus de dix ans plus tard, Paul Desrochers déclarait à Roger Lacasse, auteur du livre *Baie James une épopée*: « François Rousseau est celui qui m'a vendu l'idée de la Baie-James. Chiffres à l'appui, je l'ai vendue à Robert Bourassa et, à partir de ce moment, il a dirigé le projet de main de maître. On peut reprocher beaucoup de choses à Robert Bourassa, mais il a su déceler dans ce projet tous les avantages que le Québec pouvait en retirer. »

La première fois que j'entendis les mots « projet de la Baie-James », de la bouche de Robert Bourassa, fut à la fin de septembre 1970 lors d'une réunion spéciale de deux jours du Conseil des ministres au lac à l'Épaule.

Une semaine plus tard, la crise d'Octobre éclatait avec l'enlèvement du diplomate James Cross à Montréal. Malgré tout, Hydro-Québec donna des mandats d'ingénierie préliminaire à deux firmes de Montréal, soit ABBDL et Rousseau Sauvé, Warren, RSW, c'est-à-dire ex-Acres Québec. Le mandat original ne portait que sur le complexe NBR, mais le bouillant François Rousseau fit élargir le mandat pour inclure La Grande Rivière .

Je me souviens d'une réunion particulièrement difficile le 26 mars 1971, au bureau d'Hydro-Québec, entre des gens du gouvernement et d'Hydro-Québec, dont trois commissaires. Durant la journée, des présentations furent faites par des ingénieurs des deux firmes. À la fin de la réunion, tout en haussant la voix, et sur un ton qui ne laissait aucune place à la discussion, Paul Desrochers a dit : « Le projet de la Baie-James va se faire avec ou sans Hydro-Québec. Est-ce clair ? »

Le ton et l'attitude rappellent ceux pris par René Lévesque en février 1979, lors d'une rencontre avec les autorités d'Hydro-Québec et celles de la SEBJ, au sujet d'un règlement hors cour avec certains individus et syndicats, dans ce que l'on a appelé le saccage de la Baie-James en 1974 et je cite monsieur Lévesque : « Vous réglez, crisse, ou on va régler. »

Dès l'annonce du projet le 30 avril 1971, l'opposition principale au projet venait surtout du Parti québécois. Le ténor officiel du parti était Jacques Parizeau, alors qu'à l'Assemblée nationale c'était le député de Dorion, Guy Joron. L'espace me manque pour citer toutes les déclarations du PQ qui condamnaient la Baie-James sur la forme comme sur le fond, et qui, en même temps, favorisaient la filière nucléaire. Avec l'avantage du recul du temps, quelques déclarations me semblent intempestives et, même, farfelues. Jugez-en par vous-mêmes.

Jacques Parizeau dénote peu de modestie et un brin d'arrogance lorsqu'il exprime son choix. Il faut rejeter la Baie-James et choisir le nucléaire. Dès l'annonce du projet le 30 avril 1971, il déclare : « Les retombées industrielles de la Baie-James seront marginales et surtout temporaires, alors que l'énergie nucléaire pourrait d'ores et déjà mobiliser une main-d'œuvre technique spécialisée et orientée vers l'avenir. » Il poursuivit en disant : « Il faut cesser de s'accrocher au maudit mythe des richesses naturelles au Québec. Ce n'est pas parce qu'il y a une rivière canadienne-française et catholique qu'il faut absolument mettre un barrage dessus. » Et de poursuivre : « Le projet (de la Baie-James) c'est du délire ! »

Le député de Dorion, Guy Joron, est plus nuancé. Il dit lui-même que son opposition au projet porte plus sur la forme – création de la Société de développement de la Baie-James (SDBJ), échéancier, etc. – que sur le fond. Mais son choix est très clair : il faut choisir le nucléaire. Dans une lettre au *Devoir* du 31 mai 1971, il avoue que le nucléaire ne procure pas au consommateur de l'électricité meilleur marché… mais le nucléaire doit être retenu, car il permettra de différer l'augmentation des tarifs et de réduire par 2 milliards de dollars les emprunts d'Hydro-Québec.

Dans un pamphlet du Parti québécois de juin 1972 « l'Affaire de la Baie-James » on disait : « Lorsqu'il fait miroiter la possibilité de vendre de l'électricité aux Américains, M. Bourassa pêche par inconscience ou, alors, il se paie la tête des Québécois. »

Dans son édition du 6 février 1972, l'hebdomadaire *Québec-Presse*, presque une officine du PQ, titre : « L'énergie nucléaire : deux fois moins cher ! »

Le Parti québécois retira son appui à la filière nucléaire en 1977, un an après la victoire de 1976. Il est bon de souligner que ceux qui envisageaient l'énergie nucléaire, au début des années 1970, n'avaient pas d'autres choix. C'était soit le nucléaire, soit le thermique.

En Amérique du Nord, seuls Terre-Neuve, le Québec, le Manitoba et la Colombie-Britannique avaient des réserves importantes d'énergie hydroélectrique. En évoquant la réalisation de la Baie-James, il faut mentionner la contribution très importante de Roland Giroux et de Robert Boyd.

Comme on le sait, durant les trente dernières années, l'énergie nucléaire n'a pas connu – surtout en Amérique du Nord – le succès fulgurant que plusieurs prédisaient en 1970. Pour différentes raisons, plusieurs centrales nucléaires ont connu de très sérieux problèmes : augmentation prononcée des coûts de construction et d'exploitation, opposition très forte des populations locales, craintes vis-à-vis de l'environnement, de la sécurité et du recyclage des matériaux utilisés. Aux États-Unis, certains projets nucléaires ont amené des grandes entreprises aux portes de la faillite. Les dossiers sont bien connus. Il suffit en 2002 de comparer le bilan financier d'Hydro-Québec avec celui de son voisin de l'Ontario, qui lui a très nettement favorisé le nucléaire, depuis 40 ans. Il faut se rappeler que l'Ontario avait très peu d'énergie hydroélectrique à mettre en valeur.

Il serait erroné de croire que le Québec n'aura jamais recours au nucléaire. C'est une forme d'énergie propre, sécuritaire et compétitive avec l'énergie thermique. Mais, en 1970, ce n'était pas le bon choix.

Pour moi, la conclusion à tirer de ce débat est claire : Robert Bourassa avait raison et l'opposition était dans l'erreur.

En fait, si la vision de Jacques Parizeau de favoriser le nucléaire avait prévalu, on peut esquisser les différents chantiers de construction qui auraient surgi dans le ciel québécois pour remplacer la Baie-James. Le projet de la Baie-James – Complexe La Grande – qui fut éventuellement construit a une puissance installée de 15 244 mégawatts. L'équivalent de 15 244 MW, c'était 22 centrales nucléaires de 700 MW. Pour ceux qui ne seraient pas familiers avec la technologie – de type CANDU ou autres – il faut rappeler que les centrales nucléaires doivent être construites près des centres urbains, grands consommateurs d'énergie, et qu'elles demandent de fortes quantités d'eau pour le refroidissement des systèmes.

Appliqué au Québec, cela se serait traduit par la construction de 22 centrales nucléaires de 700 MW échelonnées le long du Saint-Laurent, entre Valleyfield et Québec, avec un forte concentration sur la rive sud entre Montréal et Sorel. Avec un peu de chance, le premier ministre actuel du Québec aurait pu avoir, comme voisin, une centrale nucléaire près de sa résidence à Verchères !

Le Québec serait-il plus pauvre aujourd'hui s'il avait rejeté en 1970 le projet de la Baie-James et amorcé un programme de construction de 22 centrales nucléaires de 700 MW ? Je pense que oui et d'une façon très substantielle.

Chaque année, les 65 groupes électrogènes de la Baie-James produisent 78,5 térawattheure (tWh) d'énergie qui est acheminée principalement à Montréal. Depuis le début des livraisons d'électricité de la Baie-James en 1981, quelque 1 447 tWh d'énergie électrique ont été produits jusqu'à la fin de décembre 2001. En dollars canadiens de 2001, on estime le coût par kilowattheure à 4,15 cents pour la Baie-James. On estime le coût du nucléaire, encore une fois, en cents 2001, et l'énergie livrée à Montréal à 6,12 cents par kWh.

Cela semble peu mais il y a eu plusieurs milliards de kilowattheures produits depuis 1981.

En fait, pour répondre à la question du coût pour le Québec, l'énergie nucléaire aurait coûté, toujours en dollars 2001, 28,5 milliards de plus que le coût de l'énergie de la Baie-James. La dette nette du Québec étant de 88,2 milliards dollars, le choix du nucléaire aurait eu pour effet d'augmenter la dette nette du Québec de 32,3 %.

En évoquant le projet de la Baie-James, je pense, bien sûr, à François Rousseau. Lui qui a tellement cru à ce projet et qui a donné toute son énergie pour qu'il se réalise mériterait que l'on désigne par son nom un ouvrage important du projet.

Mais je pense aussi à Robert Bourassa.

Il faut se rappeler que, dans notre système parlementaire, le premier ministre a beaucoup de pouvoir, surtout lorsqu'il a l'appui de ses ministres et ses députés. Il choisit et nomme ses ministres, il contrôle l'ordre du jour des réunions du cabinet, il contrôle le programme législatif du gouvernement, il peut déclencher des élections générales, il peut renvoyer pour des études plus approfondies les projets qu'il n'aime pas, comme il peut accélérer la réalisation des projets qui lui tiennent à cœur.

Sans Robert Bourassa, le projet de la Baie-James, tel qu'il fut construit, ne se serait jamais réalisé.

Robert Bourassa avait raison de dire : « Ce que je trouve formidable, et c'est pour cela que j'en suis tellement fier, c'est que le développement des ressources hydroélectriques est peut-être ce qu'il y a de plus rentable. Ce sont des millions, des milliards de dollars que la Baie-James va nous apporter au cours des prochaines générations. » Il avait raison.

J'aime le titre de votre colloque. Le personnage Robert Bourassa passera sûrement à l'histoire et, dans quelques années, on aura oublié les titres malicieux de livres écrits par un journaliste qui est vite devenu un adversaire politique et on retiendra que Robert Bourassa fut véritablement un bâtisseur tranquille.

**LA BAIE-JAMES ET LE NUCLÉAIRE**

| | HYDRO | NUCLÉAIRE |
|---|---|---|
| Nombre d'unités | 65 | 22 |
| Type | | 700 MW |
| Puissance installée MW | 15 244 | 15 400 |
| Énergie annuelle (tWh) | 78,5 | 114,6 |
| Facteur utilisation | 58,7 | 85 |
| Année de mise en service | 1981-1996 | |
| Coût en millions ($ 2001) | 32 780 $ | 44 000 $ |
| Investissement $/kW | 2 150 $ | 2 857 $ |
| Coût d'investissement c/kWh | 4 | 3,66 |
| Coût d'exploitation c/kWh | 0,15 | 2,46 |
| **C/kWh** | **4,15** | **6,12** |

# Les grands dossiers économiques

Ghislain Dufour

J'ai bien connu Robert Bourassa, l'homme politique et l'homme tout court. En fait, je suis arrivé au Conseil du patronat en 1969, et M. Bourassa a été élu premier ministre du Québec en 1970. J'ai donc eu l'occasion de le rencontrer en je ne sais plus combien d'occasions de recevoir plusieurs de ses téléphones pour une consultation éclair à 1 h du matin, après qu'il eut lu ses journaux (même si je sais qu'il consultait également, de la même façon, Louis Laberge et Marcel Pepin), de le rencontrer en tête-à-tête sur le toit de l'ex-bunker, ou encore de discuter de questions souvent très difficiles, sur l'étroite bande de jardin qui séparait sa maison de la piscine à Outremont...

Ceci étant, parler de monsieur Robert Bourassa et décrire l'essentiel de son engagement économique dans le Québec d'alors, en quelques pages, c'est un peu comme demander à un alpiniste, fût-il le meilleur, d'escalader le mont Everest en peu de jours. Mes propos seront donc succincts et graviteront essentiellement autour des pôles suivants : ses principales réalisations économiques ou para-économiques, les principaux dossiers économiques avec lesquels il a connu certaines difficultés et ses principales qualités, qui lui ont permis de mener à terme ces divers projets. Je tirerai, en terminant, quelques conclusions personnelles de ce que j'ai conservé comme image de l'homme dans cet environnement économique.

Ses principales réalisations économiques ou para-économiques

On peut classer ses principales réalisations économiques sous deux grands chapitres. D'une part, l'économie proprement dite et, d'autre part, les dossiers à caractère socioculturel qui ont eu un effet économique important, réalisations que j'appelle para-économiques.

C'est sur le plan économique, son obsession de toujours (rappelons-nous le slogan des 100 000 emplois), que M. Bourassa aura marqué davantage ses 15 ans de vie politique. Je mentionne à cet égard quelques-unes de ses principales réalisations. En premier lieu, pensons à la mise sur pied du Conseil de planification et de développement du Québec, en 1971. Ce conseil ne vivra que quelques années mais il fut l'ancêtre en somme de tous ces conseils consultatifs et de ces mécanismes de concertation qui verront plus tard le jour sous le Parti québécois. M. Bourassa avait donc déjà innové à cet égard. Vient ensuite le développement de la Baie-James qui fut sûrement le plus important projet de développement économique qu'ait connu le Québec des cinquante dernières années; ce projet de développement économique fut sûrement d'ailleurs la réussite numéro 1 de la carrière politique de M. Bourassa. Pensons aussi à l'apport de M. Bourassa au dossier du libre-échange canado-américain. Comme bien d'autres, il aurait pu s'y opposer, comme l'ont fait ceux que l'on a l'habitude d'appeler les grands frères libéraux d'Ottawa. Mais, lui-même économiste, M. Bourassa avait vite compris que l'interdépendance économique était beaucoup plus prometteuse que ce que nous proposaient les discours syndicaux et certains discours fédéraux de l'époque. En outre, la privatisation de nombreuses sociétés d'État, surtout au début de son deuxième mandat en 1985. Rappelons-nous ce discours rafraîchissant lorsqu'il nous disait que l'État n'avait pas à être raffineur de sucre, marchand d'aluminium, ou à posséder sa propre flotte aérienne; c'est un nouveau Québec qu'il nous proposait alors et nombreux sont ceux qui adhéraient à cette nouvelle vision d'un Québec moderne, et j'étais un de ceux-là... Finalement, je mentionne encore son intérêt soutenu pour le développement de l'aérospatiale, un secteur devenu aujourd'hui un des moteurs industriels les plus importants du Québec.

Mais son intérêt direct pour le développement économique n'en fera pas moins un ardent défenseur d'une multitude de dossiers sociaux et culturels qui ont eu et ont toujours des retombées considérables sur le développement économique. Rappelons-nous les suivants. D'abord, un dossier à caractère social, s'il en est un, est celui de l'assurance maladie. Celui-ci a eu et a toujours des répercussions économiques importantes. Pensons ensuite aux lois suivantes: celle sur la protection du consommateur qui a eu l'heur de policer bon nombre d'activités économiques; la Loi sur le statut de l'artiste, qui était, rappelons-nous, à caractère davantage fiscal que culturel, et la loi 34 sur la qualité de l'environnement qui en a fait grincer plus d'un. Bien sûr, avec cette dernière nous étions loin des discussions entourant l'accord de Kyoto mais les répercussions économiques qu'elle entraînait étaient considérables, notamment dans les secteurs primaire et manufacturier. Finalement, et je la mentionne en terminant mon énumération, la loi 22 de 1974 qui faisait du français la langue officielle au Québec, et ce bien avant la loi numéro 1 de M. Camille Laurin. Disons–le franchement: ce sont les libéraux et non les péquistes qui ont fait du français la langue officielle au Québec.

Qui dira par ailleurs que la loi 22 et, éventuellement, les lois 1 et 101 du Parti québécois n'ont pas eu des effets économiques marquants sur le Québec? Que l'on se rappelle simplement la réaction des anglophones du West Island à la passation de la loi 22... et à l'émigration de beaucoup d'entre eux vers d'autres cieux, avec toutes les conséquences économiques de cette migration...

Certains dossiers l'ont par ailleurs carrément embêté et comment!

Il y a bien sûr les échecs de Meech et de Charlottetown, dont on ne saurait minimiser les conséquences économiques. Si l'Accord du lac Meech avait été conclu, beaucoup moins de temps aurait été consacré au dossier constitutionnel et beaucoup plus de temps aurait été consacré aux divers dossiers économiques au cours des années qui ont suivi ces deux échecs.

Et que dire de l'épisode du FLQ? De l'emprisonnement de nos trois chefs syndicaux (Pepin, Laberge et Charbonneau) et de nos relations du travail pourries du début des années 1970? De la crise d'Oka? Tous ces dossiers, et bien d'autres encore, ont eu des conséquences négatives économiques considérables. Pensons simplement à la mauvaise qualité de nos relations du travail durant les années 1970 et aux coûts de ces relations du travail pourries...

Je conclurai ce volet de ma réflexion en signalant qu'il en faut du cran pour traverser ces périodes économiques et sociales difficiles, pour ne pas se sentir démoli, pour surmonter l'adversité et... continuer de gouverner la tête haute, comme l'a fait M. Bourassa.

## SES PRINCIPALES QUALITÉS

Ce n'est pas pour rien d'ailleurs que la grande majorité des analystes tant économiques que sociaux, politiques ou autres, ont toujours reconnu chez lui une multitude de grandes qualités, notamment les suivantes, applicables autant à sa façon de gérer les dossiers économiques que les autres : sa connaissance du dossier européen, grand démocrate, d'une affabilité extraordinaire, magnanime, habile négociateur... Au service des autres d'abord et avant tout, ce qui explique d'ailleurs qu'il ait retardé à se faire soigner à l'époque, pour demeurer au service des siens...

Les hommages à son endroit, référant tout autant à ses réalisations économiques qu'à ses autres réalisations, n'ont d'ailleurs jamais manqué, allant du « calmant ambulant » de René Lévesque à la reconnaissance, par Lucien Bouchard, de son amabilité, de sa tolérance, de sa ténacité, de son courage, de sa simplicité et surtout de sa fidélité au Québec. Notons également son sens de la tolérance et son écoute, selon Michel Vastel, son sens de l'honneur et sa grande intégrité, selon Dufresne et Parisella, son sens du consensus et de la discipline, selon Gilles Lesage. Admettons-le cependant, M. Bourassa n'était pas un saint : personne n'a d'ailleurs demandé à ce jour sa béatification !

À cet égard, je me permettrai deux commentaires d'ordre économique moins positifs. D'abord, le fait d'avoir quitté trop rapidement le Québec au lendemain de la défaite de 1976, faisant notamment du Conseil du patronat l'opposition économique officielle au nouveau gouvernement péquiste pour les deux ou trois années qui ont suivi, avec tous les aléas qui en ont découlé pour nous. Croyez-moi, nous avons reçu alors plus que notre part de crocs-en-jambes du Parti québécois de l'époque et ce n'était pas correct que l'opposition au gouvernement soit extra-parlementaire. Ensuite, le fait d'avoir remis en cause, à la fin de son mandat, le projet Grande-Baleine dans des circonstances qui nous ont toujours paru nébuleuses, et alors que nous avions réussi à bâtir une importante coalition pro Grande-Baleine, coprésidée par Richard Le Hir, alors président de l'Alliance des manufacturiers et des exportateurs du Québec (AMEQ), Clément Godbout de la Fédération des travailleurs du Québec (FTQ) et moi-même, coalition qui a probablement été l'une des plus importantes jamais organisée au Québec. À son arrivée au pouvoir en 1994, M. Parizeau, fort de cette hésitation de M. Bourassa face au projet, s'est d'ailleurs empressé de retirer tout oxygène possible à sa réalisation. Nous avons à l'époque qualifié cet épisode d'excessivement malheureux.

Je conclurai en rappelant que M. Bourassa a laissé un héritage politique extraordinaire, en marquant notamment très positivement l'histoire économique du Québec. Il a fait preuve de beaucoup d'intelligence, de courage, de ténacité et de finesse en cette matière notamment. Je garde de lui l'image, en matière économique comme en bien d'autres matières, d'un homme politique extrêmement chaleureux, passionné de la politique, l'image d'un stratège redoutable, d'un travailleur acharné.

# Le gestionnaire de l'économie du Québec[1]

Michel Audet

Je ne suis ni historien ni politologue et je n'ai pas été un intime de Robert Bourassa, comme les Raymond Garneau, Paul Gérin-Lajoie, Lyse Bacon et Mario Bertrand. Je ne prétends donc pas vous livrer ici autre chose qu'une perception très globale de la vision et de la pratique du pouvoir du premier ministre Bourassa. Le Bourassa que je crois être en mesure d'apprécier le mieux est le Bourassa gestionnaire de l'économie du Québec. C'est donc cette perception que je vais essayer de vous transmettre ici.

Cette perception, je l'ai forgée au cours des années en observant sa façon d'aborder les questions économiques à partir d'abord de ma propre formation d'économiste, puis comme haut fonctionnaire, notamment au ministère des Finances, durant les années 1970, puis comme sous-ministre au Conseil exécutif et au ministère de l'Industrie et du Commerce dans les années 1986-1992. Elle découle plus particulièrement du dossier énergétique et du dossier du libre-échange Canada–États-Unis que j'ai été amené à suivre de beaucoup plus près et qui constituent, de mon point de vue, les deux grandes contributions de Robert Bourassa à l'économie du Québec.

J'ai connu M. Bourassa à son arrivée comme premier ministre et ministre des Finances. J'étais alors adjoint de Michel Bélanger, de regrettée mémoire, et, avec Marcel Bélanger, comptable, économiste et fiscaliste, nous devions préparer rapidement un discours sur le budget puisque le gouvernement de l'Union nationale était allé en élection sans présenter de budget. Marcel Bélanger, qui avait présidé de 1963 à 1965 la Commission sur la fiscalité, à laquelle siégeait

1. Je voudrais remercier chaleureusement Maurice Turgeon, économiste, ancien haut fonctionnaire et ami de longue date pour sa contribution à la rédaction de ce texte.

M. Bourassa à titre de secrétaire, et Michel Bélanger, alors conseiller économique du gouvernement, devaient donc rencontrer fréquemment M. Bourassa, qui fut aussi ministre des Finances en 1970. À un moment donné, Michel Bélanger, avec l'humour qu'on lui connaissait, me dit : « Michel, on ne vous paie pas bien cher, on va vous payer en honneur, accompagnez-nous chez le premier ministre. » C'est comme cela que j'ai rencontré M. Bourassa et que s'est développée entre nous une relation de confiance qui ne s'est jamais démentie par la suite.

## L'ÉCONOMIE ET L'EMPLOI : CADRE DE RÉFÉRENCE DE SES DÉCISIONS

J'ai retenu de ces années d'observation que les considérations économiques furent toujours au premier plan de l'action politique de Robert Bourassa. Sa priorité a toujours été la croissance économique ; pour lui, il fallait créer de la richesse avant de la distribuer. C'est pourquoi il mettait autant d'insistance sur la promotion des investissements. Sans trop de risques de me tromper, je crois pouvoir déduire, de ses comportements, de ses décisions, de ses souhaits, que l'amélioration du niveau de vie des citoyens était à ses yeux l'une des rares valeurs, sinon la seule, suffisamment consensuelle pour constituer la priorité permanente de l'action politique dans les États modernes. Il y voyait un moyen évident et efficace pour atténuer les divergences culturelles, religieuses, idéologiques et autres entre les citoyens et entre les communautés. C'est d'ailleurs pourquoi son option fédéraliste n'était aucunement fondée, selon moi, sur un choix idéologique. C'est aussi ce qu'ont noté MM. Paul Gérin-Lajoie et Raymond Garneau dans leurs interventions lors de ce colloque. Elle découlait plutôt de sa conviction que l'espace économique canadien et la structure juridique qui l'encadre sont favorables à la création de richesse et à la croissance du niveau de vie des Québécois. Tout ce qui pouvait constituer un risque sérieux à l'investissement et à la création d'emploi était toujours reçu avec beaucoup de réserves pour ne pas dire d'opposition de sa part. L'effet sur l'emploi était son repère pour évaluer les dossiers qui lui étaient présentés.

Il répétait souvent d'ailleurs que les choix politiques du Québec découlaient des impératifs géographiques et historiques. Encore aujourd'hui, nombre de fédéralistes lui pardonnent mal cette approche « économiste », terre-à-terre et sans passion qu'il qualifiait lui-même de « fédéralisme rentable. » Ainsi, tout en méritant bien sa réputation de dévoreur de sondages d'opinion, Robert Bourassa fut d'abord, à mon point de vue, un véritable boulimique de statistiques économiques et financières. En effet, il absorbait une quantité phénoménale de données économiques non seulement sur le Québec, mais aussi sur l'Ontario, le Canada et l'Organisation de coopération et de développement économiques (OCDE) et sa mémoire en cette matière était tout aussi phénoménale. Il téléphonait à l'heure même où étaient publiées de nouvelles statistiques sur l'emploi pour mesurer les progrès ou la détérioration observée au cours du dernier mois. Il faisait de même à l'égard de l'évolution de la situation financière du gouvernement.

Ses appels téléphoniques commençaient toujours par : « Je ne veux pas déranger ton ministre pour cela mais pourrais-tu me donner telle statistique qui me préoccupe. Dans sa perception de la société actuelle, les données des sondages d'opinion et d'intention de vote se devaient d'être toujours pondérées par les données de l'économie, particulièrement les données de l'emploi, du chômage et des investissements qu'il suivait presque religieusement. À partir de ces faits et de sa propre évaluation d'un dossier, M. Bourassa se faisait une opinion dont il ne dérogeait à peu près plus par la suite, contrairement à la perception répandue à l'époque.

## SON RÊVE : L'ÉNERGIE DU NORD

Pendant ses années de pouvoir plusieurs hauts fonctionnaires chuchotaient, sourire en coin, que Robert Bourassa dirigeait toujours au moins deux ministères : le Conseil exécutif et Hydro-Québec. Ils ne doutaient d'ailleurs pas de la préférence du premier ministre. Certes, cette attention particulière que le premier ministre portait à Hydro-Québec tenait beaucoup au projet extraordinaire que fut le développement de la Baie-James, mais elle venait préalablement de l'objectif qui était à la base de la nationalisation de l'électricité, à savoir faire de l'électricité un instrument privilégié de développement économique. À cet égard, il n'est pas farfelu de présumer que le développement de la Baie-James était escompté dans le célèbre engagement des 100 000 emplois lors de l'élection de 1970. Une chose est certaine, c'est que Robert Bourassa, comme plusieurs autres Québécois de l'époque, voyait déjà le Québec, comme il le décrira plus tard dans son livre sur l'énergie du Nord, comme un grand producteur d'énergie propre et fiable dans un marché au potentiel énorme. Le développement de la Baie-James qu'il a parrainé a été et demeure toujours un sujet de grande fierté pour les Québécois.

Robert Bourassa était évidemment très fier de la performance technique que constituait ce projet mais c'est la performance économique qu'il recherchait: l'accroissement de la richesse collective, le développement industriel, les emplois, la croissance d'Hydro-Québec. À cet égard, il faut souligner que la vente d'électricité aux États-Unis n'a jamais été le premier choix de Robert Bourassa, pas plus d'ailleurs que celui des autres gouvernements du Québec depuis la nationalisation de l'électricité. À l'époque, la géographie et les contrats fermes plaçaient le Québec dans une situation concurrentielle très favorable pour l'approvisionnement en électricité du Nord-Est américain mais la priorité de tous les gouvernements du Québec depuis la Seconde Guerre demeurait, tout comme aujourd'hui, l'industrialisation, notamment par la transformation des ressources. En dépit de l'intérêt presque quotidien qu'il portait à la vente d'électricité aux États-Unis, Robert Bourassa, comme tous les autres premiers ministres du Québec, préférait les alumineries et autres industries énergivores, parce qu'elles créaient des emplois de qualité très bien rémunérés, le plus souvent dans des régions périphériques et qu'elles positionnaient le Québec pour des développements futurs. On peut affirmer, sans exagérer, que les gros investissements dans les alumineries, le magnésium, et les ferro-alliages furent une conséquence directe du développement de la Baie-James qui a rendu disponible une quantité considérable d'énergie à des fins industrielles, à des prix très concurrentiels.

En dépit de la gloriole que beaucoup de politiciens en ont retirée, il faut reconnaître que le projet a été tenu à bout de bras par une petite équipe menée par Robert Bourassa qui a dû faire face non seulement aux revendications des Cris et au saccage des installations par des syndiqués mais également à une opposition péquiste qui, on l'oublie parfois, prêchait à cette époque pour le développement des centrales nucléaires. M. Guy St-Pierre a bien documenté ce sujet dans sa présentation en calculant qu'il aurait fallu construire 22 centrales nucléaires le long du Saint-Laurent pour obtenir l'équivalent de l'énergie de la Baie-James, et ce, à un prix beaucoup plus élevé. C'était pourtant la thèse que défendait Jacques Parizeau, à l'époque.

Après avoir obtenu de la part du président d'Hydro-Québec, M. Roland Giroux, une confirmation que le développement de la

Baie-James était moins coûteux que les options alternatives, Robert Bourassa prit sa décision et ne dérogera pas en dépit du tapage des opposants. Et ceux-ci étaient légion ! Malgré les ingénieurs syndiqués d'Hydro-Québec, malgré de nombreux cadres d'Hydro-Québec, malgré certains conseillers financiers, malgré les partis d'opposition à l'Assemblée nationale, malgré les pressions des autochtones, Robert Bourassa faisait sanctionner, le 14 juillet 1971, le projet de loi 50 créant ce que les journaux appelaient la « Régie de la Baie-James ». En fait, l'aménagement des rivières de la Baie-James a développé une expertise, un savoir-faire technique et des retombées économiques beaucoup plus importants que la nationalisation de l'électricité elle-même. Cette dernière changeait le statut d'entreprises existantes, les intégrait pour créer une synergie mais le développement de la Baie-James allait avoir des retombées économiques plus durables encore. Je n'insisterai pas ici sur les retombées considérables que le projet de la Baie-James eut sur les firmes d'ingénierie, sur les entreprises de construction, sur les fabricants d'équipements (turbines, alternateurs, disjoncteurs, fils) sur les communautés autochtones et la création d'emploi. Pour faire court, on peut dire que les retombées ont été si positives que beaucoup de politiciens ont par la suite voulu s'attribuer des parcelles de résultats de ce gigantesque développement de la Baie-James.

## LA NÉGOCIATION DU TRAITÉ DE LIBRE-ÉCHANGE AVEC LES ÉTATS-UNIS

Le second dossier déterminant que Robert Bourassa eut à gérer dans le domaine économique fut sans aucun doute le dossier du libre-échange Canada–États-Unis. Ayant moi-même été associé de très près à ce dossier, je peux en parler avec une certaine assurance. Certains observateurs ont fait un lien assez direct entre le dossier constitutionnel de l'époque et le dossier du libre-échange. C'est une hypothèse très vraisemblable puisque l'appui du gouvernement Bourassa à l'accord de libre-échange était essentiel au gouvernement Mulroney compte tenu de l'attitude réfractaire du gouvernement de l'Ontario et de l'opposition libérale à Ottawa. Selon Michel David, M. Bourassa qualifiait ses « questionnements » sur le libre-échange, lors de la campagne électorale de 1985, « d'opposition circonstancielle. » Ma conviction personnelle demeure cependant que, pour l'essentiel, la position du premier ministre n'aurait probablement pas été différente, en faisant abstraction du dossier constitutionnel. En effet, compte tenu de ses objectifs économiques, des conclusions qu'il tirait de l'expérience européenne et du consensus des partis politiques au Québec sur le libre-échange, je ne crois pas que M. Bourassa aurait joué le développement de l'économie du Québec au poker constitutionnel. Tout en étant un fervent partisan du libre-échange Canada–États-Unis pour garantir l'accès à nos produits pour le marché américain, Robert Bourassa y mettait toujours ses réserves. Et des réserves, il en avait plusieurs qu'il nous remémorait une à une périodiquement. D'abord, il tenait absolument à ce que l'accord donne du temps aux entreprises pour s'adapter, notamment les entreprises des secteurs plus vulnérables. Il exigeait, dans la même veine, que des fonds de recyclage et d'adaptation de la main-d'œuvre soient prévus à cette fin. En second lieu, il refusait *a priori* que les institutions politiques puissent être touchées dans leurs activités autres que les transactions commerciales. Le gouvernement du Québec devait garder toute latitude en matière de santé, d'éducation, de sécurité sociale, etc. En troisième lieu, le premier ministre voulait une protection culturelle bétonnée. Cela signifiait pour lui que l'accord ne s'appliquait tout simplement pas en cette matière et que la capacité juridique des gouvernements en matière de culture (livres, cinéma, disques, radio, télévision, etc.) demeurait inchangée. Enfin, dernière mais non moins importante exigence du Québec, l'entente devait prévoir la création d'un mécanisme de règlement des différends qui soit spécifique à l'accord et assure l'impartialité des décisions et la protection des intérêts des parties dans un délai raisonnable. Pour le premier ministre, cet aspect de l'accord était particulièrement important étant donné le poids démesuré des États-Unis dans le commerce extérieur du Québec et du Canada et la durée des procédures habituelles en cette matière.

Je voudrais souligner ici qu'en dépit du travail acharné du ministre Pierre McDonald, de Jake Warren, négociateur pour le Québec, et d'une équipe technique très compétente que j'avais rassemblée pour la circonstance ces objectifs n'auraient pas été atteints comme ils l'ont été sans les efforts constants et la persévérance de Robert Bourassa. Il est certain que les liens amicaux qu'il entretenait avec Brian Mulroney furent très précieux.

J'ajoute que le premier ministre, tout en protégeant les intérêts des Québécois, n'avait aucune envie de se bagarrer pour sauvegarder certains anachronismes existant au Canada, comme dans le commerce de la bière, des vins et des spiritueux. On sait que c'était là un irritant important pour le gouvernement américain de Ronald Reagan. M. Bourassa estimait qu'il fallait adapter le commerce interprovincial aux ententes internationales et non pas l'inverse.

En dépit des prophètes de malheur qui affirmaient que le système de santé, le système scolaire et tout ce qu'ils pouvaient mettre sous le parapluie de la sécurité sociale allaient être battus en brèche – je me souviens de débats houleux à ce sujet avec les centrales syndicales –, on peut affirmer maintenant que l'accord fut et demeure bénéfique pour l'économie du Québec et du Canada, comme en témoigne d'ailleurs régulièrement le premier ministre Landry. Cependant, on ne souligne pas assez que le Canada et le Québec le doivent en grande partie à Robert Bourassa.

Bien sûr, les deux grands dossiers que j'ai évoqués ici sont loin de refléter tout l'effet de l'intervention des gouvernements de Robert Bourassa sur l'économie québécoise. Si je les ai choisis, c'est évidemment en raison de leur dimension, mais c'est aussi parce que ce sont des dossiers pour lesquels il n'y avait pas de grande pression populaire. Comme se plaisait à le dire Robert Bourassa lui-même : « Les gens ne se battent pas dans les autobus pour le libre-échange. » Ils ne se sont pas battus non plus pour réclamer le développement de la Baie-James. Le gouvernement avait donc toute la marge de manœuvre pour agir ou ne rien faire, ce qui est extrêmement rare dans des dossiers de cette ampleur. Ce sont donc des dossiers qui, à mon avis, révèlent assez bien la vision et la gestion économique de M. Bourassa.

En dépit de toutes les sornettes que l'on a pu proférer à son endroit, Robert Bourassa n'a jamais été l'homme du grand capital. Il était plutôt réfractaire à l'ostentation et méfiant, parfois même à tort, vis-à-vis des arguments des trop bien nantis. Je me permets ici une courte anecdote. Lorsque j'étais au ministère des Finances, une étude savante du ministère avait démontré qu'en pourcentage de contenu d'alcool la bière était sous-taxée par rapport au vin et aux spiritueux. En tant que responsable de l'étude, je proposai donc de relever la taxe sur la bière. M. Bourassa m'a répondu : « Tu sais, la bière, c'est le champagne des pauvres… Les buveurs de vin et d'alcool ont les moyens de payer. » En fait, lorsqu'il avait à prendre ses décisions, M. Bourassa se demandait toujours comment réagiraient les gens de son comté ou du milieu modeste où il est né.

Il est vrai que Robert Bourassa croyait que l'économie de marché et l'entreprise privée étaient les meilleures garanties du succès de l'économie et il se tenait d'ailleurs informé de tous les signaux qui pouvaient lui parvenir à cet égard. Cela explique son appétit insatiable pour les journaux et pour son incontournable revue *The Economist!* Cela explique également son intérêt à l'égard des sondages sur le degré de satisfaction des entreprises vis-à-vis du gouvernement, leur perception du climat politique et, surtout, leurs intentions d'investissement. Mais Robert Bourassa voulait également être perçu comme un social-démocrate. Entre l'image véhiculée sur le rôle social de Robert Bourassa par certains groupes et la réalité, la marge est considérable. Ainsi, qui se souvient que c'est Robert Bourassa qui a imposé la Loi sur le partage du patrimoine familial? Pour la cause des femmes, ça vaut bien « du pain et des roses ». Qui se souvient que c'est son gouvernement qui a créé la Cour des petites créances? Qui se souvient que c'est le gouvernement de Robert Bourassa qui a légiféré pour créer le statut de l'artiste? Rarement des artistes!

Sa hantise de maintenir « la paix sociale » l'a amené à maintenir un dialogue constant avec certains leaders syndicaux et à faire adopter une législation du travail avant-gardiste: pourtant la plupart des dirigeants syndicaux l'ont toujours combattu en gardant surtout en mémoire le séjour en prison des chefs syndicaux à la suite de l'épisode de la grève générale et illégale de 1972.

Obsédé par les emplois au point d'en inventer, disaient certains cyniques, Robert Bourassa était un passionné du Québec. Pour lui, cela voulait dire passionné du mieux-être des citoyens du Québec. Même s'il s'amusait au jeu de la politique pour lequel il excellait, il ne m'a jamais paru comme l'homme froid, calculateur, machiavélique que certains ont décrit. Il faisait cependant sa propre évaluation de l'effet politique des grandes mesures que le gouvernement adoptait. Robert Bourassa connaissait bien le Québécois moyen qui se retrouvait parfaitement dans ses réactions, voire dans ses ambiguïtés.

En somme, Robert Bourassa a mis toute sa volonté au service de sa raison, sachant bien, comme l'a dit quelqu'un, que les hommes n'acceptent les solutions rationnelles de leurs problèmes que quand toutes les solutions émotives ont échoué.

# 2.2

## Sa vision du politique, sa pratique du pouvoir et son rapport au parti

# Robert Bourassa et les trois arènes d'un parti politique

Vincent Lemieux

J'éprouve un sentiment un peu particulier à parler de Robert Bourassa à l'occasion de ce colloque de l'UQAM. J'ai aussi participé aux colloques sur Georges-Émile Lapalme, sur Jean Lesage et sur Daniel Johnson. Ces trois chefs avaient vingt ou trente ans de plus que moi, alors que Robert Bourassa était mon contemporain. En fait, je suis né un jour avant lui, ce que je lui rappelais à une occasion, en ajoutant à la blague que j'avais ainsi un droit d'aînesse sur lui, ce qu'il avait trouvé amusant. Tout cela pour dire que je me sens plus près de lui que des trois autres chefs. D'autant plus que je l'ai assez bien connu, durant les années 1970 surtout.

Pour traiter de Robert Bourassa et de son parti, je vais reprendre une distinction assez courante dans l'étude des partis politiques, celle entre leur arène interne, leur arène électorale et leur arène gouvernementale. L'arène interne est celle du parti en lui-même, dans son organisation propre. Elle est faite des membres du parti, de leurs activités de recrutement, de financement, d'élaboration du programme, de désignation des candidats et du chef du parti. Les principales préoccupations dans cette arène portent sur l'unité du parti et sur le maintien de son identité parmi les autres partis. Dans l'arène électorale, les partis cherchent à faire élire des représentants au Parlement. Ils cherchent aussi, entre les élections, à maintenir ou à augmenter leur popularité dans l'opinion publique, telle qu'elle est mesurée par les sondages. Dans cette arène, les partis ont des préoccupations de représentativité de l'électorat, que cette représentativité soit concentrée en certains milieux ou plus diffuse à travers l'ensemble des électeurs. Enfin, dans l'arène gouvernementale, les élus du parti et leurs entourages sont confrontés aux élus d'autres partis, mais aussi aux administrations et aux groupes d'intérêts ainsi qu'aux gouvernements supérieurs (s'il y en a) et aux gouvernements d'autres systèmes politiques. Les principales préoccupations des partis dans cette arène portent sur les décisions concernant les politiques et d'autres actions publiques, qu'ils cherchent à rendre conformes à leurs préférences, que le parti soit au gouvernement ou dans l'opposition.

## ROBERT BOURASSA DANS L'ARÈNE INTERNE

J'ai rencontré Robert Bourassa pour la première fois, en 1967, à l'occasion d'un caucus du Parti libéral tenu à Châteauguay. Je travaillais à ce moment à un rapport sur les structures du parti, selon un mandat qui m'avait été donné après la défaite électorale de 1966. Parmi les causes de la défaite, les dirigeants du parti avaient mentionné la division entre l'organisation électorale traditionnelle du parti et la Fédération libérale, créée au milieu des années 1950. Les relations entre ces deux organisations, dont l'une était officieuse et l'autre officielle, étaient sources de tensions permanentes, d'où la nécessité d'une réforme à laquelle je travaillais, assisté de Paul Desrochers, de Jean-Paul Lefebvre, de Pierre Laporte et, à l'occasion, de Paul Gérin-Lajoie.

On m'avait demandé de présenter au caucus une première version du rapport. Robert Bourassa, qui à cette époque s'intéressait surtout aux finances publiques, était venu me voir après mon exposé pour me dire : « Il faudrait que vous m'expliquiez, un jour, ce qui en est des structures des partis, car c'est un domaine où je ne connais pas grand-chose. »

Le congrès au leadership de janvier 1970 allait d'ailleurs montrer que Bourassa avait relativement peu d'appuis parmi les professionnels de l'organisation interne, plutôt favorables à Pierre Laporte. Cependant, une fois passées les élections de 1970 et la crise d'Octobre, le nouveau chef n'a pas manqué de s'intéresser à l'organisation du parti et a approuvé une réforme des structures qui a mis fin à la querelle des anciens et des modernes.

Quand Robert Bourassa est redevenu chef du Parti libéral, en 1983, son intérêt pour l'organisation interne est demeuré tout aussi grand. En particulier, il a fait le tour des organisations locales et il a permis que le financement du parti par les sources autres que publiques augmente rapidement et se maintienne à un niveau élevé jusqu'en 1994.

On peut penser que cet intérêt de Robert Bourassa pour l'organisation interne aurait été encore plus grand s'il avait dirigé pendant plus longtemps un parti dans l'opposition. C'est généralement dans une telle situation que l'intérêt pour l'arène interne culmine. Alors que, dans un parti qui dirige le gouvernement, le chef est appelé à se dépenser davantage dans l'arène gouvernementale que dans l'arène interne.

## ROBERT BOURASSA DANS L'ARÈNE ÉLECTORALE

Toutefois, qu'un grand parti dirige le gouvernement ou qu'il soit dans l'opposition, ses préoccupations envers l'arène électorale sont constantes. Le Parti libéral, de 1970 à 1976 et de 1983 à 1994, n'a pas fait exception à cette règle. Un haut fonctionnaire qui a bien connu Robert Bourassa me disait que, face à une décision à prendre en matière de politiques publiques, le premier ministre se demandait : combien cela coûtera-t-il, est-ce que c'est bon pour la paix sociale, et quel sera l'effet sur le vote ? Cette formule résume bien les principales préoccupations de Robert Bourassa.

L'effet de ses actions sur le vote, il cherchait à le lire à travers les sondages, dont il était, comme tous les chefs politiques, un grand consommateur, même s'il n'en connaissait pas très bien la mécanique. De 1973 à 1976, le sondeur officiel du parti l'a souvent induit en erreur par des sondages un peu truqués qui donnaient au Parti libéral des intentions de vote supérieures à celles que constataient les autres maisons de sondages.

Ce qui l'intéressait dans les sondages, c'était surtout la traduction qui pouvait être faite des intentions de vote en sièges. J'avais fait l'exercice, à la veille des élections de 1973, selon une méthode élémentaire, qui a été raffinée depuis. La méthode donnait 98 sièges au Parti libéral, alors qu'il en a obtenu 102 sur 110. Incrédule face à cette traduction, je n'avais pas osé la rendre publique, mais j'en avais parlé à Claude Ryan et à quelques autres personnes, dont certaines en avaient parlé à Robert Bourassa. Un peu après les élections, il me disait à la blague que seul Yvan Cournoyer avait fait mieux que moi, à l'occasion d'un « pool » organisé par les joueurs du Canadien de Montréal.

Les membres de son caucus informaient Bourassa tout autant sinon plus que les sondages sur les humeurs de l'opinion publique.

Ils lui servaient aussi, à l'occasion, à refreiner les ardeurs de certains ministres dont les projets risquaient, selon lui, d'être mal reçus par les électeurs.

En campagne électorale Robert Bourassa était un joueur redoutable, qui connaissait bien ses dossiers et qui avait les accents de la sincérité. Il n'a pas été le chef le plus aimé des électeurs, car il n'avait pas le charisme de Jean Lesage, de René Lévesque ou de Lucien Bouchard, mais on appréciait son absence de rancune et de méchanceté envers ses adversaires.

S'il n'a pas été le chef le plus aimé, il a été le plus approuvé depuis Duplessis. Il a remporté quatre batailles électorales sur cinq, dont deux avec plus de 55 % des votes exprimés, un score que Duplessis n'a atteint qu'une fois, en 1936. Bourassa a même réussi, si on peut dire, à se faire battre dans sa circonscription aux élections générales de 1985, alors que son parti faisait élire 99 députés sur 122. À ma connaissance, cette situation est unique, et elle a peu de risque de se reproduire au Québec ou ailleurs.

Dans l'arène électorale, Robert Bourassa n'était qu'à moitié réformiste. Il avait accepté, au début des années 1970, de mener à terme la réforme de la carte électorale, mais il était opposé à la réforme du mode de scrutin. Un comité avait été créé, après des débats en commission parlementaire, pour étudier des voies possibles de réforme du mode de scrutin. Au début de nos travaux, Bourassa nous avait reçu à son bureau, dans l'édifice d'Hydro-Québec, pour nous faire part de ses vues personnelles à ce sujet. Son message était clair : nous pouvions toujours proposer un mode de scrutin proportionnel, mais il s'y opposerait. Quand il s'exprimait en public sur la proportionnelle, il l'identifiait toujours à l'Italie, avec ses gouvernements de coalition dont la durée de vie était courte, ce qui entraînait de l'instabilité gouvernementale. Il ne parlait jamais de l'Allemagne de l'Ouest, de la Suisse, des Pays-Bas et des pays scandinaves, où la proportionnelle avait de tout autres effets.

## ROBERT BOURASSA DANS L'ARÈNE GOUVERNEMENTALE

C'est à l'arène gouvernementale que Robert Bourassa était le plus attaché, durant les deux périodes où il a été premier ministre. Les historiens de l'avenir reconnaîtront sans doute qu'il a géré convenablement la crise d'Octobre et la crise d'Oka, dans des circonstances difficiles. Ils seront probablement plus critiques envers sa participation aux négociations constitutionnelles de Victoria et aux négociations qui ont suivi l'échec de l'Accord du lac Meech.

Bourassa était convaincu que le Québec avait plus de chances de se développer, sur le plan économique, dans l'espace de la fédération canadienne que dans l'espace incertain qui serait créé par l'accession du Québec à l'indépendance politique. Cette crainte chez lui de l'incertitude et de menaces à la paix sociale explique qu'il n'ait pas été un réformateur sur le plan des institutions politiques. Il était partisan de la stabilité en ces matières, alors qu'il avait plus d'audace sur le plan économique et social.

Réélu en 1973, après avoir rempli la promesse de « créer » 100 000 emplois, Robert Bourassa est devenu l'homme d'une cause, celle du développement économique du Québec. De tous les premiers ministres du Québec, c'est un de ceux dont la crédibilité dans ce domaine a été la plus constante.

À cet égard, la défaite de 1976 n'est pas tellement due à une perte de cette crédibilité qu'aux accusations de corruption dans son entourage et à un manque de vigueur à régler les grèves d'enseignants, durement ressenties dans les familles où les enfants étaient privés de cours.

Après cette défaite, la popularité de Robert Bourassa était au plus bas. C'est sans doute pourquoi il a quitté promptement la direction du Parti libéral. C'est aussi parce qu'il se voyait assez mal en chef de l'opposition officielle, lui dont le plus grand plaisir politique était de gouverner le Québec, pour reprendre le titre d'un ouvrage consacré principalement à son action dans l'arène gouvernementale.

En 1979, alors qu'il était chargé de cours au Département de science politique de l'Université Laval, je l'avais invité à faire une présentation dans un séminaire. Spontanément, il avait choisi de traiter de la prise de décision gouvernementale, ce qui indique bien ce qui le passionnait le plus dans l'action politique.

Une partie du plaisir qu'il avait à gouverner résidait dans son aptitude à jouer sur la coopération et le conflit dans ses entourages. J'ai déjà noté comment il pouvait jouer le caucus contre des ministres dont il n'approuvait pas les projets. À l'inverse, il laissait du lest aux jeunes libéraux, plus audacieux que leurs aînés, ce qui donnait à son parti des airs de réformisme. Plus près, par sa formation, des sous-ministres en titre que de la plupart de ses ministres, il lui arrivait de les jouer contre certains de ses ministres. Un de ces sous-ministres me racontait qu'après lui avoir annoncé sa nomination Robert Bourassa lui avait demandé de revenir le voir dans un an pour lui dire ce qu'il pensait de son ministre.

À moitié joueur et à moitié visionnaire, Robert Bourassa appartenait à une espèce assez rare d'homme politique. Durant toute sa carrière politique, à l'exception de la fin du mandat de 1973-1976, il a inspiré à une majorité des électeurs de la confiance, à défaut d'affection.

Dépourvu de charisme, il était compétent sans être arrogant. Dépourvu de méchanceté, il était combatif sans abuser de ces faussetés vraisemblables qui sont l'apanage de trop de politiciens. Ce mélange inhabituel de qualités diverses a été peu apprécié par les intellectuels et les réformistes, mais il explique peut-être que, quatre fois sur cinq, Robert Bourassa ait été approuvé par beaucoup plus d'électeurs que ceux qui ont voté pour le parti de son plus proche concurrent.

# Le sens de l'équilibre

CLAUDE MORIN

J'ai connu Robert Bourassa en 1964. Il était alors secrétaire de la Commission d'enquête sur la fiscalité (commission Bélanger) et moi sous-ministre des Affaires fédérales-provinciales. Le dossier Québec-Ottawa le passionnait, en particulier la question du partage fiscal qu'il connaissait à fond. Je l'ai vu de nombreuses fois à l'époque et dans les années qui suivirent.

Lorsque s'ouvrit la succession de Lesage à la direction du Parti libéral, il vint chez moi pour me demander mon opinion sur sa candidature possible. L'idée m'étonna. Je ne voyais pas ce spécialiste de la fiscalité, d'apparence austère, dans un rôle de chef de parti et, délicatement, je montrai quelque réticence, mais sa familiarité avec la politique et, surtout, l'intensité de son désir de tenter sa chance me frappèrent, au point qu'il finit par me convaincre de ses aptitudes. Deux mois avant l'élection d'avril 1970, il me demanda de devenir son candidat dans le comté de Chauveau, mon ami Claude Castonguay devant se présenter dans celui de Louis-Hébert où je demeurais. L'étroitesse des liens entre libéraux provinciaux et fédéraux m'indisposait et, surtout, je n'avais absolument aucune intention de me lancer en politique active. Je lui laissai très peu d'espoir, mais il me téléphona à quelques reprises pour renouveler sa pressante invitation, affirmant que mes opinions fortement autonomistes lui convenaient et qu'il était sûr que j'adorerais l'action politique sur le terrain. Il fit tant et si bien que c'est avec une sorte de sentiment de culpabilité que je finis par lui exprimer mon refus.

En repensant plus tard à nos conversations de l'époque, je saisis combien ce personnage, quand il le voulait, pouvait se révéler ouvert et spontané, et combien aussi il acceptait la critique. Je retrouvai les mêmes traits lorsque, devenu ministre, j'eus l'occasion d'échanger avec lui à Bruxelles où il s'exila après sa défaite de 1976, à Washington où il était professeur invité, et chez lui à Montréal.

Mais, entre-temps, en 1970 et 1971, je l'avais eu comme patron et je pus ainsi encore mieux le connaître. Son accession au poste de premier ministre m'avait plu et il ne me vint même pas à l'idée, comme c'est la coutume pour un sous-ministre, de lui offrir de me remplacer si tel était son souhait. À ce moment, j'avais déjà eu trois premiers ministres comme patrons immédiats (ils étaient aussi titulaires de mon ministère) : Lesage, Johnson et Bertrand. Pendant tout ce temps, et même si ma fonction me satisfaisait pleinement, je gardais la nostalgie de l'enseignement universitaire. Mais je décidai de rester avec Bourassa essentiellement parce que je me classais parmi ses amis et que je me sentais à l'aise avec lui, bien que certains de ses partisans les plus chauds ne me voyaient pas d'un œil favorable parce que, quoique nommé par Lesage, j'avais conservé ma fonction sous l'Union nationale ; en plus, ma méfiance envers Ottawa, connue de tous, les indisposait. Ma présence auprès de Bourassa dura un an et demi, puis, toujours en bons termes avec lui, mais déçu des positions trop conciliantes de son parti et, de là, de son gouvernement, à l'égard des ambitions fédérales, je retournai à l'université pour le reste de ma vie active. Du moins, croyais-je alors…

Car élu en 1976 comme député du Parti québécois, et désigné ministre des Affaires intergouvernementales, j'eus un cinquième premier ministre comme patron : René Lévesque. Un long concours de circonstances a ainsi voulu qu'aujourd'hui, bien que l'entreprise soit délicate et même s'il me faut laisser de côté bien des points qu'il aurait été intéressant de développer, je sois en mesure de comparer, au moins brièvement, ces patrons successifs à partir de deux angles d'observation : leur vision du fédéralisme et leur manière de faire.

## LA CONCEPTION ET LA PRATIQUE DU FÉDÉRALISME

Je n'insisterai pas sur l'opinion que le souverainiste Lévesque pouvait avoir du fédéralisme, elle est bien connue. Celle de Lesage sur le même sujet est plus difficile à cerner. Cela tient au fait que, pendant la première moitié de la période où il exerça le pouvoir, il eut une vision plutôt orthodoxe du cadre politique canadien, ses principales réclamations étant axées sur la décentralisation et sur la nécessité d'un partage fiscal Québec-Ottawa plus équitable. Par contre, pendant la seconde moitié, il se montra davantage réformateur et réclama un régime particulier pour le Québec (un statut particulier, diront certains). Réfractaire à exiger des changements à la Constitution elle-même, il misait plutôt sur la capacité du Québec à faire évoluer, par sa force et son inventivité, le cadre administratif du Canada.

Johnson, lui, tenait à une transformation en profondeur du pays. Son gouvernement mit de l'avant plusieurs propositions constitutionnelles visant un nouveau partage des pouvoirs, mais elles ne furent pas toutes aussi précises les unes que les autres. C'est à cause de l'insistance de Johnson que fut amorcée l'importante ronde de négociations sur la révision du fédéralisme qui commença en février 1968 pour se conclure par un échec en juin 1971, à Victoria. Au décès de Johnson à l'automne 1968, Bertrand prit le relais. Sa conception, fort classique, théorique même, du fédéralisme était d'une netteté remarquable, et, tout comme Johnson, il tenait pour acquis que le Canada fédéral avait été fondé par deux nations ayant accepté de vivre au sein d'un même État. Il fallait, selon lui, revenir à ce qu'il appelait l'esprit de 1867, perspective que, depuis cette date, Ottawa et les autres provinces avaient pour une large part oubliée et même contredite par la mise en œuvre de mesures centralisatrices allant à l'encontre des aspirations du Québec.

Tout le monde sait quels étaient les rapports Québec-Ottawa sous Lévesque, et il serait par conséquent peu utile de les décrire ici. On a cependant peut-être oublié que Lesage, premier ministre du Québec, avait beaucoup d'influence dans les cercles fédéraux où on avait fini par le craindre. Il faut dire qu'alors le gouvernement fédéral, minoritaire sous Pearson, avait été pris de court par les nombreuses initiatives et réclamations québécoises. Johnson eut moins d'influence que Lesage, les fédéraux comprenant mieux ce qui se passait au Québec, mais, par son insistance et comme je viens de le dire, il réussit tout de même à faire mettre en branle tout le processus de la révision constitutionnelle. Profitant de l'effet de Gaulle, il accéléra également l'émergence internationale du Québec. Bien qu'il était moins porté sur le volet international de l'affirmation québécoise que ne l'était Johnson, Bertrand voulut continuer dans la même voie constitutionnelle que lui et y mettre encore plus de vigueur, mais Trudeau était alors devenu premier ministre du Canada en remplacement de Pearson, changement qui, pour dire le moins, ne facilita pas les choses pour le Québec.

Quand il accéda au pouvoir, Bourassa devint le vis-à-vis d'un Trudeau qu'il savait devoir être intransigeant pour le Québec et il s'adapta en conséquence, ce qui, de toute façon, convenait bien à sa nature peu agressive. Ajoutons à cela que la vénération des libéraux provinciaux envers le premier ministre fédéral limitait la marge de manœuvre de son homologue québécois. Il serait donc assez injuste de comparer Lesage et Bourassa, par exemple, en négligeant le poids de ces facteurs. Et il y eut aussi la crise d'octobre 1970 qui donna un excellent prétexte d'intervention aux fédéraux. Néanmoins, Bourassa était conscient que l'image de son gouvernement finirait par souffrir d'une trop évidente passivité et, dans les années qui suivirent, il chercha à prendre certaines distances, bien sélectionnées, à l'égard d'Ottawa, mais il n'y réussit pas souvent, tellement Trudeau dominait.

Le Bourassa des deux premiers mandats n'était d'ailleurs pas enclin, c'est le moins qu'on puisse dire, aux débats constitutionnels en cours depuis 1968. Je me souviens que, dès 1970, il souhaitait résoudre le problème Québec-Canada à l'intérieur d'un délai de quelques mois. Il m'expliquait qu'une solution rapide démontrerait de sa part une efficacité supérieure à celle de ses prédécesseurs. Toutefois, après 1985, il mit l'accent sur le dossier constitutionnel, à la fois pour résoudre le problème Québec-Canada persistant après le coup de force du rapatriement et prouver qu'on pouvait faire évoluer le régime tout en évitant l'accession, selon lui difficile, du Québec à la souveraineté.

Bourassa avait une perception pragmatique – je suis tenté de dire terre-à-terre – du fédéralisme. Je le savais partisan de ce régime, mais, à l'entendre, celui-ci n'était au fond qu'un mécanisme de redistribution de la richesse entre provinces et se justifiait moins parce qu'il permettait l'existence du Canada tel que nous le connaissions, ou l'adhésion de ses citoyens à des valeurs communes, mais tout simplement à cause de sa rentabilité actuelle et future pour le Québec. Je parle ici du Bourassa des deux premiers mandats. À l'élection de 1976 et lorsqu'il revint au pouvoir une dizaine d'années plus tard, il se situa dans la même logique que pour le fédéralisme et il attaqua le projet souverainiste moins dans son essence ou parce qu'il aurait été irréalisable, mais parce qu'il estimait qu'il ne serait pas rentable pour le Québec dans l'avenir prévisible. S'il n'attaqua pas la souveraineté en tant qu'objectif, c'est, d'autres l'ont déjà dit, parce qu'il la voyait comme une solution de dernier recours pour le Québec, un peu à la manière d'une police d'assurance. Inutile de faire remarquer que, s'il ne claironnait pas cette opinion partout, il s'en était ouvert devant suffisamment d'interlocuteurs pour qu'elle soit connue d'intégristes fédéralistes et de trudeauistes bon teint qui ne lui pardonnaient pas cette entorse doctrinale, mais de nature à le rendre sympathique à maints nationalistes québécois.

## L'EXERCICE DU POUVOIR

Par pratique du pouvoir, j'entends le style de leadership d'un premier ministre, aussi bien que sa façon d'aborder les dossiers ou que l'état de ses rapports avec ses ministres et son personnel immédiat.

Pour bien des observateurs, Lesage avait l'air distant et semblait diriger son gouvernement de manière autoritaire. C'est en effet l'impression qu'il pouvait donner, mais, dans des conversations privées, il était au contraire chaleureux, affable et plutôt direct. Il lui arrivait de se moquer un peu de tel ou tel de ses ministres et, avec des interlocuteurs en qui il avait confiance, il ne répugnait pas s'en prendre à l'un ou à l'autre. Lesage était aussi un homme de dossiers qui réussissait à passer à travers la quantité impressionnante de notes écrites qu'il recevait chaque jour de ses conseillers ou de ses collègues ; il y jetait des commentaires succincts et les renvoyait souvent à leurs auteurs, pour action, comme il disait. Il avait un faible pour les questions financières et administratives ; renseigné comme il tenait à l'être sur ces sujets, il était périlleux d'essayer de le contredire. Les sujets culturels et autres du genre ne faisaient pas partie de ses priorités, Georges-Émile Lapalme en a témoigné. Comme tout politicien, il n'aimait pas donner l'impression d'avoir changé d'avis sur un sujet, mais, de fait, cela lui arrivait souvent car, si déterminé qu'il ait été, il savait se rendre compte de la pertinence d'une nouvelle orientation. Ce fut par exemple le cas pour la nationalisation de l'électricité et la création d'un ministère de l'Éducation.

Johnson paraissait moins ferme, plus coulant, que Lesage, mais, curieusement, il était en général plus obstiné que lui, comme si ses opinions avaient été ancrées dans une réflexion plus poussée, où toutes les considérations auraient été prises en compte. Il était aussi affable, prévenant, et on se sentait immédiatement à l'aise avec lui. Ses ministres et conseillers l'avaient en grande admiration et, contrairement à ce qui était le cas pour les autres premiers ministres (sauf peut-être Lévesque), aucun d'entre eux ne le critiquait devant des tiers. Johnson lui-même tenait à une solidarité ministérielle sans faille et, pour cette raison, même en petit groupe amical, ne s'amusait jamais aux dépens d'un de ses ministres. Pendant un certain temps, j'ai pensé qu'il manifestait une certaine retenue à mon endroit, étant donné que j'avais été nommé à mon poste par Lesage. Mais je compris que c'était là un comportement normal chez lui, presque une règle de vie. Contrairement à Lesage, Johnson ne prisait pas les longues notes et les dossiers trop épais; il préférait les échanges verbaux, les discussions en groupes, et il téléphonait beaucoup, ici et là au Québec, pour évaluer l'état de l'opinion. Contrairement aussi à Lesage qui était presque maniaque à cet égard, il n'avait pratiquement aucun sens de la ponctualité, si bien qu'un rendez-vous avec lui, fixé pour le matin, pouvait très bien avoir lieu en fin d'après-midi.

Sur le plan de la ponctualité, Bertrand ressemblait davantage à Lesage. Tôt arrivé à son bureau, il le quittait, sauf situation exceptionnelle, autour de 18 h, et il appréciait la vie familiale. Il n'était pas partisan des longues réunions en groupe, alors qu'elles étaient l'habitude chez Johnson. Il était aussi d'une simplicité agréable, ne se préoccupait pas outre mesure de son image publique, et agissait sans prétention, guidé en même temps par sa spontanéité naturelle, son honnêteté fondamentale et son adhésion à des principes bien établis. Pour ce qui est des orientations à prendre, Bertrand était bien plus expéditif que la population l'aurait soupçonné. Il se décidait vite et, quand on regarde rétrospectivement son passage au pouvoir, on constate qu'il a fait un nombre surprenant de choix difficiles ou lourds de conséquence. Johnson, lui, hésitait davantage à opter dans un sens ou dans l'autre, et j'eus toujours le sentiment qu'il détestait apposer sa signature au bas d'une lettre, comme si son contenu devait fatalement baliser pour toujours la suite des choses. Question de tempérament?

Malgré ses défauts et ses quelques sautes d'humeur, Lévesque jouissait du respect de tout son entourage et de ses ministres. Son autorité naturelle était considérable, mais il ne donnait pratiquement jamais d'instructions, encore moins d'ordres; il se contentait de mentionner à son interlocuteur qu'on pourrait faire ceci ou commencer cela, ou penser à telle chose, et cet interlocuteur, ministre ou fonctionnaire, devait comprendre qu'il venait de recevoir une commande précise. On éprouvait aussi le désir d'aider Lévesque dans ses entreprises moins parce qu'il en avait besoin que parce qu'on sentait qu'il avait raison, du moins c'était mon sentiment. On devinait chez lui le personnage qui avait réfléchi à fond et qui connaissait ses dossiers ainsi que ceux des autres. Lévesque, un peu comme Bertrand, réussissait à dissocier presque étanchement sa vie politique de son aire personnelle. Ainsi, quand il était en vacances, il fallait être téméraire ou mal informé pour oser le relancer par téléphone avec l'intention de lui soumettre un problème. Autre chose : le Lévesque, ministre de Lesage, n'était pas un modèle d'exactitude, mais, devenu premier ministre, il changea à cet égard du tout au tout. Ce qui ne changea jamais cependant, c'est sa franchise et son incapacité à masquer ses sentiments, favorables ou non, à l'égard de telle personne ou de tel projet. Bien qu'il fût toujours poli et aussi attentionné que les circonstances le permettaient, il restait là-dessus transparent. Les témoins de ses conversations savaient tout de suite, à sa façon de lui parler, s'il appréciait ou non son interlocuteur, et jusqu'à quel point.

Pour son entourage, Bourassa était un personnage agréable, facile d'accès, quelqu'un avec qui, par exemple, on savait pouvoir être direct, sans prendre trop de précautions oratoires, ou qu'on aurait volontiers choisi comme compagnon de voyage, ce qui est un aussi bon critère d'estime que tout autre. Tout ne l'intéressait pas, on s'en apercevait alors promptement à son écoute distraite, mais beaucoup de choses l'intéressaient à condition qu'elles aient quelque relation avec l'économie et surtout la politique. Sa connaissance de la politique française, par exemple, était considérable. Son flair l'était également: comme Lévesque ou Johnson, il disposait de cette sorte d'antennes qui font pressentir les mouvements et tendances lourdes de l'opinion aussi bien que les préoccupations de ceux qu'on appelle, avec quelque condescendance, les gens ordinaires.

De tempérament bien différent de celui des autres premiers ministres, il se distingua aussi d'eux par une méthode de travail assez déconcertante. J'en parle pour en avoir vécu l'application, et je sais ne pas avoir été, loin de là, le seul. Pour les dossiers délicats, il ne craignait pas de confier à tel de ses conseillers des mandats chevauchant, ou même contredisant, ceux qu'ils confiait en même temps à d'autres. Ce fut le cas en ce qui a trait aux relations internationales du Québec et au dossier constitutionnel, deux dossiers qu'à cause de mes fonctions je suivais quotidiennement. Il lui arriva ainsi souvent, au bout du compte, de se retrouver avec des recommandations opposées qu'il n'arrivait pas toujours à concilier, ce qui le rendait malheureux, du moins c'est ce qu'il racontait à l'un ou l'autre d'entre nous pour expliquer qu'il devait effectuer des choix aux conséquences complexes, que la conjoncture se prêtait bien à telle orientation plutôt qu'à telle autre, que tel facteur nouveau était intervenu, qu'on verrait plus tard s'il ne faudrait pas faire autre chose, et ainsi de suite. Tout cela, autant pour amadouer le conseiller frustré de constater que son avis ne serait pas retenu, que parce qu'il tenait, disait-il, à garder ses options ouvertes. À la longue, tout le monde comprit le procédé et les conseillers pressentis finirent souvent pas se concerter avant d'aller exécuter leurs mandats respectifs.

Sa capacité d'encaisser les coups durs pouvait laisser croire à de l'insensibilité de sa part, voire à de l'indifférence. Il n'en était rien. Chez Lesage, Bertrand et Lévesque, les mauvaises surprises, courantes en politique, provoquaient parfois des sautes d'humeur révélatrices d'un trouble intérieur qu'ils ne cherchaient pas à masquer. La placidité de Bourassa induisait d'aucuns à le croire muni d'une carapace à toute épreuve, mais rien n'empêchait l'observateur un peu alerte de décoder telle ou telle mimique chez lui pour deviner son déplaisir et même, à l'occasion, un désarroi passager. À le voir superficiellement, à le juger par son allure physique et son vocabulaire, on pouvait être porté à le classer dans la catégorie des administrateurs froids, mais il est toujours demeuré bien plus humain, si l'on peut dire, que certains de ses opposants l'imaginaient.

En revanche, personne ne mettait en doute sa démarche pragmatique, son sens de l'équilibre entre clans adverses ou potentiellement opposés. Craignant toujours – il me l'a dit à quelques reprises – que son parti ne soit perçu comme le « parti des Anglais », contrairement au PQ presque exclusivement enraciné chez les francophones, il s'efforçait de se situer au juste milieu, mais cela ne lui a pas toujours réussi. À ce propos, il fut très déçu de l'accueil fait à politique linguistique (la loi 22) dont il était sincèrement convaincu, au départ, qu'elle plairait à la majorité tant francophone qu'anglophone. Ce souci d'équilibre rend aussi compte, je crois, de son attitude en matière constitutionnelle à l'époque de l'Accord du lac Meech dont l'échec fut sans doute ressenti par lui comme un grave revers.

Après 1972, année où je devins membre du Parti québécois, mon action et mon orientation politiques m'ont amené à m'opposer à Robert Bourassa et, dans mes écrits, où je l'ai critiqué, j'ai néanmoins constamment essayé de faire la part des choses. En tout cas, je ne l'ai jamais détesté.

## LE COMMUN DÉNOMINATEUR

Les cinq premiers ministres dont j'ai parlé étaient, on l'a compris, fort différents les uns des autres, aussi bien dans leurs méthodes de travail que dans leurs préférences ou, si l'on veut, dans leur formation, leurs goûts et leurs aspirations. Mais, qu'avaient-ils en commun ? Il existe une réponse convenue – tous avaient le souci du service public –, mais elle n'est pas très éclairante, admettons-le.

Pour ma part, et au-delà des affiliations partisanes et des divergences sur de nombreux points, je dirais, pour les avoir connus de près, que tous, sans exception et chacun à sa façon, faisaient preuve, en pratiquement toutes circonstances, de ce que j'appellerais des réflexes fondamentalement québécois. Je veux dire par là que tous partageaient la même priorité – le Québec – et qu'on pouvait, comme citoyen, se reposer sur l'assurance que, chacun à sa manière, ferait ce qu'il estimait être en son pouvoir pour défendre et promouvoir la spécificité du Québec.

On me répliquera que je ne viens pas d'exposer là une grande découverte et qu'il va de soi que tout premier ministre du Québec doit avoir – et a forcément – des réflexes québécois ! Pour ceux qui ont occupé ce poste au cours de la période couverte ici, c'est vrai, comme c'est vrai aussi pour ceux qui leur ont succédé depuis.

Mais voilà, si je soulève ce point c'est qu'au moment où j'écris ces lignes, il y a, selon moi, lieu de s'inquiéter de l'orientation qu'a prise, sur la question Québec-Canada, le principal parti d'opposition à l'Assemblée nationale. Et notamment son chef. Je me demande si l'un et l'autre n'ont pas perdu ces indispensables réflexes. Par rapport à l'avenir, quel qu'il soit, on reconnaîtra que cette préoccupation a sa place, du moins je le pense, à la tribune d'un colloque où plusieurs intervenants ont traité de la contribution de Robert Bourassa, comme chef du même parti, à la construction du Québec.

# Un modèle de leadership inspirant

Pierre Bibeau

En premier lieu, il m'apparaît important de rappeler que le passionné de la politique qu'était Robert Bourassa a toujours porté un vif intérêt aux partis politiques qu'il considérait comme des lieux stimulants et propices à la circulation des idées, comme des instruments de changement essentiels à la vie démocratique.

Convaincu de la pertinence du militantisme, il a même été membre du Parti travailliste britannique, lors de son séjour en Angleterre, en 1959, alors qu'il faisait sa maîtrise en sciences économiques et politiques, à l'Université d'Oxford.

Réaliste et pragmatique, Robert Bourassa était parfaitement conscient qu'un parti politique était aussi un outil indispensable pour accéder au pouvoir. Contrairement à la plupart des chefs politiques québécois des trois dernières décennies, exception faite de Claude Ryan en 1978 et de Pierre Marc Johnson en 1984, il a dû affronter plusieurs candidats pour remporter les courses à la direction de 1970 et de 1983. Il va sans dire que ces courses contestées, au cours desquelles il a fait plusieurs fois le tour du Québec et des associations de comté, lui ont permis d'accroître de façon significative son enracinement dans le parti.

Enraciné, il l'était indéniablement. À ma connaissance, il a été le seul, parmi tous les chefs politiques du PLQ, à avoir assumé, pendant une période de temps significative, des fonctions à l'intérieur du parti avant d'en devenir le chef. En effet, pendant quatre ans, soit de 1966 à 1970, Robert Bourassa a été président de la Commission politique du parti. Que ce soit à titre de militant, de chef et même d'ancien chef, il portait un vif intérêt aux affaires du parti. Il se faisait un devoir de consacrer du temps à des contacts réguliers avec la base militante qu'il affectionnait et qui le lui rendait bien.

Au moment de sa première élection comme chef, le 17 janvier 1970, ce jeune militant âgé de 36 ans avait pu compter sur l'appui d'un vétéran de longue date et très enraciné, lui aussi, dans le parti. En effet, l'organisateur en chef, Paul Desrochers, qui venait tout juste de compléter, à la demande de Jean Lesage, une tournée du Québec afin de prendre le pouls des militants, avait vite compris que le jeune député de Mercier allait pouvoir s'imposer rapidement, tant dans le parti qu'au sein de la population québécoise.

Dès son élection à la tête des libéraux québécois, Robert Bourassa s'est employé à moderniser un regroupement politique qui était assez fragmenté et à en faire un véritable parti structuré. On se souviendra qu'à l'époque les libéraux du Québec militaient au sein de la Fédération libérale du Québec, ou de la Fédération des femmes libérales du Québec, ou de la Fédération des jeunes libéraux du Québec.

À juste titre, Robert Bourassa considérait l'unification de ces trois fédérations comme une démarche essentielle pour bien positionner le Parti libéral du Québec face à un Parti québécois qui se voulait un véritable parti de masse et à une Union nationale qui était uniquement un parti d'organisateurs. Ce travail de modernisation de Robert Bourassa s'est d'ailleurs avéré d'autant plus déterminant qu'il a débuté par deux mesures audacieuses et progressistes visant plus particulièrement les femmes et les jeunes.

Conscient de l'importance des femmes au sein de la base militante, de même que de l'ampleur de leur appui lors de la course à la direction ainsi qu'à l'élection générale du 29 avril 1970, Robert Bourassa n'a pas hésité à faire le nécessaire pour qu'elles se voient accorder la moitié des postes électifs au sein des exécutifs locaux, régionaux et national, ainsi que dans les délégations que les comtés élisaient à l'occasion en vue des congrès nationaux et des courses à la direction.

Ardue, la mise en œuvre de cette initiative a exigé d'intenses négociations, car elle nécessitait une modification à la constitution du parti et, conséquemment, l'aval des deux tiers des membres. Fort de l'engagement de Lise Bacon et du soutien de Paul Desrochers, cette ouverture aux femmes s'est finalement concrétisée.

C'est ainsi que des femmes de la trempe de Lise Bacon et de Louise Robic ont accédé au poste de présidente du PLQ et contribué de façon significative et déterminante non seulement à l'évolution du parti, mais également à l'édification du Québec moderne.

Cet acquis peut sembler évident, voire banal de nos jours. Il ne faut cependant pas oublier que cette ouverture a été au centre d'une bataille difficile, notamment parce qu'un esprit machiste alors dominant et régnant considérait que la place accordée à une femme au conseil des ministres, c'est-à-dire celle de Marie-Claire Kirkland-Casgrain, était déjà une place de trop. Cet esprit soufflait d'ailleurs tellement fort qu'à cette époque même l'organisateur en chef du parti, Paul Desrochers, n'a pas été en mesure, malgré tout le pouvoir dont il était investi, de trouver une circonscription électorale où Lise Bacon aurait pu se présenter lors de l'élection générale du 29 avril 1970.

Dans sa démarche de modernisation des structures, le deuxième geste d'importance de Robert Bourassa a été la création de la Commission jeunesse, un outil dont il a voulu doter le parti, notamment en raison 1) de l'appui massif que les jeunes lui avaient manifesté lors de la course à la direction, et 2) de l'émergence d'une nouvelle génération, celle des *baby-boomers*.

Dans la foulée de la démocratisation de l'éducation et de la création des cégeps, en 1968, Robert Bourassa avait saisi l'importance stratégique d'aller vers les jeunes qui les fréquentaient et de briser l'image de club sélect d'étudiants d'universités et de collèges privés que véhiculait alors la Fédération des jeunes libéraux du Québec. Avec l'appui de Jean Masson, alors président de la Fédération, il a fait pression sur l'establishment du parti pour que les jeunes puissent occuper le tiers des postes électifs au sein des instances décisionnelles et représenter le tiers des délégués lors des congrès nationaux et des courses à la direction.

Compte tenu du fait que cette place n'était pas du tout proportionnelle à celle qui était occupée réellement par les jeunes parmi les membres, cette initiative s'est avérée encore plus ardue à réaliser que l'ouverture faite aux femmes. De fait, beaucoup de militants plus âgés n'étaient pas très chauds à l'idée de voir les jeunes sur-représentés dans les instances décisionnelles du parti. Afin de contrer une perte inévitable de leur influence, ces aînés contestaient la démarche en invoquant le fait qu'avec la création de la Commission jeunesse et, surtout, l'abaissement de 30 ans à 25 ans de l'âge maximal pour en être membre, la très grande majorité des jeunes militants serait composée à près de 90 % d'étudiants, un groupe de la population qui n'avait pas la réputation d'être sympathique au parti.

Ce dont Robert Bourassa était parfaitement conscient, lui, c'est que le PLQ se donnait les moyens de faire contrepoids à un certain conservatisme ambiant, conséquence inévitable de la moyenne d'âge assez élevée de la base militante.

À l'instar des gains obtenus par les femmes, n'eût été de l'influence déterminante de Robert Bourassa qui a mis tout son poids dans la balance, les jeunes Québécois et Québécoises n'auraient pas été en mesure d'apporter au parti – et, plus largement, à la vie politique québécoise ! – la contribution exceptionnelle qui est la leur depuis plusieurs décennies maintenant.

L'espace qui m'est accordé ne me permet pas de recenser toutes les batailles épiques que les jeunes libéraux du Québec ont mené par la suite sur le plancher des congrès. Je retiens néanmoins des mandats des années 1970 celle de la bataille pour que le français devienne la langue officielle du Québec. En ce qui concerne les mandats des années 1980, il est impossible d'oublier les luttes qui ont débouché sur la création du Conseil permanent de la jeunesse ainsi que sur le gel des frais de scolarité à l'université.

Avec l'aval, voire la complicité de Robert Bourassa, la Commission jeunesse a toujours été le fer de lance du parti. Je tiens d'ailleurs à profiter de l'occasion pour briser un mythe que l'on véhicule malheureusement trop souvent dans certains milieux et selon lequel les jeunes libéraux, et plus particulièrement leur président, sont des carriéristes ambitieux qui se servent de la Commission comme tremplin à une carrière élective. Ce cliché ne résiste pas à l'épreuve des faits puisque seulement trois présidents de la Commission jeunesse ont fait le saut en politique active, soit Jacques Chagnon (10 ans plus tard), Mario Dumont (qui a fondé un autre parti) et Jonathan Sauvé (candidat défait à l'élection générale de 1998).

Outre la modernisation des structures, Robert Bourassa tenait à ce que le PLQ soit entre les mains de personnes à qui il pouvait faire totalement confiance, c'est-à-dire à des alliés loyaux, fidèles et dévoués qui l'ont épaulé très solidement. Tout au long de ses mandats, il a su conserver l'estime, le respect et l'appui de présidents qui ont consacré beaucoup de temps et d'énergie à lui livrer un parti en santé et solidaire. Je pense notamment à Lise Bacon et Claude Desrosiers qui ont été tour à tour présidente et président du PLQ entre 1970 et 1976, ainsi qu'à Louise Robic, Robert Benoît et Jean-Pierre Roy qui se sont succédé à la présidence, de 1985 à 1994. Toutes ces personnes ont su stimuler l'intérêt de Robert Bourassa pour les affaires du parti et l'aider à cimenter ses liens avec les instances décisionnelles et la base militante.

Malgré ses lourdes responsabilités de chef de gouvernement, il se faisait un devoir d'assister aux colloques régionaux et aux congrès annuels. Pendant ses deux premiers mandats, il s'astreignait, une fois l'an, à un véritable marathon pendant lequel il faisait le tour de toutes les régions du Québec en douze fins de semaine. Partout, il allait à la rencontre des militants, les écoutait attentivement et dialoguait directement avec eux, non seulement lors des périodes prévues à cette fin dans l'horaire des colloques, mais également de façon informelle, en tête-à-tête. Ce faisant, il se constituait une imposante banque de numéros de téléphone dont il se servait abondamment par la suite.

Robert Bourassa ne voulait jamais trop s'éloigner des militants. Il tenait à avoir, sur le terrain et à la grandeur du Québec, un réseau parallèle de contacts sûrs qui étaient à l'extérieur de la zone d'influence de ses proches collaborateurs. Ainsi, en l'espace de quelques coups de téléphone, il pouvait dresser un portrait complet de la situation québécoise qui, même aujourd'hui, ferait rougir d'envie nombre de sondeurs.

Compte tenu de l'utilisation massive et phénoménale qu'il faisait de l'invention d'Alexandre Graham Bell, je crois que la compagnie Bell devrait élever un monument à celui qui – j'en suis convaincu – détient le record absolu de tous les temps pour le plus grand nombre de coups de téléphone donnés, que ce soit en une journée, une semaine, un mois ou une année.

Robert Bourassa tenait aussi à ce que sa détermination à rester proche du parti et des militants soit partagée par le personnel politique du gouvernement. De 1970 à 1973, par exemple, un mécanisme de dialogue et de consultation, désigné sous le nom de CIPO Dialogue (CIPO signifiant Commission d'information politique et d'organisation), permettait de réunir des membres des cabinets ministériels (incluant les chefs de cabinet) qui étaient « très fortement encouragés » à aller rencontrer régulièrement des associations de comté, en compagnie de membres de la direction et des commissions du parti. Cette pratique lui tenait tellement à cœur qu'il avait donné une directive claire et non équivoque à ses ministres d'y participer activement avec leur personnel.

Robert Bourassa ne connaissait ni la méchanceté ni la rancœur. Il regardait toujours en avant, jamais en arrière. Sur le plan humain, des gens comme Pierre Bourgault peuvent en témoigner. Au sein du parti, John Parisella le peut aussi, son engagement avec Daniel Johnson, lors de la course à la direction de 1983, n'ayant pas empêché Robert Bourassa de le nommer par la suite directeur général du parti, ni plus tard d'en faire son chef de cabinet adjoint, ni de tisser avec lui de solides liens d'amitié. Sans oublier M. Claude Ryan à qui M. Bourassa a confié malgré tout d'importantes fonctions au sein du conseil des ministres et qui y a apporté une contribution remarquable et remarquée.

Il n'y a donc rien de surprenant dans le fait que Robert Bourassa ait accepté avec sérénité et élégance le verdict impitoyable des Québécoises et des Québécois, le 15 novembre 1976. Sans éclat, sans amertume et sans agressivité, il s'est éclipsé de la scène publique et s'en est allé du côté du monde universitaire, en Europe d'abord, plus précisément à l'Institut européen d'administration des affaires à Fontainebleau et à l'Institut des affaires européennes à Bruxelles, puis aux États-Unis, au Center of Advanced International Studies de l'Université Johns Hopkins, à Washington. Après l'Université Laval et l'Université de Montréal où il fut professeur invité, il a effectué de courts séjours à l'Université de la Caroline du Sud et à l'Université Yale.

La défaite n'avait pas désabusé cet amoureux passionné de la politique. Il n'était donc pas question que Robert Bourassa lance la serviette et renonce à reconquérir le pouvoir qui lui avait glissé entre les mains. Loin de se décourager, il a refait ses classes avec une humilité exceptionnelle. Avec une minutie et une patience extraordinaires, il a reconquis petit à petit la confiance des membres du parti et celle des Québécoises et Québécois.

Personnellement, je ne connais pas un seul individu qui aurait accepté de faire autant de sacrifices que ceux consentis par Robert Bourassa pour regagner la confiance des militants libéraux du Québec et, ultimement, pour gagner le pari que plusieurs considéraient alors impossible : celui de redevenir, moins de 10 ans après une cuisante défaite électorale, chef du PLQ puis premier ministre du Québec.

À son retour à la tête du parti, en 1983, conscient que le PLQ avait évolué, il a décidé de continuer sur la lancée de Claude Ryan qui avait renouvelé les instances et attiré beaucoup de sang neuf. De fait, il sut s'adapter à la nouvelle réalité d'une formation qui avait quand même beaucoup changé. Aussi, plutôt que de battre le rappel de la « gang des années 70 » et de faire le ménage que certains esprits vengeurs le priaient de faire au sein du parti, il a fait preuve de lucidité, de courage et d'un grand sens des responsabilités, et refusé de retourner en arrière. Pour Robert Bourassa, on ne bâtissait pas l'avenir les yeux rivés sur le rétroviseur.

À la suite des élections de 1985, son indéfectible détermination à demeurer en contact étroit et constant avec le parti l'a incité à créer le poste de conseiller spécial que j'ai eu l'honneur d'occuper et dont la principale tâche consistait à assurer la liaison avec la direction, les différentes instances, les associations de comté et les militants. Un peu plus sélectif dans ses sorties, Robert Bourassa n'effectuait plus le marathon annuel de seize régions en douze fins de semaine. Par contre, il n'était jamais avare de son temps lorsque le parti le sollicitait. Sans la moindre hésitation, il le consultait toujours et s'assurait d'obtenir son aval lorsque venait le temps de prendre des décisions importantes. Ce fut le cas, en décembre 1988, alors que le gouvernement a adopté la loi 178 relative à l'affichage. Robert Bourassa avait alors demandé la convocation d'un conseil général spécial avant d'annoncer officiellement le recours à la clause nonobstant.

En jetant un coup d'œil sur les relations entre Robert Bourassa et le Parti libéral du Québec, force nous est de constater que, si elles ont été constamment au beau fixe, c'est parce que les grandes qualités de l'homme lui ont permis de tisser de solides liens de confiance réciproque et de respect mutuel. Ainsi, lorsque sont survenus des débats aussi douloureux et déchirants que celui sur la loi 178, ou encore celui sur le programme constitutionnel du parti à la suite du dépôt du rapport Allaire, Robert Bourassa a su conserver l'adhésion majoritaire de ses troupes solidaires.

À bien des égards, Robert Bourassa a été et demeure un modèle de leadership inspirant. Ce n'est d'ailleurs pas sans raison que, 32 ans plus tard, il détient toujours le record de la plus importante majorité parlementaire de l'histoire politique du Québec, soit 102 députés élus sur 110 lors des élections du 29 octobre 1973.

Fervent amateur de base-ball et de statistiques, il prenait plaisir à signaler qu'avec quatre victoires en cinq tentatives, pour devenir premier ministre du Québec, sa moyenne au bâton était de 800.

Je suis convaincu qu'une multitude de militants libéraux conservent du formidable et inoubliable chef de parti et de gouvernement que fut Robert Bourassa, le souvenir chaleureux et reconnaissant d'un grand homme politique qui, selon moi, a incarné le mieux cette remarque de Napoléon I$^{er}$ :

« La haute politique n'est que le bon sens appliqué aux grandes choses. »

# Comment est-il redevenu chef du PLQ ?

GUY LACHAPELLE

Le parcours politique de Robert Bourassa reste fascinant. Jeune député propulsé au rang de chef du Parti libéral du Québec en 1970, pour devenir quelques mois plus tard le plus jeune premier ministre de l'histoire politique du Québec à 36 ans, il réussira treize ans plus tard à reconquérir le leadership du Parti libéral du Québec puis à redevenir premier ministre. L'exploit de Robert Bourassa est particulier d'autant plus qu'après la défaite électorale de 1976, aux mains Parti québécois de René Lévesque, il a dû parcourir ce qui s'annonçait comme une longue traversée du désert. Mais au soir de la défaite du 15 novembre 1976, alors que tous ses collaborateurs étaient atterrés par la défaite, il leur annonçait déjà qu'il allait redevenir chef du gouvernement du Québec. Est-ce l'ampleur et la symbolique de la défaite de 1976, ou tout simplement le fait que Robert Bourassa a toujours tout fait pour qu'on sous-estime ses capacités à rebondir, que personne n'aurait pu prédire à ce moment son retour à la politique ?

Si certains politistes insistent beaucoup sur l'image et la personnalité des leaders comme déterminant de la performance électorale de leur parti[1], le cas de Robert Bourassa semble quelque peu anachronique. Il n'a jamais été reconnu comme un politicien flamboyant. En fait, en menant une carrière à l'ombre de deux grands leaders charismatiques et idéologiques que furent René Lévesque et Pierre Trudeau, Robert Bourassa a donné l'impression, à tort ou à raison, qu'il ne s'intéressait pas aux grands débats intellectuels de

1. Lawrence LeDuc, « The Public Images of Canadian Political Leaders », dans Maureen Mancuso *et al.*, *Leaders and Leadership in Canada*, Toronto, Oxford University Press, 1994, p. 53-74.

l'époque sur le statut politique du Québec et que seuls les enjeux économiques le préoccupaient. L'image de l'homme des « cent mille emplois » de la campagne électorale de 1970 lui est restée collée tout au long de sa carrière politique. Au moment de la campagne électorale de 1985, tous les sondages indiquaient que Robert Bourassa était moins populaire que Pierre Marc Johnson ; le Parti libéral du Québec gagnera malgré tout l'élection. Mais le résultat le plus inusité fut que Robert Bourassa ne réussit pas à se faire élire dans la circonscription de Bertrand. Les Québécois éliront les libéraux mais pas Robert Bourassa. Il devra se représenter, le 20 janvier 1986, lors d'une élection partielle tenue dans le comté de Saint-Laurent pour pouvoir siéger comme député et premier ministre du Québec.

Le cas de Robert Bourassa semble donc, de prime abord, aller à l'encontre de nombreuses recherches britanniques[2], américaines[3] ou canadiennes[4] qui estiment que l'image des leaders constitue un élément décisif dans le vote des électeurs. Dans le cas québécois, il a été démontré que la satisfaction envers le gouvernement et la confiance dans les chefs conditionnent l'appui électoral[5]. Quant à l'appui que les militants d'un parti accordent à leur chef, le fait que Robert Bourassa ait réussi à se faire élire deux fois chef du Parti libéral du Québec lors des congrès au leadership de 1970 et de 1983 et de gagner les élections subséquentes, demeure assez exceptionnel. Notre objectif ici sera donc d'inventorier les facteurs lourds qui ont contribué au retour de Robert Bourassa à la tête du Parti libéral du Québec. Nous analyserons d'abord tous les congrès au leadership du PLQ en cherchant à établir si l'élection d'un nouveau chef a amélioré la performance électorale de ce parti et favorisé par la suite son élection. Puis, nous analyserons plus particulièrement le congrès libéral de 1983 qui a vu Robert Bourassa reconquérir le leadership du PLQ.

---

2. M. Stewart et H.D. Clarke, « The (Un) Importance of Party Leaders : Leaders Images and party Choice in the 1987 British Election », *The Journal of Politics*, 54 : 2 (mai 1992), p. 447-469.
3. Warren E. Miller et Teresa E. Levitin, *Leadership and Change : The New Politics and the American Electorate*, Cambridge, Winthrop Publishers, 1976, p. 11-12, 87-91.
4. H.D. Clarke, J. Jenson, L. LeDuc, J. Pammett, « Voting Behaviour and the Outcome of the 1979 Federal Election : The Impact of Leaders and Issues », *Canadian Journal of Political Science*, 15 : 3 (septembre 1982), p. 517-552. M. Mendelsohn, « The Media's Persuasive Effects : The Priming of Leadership in the 1988 Canadian Election », *Canadian Journal of Political Science*, 27 : 1 (mars 1994), p. 81-97.
5. Guy Lachapelle, « Les répondants discrets et l'élection québécoise de 1985 », *Politique*, 10 (automne 1986), p. 31-54.

Nous démontrerons que les principaux éléments qui ont favorisé la réélection de Robert Bourassa furent son organisation, une plateforme électorale solide et une conjoncture politique favorable. L'amélioration éventuelle de la performance électorale du Parti libéral, la personnalité et l'expérience de Robert Bourassa jouèrent à notre avis un rôle secondaire.

## COMMENT ON DEVIENT CHEF DU PARTI LIBÉRAL DU QUÉBEC ?

De 1867 à aujourd'hui, les libéraux du Québec ont eu treize chefs, en excluant George Marler qui fut chef intérimaire en 1949 à la suite de la nomination d'Adélard Godbout comme sénateur et bien sûr Gérard D. Levesque qui sera deux fois chef intérimaire à la suite du départ de Robert Bourassa en 1976 et de Claude Ryan en 1982 (voir le tableau 1). Les six premiers leaders furent choisis par l'oligarchie du parti sans que les députés soient même consultés. La seule exception serait celle de Félix-Gabriel Marchand qui aurait été choisi après certaines consultations auprès de quelques députés et sympathisants[6]. Dans le cas d'Adélard Godbout, il devint chef du Parti libéral suite à la démission d'Alexandre Taschereau aux lendemains des révélations du Commission des comptes publics sur la gestion financière du gouvernement. Taschereau proposa deux noms au lieutenant-gouverneur : Édouard Lacroix et Adélard Godbout. Ce dernier ayant la faveur du premier ministre démissionnaire fut alors choisi comme chef du Parti libéral du Québec[7].

Après la défaite électorale de 1936, le Parti libéral du Québec décida de tenir un congrès d'orientation au cours duquel aurait lieu une course au leadership. Trois candidats déposèrent leur bulletin de candidature pour le congrès de 1938 : Adélard Godbout, Télesphore-Damien Bouchard et Édouard Lacroix. Toutefois, à la suite des pressions de plusieurs ministres québécois au sein du cabinet de Mackenzie King, en particulier d'Ernest Lapointe, P.-J.-A. Cardin et Fernand Rinfret, les candidats Bouchard et Lacroix décidèrent à la

---

6. J.A. A. Lovinck, « Le pouvoir au sein du Parti libéral du Québec, 1897-1936 », dans Réjean Pelletier (sous la direction), *Partis politiques au Québec,* Montréal, Hurtubise HMH, 1976, p. 91-116.
7. Robert Rumilly, *Histoire de la province de Québec,* Montréal, Fides, 1940, vol. 35, p. 178-185.

**Tableau 1**
**Les quinze chefs du Parti libéral du Québec, 1867-1998**

| Nom | Date de nomination comme chef | Victoire ou défaite à l'élection suivante | Premier ministre |
|---|---|---|---|
| Henri-Gustave Joly de Lotbinière | 1869 | Défaite | 8 mars 1887 – 30 octobre 1879 |
| Honoré Mercier | 1883[a] | Victoire | 29 janvier 1887 – 21 octobre 1891 |
| Félix-Gabriel Marchand | 1892 | Victoire | 24 mai 1897 – 25 septembre 1900 |
| Simon-Napoléon Parent | 1900 | Victoire | 3 octobre 1900 – 21 mars 1905 |
| Lomer Gouin | 1905 | Victoire | 23 mars 1905 – 8 juillet 1920 |
| Alexandre Taschereau | 1920 | Victoire | 9 juillet 1920 – 11 juin 1936 |
| Joseph-Adélard Godbout | 1936 | Défaite | 11 juin au 26 août 1936 |
| | 11 juin 1938[b] | Victoire | 8 novembre 1939 – 30 août 1944 |
| George Marler (par intérim) | 1949 | – | |
| George-Émile Lapalme | 20 mai 1950[c] | Défaite | – |
| Jean Lesage | 31 mai 1958 | Victoire | 5 juillet 1960 – 16 juin 1966 |
| Robert Bourassa | 17 janvier 1970 | Victoire | 12 mai 1970 – 25 novembre 1976 |
| | 15 octobre 1983 | Victoire | 12 décembre 1985 – 11 janvier 1994 |
| Gérard D. Levesque (par intérim) | 1976<br>1982 | – | |
| Claude Ryan | 15 avril 1978 | Défaite | – |
| Daniel Johnson | 14 décembre 1993 | Défaite | 11 janvier au 27 septembre 1994 |
| Jean Charest | 30 avril 1998 | Défaite | – |

a. En 1885, il fonda et devint chef du nouveau Parti national regroupant libéraux et conservateurs.

b. Il a été confirmé chef du Parti libéral lors du premier congrès au leadership tenu les 10 et 11 juin 1938.

c. Il a été élu sans opposition chef du Parti libéral.

Source : Bibliothèque de l'Assemblée nationale, *Dictionnaire des parlementaires du Québec, 1792-1992,* Sainte-Foy, Presses de l'Université Laval, 1993.

dernière minute de retirer leur candidature[8]. On peut donc dire qu'Adélard Godbout et Robert Bourassa furent les deux seuls chefs du Parti libéral du Québec à avoir accédé deux fois à la tête de leur parti. Alors que les six chefs suivants furent également élus lors de congrès au leadership, même si dans certains cas les candidats démissionnèrent avant le vote ou qu'un seul candidat déposa son bulletin de candidature, ils le furent sans opposition. Il s'agit de Georges-Émile Lapalme en 1950, Jean Lesage en 1958, Robert Bourassa en 1970 et 1983, Claude Ryan en 1978, Daniel Johnson en 1993 et Jean Charest en 1998. Entre 1938 et 1998, le Parti libéral du Québec a donc connu huit courses au leadership (voir le tableau 2).

Pour bien comprendre comment Robert Bourassa est redevenu chef du Parti libéral du Québec, il faut d'abord répondre à trois questions. Est-ce que l'élection du chef du PLQ par les militants du parti lors d'un congrès au leadership a favorisé certains candidats ? Est-ce que l'élection d'un nouveau chef a amélioré la performance électorale du Parti libéral du Québec ? Est-ce que l'âge des candidats et leur expérience parlementaire ont joué en faveur de certains candidats ?

## L'avantage d'un congrès au leadership

La première question est de savoir si le fait d'être élu chef par l'oligarchie de son parti, le caucus des députés ou d'être plébiscité faute de candidats constitue un avantage pour un parti politique. Dans l'histoire du Parti libéral du Québec, il n'y a eu au total que quatre véritables courses au leadership où les délégués eurent à choisir entre plusieurs candidats : Jean Lesage en 1958, Claude Ryan en 1978, Robert Bourassa en 1970 et 1983. Dans le cas des dix autres chefs libéraux, ils furent élus sans opposition ; seulement la moitié d'entre eux réussirent à gagner l'élection générale suivante. Avant la tenue de congrès au leadership, cinq des sept nouveaux chefs du PLQ entre 1869 et 1936 eurent cependant plus de succès et gagnèrent l'élection subséquente alors que depuis 1938 quatre des sept chefs perdirent l'élection suivante. Adélard Godbout est devenu chef le 11 juin 1936 et son parti a été défait à l'élection générale du 17 août 1936. Il remporta toutefois l'élection générale du 21 octobre 1939 après avoir été confirmé à son poste de leader lors du congrès de 1938. Au cours de la période de l'après-guerre, Georges-Émile Lapalme, Daniel Johnson

8. Envoyé spécial, « Un vibrant appel du Très Hon. M. Lapointe », *La Presse*, 11 juin 1938.

**Tableau 2**
**Les congrès au leadership du Parti libéral du Québec, 1938-1998**

| Date | Candidats | Nombre de délégués | Résultats % *(nombre de votes)* | Taux de partici-pation *(%)* |
|---|---|---|---|---|
| 10-11 juin 1938 | Joseph-Adélard Godbout<br>T.-D. Bouchard[a]<br>Édouard Lacroix[a] | 802 | Unanimité | |
| 19-20 mai 1950 | Georges-Émile Lapalme<br>Jean-Marie Nadeau[b]<br>George C. Marler[b]<br>Horace Philippon[b] | 1 376 | Unanimité | |
| 30-31 mai 1958 | Jean Lesage<br>Paul Gérin-Lajoie<br>René Hamel<br>Aimé Fauteux | 964[c] | 72,2 (630)<br>16,6 (145)<br>11,1 (97)<br>2,1 (19) | 90,1 |
| 16-17 janvier 1970 | Robert Bourassa<br>Claude Wagner<br>Pierre Laporte | 1 663[d] | 53,2 (843)<br>28,7 (455)<br>18,1 (288) | 95,4 |
| 14-15 avril 1978 | Claude Ryan<br>Raymond Garneau | 2 611[e] | 68,4 (1748)<br>31,6 (807) | 97,9 |
| 14-15 octobre 1983 | Robert Bourassa<br>Pierre Paradis<br>Daniel Johnson | 2 841[f] | 75,4 (2138)<br>12,5 (353)<br>12,1 (343) | 99,8 |
| 14 décembre 1993 | Daniel Johnson | 3 000[g] | Unanimité | |
| 30 avril 1998 | Jean Charest | 3 000[g] | Unanimité | |

a. Ces candidats se sont retirés de la course au leadership. Adélard Godbout fut donc élu lors d'un congrès plénier.
b. En 1950, les trois candidats ont retiré leur candidature le jour même du scrutin. Georges-Émile Lapalme devint donc chef lors d'un congrès plénier.
c. En 1958, les organisateurs du congrès ont nommé 272 délégués spéciaux ou *ex-officio.*
d. En 1970, seulement la moitié des délégués étaient des militants provenant des associations des diverses circonscriptions électorales.
e. En février 1977, on abolit la nomination de délégués *ex-officio* ; la nouvelle formule était de 24 délégués pour chacune des 110 associations de circonscription (N = 2 640) ; 2 611 délégués se présentèrent pour voter. Voir *Le Devoir,* 13 et 19 septembre 1977.
f. En 1983, le nombre de délégués était de 24 pour chacune des circonscriptions, soit 2 928. Toutefois, seulement 2 917 furent élus dans les 122 circonscriptions électorales ; 2 841 se présentèrent pour voter.
g. Pour les congrès de 1993 et de 1998, la règle était de 24 délégués pour chacune des 125 circonscriptions électorales.

et Jean Charest n'ont pas réussi à mener les troupes libérales à la victoire électorale aux lendemains de leur élection à la tête du Parti libéral du Québec.

## L'influence d'un nouveau chef sur la performance électorale

Une idée fort répandue voudrait que les membres d'un parti choisissent surtout un chef en votant pour le candidat qui a plus de chance de gagner à l'élection subséquente. Que les militants d'un parti politique attribuent, à tort ou à raison, le succès électoral de leur parti à leurs leaders, il faut se demander si ceux-ci ont véritablement la capacité de modifier le pouls de l'opinion publique. Si un nouveau chef peut favoriser le renouvellement de la base partisane d'un parti en attirant de nouveaux électeurs et maintenir une certaine cohésion au sein de l'organisation, cela devrait se traduire par des gains électoraux substantiels[9]. Toutefois, comme Stewart et Carty l'ont démontré, en analysant la performance des partis politiques et de leurs nouveaux leaders au Québec et dans les provinces canadiennes au cours de la période 1960-1992, dans seulement 17 % des cas l'élection d'un nouveau chef a permis à un parti de se maintenir au pouvoir ou d'être élu[10].

Si on compare la performance électorale du Parti libéral du Québec depuis le premier congrès au leadership de 1938 (voir le tableau 3), on observe que dans quatre cas l'élection d'un nouveau chef a permis au Parti libéral du Québec de gagner l'élection suivante et que dans les quatre autres cas il a perdu l'élection. Trois des quatre victoires électorales du Parti libéral du Québec se sont produites à la suite de la tenue de congrès au leadership où plusieurs candidats présentés et les délégués ont pu élire un nouveau chef. En ce qui concerne les gains ou pertes en pourcentage de voix et de sièges, on note que c'est à l'élection de 1939 que le PLQ a fait ses gains les plus importants. Son appui a alors augmenté de 14,1 % par rapport à l'élection de 1936. La deuxième performance s'est produite à l'élection de 1981, à la suite de l'arrivée de Claude Ryan ; le Parti libéral du Québec a vu sa part du vote augmenter de 12,2 %. Il

9. David K. Stewart et R.K. Carty, « Does Changing the Party Leader Provide an Electoral Boost ? A Study of Canadian Provincial Parties : 1960-1992 », *Canadian Journal of Political Science,* 26 : 2 (juin 1993), p. 313-330.
10. D.K. Stewart et R.K. Carty, *ibid.*, p. 313-330.

**Tableau 3**
**Performance électorale du Parti libéral du Québec suite à l'arrivée d'un nouveau chef, 1940-1998**

| Date de l'élection | Chef élu | Gain/perte % des voix | Gain/perte % des sièges | Élu dans son comté | Victoire/ défaite du PLQ |
|---|---|---|---|---|---|
| 1939 | J. Adélard Godbout | + 14,1 | + 65,8 | Oui | Victoire |
| 1952 | Georges-Émile Lapalme | + 9,6 | + 16,3 | Non | Défaite |
| 1960 | Jean Lesage | + 6,5 | + 33,2 | Oui | Victoire |
| 1970 | Robert Bourassa | – 1,8 | + 20,4 | Oui | Victoire |
| 1981 | Claude Ryan | + 12,2 | + 10,9 | Oui | Défaite |
| 1985 | Robert Bourassa | + 10,0 | + 46,7 | Non | Victoire |
| 1994 | Daniel Johnson | - 5,6 | - 36,0 | Oui | Défaite |
| 1998 | Jean Charest | - 0,9 | + 0,8 | Oui | Défaite |

Source : Alex Fretier, *Le Choix d'un leader et le succès de son parti aux élections, Québec 1923 à 1994*, mémoire, Département de science politique, Université du Québec à Montréal, 1997. *Annuaire du Québec*, 1979-1980.

faut se rappeler qu'à l'époque de nombreux sondages pré-électoraux prévoyaient une victoire du Parti libéral du Québec et ont attribué la défaite électorale à Claude Ryan. Les pressions internes contribuèrent ultérieurement à son départ et ouvrirent la porte au retour de Robert Bourassa. Le troisième gain électoral pour le PLQ se produisit d'ailleurs à l'élection de 1985 ; les libéraux, avec Robert Bourassa à leur tête, virent leur pourcentage de voix augmenter de 10 %. Georges-Émile Lapalme avait permis au libéraux de faire également des gains substantiels en 1952, avec un bond de 9,6 % des appuis populaires, mais il n'avait pas réussi à former le gouvernement. Le dernier cas où le changement de chef a permis au Parti libéral du Québec d'augmenter ses appuis populaires fut celui de Jean Lesage en 1960 où les libéraux font un bond de 6,5 %. Dans trois de ces cas, l'augmentation de l'appui populaire au PLQ s'est traduit par une victoire électorale.

Dans trois cas sur huit depuis 1938, l'élection d'un nouveau chef a eu pour effet de contribuer à une diminution des voix en faveur du PLQ. Après l'arrivée de Daniel Johnson, le Parti libéral du Québec voit ses appuis populaires reculer de 5,6 % lors de l'élection de 1994. La même situation s'est également produite en 1970 alors qu'avec l'arrivée de Robert Bourassa à la tête des libéraux le PLQ voit son pourcentage des voix fléchir de 1,8 % même s'il a gagné l'élection. Cette situation peut s'expliquer par l'arrivée du Parti québécois sur la scène électorale et la présence toujours active de tiers-partis (Union nationale et Parti créditiste). Finalement, à l'élection de 1998, même si les libéraux ont eu plus de voix que le Parti québécois, le nouveau chef Jean Charest n'a pas réussi à faire progresser le vote libéral. Il recule de 0,9 %. Le succès électoral d'un nouveau chef est donc toujours relatif; il nous faut tenir compte autant du système électoral et de la conjoncture particulière qui prévaut à un moment donné. Comme nous l'avons démontré, l'élargissement de la base électorale n'est pas nécessairement garante d'une victoire électorale.

Un autre indicateur que l'on peut utiliser est l'augmentation/diminution du pourcentage de sièges à l'Assemblée nationale suivant l'arrivée d'un nouveau chef. Dans notre système électoral, une majorité de députés permet à un parti de former le gouvernement. Les deux plus fortes augmentation du pourcentage de sièges pour le Parti libéral du Québec se produisirent avec Adélard Godbout en 1939 (+ 65,8 %) et avec Robert Bourassa en 1985 (+ 46,7 %). Toutefois, si, dans quatre cas sur sept, l'augmentation du pourcentage de sièges a confirmé une victoire libérale, dans trois cas l'arrivée d'un nouveau chef n'a pas permis au Parti libéral du Québec de former le gouvernement. Il s'agit de Georges-Émile Lapalme en 1952, de Claude Ryan en 1978 et de Jean Charest en 1998. Le Parti libéral du Québec a subi un recul dans le pourcentage de sièges uniquement en 1994 après l'élection de Daniel Johnson comme chef de ce parti. Il est par ailleurs intéressant de noter que, malgré l'augmentation du pourcentage de sièges, seuls Georges-Émile Lapalme et Robert Bourassa ne réussirent pas à se faire élire dans leur comté lors de l'élection générale suivante. Le cas de Robert Bourassa en 1985 est d'autant plus particulier que son parti fut appelé à former le gouvernement.

## Le choix d'un chef lors de congrès au leadership

Plusieurs hypothèses ont été émises pour expliquer le choix d'un chef par les délégués d'un parti. John Courtney estime que le fait qu'un parti politique décide de choisir son chef lors d'un congrès au leadership a des conséquences importantes. Les délégués auraient alors tendances à choisir davantage le chef de leur parti en fonction de l'image qu'il projette plutôt qu'en fonction de son expérience ou de ses capacités à occuper le poste de chef d'un parti ou de gouvernement[11]. Comme l'ont démontré également Carty et James, depuis que les partis politiques au Québec et dans les provinces canadiennes ont choisi d'élire leurs chefs lors de congrès réunissant un certain nombre de délégués, les nouveaux leaders sont plus jeunes et ont moins d'expérience parlementaire qu'à l'époque où les chefs étaient choisis par le caucus de leur parti[12].

Pour d'autres, comme Donald Smiley, les délégués ne votent pas en fonction de l'idéologie de leur parti, ou de certains enjeux particuliers, mais plutôt en fonction de la capacité de leur parti à défendre leurs intérêts à court terme[13]. En fait, les délégués des partis ne seraient pas différents des électeurs lors d'une élection générale.

---

11. John C. Courtney, *The Selection of National Party Leaders in Canada*, Toronto, McMillan, 1973, p. 217-238.
12. R. K. Carty et P. James, « Changing the Rules of the Game : Do Conventions and Caucuses Choose Different Leaders ? », dans R. K. Carty *et al.*, *Leaders and Parties in Canadian Politics : Experiences of the Provinces*, Toronto : Hartocurt Brace Jovanovich, 1992, p. 19-31.
13. Donald Smiley, « The National Party Leadership Convention in Canada : A Preliminary Analysis », *Canadian Journal of Political Science*, 1 : 4 (décembre 1968), p. 373-397.

Comme l'ont observé Clarke et Kornberg lors de l'élection canadienne de 1988, les électeurs votent pour des leaders qui seront en mesure de satisfaire leurs attentes[14]. De plus, les congrès au leadership auraient pour effet d'occulter toute discussion sur les politiques d'un parti et de démotiver les délégués[15]. Les congrès au leadership, en favorisant uniquement les délégués qui peuvent assister à ces congrès, et en encourageant uniquement les candidats ayant des moyens financiers importants, iraient ainsi à l'encontre des objectifs de représentativité et de démocratie[16]. Malgré tout, les congrès au leadership suscitent toujours un grand intérêt médiatique (ils sont parfois moins coûteux que certaines publicités) et permettent d'attirer l'attention des électeurs.

Dans le cas des congrès au leadership du Parti libéral du Québec, les données confirment d'abord les observations voulant que le profil socio-économique des candidats ait peu changé depuis 1867. Les chefs proviennent surtout de professions libérales (voir le tableau 4). Lapalme, Lesage, Johnson et Charest sont avocats; Adélard Godbout était agronome, Claude Ryan était journaliste et Robert Bourassa, économiste. Toutefois, depuis l'arrivée de congrès au leadership, les candidats élus sont plus jeunes avec un âge moyen de 45,3 ans; l'élection de Robert Bourassa à 36 ans à la tête du Parti libéral du Québec le 17 janvier 1970 confirme cette tendance. Il ont également moins d'expérience parlementaire (8,3 ans en moyenne). Lors du congrès de 1970, il obtint 53,2 % des voix contre 28,7 % pour Claude Wagner et 18,1 % pour Pierre Laporte (voir le tableau 2). Claude Wagner avait 45 ans et siégeait depuis six ans à l'Assemblée nationale ; Pierre Laporte avait 49 ans et neuf ans d'expérience comme parlementaire. Quant à Robert Bourassa, il était député depuis à peine quatre ans. À l'opposé, il sera, lors du congrès au leadership de 1983, le candidat le plus âgé et celui ayant la plus longue expérience politique.

---

14. H.D. Clarke et A. Kornberg, « Risky Business : Partisan Volatility and Electoral Choice in Canada, 1988 », *Electoral Studies*, 11 : 2 (1992), p. 138-156.
15. Daniel Latouche affirme que l'élection du chef du Parti québécois par l'ensemble des membres du parti en 1985 fut une expérience décevante. Uniquement 62 % des membres du parti ont participé au scrutin. Daniel Latouche, « Universal Democracy and Effective Leadership : Lessons from the Parti Québécois Experience », dans R. K. Carty *et al.*, *Leaders and Parties in Canadian Politics*, *op. cit.*, p. 174-202.
16. Heather MacIvor, « The Leadership Convention : An Institution Under Stress », dans Maureen Mancuso *et al.*, *Leaders and Leadership in Canada*, Toronto, Oxford University Press, 1994, p. 13-27.

**Tableau 4**
**Caractéristiques sociopolitiques des leaders élus à la tête du PLQ lors de congrès au leadership, 1938-1998**

| Date | Candidat élu | Âge | Profession | Nombre d'années comme député | Nombre d'années comme ministre | Nombre de mois avant l'élection |
|---|---|---|---|---|---|---|
| 1938 | J. Adélard Godbout | 46 | Agronome | 9 | 6 | 16 |
| 1950 | Georges-Émile Lapalme | 43 | Avocat | 5[a] | - | 26 |
| 1958 | Jean Lesage | 46 | Avocat | 17[b] | 5 | 25 |
| 1970 | Robert Bourassa | 36 | Économiste et avocat | 4 | 0 | 3 |
| 1978 | Claude Ryan | 53 | Journaliste | 0 | 0 | 36 |
| 1983 | Robert Bourassa | 50 | Économiste | 10 | 6 | 26 |
| 1993 | Daniel Johnson | 49 | Avocat | 12 | 8 | 12 |
| 1998 | Jean Charest | 39 | Avocat | 9[c] | 7 | 7 |
| | Moyenne | 45,3 | | 8,3 | 4 | 18,9 |

a. Georges-Émile Lapalme fut député fédéral de la circonscription de Joliette de 1945 à 1950.

b. Jean Lesage a été député fédéral de la circonscription de Montmagny-L'Islet et ministre au sein du cabinet de Louis St-Laurent.

c. Jean Charest fut député fédéral de la circonscription de Sherbrooke et occupa plusieurs fonctions dont celle de ministre sous le gouvernement conservateur de Brian Mulroney.

La comparaison entre les congrès au leadership du PLQ démontre également qu'il est difficile d'établir une corrélation entre la date d'un congrès au leadership – le nombre de mois avant une élection – et une victoire ou une défaite électorale. Si Robert Bourassa a réussi à remporter l'élection générale de 1970, trois mois seulement après son accession au leadership du PLQ, à l'inverse Jean Charest et Daniel Johnson, à sept mois et douze mois de l'échéance électorale, n'ont pas réussi à devenir premier ministre. À l'inverse, un Claude Ryan qui a été élu trente-six mois avant l'élection de 1981 n'a pas non plus permis à son parti de savourer la victoire. Une autre interprétation de cet indicateur serait que le moment choisi par un chef pour démissionner hypothèque grandement son successeur. La question qui se pose est de savoir s'il existe un moment idéal pour démissionner. Nous pouvons certes faire l'hypothèse que, lorsqu'un parti est au pouvoir, les délégués chercheront à élire un chef qui leur permettra de se maintenir au pouvoir. Dans le cas d'un parti dans l'opposition, les délégués verront plutôt à choisir un chef qui sera en mesure de rebâtir les assises de leur parti, tout en permettant sa revitalisation idéologique. Il faut aussi s'interroger si un parti au pouvoir est davantage en mesure de maintenir sa cohésion au moment de la démission de son chef qu'un parti dans l'opposition.

Dans l'histoire du Parti libéral du Québec, Adélard Godbout perdit l'élection de 1936, demeura chef et gagna l'élection de 1939. Georges-Émile Lapalme perdit deux élections avant de se voir pratiquement forcé de démissionner. Jean Lesage décida de quitter la vie politique en 1969 à la suite d'un article du député libéral Jean-Paul Lefebvre ; il aurait même songé, à la suite de nombreuses critiques après la défaite électorale de 1966, de déclencher une course au leadership et de se représenter comme candidat[17]. Robert Bourassa quitta en 1977 après la défaite de 1976. Il démissionnera en 1993 pour des raisons de santé à un an de l'élection générale. Par ailleurs, les militants du PLQ poussèrent Claude Ryan vers la porte de sortie après la défaite de 1981. Daniel Johnson ne réussit pas à consolider sa position à la tête du PLQ suite à la défaite électorale de 1994 et décida de démissionner pour des raisons personnelles. Quant à Jean Charest, il a réussi jusqu'à présent à assurer son leadership malgré la défaite de

---

17. Vincent Lemieux, *Le Parti libéral du Québec : alliances, rivalités et neutralités*, Sainte-Foy, Presses de l'Université Laval, 1993, p. 104-105.

1998 et quelques soubresauts au sein de son parti. Si on fait le bilan, on note que tous les chefs du Parti libéral du Québec ont démissionné alors qu'ils étaient chef de l'opposition, et cela après une ou deux défaites électorales. La seule exception demeure celle de Robert Bourassa qui a quitté alors qu'il était premier ministre[18].

Finalement, il faut noter que le nombre de délégués s'est constamment accru au fil des ans, sauf en 1958 où l'establishment du parti a voulu davantage contrôler le vote en nommant plus de 28 % des délégués (272/964). Lors du congrès de 1970, Robert Bourassa avait également l'appui de l'appareil du parti mais n'avait pas celui des militants. D'ailleurs, à la grande surprise de tous, il réussit à rallier une majorité de délégués au premier tour en obtenant 53,2 % des voix. Si Pierre Laporte se rallia, Claude Wagner démissionna comme député le 3 mars 1970[19]. Cette démission n'aura toutefois pas eu d'effet sur le leadership de Robert Bourassa puisque l'échéance électorale approchait à grands pas. Si, en 1970, Robert Bourassa fut le chef élu avec la plus faible majorité de tous les chefs du PLQ, il deviendra en 1983 celui ayant obtenu la plus forte majorité avec 75,4 % des votes. Jean Lesage avait fait presque aussi bien en 1958 avec 72,2 %. À l'élection générale de 1985, le Parti libéral du Québec recevra 56 % du vote populaire. La réélection de Robert Bourassa comme chef du Parti libéral du Québec en 1983 représente donc un cas plutôt exceptionnel. Ce retour mérite d'être analysé plus attentivement.

## LE RETOUR DE ROBERT BOURASSA

Pour expliquer comment Robert Bourassa a réussi à reconquérir le leadership du PLQ, il nous faut analyser un certain nombre de facteurs. D'abord, est-ce que Robert Bourassa, de par sa personnalité, représentait le candidat idéal aux lendemains du rapatriement de la Constitution et après deux mandats du Parti québécois ? Deuxièmement, est-ce que sa plateforme électorale, les idées qu'il mettait de l'avant en ont fait le candidat idéal ? Troisièmement, est-ce que les règles

18. À l'opposé, on note que les leaders du Parti québécois ont tendance à démissionner alors qu'ils occupent le siège de premier ministre. René Lévesque démissionna avant l'élection de 1985 alors que Jacques Parizeau le fit après la défaite référendaire de 1995 et Lucien Bouchard à mi-mandat. Seul Pierre Marc Johnson quitta alors qu'il était chef de l'opposition et aux lendemains du décès de René Lévesque. Bernard Landry est toujours premier ministre.

19. André Bernard, « La succession à la chefferie du Parti libéral du Québec », *Conjoncture politique au Québec* 2 (automne 1982), p. 37-46.

d'élection du chef du PLQ ont favorisé Robert Bourassa ? Finalement, est-ce la persévérance et la ténacité de Robert Bourassa qui lui ont permis de faire ce retour en politique ?

## Les caractéristiques personnelles d'un leader

Dans son ouvrage sur les courses au leadership, John C. Courtney souligne que trois facteurs sont déterminants dans le succès d'un candidat : son âge, son expérience parlementaire et sa profession[20]. D'abord, un candidat devrait avoir à peu près le même âge que ses adversaires ; s'il est trop jeune ou trop vieux par rapport à ses adversaires, cela peut être un handicap. Comme le souligne Courtney, un candidat relativement trop jeune pourrait rapidement se rendre compte qu'il sera condamné à participer à la prochaine course au leadership ; à l'opposé, un candidat trop vieux pourra tout simplement être écarté par son parti. Suivant cette analyse, Robert Bourassa était désavantagé lors du congrès libéral de 1970 puisque ses adversaires, Pierre Laporte et Claude Wagner, étaient nettement plus âgés à 48 et 44 ans. Toutefois, comme les partis politiques ont eu tendance depuis le début des années 1960 à se choisir des candidats plus jeunes, ce qui traduit un effort de modernisation de leurs organisations, le défi d'un candidat plus jeune est de faire la démonstration qu'il apportera au parti un renouveau idéologique. Les changements sociaux de la fin des années 1960 et l'arrivée de nouveaux leaders seraient donc le résultat d'une conjoncture propice à l'arrivée de politiciens plus jeunes. Le contexte social de l'époque aurait donc avantagé Robert Bourassa en 1970. De la même façon, le « nouveau » Robert Bourassa de 1983, désormais âgé de 50 ans, ne donnait pas l'impression d'être nettement plus âgé que ses adversaires, Daniel Johnson et Pierre Paradis.

Le second facteur indiqué par Courtney est celui de l'expérience parlementaire. Si, au début du XX$^{e}$ siècle, alors que les chefs étaient choisis par l'aile parlementaire ou le caucus des députés, le candidat ayant le plus d'expérience parlementaire devenait chef de son parti, cette tendance a disparu avec l'organisation de courses au leadership. Les congrès au leadership, en favorisant une plus forte participation de la base militante dans la sélection des chefs, ont du

20. John C. Courtney, *Do Conventions Matter ? Choosing National Party Leaders in Canada*, Montréal, McGill-Queen's University Press, 1995, p. 164.

même coup ouvert la porte à des candidats plus jeunes et avec moins d'expérience parlementaire. En 1970, Robert Bourassa était député depuis à peine quatre ans, ce qui lui a probablement nui, puisque les militants venant des associations de comtés ont davantage appuyé les deux autres candidats. Claude Ryan, le seul candidat libéral sans aucune expérience parlementaire a lui aussi réussi à devenir chef du PLQ en 1978.

Le troisième facteur a trait à la profession des candidats. De nombreux parlementaires et ministres ont une formation en droit. Quatre des sept chefs du PLQ élus lors des congrès au leadership depuis 1938 étaient des avocats. Quant à Robert Bourassa, même s'il se proclamait davantage économiste, il avait lui aussi une formation de juriste. En fait, à l'exception d'Adélard Godbout qui était agronome et de Claude Ryan qui était journaliste, tous les autres chefs avaient une formation en droit. Il est toutefois intéressant de constater que, dans un sondage publié à la vieille du congrès de 1970, certaines personnes ont affirmé qu'elles voteraient pour le député de Mercier parce qu'elles voulaient un économiste ; « J'aime mieux un économiste que deux avocats[21] ». En s'identifiant comme économiste, Robert Bourassa pouvait en quelque sorte se démarquer de ses adversaires. On peut certes y voir une stratégie de différenciation. Toutefois, en raison de son intérêt marqué pour les enjeux économiques, Robert Bourassa conservera cette image de l'homme qui s'intéresse d'abord et avant tout au développement économique du Québec. Lors du congrès de 1983, alors que le Québec traverse une période économique difficile, il sera perçu comme l'homme d'expérience et le bon gestionnaire, celui qui pouvait aider le Québec à retrouver une certaine prospérité[22]. Le thème de sa campagne sera d'ailleurs « la force de l'expérience ».

Finalement, les qualités personnelles des candidats et la perception que les délégués et la population en général se font de ceux-ci seraient aussi cruciales. Lawrence LeDuc, dans une étude publiée en 1971, soulignait que 24,1 % délégués cherchaient d'abord un chef honnête, intègre et sincère[23]. Quant à la capacité de ce chef à gouver-

21. « Le bon côté des candidats », *La Presse*, 10 janvier 1970, p. 1
22. Vincent Lemieux, *op. cit.*, p. 140.
23. Lawrence LeDuc, « Parti Decision-Making : Some Empirical Observations on the Leadership Selection Process », *Canadian Journal of Political Science*, 4 : 2 (mars 1971), p. 105.

ner et ses qualités intellectuelles, elles arrivaient au second rang. Les facteurs les moins importants étaient sa popularité auprès de la population, son âge et son expérience de manière générale. En fait, 75,2 % des délégués voteraient d'abord pour leur candidat favori. Les autres éléments de leur décision seraient de savoir si un candidat pourrait leur rendre certains services (5 %), parce qu'il vient de leur région (4,7 %), par loyauté (4,3 %) ou par reconnaissance pour sa performance électorale (3,7 %). Dans le contexte de 1970, Robert Bourassa était perçu par la population comme quelqu'un d'assez semblable à Pierre E. Trudeau en terme de formation universitaire tout en étant celui qui pouvait relancer l'économie du Québec. Selon Jacques Benjamin, Robert Bourassa possédait la personnalité se rapprochant le plus du candidat type identifié par la population[24]. Ainsi, dans un sondage publié en 1983 dans le quotidien *Le Devoir*, deux semaines avant le congrès au leadership du PLQ, 53 % des Québécois étaient favorables à l'élection de Robert Bourassa à la tête des troupes libérales[25].

## Le programme électoral de Robert Bourassa et sa ferveur fédéraliste

La stabilité économique, la promesse de créer des emplois et de faire du Québec un État moderne et économiquement stable ont certes joué un rôle prépondérant dans le succès de Robert Bourassa, et ce, autant en 1970 qu'en 1983. En 1970, alors que le chômage avait presque doublé au Québec depuis 1966, Robert Bourassa en faisant de l'économie son cheval de bataille touchait à un enjeu qui préoccupait l'ensemble de la population et de nombreux militants de son parti. De plus, ses engagements en matière fiscale et sa volonté de réduire les taxes scolaires des contribuables lui donnaient une forte crédibilité, surtout qu'il avait agi comme secrétaire et directeur de la recherche pour la Commission sur la fiscalité présidée par Marcel Bélanger. De plus, il proposait de mettre en place une nouvelle technique de rationalisation des choix budgétaires, le PPBS (Planning,

24. Jacques Benjamin, « Les partis politiques québécois et le marketing électoral », dans Daniel Latouche, Guy Lord et Jean-Guy Vaillancourt (sous la direction de), *Le Processus électoral au Québec, les élections provinciales de 1970 et 1973*, Montréal, Hurtubise HMH, Cahiers du Québec, nº 22, p. 93-110.

25. Pierre O'Neill, « Plus de 50 % des Québécois préfèrent Bourassa comme chef du Parti libéral », *Le Devoir*, 4 octobre 1983, p. 1.

Programming and Budgeting System) afin d'éliminer les chevauchements entre ministères. Lors du congrès au leadership de 1983, Robert Bourassa poursuit dans cette veine en proposant d'éliminer les irritants de la politique fiscale, de créer de nouveaux emplois dans le secteur technologique, de réduire le déficit gouvernemental et les dépenses publiques, de diminuer le nombre de sociétés d'État et d'améliorer la situation économique. Il favorisait également une augmentation des exportations québécoises vers les États-Unis, une deuxième phase pour la Baie-James et un accroissement des investissements étrangers (de 8 % à 25 %).

Mais l'autre élément important est que Robert Bourassa est perçu dès 1970 comme un Québécois qui est fier de l'être tout en étant un fédéraliste pragmatique. Comme Vincent Lemieux le mentionne, à l'élection de 1970, Robert Bourassa « apparaît aux yeux des électeurs comme plus Québécois que son parti à propos des conflits entre Québec et Ottawa. Il est aussi associé davantage aux enjeux internes au Québec qu'aux enjeux qui tiennent aux relations entre les deux gouvernements[26] ». Pierre E. Trudeau aurait d'ailleurs cherché à convaincre Raymond Garneau de se présenter contre Bourassa en 1983 parce qu'il estimait que celui-ci n'était pas assez fédéraliste[27]. Raymond Garneau se ralliera plutôt à Robert Bourassa lorsqu'il constatera, suite à sa décision de ne pas se présenter, que ses supporteurs se tournèrent vers l'ancien premier ministre du Québec. Jean Chrétien et André Ouellet exprimeront également leurs réserves face au candidat Bourassa parce qu'ils craignaient une alliance entre Robert Bourassa et le chef conservateur, Brian Mulroney. On pourra d'ailleurs observer une certaine division au sein du cabinet fédéral lorsque Marc Lalonde rabrouera publiquement ses collègues Chrétien et Ouellet en affirmant qu'ils avaient manqué une excellente occasion de se taire[28]. Jean Chrétien se montrera plus conciliant quelques jours plus tard en appuyant la candidature de Robert Bourassa[29].

Contrairement à l'idée que les congrès au leadership masquent souvent des débats idéologiques plus profonds touchant certaines orientations fondamentales des partis, le congrès au leadership de

26. Vincent Lemieux, *op. cit.*, p. 96.
27. Michel Vastel, *Trudeau le Québécois*, Montréal, les Éditions de l'Homme, 1989, p. 282-285. Cité par Vincent Lemieux, *op. cit.*, p. 140.
28. Presse canadienne, « Bourassa helped by federal Mps », *Globe and Mail*, 18 août 1983.
29. Robert McKenzie, « Chrétien now favors Bourassa as leader », *Toronto Star*, 9 septembre 1983, p. A8.

1983 verra un débat assez animé quant à la position constitutionnelle des candidats. La ferveur fédéraliste de Robert Bourassa inquiétait aussi plusieurs membres de l'aile parlementaire québécoise, en particulier la franche anglophone qui se ralliera ultérieurement à Daniel Johnson. À la fin du mois de juillet 1983, Clifford Lincoln, Michel Gratton et John Caccia rendront public un document intitulé *Pour un retour à la raison* dans lequel ils chercheront à définir les grandes orientations politiques que le nouveau chef du PLQ devrait mettre de l'avant[30]. Parmi les éléments proposés, les auteurs du document insistent pour que le nouveau chef du PLQ affirme sa profonde confiance dans le fédéralisme canadien, son attachement au Canada et à sa constitution. Selon eux, le nouveau chef devra également se faire le champion des objectifs suivants : 1. promouvoir les droits et libertés individuelles ; 2. geler les postes dans la fonction publique, éliminer la sécurité d'emploi, limiter les augmentations salariales au coût de la vie et aligner les salaires des employés de l'État avec ceux du secteur privé ; 3. diminuer l'interventionnisme étatique et la réglementation gouvernementale ainsi que le rôle des sociétés d'État ; 4. et finalement introduire les amendements linguistiques promis par les libéraux lors de l'élection de 1981. Le choix d'un chef au sein du PLQ en 1983 se résumait donc entre un chef fédéraliste et nationaliste, favorable à la reconnaissance du Québec comme société distincte et au maintien des acquis de la loi 101 (Robert Bourassa) ou un candidat anti-nationaliste, aligné davantage sur Ottawa et opposé à tout interventionnisme étatique en matière linguistique (Daniel Johnson et Pierre Paradis)[31]. En fait, plusieurs membres de la communauté anglophone espéraient vivement qu'un candidat issu des communautés culturelles se présente lors de la course au leadership, mais ils devront se résigner lorsque John Ciaccia annoncera qu'il ne se portera pas candidat[32]. Daniel Johnson deviendra leur candidat, ce qui lui nuira tout au long de la campagne[33].

30. Graham Fraser, « New Leader's Guidelines drafted by Liberal MNA », *The Gazette*, 1er août 1983, p. A3-A4.
31. Graham Fraser, « Hydro successess can't hide Liberal's dilemma », *The Gazette*, 8 juillet 1983, p. B-3.
32. Pierre Vennat, « Aucun candidat ne portera les couleurs des anglophones », *La Presse*, 17 août 1983.
33. Pierre Vincent, « Johnson se défend d'être le candidat des anglophones », *La Presse*, 26 août 1983.

Sur le plan constitutionnel, Robert Bourassa affirmait, à deux jours de son élection comme chef du PLQ, qu'il ferait tout en son pouvoir pour récupérer le droit de veto du Québec et plaider en faveur de l'inclusion dans la constitution canadienne d'une clause reconnaissant le caractère distinct du Québec[34]. Il soulignait que, s'il était élu premier ministre, il souhaitait avoir un accord constitutionnel et signer la Constitution dès 1986[35]. Au sujet de l'enjeu linguistique, plusieurs députés fédéraux et québécois lui reprochaient toujours d'avoir fait du français la langue officielle du Québec avec la loi 22. Sans broncher, Robert Bourassa répétera durant toute la campagne au leadership de 1983 qu'il était favorable à certaines modifications aux lois linguistiques, tant et aussi longtemps que le français demeure prédominant et que les droits linguistiques des minorités soient respectés. Du même souffle, il insistait pour un contrôle accru du Québec en matière d'immigration.

La dimension sociale occupait également une place importante dans le programme de Robert Bourassa. Dans sa déclaration annonçant qu'il se portait candidat dans la course au leadership, il affirmait que le Québec devait rechercher un « nouvel ordre social afin de tenir compte des changements survenus dans le monde du travail. La dynamique des relations de travail sera modifiée parce que le rapport de force actuel des relations patronales-syndicales est devenu improductif pour les deux parties[36] ». Il avait souscrit à l'idée de créer un groupe de personnalités québécoises pour constituer une commission de médiation pour empêcher le déclenchement de grèves illégales. Cette commission aurait l'autorité d'émettre certaines sanctions et amendes. L'idée de maintenir certains services essentiels à la population lors d'une grève était au centre de ses préoccupations.

## Les règles d'organisation du congrès de 1983

L'histoire de l'évolution des règles entourant la sélection d'un nouveau chef a été étroitement liée aux relations entre le Parti libéral

---

34. Pierre O'Neill, « Robert Bourassa : nouvelle ère de collaboration avec Ottawa », *Le Devoir*, 13 octobre 1983, p. 1. Presse canadienne, « Bourassa would make new deal on Constitution », *Winnipeg Free Press*, 17 septembre 1983, p. 10.
35. ___, « Bourassa : Id get constitutional agreement by '86 », *The Gazette*, 17 septembre 1983, p. B-7.
36. Robert Bourassa, « Déclaration de Monsieur Robert Bourassa », 15 août 1983, Montréal, archives du Parti libéral du Québec, p. 3.

du Québec et le Parti libéral fédéral. Ces tensions, et le fait que le Parti libéral du Québec était souvent perçu comme une succursale d'Ottawa – Maurice Duplessis n'hésitant jamais à souligner à grands traits le peu d'autonomie du PLQ vis-à-vis d'Ottawa – favorisèrent par exemple la création de la Fédération libérale du Québec (4 novembre 1955). Comme le souligne André Bernard, ce sont les organisateurs de l'aile fédérale du PLQ qui convoquèrent la « convention » de 1950 pour nommer un successeur à Adélard Godbout et faire l'unité autour de leur candidat, Georges-Émile Lapalme. Toutefois, l'aile plus québécoise du parti décida de présenter deux candidats : Jean-Marie Nadeau et Horace Philippon[37]. Selon Bernard, c'est en 1958 que le Parti libéral du Québec établit ses premières véritables règles entourant la sélection d'un nouveau chef. Toutefois, chaque nouvelle course au leadership amènera le PLQ à amender ses règles relatives à l'élection d'un nouveau chef.

Lors du congrès au leadership des 14 et 15 octobre 1983 au Colisée de Québec, les règles entourant l'élection d'un nouveau chef du PLQ furent assez similaires à celles du congrès de 1978. Chacune des 122 circonscriptions électorales devait élire 24 délégués, soit 12 femmes et 12 hommes. Le tiers des délégués féminins et masculins devaient avoir entre 16 et 25 ans en date du 15 octobre 1983[38]. Au moment du congrès, il y avait un total de 973 délégués jeunes. De plus, trois des 24 sièges de délégués étaient réservés à des membres appartenant à des communautés ethniques allophones, c'est-à-dire n'ayant ni le français ni l'anglais comme langue maternelle. Si, lors de la course au leadership de 1970, les dirigeants du parti avaient un certain contrôle sur la nomination de la moitié des 1 663 délégués, en 1983, la situation fut différente puisque tous les délégués venaient des associations de circonscriptions. Si un clivage évident était apparu en 1970 entre l'oligarchie du PLQ qui favorisait Robert Bourassa et les militants plus favorables à Wagner et Laporte, en 1983 l'appui des dirigeants du PLQ ne jouait qu'à un degré moindre[39].

Les règles du congrès de 1983 prévoyaient que le choix des délégués devait se faire entre les 5 et 18 septembre 1983. Depuis sa

37. André Bernard, *op. cit.*, p. 39.

38. Parti libéral du Québec, *Règlement pour l'élection du Chef du Parti libéral du Québec – entrée en vigueur : le 16 juin 1983*, miméo, 1983.

39. Claude Beauchamp, « Lesage favorise Robert Bourassa », *La Presse*, 17 janvier 1970, p. 1.

défaite de 1976, Robert Bourassa avait continué de parcourir le Québec et de rencontrer les militants de son parti. Aussi ne faut-il pas s'étonner qu'au moment de lancer sa campagne au leadership, le 15 août 1983, Robert Bourassa jouissait déjà de l'appui de 17 députés sur 44 libéraux à l'Assemblée nationale et de 62 présidents d'associations de comté[40]. Il recevra quelques jours plus tard l'appui du président de la commission politique du PLQ, René Dussault, qui affirmera que Robert Bourassa est le leader politique qui possède « l'une des visions les plus généreuses et les mieux articulées de l'avenir social et économique du Québec[41] ».

Par ailleurs, le responsable de la campagne de l'ancien premier ministre, Marc-Yvan Côté, avait lancé dans tous les comtés l'« Opération 30 » dont l'objectif était de constituer un noyau pro-Bourassa d'une trentaine de personnes, incluant les 24 délégués potentiels. Chacun de ces délégués devait chercher à recruter dans chaque circonscription de nouveaux appuis en faveur de Robert Bourassa tout en contrant les efforts des autres candidats. Par la suite, au début de septembre, l'organisation Bourassa ratissera plus de 35 circonscriptions électorales afin de surveiller les organisations concurrentes. Dès le premier jour de sélection des délégués, soit le 5 septembre, Robert Bourassa fit élire 24 délégués dans son comté de Mercier, incluant sa femme et sa fille Michelle, alors que Pierre Paradis remporta les 24 délégués de Brome-Missisquoi. Daniel Johnson ne présenta que 15 noms sur sa liste dans son comté[42]. Toutefois, c'est dans la circonscription de Laurier que la nomination des délégués fut la plus contestée ; le 14 septembre, après que Daniel Johnson eut remporté les 24 délégués, certains délégués favorables à Robert Bourassa contestèrent les résultats, lancèrent des chaises au point où la police fut appelée à intervenir[43].

De manière générale, même si les règles d'élection des délégués dans les circonscriptions permettaient une division des votes et qu'aucune directive n'obligeait les associations locales à privilégier un candidat, le résultat net fut que dans de nombreuses circonscrip-

---

40. Claude-V. Marsolais, « Derrière Bourassa : 17 députés et 62 présidents d'associations de comtés », *La Presse*, 16 août 1983.

41. ___, « Bourassa bénéficie de nouveaux appuis », *Le Devoir*, 24 août 1983, p. 3.

42. Lewis Harris, « Bourassa wins Mercier delegates as Paradis, wife elected in Brome », *The Gazette*, 6 septembre 1983, p. A4.

43. Presse canadienne, « Fights mar Liberal vote in Montreal », *Globe and Mail*, 15 septembre 1983, p. 9.

tions les délégués votèrent en bloc pour un seul candidat. Dans son rapport final, le comité organisateur du congrès fait d'ailleurs la recommandation suivante :

> Compte tenu des nombreuses interrogations et commentaires reçus en regard du phénomène des « slates », et considérant les délibérations des militants du Parti libéral du Québec lors de son dernier congrès plénier de 1982, il est recommandé que le comité exécutif du parti crée un comité ad hoc aux fins de réviser l'ensemble des dispositions de la Constitution du parti relativement au mode de scrutin de son chef et fasse les représentations appropriées lors du prochain congrès plénier du PLQ[44].

Le dernier facteur non négligeable lié à l'organisation d'une campagne au leadership est le financement des candidats. Le montant maximal prévu par candidat était lors du congrès de 1983 de 5 $ par membre. En date du 15 juillet, le Parti libéral du Québec comptait quelque 117 000 membres, ce qui signifiait que chaque candidat pouvait dépenser jusqu'à un maximum de 585 000 $. Robert Bourassa dépensa 577 998 $, Pierre Paradis 556 177 $ et Daniel Johnson 379 139 $[45]. Comme on peut le constater, Robert Bourassa jouissait non seulement d'une organisation bien rodée, mais fut le candidat qui disposa des sommes les plus importantes pour mener sa campagne. Il est par ailleurs étonnant de constater que Pierre Paradis ait réussi à amasser autant d'argent que Robert Bourassa mais surtout que Daniel Johnson, un candidat issu des milieux financiers, n'ait pu concurrencer ses adversaires à ce chapitre. Le candidat ayant dépensé le plus a donc gagné la course au leadership.

## CONCLUSION

Dans cet exposé, nous avons surtout voulu comprendre comment Robert Bourassa avait réussi à reconquérir le leadership du Parti libéral du Québec. L'analyse comparative des congrès au leadership du Parti libéral du Québec nous amène à conclure que les règles de sélection des délégués (que se soit par le caucus du parti ou lors de congrès au leadership) représentent le facteur le plus déterminant dans le succès d'un candidat. Robert Bourassa avait compris que commencer une campagne tôt est un gage de succès. En fait, certains

44. Comité organisateur, *Congrès pour le choix d'un chef – Bilan de l'événement*, Québec, janvier 1984, p. 23.
45. Comité organisateur, *ibid.*, p. 5.

diront qu'il avait commencé sa campagne au soir du 15 novembre 1976. Néanmoins, le fait qu'il fut élu pour la première fois chef du PLQ à 36 ans ne pouvait qu'améliorer ses chances pour un retour éventuel en politique.

Deuxièmement, la plateforme électorale de Robert Bourassa correspondait davantage aux attentes non seulement des délégués libéraux mais également de la population québécoise. Les libéraux fédéralistes et nationalistes du PLQ ont toujours vu en Robert Bourassa, l'homme qui pouvait permettre à leur parti de se différencier des libéraux fédéraux. Le fédéralisme/nationalisme modéré du Parti libéral du Québec a permis aux libéraux de reprendre le pouvoir en 1985, avec Robert Bourassa, suite à l'échec référendaire de 1980 et au rapatriement unilatéral de la Constitution par Pierre E. Trudeau. Le Parti libéral du Québec demeure un radeau de survie pour le peuple québécois entre les grandes manœuvres référendaires du Parti québécois. Robert Bourassa tentera vainement avec Brian Mulroney d'amener le Québec sur la voie de la réconciliation nationale. Le reste de l'histoire est connu.

Finalement, l'insistance des politistes sur les valeurs charismatiques des hommes et des femmes politiques nous semble occulter les dimensions précédentes. L'élection d'un nouveau chef n'est pas gage d'un succès électoral. L'histoire de PLQ nous paraît assez éloquente à ce propos. Quant à la personnalité des candidats, l'exemple de Robert Bourassa témoigne de la détermination des dirigeants et délégués du PLQ à se choisir un chef qui offre à la fois une certaine continuité et le stabilité nécessaire pour poursuivre les grands idéaux du Parti libéral du Québec. Le succès de Robert Bourassa, et son retour au pouvoir, se situe à l'intersection de ces deux routes.

# Information, communication et marketing gouvernemental[1]

Robert Bernier

## LE MARKETING GOUVERNEMENTAL SOUS BOURASSA I, 1970-1976

Le Parti libéral de Robert Bourassa est porté au pouvoir le 29 avril 1970. Sa plateforme électorale gravite autour du concept de la promesse avec un thème électoral fondé sur la création de 100 000 emplois au Québec. La campagne des libéraux fut largement médiatisée et son déroulement fut conçu à l'intérieur d'une approche marketing où la planification de la tournée électorale, la diffusion des messages et la politique de produit seraient articulées autour d'un jeune chef de parti bien formé, académiquement, dont l'action politique sera axée sur le développement économique du Québec. Le pouvoir de ses conseillers, entre autres Paul Desrochers pour l'organisation et Charles Denis aux communications, dans un environnement politique partisan dominé par le patronage et une mentalité d'état de siège, conséquence de la crise d'octobre 1970, auront pour effet de favoriser très tôt une politique de « faire faire » en matière de communications qui aura pour effet d'évacuer les fonctionnaires du processus de conception de l'information gouvernementale.

Le meilleur exemple pour illustrer ce phénomène est la mise sur pied en 1971, par Gilles Néron, un attaché de presse du premier ministre, du Centre d'analyse et de documentation à l'abri du regard de l'administration publique. Ce service de renseignement clandestin disposait d'une information d'intelligence sur 30 000 individus et 7 000 groupes à la suite de la crise d'Octobre[2]. Le centre avait sa propre

1. Le contenu de cet article provient essentiellement de Bernier, Robert, *Un siècle de propagande*, PUQ, 2001, 301 p.
2. O'Neil et Benjamin, 1978, p. 123.

« war room », un centre de monitorage des médias et un studio d'enregistrement. Le tout était logé au « bunker » (complexe J) dans les locaux du Bureau du premier ministre. Son existence ne fut révélée qu'en 1975, quatre ans après le début de ses activités, et ne fut jamais évoquée au Conseil des ministres[3]. Le 22 mai 1970, le nouveau ministre des Communications, Jean-Paul L'Allier, déclare que son ministère doit appuyer et compléter les autres.

Le 7 avril 1971, la Direction générale des communications gouvernementales (DGCG) est créée au sein du ministère des Communications. La DGCG succède à l'Office d'information et de publicité du Québec (OIPQ) qui y est intégré dans un premier temps pour être appelé à disparaître quelques mois plus tard. Les responsabilités de la DGCG sont de coordonner et d'assister les ministères dans la mise sur pied de leur propre direction des communications, regroupant ainsi chez eux les moyens de communication nécessaires à leur autonomie. Dans un deuxième temps, la nouvelle direction doit mettre sur pied, dans chacune des régions administratives, des centres d'information sous la responsabilité d'une direction régionale des communications, afin d'élargir l'accès à l'information gouvernementale.

En mai 1971, le ministre des Communications dépose à l'Assemblée nationale un document de travail qui vise à élaborer une politique globale en matière de communications. Au chapitre de l'information et de la publicité gouvernementales, ce document reprend les objectifs de rationalisation et de coordination développés dans les rapports gouvernementaux précédents. Le document accorde également beaucoup d'importance à la Direction générale des communications gouvernementales, chargée de mettre sur pied des Services de communications autonomes dans tous les ministères. Il insiste particulièrement sur la responsabilité des ministères à l'égard de leurs directions des communications respectives.

Nous percevons ici les signes évidents d'une volonté réelle de décentralisation du pouvoir et non d'une simple déconcentration en matière d'information et de publicité gouvernementales. De plus, le rapport suggère de poursuivre les efforts de régionalisation et de rétroaction de l'information gouvernementale, ainsi que les expériences de circulation d'unités mobiles d'information en région, entrepris sous l'OIPQ. Hormis l'information et la publicité gouvernementales,

---

3. *Ibid.*, p. 123.

le rapport s'intéresse aux télécommunications en raison d'une présence accrue de l'État fédéral en matière d'attribution et de réglementation des fréquences de câblodiffusion et de radiotélédiffusion.

Les 27 et 29 novembre 1971, *Le Devoir* reproduit deux articles que Laurent Laplante avait écrits dans la revue *Media* relativement à l'information gouvernementale, sujet qui lui était familier en tant qu'ex-directeur général de l'OIPQ. Laplante voit d'un mauvais œil l'abrogation des dispositions législatives à l'égard de l'OIPQ que recèle le projet de loi 37 qui a pour but d'accroître les pouvoirs du ministre des Communications relativement à la coordination, à la production, à l'acquisition et à la diffusion de documents audiovisuels par l'État québécois. Ajoutons que les projets de loi 35 et 36 ont été déposés à l'Assemblée nationale en même temps que le projet de loi 37 : le premier vise à attribuer à la régie des services publics un droit de regard sur les entreprises de communication relevant du gouvernement québécois ; le second est destiné à modifier les structures de l'Office de radiotélévision du Québec (ORTQ), c'est-à-dire Radio-Québec. Le journaliste dénonce l'hypocrisie des acteurs politiques qui, bien que réclamant la séparation de l'information gouvernementale des activités partisanes, en font fi dans l'exercice du pouvoir : « Le bref régime Bertrand excepté, aucun des ministres responsables de l'information gouvernementale n'a hésité jusqu'à maintenant à balayer d'un revers de main soit une équipe, soit une orientation, soit un organisme, soit un budget[4]. » Laplante note le peu d'intérêt qu'accorde le gouvernement libéral de Robert Bourassa à l'information gouvernementale.

Enfin, il croit que l'OIPQ devrait survivre et que ses responsables devraient rendre compte de leurs activités devant une commission parlementaire, comme l'avaient préconisé quelques années auparavant le critique libéral, Yves Michaud, et le chef de l'opposition d'alors, Jean Lesage.

Le journaliste et ex-directeur de l'OIPQ est convaincu que la création d'une direction des communications dans chacun des ministères va contribuer à accentuer le phénomène d'asservissement de l'information à la propagande par l'entremise du cabinet du ministre et de son personnel politique. Le 29 novembre, Laplante, en tant qu'éditorialiste, met en garde le gouvernement contre la tentation

4. Laplante, 1971a.

de faire du projet de loi 35 un outil partisan en régissant tous les instruments de communication sur son territoire. En effet, le contrôle sur la Régie des communications dont s'empare le gouvernement dans le projet de loi est énorme. Selon lui, le projet de loi 36 aura un effet semblable. Il favorise en effet un contrôle absolu de l'exécutif gouvernemental sur le conseil d'administration de Radio-Québec qui comptait alors cinq membres, dont trois représentants de la fonction publique. D'ailleurs, une des trois conditions posées par le ministre fédéral des Communications, Gérard Pelletier, avant de consentir à accorder aux provinces des permis d'exploitation de postes de radiotélévision, était la garantie de l'autonomie de la station par rapport au gouvernement provincial.

Le 6 décembre 1971, Laplante découvre des comportements partisans à l'égard de l'information et de la publicité gouvernementales lors de la tenue du récent congrès du Parti libéral provincial. Il constate que Jean-Paul L'Allier a été l'objet d'attaques violentes de la part de Guy Morin, Ben Payeur et Pierre Lortie, membres du personnel politique, lui reprochant de mal orienter son ministère. Morin, Payeur et Lortie estiment que le ministre des Communications aurait dû fermer Radio-Québec et remettre à chacun des ministres une portion de l'ancien OIPQ. De tels propos incitent à penser que l'exécutif gouvernemental favorise une décentralisation de l'information et de la publicité, en raison de leur crainte de Radio-Québec et d'une coordination de l'information gouvernementale telle qu'elle était pratiquée par l'administration précédente.

Le 11 février 1972, Gilles Lesage commente les propos qu'a tenus le ministre des Communications devant la presse et les étudiants en journalisme à l'Université Laval. L'Allier se dit insatisfait des objectifs à long terme qu'il s'est fixés en matière d'information gouvernementale. Selon lui, les fonctionnaires et l'exécutif gouvernemental, tout comme le personnel issu de l'ancien OIPQ, perçoivent l'information gouvernementale en termes de communiqués et de nouvelles, ce qui n'est pas conforme aux priorités du ministre des Communications. Enfin, L'Allier souligne que le processus de décentralisation de la Direction des communications vers les ministères est enclenché[5].

Cependant, l'abolition de l'OIPQ, qui relevait du Conseil exécutif, et le processus de décentralisation de l'information

5. Lesage, 1972.

gouvernementale vers les ministères ont favorisé le développement d'un système d'information très structuré au sein du Bureau du premier ministre.

Le 23 février 1972, à la requête de Claude Trudel, chef de cabinet adjoint du premier ministre, Charles Denis, responsable de l'information au Bureau du premier ministre et au Conseil exécutif, transmet un document portant sur la description de ses tâches, document qui permettra de connaître l'ampleur de l'organisation de l'activité d'information au Bureau du premier ministre. Le fait que Denis cumule les fonctions de directeur de l'information au Cabinet du premier ministre ainsi qu'au ministère du Conseil exécutif indique déjà l'influence de l'exécutif gouvernemental sur l'administration publique relativement aux fonctions d'information. Denis répartit ses activités en cinq catégories : l'information, la rétro-information, la coordination, « l'activité de conseil » et l'administration. Ses tâches pour chaque catégorie se répartissent comme suit :

1. L'information comprend la coordination et la préparation de textes destinés aux médias, l'organisation d'émissions de radio et de télévision, la diffusion de communiqués émanant à la fois du Bureau du premier ministre et du Conseil exécutif, la production, l'impression et la distribution de livres, de discours et de brochures gouvernementales.

2. La rétro-information vers le Cabinet et le Conseil exécutif comporte un service de coupures et d'archives de presse auquel plusieurs ministères font appel, un système d'abonnements aux journaux, revues et publications requis par le Conseil exécutif, la mise à jour constante de la liste « Direction des ministères », la revue de presse quotidienne ainsi que l'écoute, l'enregistrement et l'analyse magnétoscopique des journaux radiodiffusés et télévisés.

3. La coordination, elle, comprend les rencontres hebdomadaires entre Denis et les attachés de presse de tous les ministres, ainsi qu'une participation à la Commission d'information du Parti libéral du Québec où Denis, en tant que représentant du premier ministre, sert de liaison constante avec le responsable du parti, Claude Péloquin.

4. Par « activité de conseil », Denis entend la fonction de conseiller le premier ministre en matière d'information quotidienne et de communications provenant des organismes sous sa responsabilité (ministère des Communications, Radio-Québec, Office du film du Québec, etc.), du gouvernement fédéral (Conseil de la radiodiffu-

sion et des télécommunications canadiennes, ministère des Communications, satellites, câbles, etc.) et des radiodiffuseurs et télédiffuseurs privés.

5. L'activité d'administration, quant à elle, consiste à préparer et à contrôler le budget du service de presse[6].

La description de tâches qui apparaît dans ce document confirme la tendance relevée plus tôt par Laurent Laplante à utiliser le personnel politique afin de contrôler et de diffuser l'information politique et gouvernementale provenant de l'exécutif. De plus, les cinq activités mentionnées dans ce document, en l'occurrence celles d'informer, de rétro-informer, de coordonner, de conseiller et d'administrer, témoignent de l'importance qu'accorde Denis à la gestion de l'information dans le contexte d'une approche marketing.

Enfin, le 12 décembre 1972, les projets de loi 36 et 37 portant, entre autres, sur un accroissement des pouvoirs du ministre des Communications sur Radio-Québec, sont adoptés par l'Assemblée nationale. Au même moment, Gilles Lesage, de *La Presse,* écrit un article-choc qui porte le sous-titre suivant : « Québec – L'Information gouvernementale peut-elle éviter les pièges de la propagande et du favoritisme ? » Le journaliste pose 12 questions au gouvernement dont les plus pertinentes touchent ces sujets : les contrats de publicité du gouvernement accordés à Pierre Tremblay et Associés[7] ; la mise sur pied d'une commission parlementaire destinée à scruter l'information et la publicité gouvernementales ; la méfiance du Bureau du premier ministre à l'égard du ministère des Communications en matière d'information ; l'importance du budget d'information et de publicité d'Hydro-Québec ; les normes qui distinguent l'information politique et l'information administrative. Cet article témoigne des problèmes que suscite durant cette période la distance que prend l'exécutif gouvernemental à l'égard de l'administration en matière d'information gouvernementale.

Un mois plus tard, L'Allier réplique au journaliste de *La Presse.* Le ministre estime que l'on exagère les dangers de politisation de l'information qu'entraîne l'intégration des services compétents dans chacun des ministères. Il ne croit pas que le réseau d'information et de communication du Bureau du premier ministre et du Conseil exécutif manque de confiance en lui ou en ses fonctionnaires. Aussi, selon

6. Québec, Cabinet du premier ministre, 1972b.
7. Guy Morin et Ben Payeur.

lui, c'est de comparer le budget d'Hydro-Québec (6,4 millions de dollars) au budget trop peu élevé de l'État (10 millions de dollars) qui fait paraître le montant de 6,4 millions si faramineux. Quant aux attachés de presse qualifiés de « race hybride », L'Allier pense qu'ils sont nécessaires afin d'établir une distinction entre l'information administrative et l'information politique[8].

À la lueur des critiques précédentes, le ministre L'Allier confie à *La Presse*, en mai 1973, qu'il veut créer un conseil consultatif de la publicité gouvernementale qui aurait, entre autres tâches, la responsabilité d'établir des normes d'attribution pour l'obtention des contrats de publicité du gouvernement.

Durant cette période, le gouvernement Bourassa concentre la publicité gouvernementale entre les mains de trois firmes. Un tel choix semble lié au besoin qu'éprouve l'exécutif gouvernemental de recourir à des firmes proches du parti afin d'obtenir une conception et une diffusion de la publicité gouvernementale conformes à ses besoins. En septembre 1973, la firme Plurimar inc. et le ministère des Communications signent un contrat de travail portant sur la réalisation d'une étude sur le comportement des citoyens québécois, une première en son genre au Québec. Cette étude vise quatre objectifs spécifiques : 1) tracer un portrait sociodémographique du citoyen québécois ; 2) établir le niveau de connaissance de la population à l'égard de l'appareil gouvernemental ; 3) mesurer le degré de difficulté qu'éprouve le citoyen à communiquer avec l'État ; 4) évaluer la cote d'écoute des médias. Notons que le deuxième objectif vise également à mesurer le niveau de connaissance que possède la population à l'égard des partis et des hommes politiques, ce qui pourrait expliquer l'intérêt que suscite cette étude pour l'exécutif et plus particulièrement pour le parti au pouvoir. Les objectifs de la recherche ont d'ailleurs été établis par le ministre lui-même, de concert avec son comité de stratégie.

Cet intérêt pour une meilleure connaissance du citoyen dans sa relation avec l'État met en relief une conception avancée du marketing qui comporte une réorientation fondamentale de l'État : au lieu de simplement offrir ses services, l'État tente de les adapter aux besoins des citoyens, ce qui nécessite, dans un premier temps, l'étude des attitudes et des comportements des citoyens.

8. Lesage, 1972.

Le 17 janvier 1974, le responsable de l'information au Bureau du premier ministre et au ministère du Conseil exécutif, Charles Denis, transmet une note à tous les ministres. Cette note porte sur les objectifs de l'information gouvernementale, ses principes directeurs, son élaboration et sa coordination. L'auteur souligne que cette façon de percevoir et de réaliser l'information gouvernementale a procuré des résultats satisfaisants depuis mai 1970, en raison de la distinction qu'elle a permis de faire entre l'information politique et l'information administrative.

Selon Denis, l'information gouvernementale comprend l'information politique, qui vise à renseigner la population sur les intentions du gouvernement, et l'information administrative, qui découle de l'application des lois. Les principes directeurs de l'information politique relèvent du premier ministre, du Conseil exécutif, des ministres, des députés et du secrétaire de presse du premier ministre, lequel est aussi responsable de l'information au Conseil exécutif. L'information administrative, quant à elle, provient des fonctionnaires des divers Services de communications ou de la Direction générale des communications gouvernementales. Sur le plan politique, l'élaboration de l'information gouvernementale est assumée par le premier ministre et le Conseil des ministres, que cette information soit de nature politique ou administrative ; sur le plan administratif, elle est élaborée par le directeur des communications des ministères concernés conjointement avec le ministre, le sous-ministre et les directeurs généraux des ministères. De plus, sur ce plan administratif, la Direction générale des communications gouvernementales et la Direction générale de l'édition gouvernementale (DGEC) fournissent un appui technique.

La coordination de l'information gouvernementale est assumée, sur le plan politique, par le premier ministre avec ses ministères ; sur le plan administratif, elle est effectuée par la DGCG et la DGEG qui relèvent du ministère des Communications. La lecture de cette note fait apparaître une certaine ambiguïté, d'ailleurs soulevée par l'auteur : « Le secrétaire de presse du premier ministre est attaché de presse du premier ministre et directeur de l'information du ministère du Conseil exécutif. Cette situation traduit fort bien la nature ambivalente du ministère du Conseil exécutif, organisme à la fois politique et administratif[9]. »

---

9. Québec, Cabinet du premier ministre, 1974.

Une autre ambiguïté ressort en ce qui a trait à l'élaboration de l'information gouvernementale. Ainsi, l'affirmation selon laquelle « le premier ministre assure en Conseil des ministres, conjointement avec ses ministres, l'élaboration de l'information gouvernementale, qu'elle soit politique ou administrative », autorise à penser que la séparation des pouvoirs entre l'exécutif et l'administration est difficilement applicable en matière d'information gouvernementale. En somme, les distinctions établies par Denis afin de circonscrire l'information politique et l'information administrative sont réfutées par l'extrait précédent qui ne laisse aucun doute sur le contrôle de l'information gouvernementale par l'exécutif.

Le rapport Lemieux-Dalphond est déposé en juillet à la Direction générale des communications gouvernementales. Il comporte deux objectifs : 1) sensibiliser la population québécoise aux services gouvernementaux ; 2) répondre à ses besoins en rendant l'information sur les services gouvernementaux accessible et efficace. Ce rapport fait aussi appel à l'étude sur le comportement des citoyens québécois, citée précédemment. On y fait mention de quatre problèmes relevés dans la relation État-citoyen : 1) les agents de l'État identifient bien leurs clientèles mais les connaissent mal ; 2) certaines clientèles sont privilégiées, d'autres le sont moins ; 3) les agents de l'État ne répondent pas adéquatement à la demande des citoyens en matière d'information ; 4) les fonctionnaires sont mal perçus par le public[10].

Combiné à l'étude de Plurimar, le rapport de Lemieux et Dalphond constitue la première approche marketing sérieuse en matière de perception du « produit » que représentent les services gouvernementaux québécois. Durant cette période, Jean-Paul Quinty, qui a collaboré à l'élaboration du rapport Lemieux-Dalphond, rédige *La Communication inachevée : le temps de l'action*[11]. Cette étude contient une réflexion théorique sur le rôle de l'État dans sa relation avec les citoyens ; elle favorise une nouvelle approche pour la DGCG, accompagnée d'une stratégie d'implantation, basée sur une restructuration de l'information gouvernementale québécoise.

En 1976, Quinty dépose *L'Organisation du feedback rendu*, un rapport préliminaire sur la rétroaction projetée du réseau d'information gouvernementale de Communication-Québec. L'auteur y évalue

10. Lemieux et Dalphond, 1974.
11. Quinty, 1974.

la rétroaction comme fonction de contrôle et d'évaluation de l'information provenant de la population, tout en définissant la contribution des fonctionnaires du réseau dans leurs relations avec la population.

En décembre de la même année, deux documents de travail internes, l'un préparé par Claude Girard, directeur régional de Communication-Québec à Rimouski à l'attention de Gérard Frigon, sous-ministre en titre au ministère des Communications, l'autre également par Girard, conjointement avec Lucien Bouchard, directeur à Trois-Rivières, et Pierre-Paul Lafortune, directeur à Montréal, portent respectivement sur l'orientation et l'organisation de la DGCG et sur le rôle de l'agent d'information à Communication-Québec.

Dans le premier document, Girard constate que le ministère des Communications n'a pas encore assumé le leadership des communications gouvernementales. La DGCG n'a pu, en conséquence, gagner le respect et s'assurer la collaboration des directions ministérielles des communications. Il perçoit une absence de volonté gouvernementale de communiquer avec la population et, dans une telle perspective, il suggère des actions qui font apparaître pour la première fois le terme de « marketing », au sens strict, dans un document gouvernemental interne au Québec.

Le second document de travail, préparé par Girard, Bouchard et Lafortune, traite du statut, du rôle et de l'intégration de l'agent d'information dans les bureaux régionaux de Communication-Québec. Bien que ces documents soient de nature interne, ils confirment l'intérêt de certains fonctionnaires responsables des communications gouvernementales en région à utiliser l'approche marketing afin de promouvoir l'accès aux services gouvernementaux.

Entre 1970 et 1976, l'information gouvernementale est donc décentralisée puisqu'elle est confiée à chaque ministère, contrairement à ce qui se passait dans les années 1960 où, sous la tutelle de l'OIPQ et du Conseil exécutif, elle était fortement centralisée. Ce phénomène favorise le développement d'un appareil de communication autonome au Bureau du premier ministre qui, de là, contrôle et coordonne l'information diffusée par l'exécutif gouvernemental par le truchement du ministère du Conseil exécutif et de tous les cabinets de ministres.

Cependant, dès la fin de 1973, le ministre L'Allier et certains fonctionnaires du ministère des Communications sont plus conscients du manque de communication qui existe entre l'État et les citoyens. À compter de 1974, l'administration publique se sensibilise, d'une part, à l'information gouvernementale, comme en font foi les nombreux documents de travail sur ce sujet, de même que l'utilisation d'outils de sondage propres, et, d'autre part, à une véritable approche marketing des services gouvernementaux. Toutefois, entre 1974 et 1976, l'exécutif gouvernemental, à l'exclusion de Jean-Paul L'Allier, ne semble pas plus intéressé à faire appel aux fonctionnaires pour diffuser l'information gouvernementale qu'elle ne l'était après sa victoire du 29 avril 1970.

## LES COMMUNICATIONS GOUVERNEMENTALES SOUS BOURASSA II, 1986-1993

L'effondrement du marketing de l'exécutif gouvernemental, le retour à la décentralisation et la consécration du renseignement généraliste – 1986-1994

Le retour au pouvoir des libéraux et de Robert Bourassa, le 2 décembre 1985, entraîne un désengagement marqué du nouveau gouvernement en matière de marketing gouvernemental. Le ministère des Communications réduit d'environ 50 % la publicité gouvernementale au cours de l'exercice financier 1986-1987. Les dépenses gouvernementales en publicité sont passées de 23 millions de dollars, en 1985-1986, à 11,6 millions de dollars en 1986-1987. La publicité gouvernementale passe de 11,6 millions de dollars en 1986 à 12,6 millions de dollars en 1987 et à 15,7 millions de dollars en 1988. Cette augmentation est attribuable aux campagnes de lutte contre les maladies transmises sexuellement et à la dénonciation de la violence conjugale, qui relèvent du marketing social.

Durant cette période (1988-1989), la Direction générale de l'information et des publications gouvernementales du MCQ devient la Direction générale des médias et de l'information. Ce changement s'inscrit dans une profonde réforme administrative visant, entre autres, à permettre aux citoyens d'avoir facilement accès à l'information sur les services gouvernementaux, tout en contribuant au développement du secteur des médias au Québec. Le rapport annuel du MCQ, pour l'exercice financier 1987-1988, fait état de ce qui suit : « Le ministère a déployé des énergies pour que la publicité gouvernementale s'exerce dans un cadre déontologique respectueux des valeurs démocratiques du Québec. » Cet extrait révèle la présence d'une volonté, chez le nouvel exécutif gouvernemental, de supprimer l'intégration du marketing des services gouvernementaux à celui de l'exécutif comme c'était le cas sous l'administration péquiste (1976 à 1985). Le poste de sous-ministre adjoint à l'information gouvernementale est aboli en 1986 ainsi que le Comité ministériel permanent sur les communications (CMPC). La période entre 1986 et 1993 est caractérisée par un retour à la décentralisation des activités de communication gouvernementale dans les ministères, au laisser-faire et à un accroissement significatif des services de renseignements spécialisés dans les ministères et agences incluant Communication-Québec. L'Office des ressources humaines dénombre, en 1992, 2 171 postes de communicateurs gouvernementaux, incluant 630 agents d'information, 270 techniciens en information et 1 271 préposés aux renseignements[12]. Plusieurs ministères ont mis sur pied, au cours des dernières années, des services de renseignements spécialisés et la régionalisation des services a eu pour effet d'alourdir cette tendance. Enfin, un sondage IQOP, réalisé à l'automne 1991, révèle que la population québécoise juge qu'elle est insuffisamment informée sur les programmes et services gouvernementaux offerts.

Les libéraux provinciaux, quant à eux, ont démantelé deux appareils d'information gouvernementale : l'OIPQ en 1970, le Comité ministériel permanent des communications (CMPC) en 1986 et le poste de sous-ministre adjoint à l'information gouvernementale la même année. Le règne des libéraux a été caractérisé par un manque d'intérêt pour les activités d'information et le renforcement du renseignement généraliste à Communication-Québec et spécialisé dans les ministères.

La promotion de la réforme Côté (réforme de la santé) en 1991, la campagne des autochtones contre le projet hydraulique Grande-Baleine et la crise d'Oka à l'été 1990 ont mis en évidence le peu d'intérêt du gouvernement Bourassa à mieux organiser ses communications externes afin de réagir aux agressions médiatiques et concertées du lobby autochtone conseillé par des firmes de New York et de Toronto. La firme de relations publiques National fut appelée à deux reprises, lors de la réforme sur la santé et au cours du projet Grande-Baleine, pour appuyer le gouvernement dans ses efforts de promotion de la réforme Côté sur les soins de santé et tenter

12. Québec, Communication-Québec, 1993.

d'atténuer la portée de la campagne de relations publiques nord-américaines réalisée par les autochtones contre le projet hydroélectrique et le Québec.

Dans le cas de Grande-Baleine, National fut appelée tardivement à présenter, au ministère de l'Énergie, une soumission qui ne s'est jamais matérialisée. Pour sa part, Hydro-Québec fera appel aux services de la plus grande firme de relations publiques au monde, Burson-Marsteller, pour tenter de restaurer sa crédibilité médiatique amochée par l'offensive autochtone soutenue par les puissants groupes environnementaux américains. La firme américaine avait été embauchée initialement pour positionner Hydro-Québec auprès des grandes entreprises de l'État de New York. Le mal était fait dans le dossier Grande-Baleine et la firme ne pouvait réagir, car son mandat de développer des relations d'affaires pour Hydro ne s'était pas réalisé en raison, entre autres choses, d'une conjoncture défavorable. Ironie du sort, quelques années plus tard, la firme de relations publiques National va s'engager dans un partenariat d'affaires avec Burson-Marsteller afin d'augmenter ses parts de marché. L'efficacité du gouvernement du Québec et de ses consultants dans le dossier hydroélectrique de Grande-Baleine fut discutable en raison de leur incapacité de prévoir l'ampleur qu'allait prendre cette cause environnementale. Pourtant, la firme National disposait d'une information en profondeur sur les acteurs et les médias déployés dans cette cause qui lui aurait permis, si elle avait été appelée plus tôt, de tenter d'interagir avec les groupes de pression sur le terrain.

Il est intéressant de relever ici que, sous Bourassa (1985-1993), le chef du cabinet du premier ministre, Mario Bertrand, était un spécialiste des communications qui avait été à l'emploi de la brasserie Labatt avant d'être présenté à Robert Bourassa par Pierre Desjardins, à l'époque président de Labatt, qui était responsable de l'organisation de la campagne électorale de 1985. Quant à la recherche sur l'opinion publique au cours de cette période, elle sera réalisée par Grégoire Gollin de Créatec qui effectue alors des études de marché pour Labatt. Ces spécialistes du marketing gouvernemental sont donc étroitement associés à l'entreprise privée. Notons aussi la présence de Marcel Côté, principal associé chez SECOR, qui va conseiller Robert Bourassa ainsi que Brian Mulroney, alors premier ministre du Canada; son expertise en matière de marketing management sera un atout pour ces deux hommes politiques. Côté servira de lien entre

Ottawa et Québec pour fusionner les stratégies économique et politique gérées par les deux niveaux de gouvernement.

Les libéraux de Robert Bourassa sont portés au pouvoir le 29 avril 1970 et veulent sans tarder faire taire les critiques émises par l'opposition et la presse à l'égard du patronage exercé par l'Union nationale sans l'octroi des contrats de publicité et, selon eux, de la propagande réalisée par l'OIPQ. Cette dernière est remplacée par la Direction générale des communications gouvernementales (DGCG) le 7 avril 1971 et amorce une décentralisation des communications gouvernementales et un retour du pouvoir concentré entre les directions des communications des ministères. La création du Centre de recherche et de documentation en 1971 à l'intérieur du Bureau du premier ministre, qui n'apparaît pas dans les comptes publics, le pouvoir exercé par les conseillers en communication du premier ministre, Charles Denis, Guy Morin, Ben Payeur et Pierre Tremblay, en matière de publicité gouvernementale, et la politique du « faire-faire » dans la réalisation des communications gouvernementales, qui évacue les fonctionnaires du processus, vont confirmer le peu d'intérêt du gouvernement Bourassa pour l'information gouvernementale. Seul Jean-Paul L'Allier, ministre des Communications entre 1970 et 1976, s'intéresse à l'information sur les services gouvernementaux. Ce seront d'ailleurs des directeurs de Communication-Québec, une organisation naissante à cette époque, qui vont mettre en évidence l'émergence de la relation État-citoyen dans les communications gouvernementales au milieu des années 1970. Le gouvernement Bourassa est tributaire d'un marketing électoral réalisé par l'entreprise privée dans une perspective électoraliste. Il manifeste peu d'intérêt pour les communicateurs gouvernementaux et la relation État-citoyen, ne percevant pas l'émergence d'un changement dans la société québécoise.

L'histoire se répète à 15 ans d'intervalle. Les libéraux sous Bourassa II appliquent les mêmes politiques de désengagement qu'ils avaient adoptées sous Bourassa I, de 1970 à 1976, tout en privilégiant la politique du « faire-faire » en recourant sporadiquement à des firmes extérieures pour promouvoir les interventions de l'exécutif gouvernemental ; la réforme de la santé en 1991 avec la firme de relations publiques National est un exemple concret. Il est intéressant de constater qu'au cours de cette période, dominée par le manque d'intérêt de l'exécutif gouvernemental à l'égard des communications et des communicateurs gouvernementaux, ces derniers ont pu renforcer le renseignement généraliste à Communication-Québec et dans les ministères. Nous percevons ici la présence d'une tradition administrative bien ancrée dans l'administration publique québécoise depuis 1966 à l'égard des communications gouvernementales.

# *Cahier*
# TÉMOIGNAGES

## *L'homme, le leader politique que nous avons connu*

Michel David et Mario Bertrand.

À gauche de la photo : la fille de M. Bourassa, Michelle, et son mari ; au centre Mme Andrée Bourassa ; à droite, le fils de M. Bourassa, François, et sa conjointe.

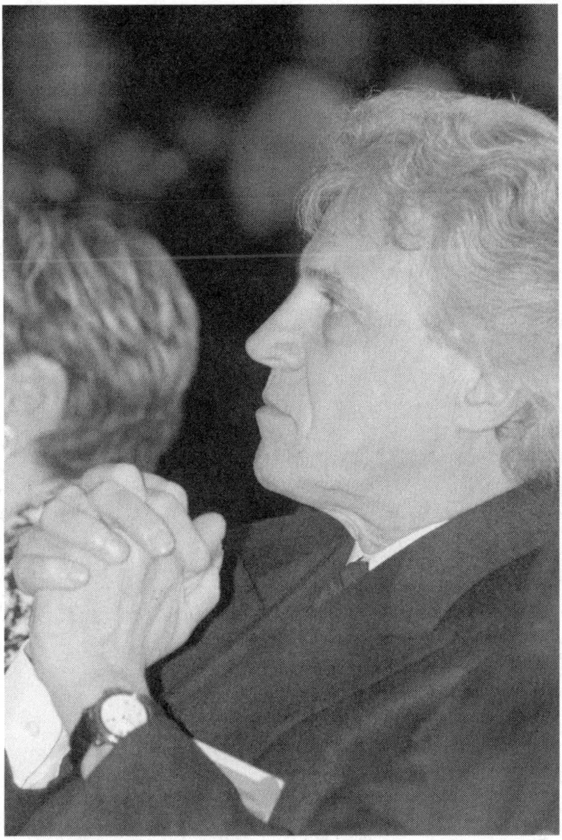

Jean Paré.

Mario Bertrand, Jean Paré, Raymond Garneau, Michel David.

Mario Bertrand, Jean Paré, Raymond Garneau, Michel David.

Paul Gérin-Lajoie.

Ronald Poupart, Lise Bacon, Mario Bertrand.

Ronald Poupart, Lise Bacon.

Lise Bacon, Guy Lachapelle et Marc Brière.

Mario Bertrand, Mme Bourassa, Guy Lachapelle, Lise Bacon, Robert Comeau.

ul Gérin-Lajoie, Lise Bacon, Mario Bertrand, Jean Paré, Raymond Garneau, Michel David, Ronald Poupart.

PHOTO : RON KOCSIS (1994)

Jean-François Lisée.

Pierre Godin.

Michel Paillé.

Claude Corbo.

Pierre Godin, Michel Paillé, Claude Corbo, Claude Ryan.

Hydro Québec
Hydro-Québec rend hommage à
Robert Bourassa
fier bâtisseur de la Baie James

Claude Ryan.

Daniel Johnson fils.

Guy Saint-Pierre.

Jean Charest.

# Un modèle de courage et d'intégrité

Lise Bacon

J'ai connu un Robert Bourassa profondément heureux de la vie qu'il menait. La politique était pour lui plus qu'une activité professionnelle : elle était un engagement de tous les instants, noble, marquée au signe du service public et animée par une loyauté, une fidélité et un profond amour du Québec et de tous ceux et celles qui l'habitaient. J'ai connu un Robert Bourassa courageux – le courage bien sûr de la bataille qu'il a menée à la fin de sa vie, mais aussi le courage qu'il a eu tout au long de son parcours politique. Il ne fallait pas manquer de cran pour oser aspirer à la plus haute fonction politique du Québec, à 36 ans, alors que la société québécoise entrait manifestement dans une des périodes les plus tumultueuses de son histoire. La fièvre des horizons illimités de la Révolution tranquille des années 1960 allait, en effet, au début des années 1970 être confrontée avec une réalité politique et sociale unique. Pas seulement au Québec ou au Canada, partout en Occident, une véritable révolution culturelle allait bouleverser non seulement les institutions et l'ordre politique établi, mais également les valeurs individuelles et collectives. Un monde nouveau – le *peace and love* –, le culte de la liberté réinventée émergeait partout avec fracas, éclat et fureur. Le Québec du nouveau premier ministre Bourassa était parti de ce mouvement et de cette tourmente de changements. D'ailleurs, ce Québec en était d'autant plus partie prenante qu'il venait lui-même, au lendemain de sa révolution, d'ouvrir avec une bonne dose de témérité les voies du changement.

Il en a donc fallu du courage à un jeune premier ministre de 36 ans pour plonger dans une semblable aventure, et Dieu sait que des défis sans précédent furent rapidement au rendez-vous. Alors même qu'il entreprenait son premier mandat, Robert Bourassa lançait deux immenses réformes qui en temps normal auraient occupé tout l'agenda d'un gouvernement: la réforme de l'administration financière de l'État et l'implantation d'un régime universel et gratuit d'assurance maladie. Or, en même temps, Robert Bourassa fut aux prises avec une crise sans précédent dans l'histoire du Québec, celle du FLQ, celle de la violence gratuite, celle du terrorisme dont on sait aujourd'hui toute la difficulté qu'il y avait d'y faire face avec autorité et efficacité. Avec l'appui, on l'oublie parfois, de l'immense majorité du peuple québécois, Robert Bourassa a su, avec le premier ministre du Canada et le maire de Montréal, sortir le Québec de ce terrible guêpier du terrorisme. Et les choses ne se sont pas arrêtées puisque, sitôt sorti de la crise d'Octobre, il y eut l'explosif dossier constitutionnel, ce fut Victoria suivi dans un enchaînement infernal par la crise sociale quasi menée par l'esprit contestataire et finalement assez inacceptable du leadership syndical québécois.

On se demandera encore longtemps comment, dans un tel environnement trouble, Robert Bourassa a su trouver le courage tranquille de doter le Québec d'une pratique administrative et financière moderne, d'un régime d'assurance maladie marqué au signe de l'égalité et de la justice sociale pour tous, d'une affirmation sans équivoque et irréversible du caractère français du Québec et, en prime, comment il a pu créer les 100 000 emplois et la Baie-James? Je parle du courage de Robert Bourassa, je pourrais donc aussi parler de son sens des responsabilités. D'un chef de gouvernement qui, dans les périodes d'accalmie ou de turbulence, sait en dépit de tout, garder le cap sur les véritables priorités: celle du développement économique, celle de la justice sociale, de l'égalité des chances pour tous et toutes et celle de l'affirmation culturelle et artistique de la collectivité québécoise. Cette lucidité et ce sens des responsabilités ont, à mon avis, été mis de l'avant avec encore plus d'autorité dans la deuxième partie de sa carrière de premier ministre. Il était revenu; il faut tout un courage et de la ténacité pour réussir un tel *come back*! Il était donc revenu avec le slogan: la force de l'expérience. À son retour au pouvoir, le Québec a pu participer de façon distincte (gouvernement participant aux sommets de la francophonie) à la scène internationale. C'était le début d'un grand intérêt pour la place du Québec sur la scène internationale: son thème, l'économie, en était la vedette. Débute alors une série d'ententes commerciales internationales permettant l'investissement étranger au Québec et le rayonnement toujours plus important des entreprises québécoises.

Robert Bourassa souhaitait faire de ce grand espace qu'est le Québec un lieu économiquement fort que l'on respecterait partout à travers le monde. C'est la constance dans le raisonnement de Robert Bourassa qui a marqué toutes ses années comme premier ministre. Pour atteindre ses buts de justice sociale et de bien-être de la population, il fallait créer de la richesse, qu'elle devienne accessible à tous. Fournir aussi des outils par l'éducation permettant à chacune et à chacun de s'insérer dans une société changeante et demandant un rythme de plus en plus accéléré d'adaptabilité. Robert Bourassa était beaucoup plus que le pouvoir qu'il représentait. Il savait exactement où il voulait mener le Québec. Les événements importants qui ont marqué sa vie politique ont permis de mettre en valeur ses grandes qualités, sa vive intelligence et sa vision des choses et des gens. Homme de conciliation, il savait rassembler ses troupes pour les orienter vers un but commun. Il respectait les militants de son parti et croyait à la valeur du travail donné par des milliers de personnes sur le terrain.

Le Robert Bourassa que j'ai connu était un ami certes, mais il était aussi celui par qui le changement arrive. Il était à mes yeux l'incarnation de l'intelligence politique. Le Robert Bourassa que j'ai connu était un homme au service de ses concitoyens, de ses concitoyennes et je souhaite fortement que l'histoire qu'il nous reste à écrire nous laisse l'image de ce qu'il était vraiment : un homme intelligent, intègre, dévoué, courageux, à l'écoute… Le Robert Bourassa que j'ai connu mérite d'être connu !

# Il n'était pas un idéologue

RONALD POUPART

Plus de 30 années d'amitié ont permis de forger mon attachement, mon respect et mon admiration pour Robert Bourassa que j'ai connu d'abord sans même le rencontrer, à l'occasion d'un congrès du Parti libéral du Québec, en 1965, alors que j'étais allé informer M. Jean Lesage de mon intérêt à me porter candidat à la convention du Parti dans le comté de Sainte-Marie, lors de l'élection générale à venir. Jean Lesage, qui voulait recruter de jeunes candidats dans son équipe, m'avait encouragé à me présenter tout en m'indiquant qu'il avait « l'œil » sur une recrue extraordinaire qui allait faire sa marque au Québec. Cette recrue était le secrétaire et directeur des recherches de la commission Bélanger sur la fiscalité, un dénommé Robert Bourassa.

J'ai commencé à côtoyer Robert Bourassa pendant la campagne électorale de 1966, alors qu'il était candidat dans le comté limitrophe du mien, celui de Mercier. À l'époque, pour des raisons d'économie, nous avions organisé ensemble deux assemblées publiques dans des paroisses contiguës de nos comtés respectifs. C'est au cours de l'hiver de la même année que nous nous sommes vraiment liés d'amitié. Puisque nous avions chacun loué des chalets, avec nos familles, à Sainte-Adèle, nous nous rencontrions régulièrement à la messe du dimanche. Robert Bourassa et moi avions pris l'habitude de nous éclipser juste avant le début du sermon du curé pour aller discuter de politique sur le perron. À la suite de ces entretiens dominicaux, nous ne nous sommes jamais plus séparés. Ainsi, pendant plus de trois décennies, j'ai eu le plaisir de découvrir petit à petit un homme de réflexion, de vision, de décision et d'action, un stratège aussi fin que redoutable qui était parfaitement conscient que la politique est l'art du possible, certes, mais aussi un art tout d'exécution.

Pour tracer brièvement le portrait de cet homme incomparable, j'évoquerai deux souvenirs précis. D'abord, la première Conférence des chefs d'État et de gouvernement des pays ayant le français en partage (que l'on désigne plus simplement comme le Sommet de la Francophonie) qui s'est tenue à Paris, en 1986. La participation du Québec à ce Sommet – et à tous ceux qui allaient suivre – a été définie et balisée dans une entente signée en 1985 entre les premiers ministres du Canada et du Québec de l'époque, MM. Brian Mulroney et Pierre Marc Johnson. En quelques mots, cette entente prévoit que le gouvernement du Canada se réserve les grandes questions politiques et économiques, et que celui du Québec peut faire entendre librement sa voix sur les questions culturelles et techniques. Le Québec peut également intervenir sur les questions économiques, à condition toutefois d'avoir l'assentiment préalable du gouvernement fédéral. Au cours du Sommet de Paris, Robert Bourassa a partagé avec moi et Jean-Claude Rivest la réflexion suivante : compte tenu de l'importance des précédents aux yeux du Canada anglais, le Québec se doit d'en créer un. Comme toujours, il avait mûrement réfléchi à la question puis décidé de faire un geste qui allait permettre au Québec, à l'avenir, d'intervenir sur des questions qui ne se limitaient pas aux seules autorités prévues dans l'entente.

Quelques années plus tard, lors de conférences organisées par la Chaire Jean-Monnet de l'Université de Montréal, il a expliqué à son auditoire qu'il avait alors décidé d'affirmer la présence québécoise, car il tenait à ce que le Québec puisse s'imposer sur la scène internationale d'une façon originale et nouvelle. Comme le premier ministre du Québec ne pouvait pas participer au discours d'ouverture en raison du fait qu'il n'y avait qu'un représentant par continent, il s'était vu offrir la possibilité de participer à celui de clôture et d'assumer le rôle de rapporteur. Durant les discussions sur les questions économiques, M. Bourassa s'est prévalu de cette possibilité et est effectivement intervenu… mais sans demander la permission du gouvernement fédéral ! Il a proposé de créer une sorte de plan Marshall pour aider les pays d'Afrique, constitué à même des surplus alimentaires du Marché commun, reprenant ainsi une idée avancée quelques années auparavant par Jacques Delors, alors président de la Communauté européenne de Bruxelles et promoteur infatigable d'une union politique, économique et monétaire de l'Europe. Avec tout le tact qu'on lui connaissait, M. Bourassa a commenté cet épisode en mentionnant que sa proposition avait créé un certain étonnement au niveau fédéral. Bien que l'expression « un certain étonnement » témoignait d'une grande délicatesse et d'un sens inné de la diplomatie, j'avoue que les mots « ire », « fureur » ou « courroux » reflétaient mieux la réalité. Une fois son intervention terminée, M. Bourassa m'a demandé de réunir les journalistes du Québec afin qu'il puisse leur expliquer sa proposition. À la fin de la rencontre qui s'est déroulée normalement, un journaliste bien au fait de l'entente Mulroney-Johnson a demandé à M. Bourassa s'il avait demandé la permission au gouvernement fédéral pour intervenir et soumettre sa proposition. Claire et non équivoque, sa réponse fut « non ». J'ai alors constaté, une fois de plus, que la détermination de Robert Bourassa était telle que sa conception des intérêts supérieurs du Québec transcendait ses relations personnelles et amicales. De fait, la liberté de parole du Québec au sein des instances internationales était primordiale pour lui, même au risque de froisser un ami comme Brian Mulroney.

Mon deuxième souvenir remonte à 1987. Avant mon entrée en fonction auprès de Robert Bourassa, mes activités professionnelles m'avaient amené à rencontrer des restaurateurs grecs qui m'avaient fait part de leurs vives inquiétudes quant à l'obligation d'afficher en français. Pour nombre d'entre eux, l'affichage extérieur ne posait pas de problème particulier, notamment parce que le mot « restaurant » s'écrivait de façon identique en français et en anglais. À l'intérieur de leur établissement, par contre, des menus rédigés uniquement en français s'avéraient un irritant considérable pour leur clientèle, et plus particulièrement pour les touristes. Ils réclamaient donc la permission d'afficher dans les deux langues à l'intérieur de leurs restaurants. J'ai transmis leurs doléances à M. Bourassa qui m'a alors demandé de creuser davantage la question et de pousser les vérifications un peu plus loin, avec des gens d'autres secteurs d'activité. À peu près à la même période, une délégation de représentants des magasins à grande surface de Montréal avait rencontré M. Bourassa et l'avait prié d'être très prudent sur la question de l'affichage extérieur. Pendant l'été 1987, plus précisément lors de la Conférence des premiers ministres provinciaux qui s'est tenue à Regina, M. Bourassa m'a demandé de vérifier la température de l'eau auprès des journalistes du Québec. Après avoir expliqué la situation à quelques journalistes de *La Tribune* de *La Presse* qui nous accompagnaient, je leur ai fait part d'un scénario possible, celui d'une modification législative à la Charte de la langue française afin de permettre l'affichage bilingue à l'intérieur. Pas un seul d'entre eux n'a alors émis la moindre réserve, ni écrit de papier ou préparé de topo sur le sujet. Six mois plus tard, au mois de janvier 1988, le téléphone sonne un dimanche soir, comme tous les dimanches d'ailleurs. Robert Bourassa me lance sans prévenir : « J'ai pris une décision. Il y aura une loi Poupart sur l'affichage. » Après lui avoir fait part de ma surprise et de mes réserves, il me répond : « J'ai bien réfléchi. C'est la meilleure solution. »

Je me souviens lui avoir alors rappelé que la Cour suprême du Canada devait rendre, à plus ou moins brève échéance, un jugement d'une importance capitale dans les causes Singer et Brown's, ce à quoi il m'a répondu : « C'est décidé ! On se prépare. Je vais aller de l'avant ! » Je ne me rappelle cependant pas qui, de Léon Dion ou de Robert Bourassa, a convaincu l'autre de la pertinence de la solution de l'affichage bilingue à l'intérieur des établissements commerciaux. Malheureusement, ni l'un ni l'autre ne sont là pour nous le dire. Au cours de l'été 1988, Robert Bourassa continue à préparer minutieusement le terrain. Il me demande d'organiser, au bureau du premier ministre à Montréal, dans l'édifice d'Hydro-Québec, un lunch avec la haute direction du quotidien anglophone *The Gazette*, afin d'expliquer ce qu'il entendait faire au lendemain du jugement de la Cour suprême du Canada. Le repas s'est très bien passé et le journal n'a jamais soufflé mot du plan que le premier ministre était à élaborer.

Le 15 décembre 1988, quelques minutes à peine avant le début de la période des questions à l'Assemblée nationale, le jugement de la Cour suprême du Canada tombe : les dispositions de la Charte relatives à l'usage exclusif du français dans l'affichage public et la publicité commerciale ne sont pas justifiées en vertu de l'article premier de la Charte canadienne des droits et libertés et sont conséquemment incompatibles avec la Loi constitutionnelle de 1982. Un vide juridique était créé et il fallait agir vite. À 11 heures, dans son bureau situé à l'arrière du Trône de la présidence de l'Assemblée nationale, M. Bourassa s'entretient au téléphone avec Me Robert Décary, qui était alors correspondant du procureur général du Québec auprès de la Cour suprême du Canada. Il lui demande de lui fournir, avant la fin de la journée, une opinion juridique sur la nécessité, pour le gouvernement du Québec, de recourir à la clause nonobstant afin de permettre l'affichage bilingue, avec prédominance du français, à l'intérieur des établissements commerciaux. À la suite de son appel, M. Bourassa demande la convocation d'une séance extraordinaire du caucus de ses députés, le 15 décembre en soirée, et la tenue d'un conseil général spécial du parti, le samedi 17 décembre. Le lendemain, soit le dimanche matin, vers 9 heures, il m'appelle pour connaître ma perception de la couverture médiatique et pour savoir si j'ai reçu des demandes particulières de journalistes. Il m'indique qu'il vient de faire une longue marche et qu'il a convoqué un conseil des ministres spécial à 10 heures, au cours duquel il va les informer de sa décision de recourir à la clause nonobstant, condition *sine qua non* pour que la loi qui sera adoptée soit applicable. Je lui demande s'il est conscient que sa décision risque de mettre en péril l'Accord du lac Meech. Sa réponse est : « Oui ». Je lui demande également s'il est conscient qu'il risque de perdre des ministres ? Sa réponse est : « Oui. J'ai évalué la situation et je crois que je suis susceptible d'en perdre six au maximum. » Il faut se rappeler que le 21 décembre 1988, soit la veille de l'adoption de la loi 178 par l'Assemblée nationale du Québec, trois de ses ministres, en l'occurrence Richard French, Clifford Lincoln et Herbert Marx, démissionnent afin de manifester leur désaccord. À la suite de la réunion du Conseil des ministres. alors que Jean-Claude Rivest et moi exprimions nos préoccupations en regard de la situation, je revois encore Robert Bourassa détendu, sans cravate, les manches de chemise relevées et les bras croisés derrière la nuque nous répondre : « Ce n'est pas si pire, je ne perdrai que trois joueurs ! » Maître incontesté dans l'art de relativiser les choses et de dédramatiser les situations les plus graves, Robert Bourassa ne crânait pas à ce moment-là. Il était en parfait contrôle de la situation et en parfaite maîtrise de ses moyens.

Les deux souvenirs que je viens d'évoquer constituent, selon moi, deux exemples qui illustrent parfaitement l'homme de réflexion, de vision, de décision et d'action qu'était Robert Bourassa, le chef de parti et de gouvernement qui avait une idée claire et précise où se situaient les intérêts supérieurs du Québec et qui était parfaitement conscient de ses responsabilités à cet égard. Une fois sa décision arrêtée, une fois convaincu qu'il avait pris la meilleure compte tenu des circonstances, rien ne pouvait l'arrêter. En dépit des tentatives répétées de ceux qui, dans son entourage et dans divers milieux, tentaient de le convaincre de ce qu'il **devait** faire, lui, dans ses actions, témoignait de sa qualité de leader qui savait ce qu'il **fallait** faire. Si je devais tenter de résumer très brièvement la conception que Robert Bourassa se faisait de la politique qu'il aimait passionnément, je serais enclin à lire un extrait d'un article publié dans *La Presse* du 22 novembre 1986 sous le titre « Le crépuscule des idéologies » et sous la plume de Doris Lussier :

> « Au fond, écrivait-il, en politique, la seule idéologie qui tienne, c'est de n'en pas avoir... Une bonne connaissance de la réalité, plus un idéal de justice servi par une prudence éclairée, c'est l'essentiel de ce qu'il faut à un gouvernement pour réaliser ce qu'il peut de bien commun. C'est déjà beaucoup. Le peuple se fout de la droite et de la gauche. Ce qu'il veut, c'est qu'on lui assure la liberté et la prospérité. D'où qu'elles viennent. Et il sait qu'elles ne viennent pas des mots. »

Robert Bourassa n'était surtout pas un idéologue, c'est-à-dire un doctrinaire dépourvu de réalisme. Sa remarquable feuille de route démontre au contraire qu'il était un pragmatique et un réaliste pour qui la politique est le seul domaine où, contrairement à l'adage et à l'usage, les mêmes causes ne produisent jamais les mêmes effets. Conscient que la volonté politique est un moteur essentiel du changement, Robert Bourassa avait cette formidable capacité d'apprécier les rapports de force, de retourner la plupart des situations difficiles et périlleuses à son avantage et, par-dessus tout, de faire du temps son allié. On juge les grands politiques à leur capacité à revenir des déserts, à surmonter les épreuves et à oublier les attaques personnelles hargneuses, aussi ingrates qu'injustes. Cela s'appelle « rebondir ». On juge aussi les grands politiques à leur capacité à ne pas succomber au doute existentiel, à avancer en dépit des obstacles et, en plus d'être à l'écoute de leurs concitoyens, à savoir se faire écouter d'eux. Cela s'appelle « diriger ». Peu importe que l'on ait partagé ou pas certaines de ses valeurs, de ses idées ou de ses actions, force nous est de reconnaître, honnêtement, que Robert Bourassa a été un grand politique. Et même s'il est encore trop tôt pour déterminer quelle place l'Histoire lui réservera, je souhaite ardemment que cette place soit aussi importante que celle, dominante, qu'il occupe dans le cœur de tous ceux et celles qui l'ont connu et aimé.

# Le Québécois

Jean-Claude Rivest

Robert Bourassa aurait dit à ses confrères du collège Jean de Brébeuf qu'un jour il serait premier ministre du Québec. Premier ministre, rien d'étonnant qu'un premier de classe aussi passionnément intéressé à la politique aspire à la plus haute fonction de l'État. Beaucoup plus significatif, cependant, est le fait qu'il ait précisé qu'il serait premier ministre du « Québec ». C'est donc, d'abord et avant tout, le Québec qui l'intéressait et auquel, tout jeune adolescent, il rêvait de consacrer le meilleur de ses énergies et son grand talent. Robert Bourassa a toujours cru que, pour le Québec, le meilleur choix était celui de maintenir son adhésion à l'espace politique et constitutionnel canadien. C'était pour lui la voie la plus susceptible de servir les intérêts supérieurs du Québec. Il a beaucoup réfléchi à la question de l'avenir politique du Québec et participé à d'innombrables forums et débats ; il comprenait très bien la générosité et l'attrait de l'option souverainiste ; il n'a cependant jamais été convaincu qu'il s'agissait là d'une voie prometteuse pour le Québec. La voie fédérative était, à ses yeux, un bien meilleur choix. Il est vrai que son fédéralisme était beaucoup plus « québécois » que *canadian* (et cela pouvait agacer certains). Il croyait, en effet, qu'une société distincte comme le Québec ne pouvait adhérer au pays canadien d'une manière inconditionnelle. Le premier ministre québécois se devait d'avoir en quelque sorte un supplément d'âme, d'avoir le souci constant de la sauvegarde des pouvoirs et des prérogatives québécoises. Au sein du Canada, le premier ministre du Québec avait une responsabilité unique et additionnelle, celle d'être le premier responsable de la protection et de l'épanouissement de l'identité québécoise. Robert Bourassa croyait, par ailleurs, que le Québec devait demeurer maître de ses choix d'avenir (ce que la cour suprême a pleinement reconnu depuis) – il tenait beaucoup à cela. Et, dans cette perspective, il a jugé que le cruel échec des accords du lac Meech ne disposait pas *ipso facto* ou comme par magie des avantages politiques, économiques et culturels qu'il a toujours reconnu à l'adhésion du Québec à l'ensemble fédéral canadien. Avant comme après Meech, le meilleur choix d'avenir pour le Québec demeurait la voie fédérative.

Robert Bourassa a, par ailleurs, enrichi le discours et la démarche politique québécoise d'une contribution personnelle et unique, celle de la priorité à l'économie et à la création d'emplois. Sa vision de l'avenir économique du Québec était essentiellement celle de l'ouverture aux nouvelles réalités de l'économie moderne. Fort de l'acquis des instruments économiques collectifs de la Révolution tranquille, le Québec ne devait pas craindre de s'ouvrir résolument sur l'extérieur. Dans cette perspective, il était favorable aux investissements étrangers, en raison de la faiblesse relative du volume de nos épargnes et de la taille de notre économie. Il croyait que l'essentiel était d'accroître sans cesse le niveau de notre compétitivité et de notre productivité par la qualité de notre main-d'œuvre et, surtout, par la mise en œuvre accélérée d'un atout dominant du Québec, son potentiel énergétique. Son projet de la Baie-James n'était pas simplement lié à la réalisation des 100 000 emplois, c'était pour lui un projet structurant absolument essentiel pour donner à l'économie québécoise, aux entreprises et aux travailleurs un fabuleux avantage concurrentiel. Enfin, toujours dans ce même esprit d'ouverture, Robert Bourassa s'est fait à l'échelle du Québec et du Canada un ardent partisan du libre-échange, convaincu que les entreprises et les travailleurs pouvaient relever ce défi de l'économie moderne et se lancer avec succès à la conquête de nouveaux marchés.

Pour Robert Bourassa, le choix canadien et les objectifs de croissance économique n'étaient pas simplement des voies prometteuses d'amélioration du mieux-être matérielle des Québécois, c'était autant de passages obligés pour la réalisation de ce qui était pour lui peut-être la toute première de ses valeurs et de ses ambitions, l'égalité de chances et la justice sociale. On l'aura souvent entendu dire que ce qui l'éloignait le plus de l'option souverainiste, c'était l'état de fragilité dans lequel risqueraient de se trouver les plus vulnérables de la société, que ce qui l'intéressait au premier chef dans la croissance économique, c'étaient les moyens additionnels que cela procurait au gouvernement pour accroître l'étendue des programmes sociaux et culturels. On perçoit, et à bon droit, Robert Bourassa comme un fédéraliste québécois, féru des questions économiques et habile politicien. En fait, il était tout cela, mais il était peut-être encore davantage préoccupé par les questions de justice et d'égalité sociale. Fier de la Baie-James, il était encore plus fier de l'assurance maladie. Il fallait d'ailleurs le voir mener les arbitrages budgétaires annuels pour constater avec quel parti pris il protégeait toujours les ministres à vocation sociale. D'ailleurs s'il avait été maître de l'agenda politique aux lendemains de Meech, voyant la crise budgétaire se poindre dangereusement à l'horizon – il en parlait souvent –, il aurait volontiers fait l'économie d'une autre saga constitutionnelle pour s'attacher à préserver la marge de manœuvre financière de l'État seule susceptible de sauvegarder nos acquis sociaux et culturels. Comment aurait-il pu se résoudre à couper dans les domaines de l'éducation, de la santé et des services sociaux ? Nous ne le saurons jamais.

Alors, la vision de la politique de Robert Bourassa était de cet ordre : le Québec, une société distincte au sein du Canada pleinement libre de ses choix d'avenir, une économie québécoise ouverte et capable de soutenir la concurrence et un attachement profond aux principes de justice sociale. Homme de son temps – comme on l'est tous – et porteur des valeurs de la Révolution tranquille, Robert Bourassa n'aurait-il pas dû porter une plus grande attention à des questions comme la protection de l'environnement, les déséquilibres régionaux, l'avenir de Montréal, le pluralisme culturel et les relations interculturelles, les inquiétudes de la communauté anglophone québécoise ?... Sans doute.

La pratique du pouvoir chez Robert Bourassa – sa façon de mener la politique – reposait sur une très vive intelligence et un sens inné des relations humaines marquées au signe du respect et d'une étonnante justesse d'évaluation des personnes et des situations. Ces atouts lui permettaient d'obtenir, de gagner et de « cultiver » un niveau de confiance, d'estime et d'amitié particulièrement élevé chez ses collaborateurs, ministres, députés et militants libéraux, voire chez ses adversaires politiques. Jamais son leadership n'a été mis en cause au sein du parti et, faut-il le rappeler, cette manière d'être lui aura permis de mériter l'appui de la population à quatre reprises. Les commentateurs et analystes politiques se sont toujours intéressés à l'énigme de la méthode Bourassa. Il aimait bien la période des questions de l'Assemblée nationale – c'était très souvent une véritable période de « questions », rarement une période de réponses. Il considérait les conférences de presse comme une joute intellectuelle savoureuse – il trouvait les journalistes de la tribune de la presse particulièrement intelligents (!). Sans doute, à l'Assemblée nationale ou en conférence de presse, lui est-il arrivé en une ou deux occasions d'exagérer, il en était parfaitement conscient mais, peine perdue, il n'avait pas le remords facile et encore moins le ferme propos de ne plus recommencer !

Robert Bourassa prenait ses décisions beaucoup plus rapidement qu'il en donnait l'impression. Il se faisait assez rapidement une idée assez précise de là où il voulait aller. Il ne manquait nullement de confiance en lui, c'était plutôt le contraire. Le problème, c'est qu'il mettait souvent un temps fou avant de se commettre publiquement. Tous les fils devaient être bien attachés, les personnes en cause devaient se faire à l'idée de ce qui s'en venait, il évaluait les niveaux d'approbation et de résistance et il choisissait méticuleusement le moment de l'annonce. Et, tout cela pas seulement par une espèce de prudence stratégique, mais pour s'assurer de la viabilité de sa décision. Bien sûr, cela pouvait énerver bien des gens (et pas seulement P. E. Trudeau), mais il n'aurait jamais changé sa méthode prudente, certains diront ondoyante.

Robert Bourassa était beaucoup moins influençable qu'on le pense généralement. Je ne connais pas une seule décision d'importance qu'il ait prise sans que ce fut « sa »décision, sauf la loi 178 sur la langue d'affichage qu'il s'est employé de corriger avec M. Ryan avant de se retirer de la vie publique. Il consultait beaucoup à gauche comme à droite ; bien sûr, il tentait parfois d'amadouer les opposants ; en fait, il était constamment à la recherche d'éléments pour améliorer sa décision, pour en assurer la plus grande acceptabilité possible et pour obtenir les meilleurs garanties possibles d'une mise en œuvre efficace. Bien sûr, il lui est arrivé de changer d'idée en cours de route, mais très rarement. Robert Bourassa avait une étonnante confiance en lui, en tout cas beaucoup plus qu'il ne le laissait paraître.

Robert Bourassa a été un homme de pouvoir, il n'a pratiquement jamais été dans l'opposition, sauf pour la période d'avant 1970. Il a toujours été conscient du fait que le pouvoir politique est l'objet d'une contestation permanente. Il défendait son pouvoir avec opiniâtreté et subtilité. Faut-il le dire, il aimait bien ce côté aventureux de la vie publique, cette tension constante entre le pouvoir et les multiples contre-pouvoirs qui ont voix au chapitre dans la société. S'il était magnanime, il n'était pas naïf face aux stratégies des oppositions de toutes sortes ; s'il était bon enfant, il prenait les moyens de se défendre ! C'était la politique et il aimait bien la politique !

S'il pouvait avec un plaisir évident discourir sur les aspects proprement stratégiques ou politiques de la vie publique, il était le premier à reconnaître que tout cela n'avait finalement pas tant d'importance. Ce qui a toujours compté tellement plus pour lui, c'était d'avoir le sentiment d'avoir pris pour le Québec les bonnes décisions, c'était donc bien davantage LES politiques qu'il faisait adopter que ce côté quelque peu ludique de LA politique. Il n'a probablement jamais été plus heureux que le jour de l'inauguration de la Baie-James où les travailleurs lui ont réservé un accueil triomphant. Tout est là, disait-il : « Avoir la chance de prendre des décisions d'avenir pour le Québec, de proposer des politiques éclairées et surtout de savoir que nos concitoyens partagent l'enthousiasme de nos réussites. »

Robert Bourassa, comme tous ceux qui ont assumé les responsabilités de premier ministre, a certainement mille et une fois éprouvé ce sentiment de grande satisfaction. Ses incontestables réussites ont été jusqu'à sa mort une source inépuisable de fierté. Et son regard ne s'est à vrai dire jamais détourné des rêves et des aspirations les plus nobles du Québec et du peuple québécois. L'histoire de Robert Bourassa, c'est en quelque sorte l'histoire d'un rêve insensé qui s'est réalisé magnifiquement pour ce jeune adolescent du collège Jean de Brébeuf qui aspirait à servir le Québec.

# Sincérité, prudence et tenacité

RAYMOND GARNEAU

On m'a demandé de parler de Robert Bourassa tel que je l'ai connu. Dans un premier temps, je partagerai avec vous le souvenir que j'ai de la personnalité de Bourassa. Ensuite, à partir d'expériences que j'ai vécues avec lui, j'en retiendrai trois qui me permettront de vous illustrer, de façon concrète, certains aspects de sa personnalité.

## Bourassa tel que je l'ai connu

Robert Bourassa est le seul homme de ma génération que je connaisse qui non seulement ne savait pas conduire une voiture, mais, qui plus est, n'avait aucune envie de l'apprendre. Sauf pour la politique, je n'ai pas senti, chez lui, de passion particulière ni pour les sports (sauf la natation qu'il pratiquait pour se tenir en forme physique) ni pour les arts. Il n'aurait jamais remplacé l'écoute du discours télévisé du président américain sur l'État de l'union, par une soirée à l'opéra ou un match de hockey du Canadien de Montréal. Par contre, Robert Bourassa aimait beaucoup lire. En plus des journaux qu'il dévorait, ses lectures préférées étaient les biographies d'hommes politiques, les livres d'histoire et les textes d'analyses politiques ou économiques. Je l'ai rarement vu lire des poèmes, ou une œuvre de fiction.

Robert Bourassa était un homme très responsable qui, en aucun temps, aurait risqué l'essentiel pour un court moment de gloire. Par contre il n'était pas tout à fait le jeune économiste studieux à l'allure de technocrate que l'image médiatique projetait de lui. Il était un homme beaucoup plus complexe et ambivalent que ça. Il était un redoutable tacticien et un froid calculateur qui s'intéressait beaucoup plus longuement au « COMMENT LE DIRE » qu'au « QUOI FAIRE ».

Je lui ai dit plus d'une fois: « Robert Bourassa, j'ai parfois l'impression que, pour toi, le long terme ce sont les deux ou trois premières nouvelles du journal télévisé du soir ou encore « **la une** » du lendemain de *La Presse*, de *The Gazette*, du *Globe and Mail*, du *Journal de Montréal*, du *Soleil*, du *Devoir*, ou de tout autre journal. À part les conférences de presse où il excellait, son moyen privilégié de communication avec la population était la radio. Il savait que son image télévisée n'était pas toujours flamboyante, c'est pourquoi il se sentait beaucoup plus à l'aise dans un studio de radio que dans celui d'une station de télévision.

L'outil de travail préféré de Robert Bourassa était le téléphone. Il téléphonait partout et à toute heure du jour et presque de la nuit. Par exemple, au terme de la Conférence de Victoria en 1971, il me téléphonait à 2 h 30 de la nuit pour connaître mon point de vue. Il aimait consulter et prendre le pouls de la population ; il prenait plaisir à téléphoner à un haut fonctionnaire qu'il respectait pour lui demander ce qu'il pensait d'un projet qu'un de ses ministres voulait mettre de l'avant. De plus, avec le téléphone, il avait des avantages marqués qu'il aimait beaucoup. Il pouvait décider quand la conversation aurait lieu, quand elle commencerait et surtout quand elle finirait. Il pouvait téléphoner de son lit, du bord de la piscine, d'un cabanon sur la plage en Floride ou du toit de son bureau de premier ministre à Québec. Finalement, et ce n'est pas la moindre des raisons, il n'avait pas à supporter le formalisme des rencontres déjà prévues qu'il n'aimait pas particulièrement.

Il semblait toujours détendu, même débonnaire. Il donnait toujours l'impression d'être constamment au-dessus de ses affaires. On ne l'entendait jamais hausser le ton pour critiquer ses adjoints ni leur manquer de respect. Robert Bourassa était un homme « cool » comme le disent les jeunes d'aujourd'hui. Il était toujours calme et ne laissait pas facilement paraître ses émotions. S'il était stressé, cela restait en dedans. Voilà en quelques mots le portrait de Robert Bourassa, l'homme que j'ai connu et avec qui j'ai travaillé de très près de 1965 à 1976. Un homme simple, attachant et généreux qui savait ne pas se prendre au sérieux. Il avait ce don particulier pour se créer des relations amicales autant avec les gens humbles dont il respectait le désintéressement et le bon jugement, qu'avec les gens plus instruits et mieux nantis dont il savait rapidement détecter l'intérêt.

## Un homme opiniâtre

J'ai rencontré Robert Bourassa durant l'année 1965. Il était secrétaire et recherchiste auprès de la commission Bélanger chargée par le premier ministre Jean Lesage d'étudier la fiscalité québécoise et de faire des recommandations au gouvernement. À cette époque, j'étais secrétaire exécutif du premier ministre Lesage. Durant l'évolution des travaux, M. Marcel Bélanger, président de la commission, venait à l'occasion au bureau du premier ministre et Robert Bourassa l'accompagnait. Alors que messieurs Bélanger et Lesage se rencontraient en privé, Bourassa demeurait avec moi, dans mon bureau, et comme vous pouvez l'imaginer nous discutions plus de politique que de fiscalité. Vu sous l'éclairage de nos premières rencontres, je garde le souvenir d'un homme simple et chaleureux, un peu frêle et qui adorait la politique. Nous causions de la situation politique en Europe et des effets du traité de Rome. J'ai constaté que Bourassa avait été influencé, durant son séjour à l'Université d'Oxford en Angleterre, par les orientations politiques du Labor Party. Il s'identifiait facilement aux orientations de centre gauche. Quoi qu'il en soit, à gauche, au centre ou à droite, Bourassa aimait la politique à tous les niveaux : provincial, fédéral, municipal et international. Il ne se cachait pas pour laisser savoir qu'il aimerait faire carrière en politique. Dans mon for intérieur je me disais : « Il va falloir qu'il choisisse un comté où il y a des électeurs instruits n'ayant pas de penchant particulier pour des populistes. » Bourassa ne me donnait pas l'image d'un leader charismatique capable de faire campagne dans les sous-sols d'églises, aux réunions des filles d'Isabelle ou à celles des Chevaliers de Colomb.

Quoi qu'il en soit, à partir du début de 1966, alors que l'élection générale s'annonçait pour le printemps ou l'automne, Bourassa, sachant que j'étais proche du centre de décisions, me demanda s'il y avait des comtés libres à Montréal. Je savais que le comté de Saint-Laurent pouvait être ouvert et je lui disais que ce serait un bon comté pour lui. Je n'osais pas lui dire que sa personnalité ne le désignait pas pour un comté rural ou ouvrier. Cependant, lui, Robert Bourassa, souhaitait un comté de l'est de Montréal. J'ai eu beau lui dire qu'il faisait erreur, que Saint-Laurent était un comté pour faire carrière, que la convention pour le choix du candidat serait plus facile, etc., etc., mais rien à faire.... Bourassa souhaitait se présenter dans le comté de Mercier, le comté où il était né et où il avait fréquenté l'école de quartier. Après consultation avec monsieur Lesage, j'ai passé le message à l'organisation de Montréal leur disant qu'il y avait un jeune économiste brillant, du nom de Robert Bourassa, secrétaire recherchiste de la commission Bélanger sur la fiscalité, qui se déclarait disposé à se présenter dans le comté de Mercier. Vous connaissez le reste. Ça, c'était du Bourassa tout craché. Il ne m'avait jamais dit carrément: « Non je ne veux pas aller me présenter dans Saint-Laurent. » Tout au long de nos discussions, qui se sont échelonnées sur plusieurs semaines et sans me le dire carrément, il avait décidé que, s'il se présentait, ce serait dans Mercier.

Lorsque je remets en perspective cet épisode de mes premières discussions avec Robert Bourassa et que je les juxtapose aux autres expériences que j'ai vécues avec lui durant les années 1970 à 1976, je ne puis m'empêcher de penser que cet homme était vraiment opiniâtre et tenace. C'est d'ailleurs un des traits de son caractère avec lequel j'ai dû apprendre à travailler. Il préférait discuter avec vous jusqu'à ce qu'il arrive à vous convaincre ou à vous épuiser, plutôt que de vous dire carrément NON.

## Une personnalité complexe et ambivalente

Cette façon d'être de Robert Bourassa, on la retrouve dans plusieurs dossiers. Cependant, c'est sur la question nationale que son ambivalence a été la plus visible. Je citerai deux exemples : le premier, celui du rapport Paul-Gérin-Lajoie de 1967, le deuxième, celui du rapport Allaire une quinzaine d'années plus tard. Même sujet, deux périodes, mais le même homme. Malheureusement, faute d'espace, je commenterai seulement le premier. Rappelons d'abord les faits. Après la défaite libérale de juin 1966, Jean Lesage décide de s'attaquer de front à l'épineux problème de l'orientation constitutionnelle de son parti et demande à M. Paul Gérin-Lajoie de présider un groupe de travail de la commission politique dont le mandat était de préparer un document qui serait soumis au congrès plénier qui devait avoir lieu à l'automne de 1967. René Lévesque était membre de ce comité. Après quelques séances de travail du comité Lajoie, M. Lévesque cessa à toutes fins utiles de participer aux réunions. On apprit par ailleurs qu'il préparait, avec un petit groupe, un autre document qu'il espérait pouvoir inscrire directement à l'agenda du congrès sans passer par la commission politique. Cet épisode créa beaucoup de remous dans le parti parce qu'il prenait l'allure d'une fronde. Réunions clandestines où seulement quelques initiés du groupe Lévesque participaient. À cette époque, j'étais chef de cabinet de Jean Lesage et certains participants à ces réunions secrètes, ne sachant pas trop de quel côté la poire allait tomber, me téléphonaient discrètement pour que j'avise M. Lesage de ce qui s'était passé aux diverses réunions.

Bourassa, qui suivait de près l'avant et l'arrière-scène de ce débat hargneux et acariâtre, ne se branchait pas. Il avait bien souligné la difficulté qu'aurait un Québec souverain s'il ne contrôlait pas sa monnaie. Il ajoutait, si on ne contrôle pas sa monnaie, on ne peut pas non plus contrôler son commerce extérieur, rendant ainsi illusoire l'établissement d'une politique extérieure autonome. Mais il ne se branchait pas clairement. Il zigzaguait entre René Lévesque et le comité Lajoie et de temps en temps il rendait visite à Jean Lesage. Ses interventions publiques prenaient la forme d'interrogations. Il posait des questions. Il montrait les difficultés d'un Québec souverain sans contrôle de sa monnaie, mais jamais il ne concluait clairement pour ou contre la proposition de René Lévesque, dont l'essentiel circulait assez ouvertement. J'ai causé plusieurs fois avec Bourassa durant ce chassé-croisé qui dura plusieurs mois. Il me donnait l'impression parfois que, si ce n'était pas de la monnaie, il serait attiré par l'option Lévesque. D'ailleurs, cette question de la monnaie que soulevait à juste titre Robert Bourassa est encore là. Le Parti québécois ne l'a toujours pas encore résolue ; ce n'est d'ailleurs pas pour rien que M. Bernard Landry voudrait que le Canada adopte le dollar américain… cela lui enlèverait une épine du pied pour son projet d'indépendance… mais ce n'est pas l'objet de mon propos.

Au congrès d'octobre 1967, les militants libéraux, par une très très forte majorité, ont défait la résolution proposant de débattre l'option Lévesque. Ils voyaient bien que dans le fond ce débat marquait la volonté ultime de briser le Canada. D'ailleurs, pour quiconque connaissant le Parti libéral, le résultat de ce vote était tout à fait prévisible. Donc, lorsque René Lévesque et une quarantaine de ses supporteurs quittaient la salle de bal du Château Frontenac, le 4 octobre 1967, les libéraux observaient pour voir combien de membres sortiraient. Moi, je ne regardais qu'une seule personne : Robert Bourassa. **Il n'est pas sorti.** Jusque-là, même si je pensais bien le connaître, je ne savais pas ce qu'il ferait. Honnêtement, ce n'est qu'à ce moment que j'ai compris que Robert Bourassa s'était finalement branché. Pour lui, le Québec devait demeurer dans le Canada. C'est pourquoi il n'est pas sorti avec le groupe de René Lévesque, ce 4 octobre 1967, de la salle de bal du Château Frontenac. Son ambivalence sur la question constitutionnelle s'est manifestée en d'autres occasions au cours de sa longue carrière. À quelques reprises, comme en 1967, je me suis demandé parfois s'il s'en allait ou s'il s'en venait, mais chaque fois, comme il l'avait fait lors du congrès de 1967, sa décision finale est toujours demeurée la même : **il n'est pas sorti ; il a toujours opté pour le Québec dans le Canada.** En ce sens, Bourassa était l'archétype du Québécois. Ce n'est pas pour rien qu'il a été premier ministre du Québec si longtemps.

## Tacticien et stratège

Mon discours sur le budget 1974-1975 était presque terminé. Nous étions à quelques jours de la date de son dépôt en Chambre prévu pour le 28 mars 1974. J'avais bien discuté avec le premier ministre des grandes lignes de son contenu, mais je n'étais pas allé dans les détails. Je décidai donc de me rendre au bureau de Bourassa pour lui remettre de main en main une copie de mon texte en attirant son attention sur la confidentialité. Il me téléphone quelques heures plus tard pour me demander s'il était encore temps pour changer quelque chose. Je lui réponds : « Ça dépend quoi et j'ajoute : Attends-moi, j'arrive à ton bureau. » J'espérais que ses changements n'allaient pas affecter les grands équilibres financiers et je m'imaginais tout le travail qu'il faudrait faire en quelques jours pour tout réajuster. Toujours est-il qu'à mon arrivée à son bureau, après les échanges usuels sur la température et sur nos familles respectives, je demande au premier ministre : « Comment trouves-tu mon budget ? » « C'est parfait Raymond me répondit-il, et je pense que la population va bien l'accueillir. » Alors je lui demande : « Tu n'as pas de changements à proposer ? » « Pas vraiment… sauf que tu sais Raymond, il faut que je prépare ma stratégie pour contrer les attaques du PQ.… » « Mais enfin, que voudrais-tu que je change, » lui dis-je. « Ben voici, accepterais-tu d'ajouter une phrase quelque part qui me permettrait de dire que nous sommes un vrai gouvernement social-démocrate ? » Le chat venait de sortir du sac. Robert Bourassa savait que je m'inquiétais de ce genre de propos qui risquait de nous nuire dans nos programmes de financement pour le développement de la Baie-James qui allait coûter des milliards de dollars. Après une quinzaine de minutes de discussion, je lui dis : « Écoute Robert, je vais voir ce que je peux faire. » De retour à mon bureau, je discute avec mon sous-ministre adjoint aux affaires économiques et fiscales de ma conversation avec le P.M. J'étais tellement content que ce soit la seule chose qu'il ait demandé que je me suis mis immédiatement à rédiger quelque chose. Après quelques tentatives, je faisais parvenir au premier ministre la phrase suivante qui serait la dernière de mon exposé budgétaire : « **Je soumets donc, monsieur le Président, que le premier ministre a bien raison de dire que son gouvernement en est un dont la philosophie politique est celle de la véritable démocratie sociale.** »

Cette petite anecdote, et combien d'autres de même nature qu'on pourrait ajouter, démontre que Bourassa n'était pas nécessairement ce jeune économiste studieux à l'allure d'un technocrate que les médias projetaient de lui. Il se préoccupait continuellement de tactique et de stratégie ou, encore, de son trente secondes pour les nouvelles de la télévision. Comme je le disais plus haut, Bourassa s'intéressait souvent plus au « comment le dire » qu'au « quoi faire ». Dans le cas du budget du 28 mars 1974, Bourassa voulait avoir son « thirty seconds clip » et il l'a eu. Pour le reste, il me laissait le soin d'expliquer les détails du budget. C'était là un de ses traits de caractère.

Bourassa a été un leader qui a bien compris son époque. Sur la mer politique des années 1970, la vague a parfois été haute et Bourassa a su naviguer pour contrer les récifs. Il était un homme responsable et prudent ; il ne voulait pas poser de gestes qui auraient provoqué d'autres événements comme ceux d'octobre 1970. Il avait une vision du Canada différente de celle de messieurs Trudeau et Lévesque, mais, sous l'angle du Québec, l'histoire lui donnera sans doute raison. Bourassa avait vraiment à cœur le bien-être de ses concitoyens ; c'est pourquoi sa préoccupation, voire son obsession, était de s'assurer que l'économie fonctionne bien et que le plus d'emplois possible soient disponibles pour les travailleurs. On pourrait se demander comment Robert Bourassa, un homme à l'allure frêle, qui n'était pas doté d'une personnalité flamboyante, a réussi à rallier autant de gens autour de lui et à demeurer si longtemps premier ministre du Québec. Ma réponse à cette interrogation sera : « **sa sincérité, sa prudence et surtout sa ténacité** ».

# Volonté et détermination

Paul Gérin-Lajoie

Sans que j'ai été vraiment un intime de Robert Bourassa, les circonstances de la vie nous ont amenés à collaborer ensemble en diverses occasions, qui confirment la plupart des témoignages exprimés à cette tribune sur ce personnage nettement hors de l'ordinaire. Dans mon bref témoignage, je me contenterai d'illustrer trois traits de personnalité.

**Homme de consensus**, Bourassa le montra par exemple au lendemain de la défaite libérale de 1966, alors que nous étions sept ou huit à nous réunir, le plus souvent chez Robert Bourassa lui-même, pour rechercher une formule de renouvellement des orientations et de l'organisation du Parti libéral du Québec. Déjà, René Lévesque poursuivait sa pensée d'un Québec souverain à l'intérieur d'une nouvelle forme d'association avec le reste du Canada. D'autres, dont je faisais partie, visaient plutôt à définir un statut et une place d'un caractère particulier pour le Québec à l'intérieur du régime fédératif existant. Robert Bourassa, pour sa part, commençait à explorer des formules s'inspirant d'une Europe à la Jean Monnet. Vers les onze heures du soir, alors que nos réunions tiraient à leur fin, Bourassa s'accrochait au téléphone pour faire un compte rendu de l'état des discussions à Jean Lesage qui attendait régulièrement l'appel chez lui, à Québec. Les efforts de consensus de Robert Bourassa dans ce contexte étaient mis à rude épreuve. On connaît l'insuccès qui s'ensuivit.

**Homme de volonté et de détermination**, Robert Bourassa l'a clairement montré par son cheminement à la suite de ses défaites personnelles comme député et comme premier ministre. C'est alors qu'il s'exila, en quelque sorte, en s'éloignant du milieu politique québécois et en allant faire des séjours prolongés en Europe. Il y étudia à fond les modalités et le cheminement des vieux pays marqués par des rivalités profondes, engagés désormais dans la grande aventure de l'Union européenne.

Face à l'incompréhension et aux résistances plus ou moins ouvertes des milieux québécois et canadien, il ne cessa de prêcher son credo politique. Jamais il n'abandonna cette foi, même devant son incapacité de créer le moindre mouvement d'opinion dans le sens proposé.

**Homme politique à l'image du Québécois francophone**, il l'aura été jusqu'au bout des ongles. Ambivalent, personnalité ondoyante, difficile à cerner, il incarnait ces caractéristiques des Québécois en face de leurs choix politiques.

C'est probablement propre aux peuples minoritaires de vivre dans l'ambiguïté politique. Et, à cet égard, Bourassa aura partagé la façon de réagir des Québécois en naviguant à travers les compromis pour ne pas dire les contradictions. Les exemples sont multiples.

Bourassa, à la fois nationaliste et fédéraliste, partisan d'ententes avec le reste du Canada mais incapable de faire des choix face aux divisions internes de son gouvernement (comme à Victoria ou dans le cas de la commission Bélanger Campeau), a été victime de politiciens plus décisionnels et moins proches de l'image traditionnelle des Québécois.

D'autres intervenants à ce colloque mettront en lumière d'autres aspects de la personnalité de Robert Bourassa, particulièrement l'impressionnant dossier de ses réalisations, de sorte que l'ensemble des interventions donnera une image assez fidèle de l'homme exceptionnel que fut Robert Bourassa.

Le rôle qu'on m'a assigné est un peu ingrat parce qu'il est fragmentaire et porte sur un angle personnalisé. Je terminerai cet exposé en exprimant l'admiration que je porte à la mémoire de Robert Bourassa.

# Éthique et loyauté

Roch Bolduc

Durant ses premiers mandats de 1970 à 1976, j'ai rencontré M. Bourassa à plusieurs reprises mais les réunions étaient à des fins professionnelles du genre de celle que vivaient certains sous-ministres : composition du Cabinet des ministres, évaluation des événements d'octobre 1970 sur la conduite de l'action gouvernementale, négociations dans le secteur public, assignation au collège de la Défense nationale, rencontre des associations municipales et de leurs dirigeants, etc. Comme il s'agissait de discussions à but spécifique, souvent préparatoire à sa propre démarche, elles ne s'éternisaient pas et je n'ai pu alors détecter chez lui que quelques aspects de sa personnalité : un homme qui saisissait vite, un homme réservé et d'un bon sens pratique.

Puis nous nous sommes revus plus souvent à partir de la fin de 1985 lorsqu'il est revenu au pouvoir et que j'ai, à son invitation, accepté temporairement le poste de secrétaire général du gouvernement. J'étais déjà retraité de la fonction publique et je n'avais accepté que pour servir durant la période de transition. Il était plus mûr et souvent plein d'humour, particulièrement après une période de questions en Chambre où il s'était bien amusé avec Pierre Marc Johnson ou d'autres membres de l'Opposition. Pour lui, ce moment quotidien était une occasion en or d'esquiver les questions embarrassantes, de lancer des messages à ses propres troupes, de déjouer l'adversaire et de procéder à une joute intellectuelle qu'il aimait. Car, en homme subtil, il savait que les enjeux comportent, comme les médailles, deux côtés et que les avantages et désavantages dans les options sont souvent affaire de nuances assez tenues. En réponse aux questions, il cherchait alors à ne dire que ce qu'il estimait nécessaire de dire et au compte-gouttes ! D'ailleurs, après la période des questions, il disait toujours « J'espère que j'ai rien dit !!! » C'était une autre façon de faire de l'exercice : la piscine avait sa place mais l'Assemblée nationale aussi. D'ailleurs, rentré tard le matin au bureau comme Daniel Johnson, père, au courant des dernières nouvelles, il se concentrait à l'heure du lunch sur les flèches qui surviendraient en Chambre au début de l'après-midi. Au retour, il était détendu, joyeux, mangeait sa pomme ou buvait son lait et il était prêt à s'adonner à ses activités de chef du gouvernement qui souvent revêtaient la forme d'appels téléphoniques à Paris, Bruxelles, Londres, New York, Toronto, Montréal, sans oublier Ottawa, c'est-à-dire le premier ministre du Canada, Brian Mulroney, dont il était peut-être le conseiller le plus écouté. Et l'une des raisons de son influence auprès de son vis-à-vis fédéral, c'était sa profonde connaissance de la politique régionale dans les autres parties du pays. Il suivait cela très attentivement dans les journaux des diverses capitales provinciales depuis 20 ans. Ses dialogues avec M. Mulroney n'étaient pas de la soumission au fédéral, au contraire, c'était de la stratégie pour une cause commune comme le libre-échange avec les États-Unis ou pour convaincre son vis-à-vis du bien-fondé de la position du Québec dans des dossiers constitutionnels en préparation ou dans un montage financier pour assister le développement régional et, qui sait, obtenir quelques transferts d'argent pour son prochain budget.

Il me disait souvent : « Le téléphone, c'est formidable, on peut rejoindre tout le monde, et l'on ne perd pas de temps à entendre des doléances ou des demandes de faveurs. Au lieu de prendre 20 minutes de son temps par personne, dans trois ou quatre, on règle une situation… » Il ne cessait ses opérations que le soir tard alors qu'il se concentrait, après les nouvelles, sur les « papiers » du gouvernement. Il parlait aussi avec une grande variété d'interlocuteurs : politiciens étrangers et d'ici, diplomates, financiers, professeurs d'université, journalistes, hommes et femmes d'affaires, chefs syndicaux. Tout le monde y passait, chacun pour une fin précise. Pour le carnet social, on repassera. Tout ce qui touchait au protocole et aux cérémonies officielles, c'était une charge pour lui. Sans doute se rappelait-il que M. Duplessis envoyait M. Talbot à Rome pour les béatifications et distribuait les contrats de voirie pendant le voyage de son ministre. Ce qui ne l'empêchait pas toutefois de faire son tour rapide en Europe ou à New York et Washington.

Les premiers ministres ont l'habitude d'imiter, quelquefois, leur prédécesseur. De Daniel Johnson, père, il avait retenu l'horaire et quelques autres caractéristiques : la presse du matin avant l'arrivée au bureau au cas où dès son arrivée quelques micros se pointeraient soudain sur un événement choc, l'importance de la Chambre, la méfiance des gros dossiers, j'entends les rapports grands formats de vingt pages, la tactique du délai pour sauvegarder sa marge de manœuvre. Comme M. Johnson, il était courtois, poli, gentleman mais peut-être moins chaleureux, plus peut-être pour « réserver » son temps que par manque d'intérêt pour les personnes, mais il y avait chez lui des attitudes que je qualifierais de « monastiques » et, d'ailleurs, il ne fut pas le seul premier ministre que j'ai connu comme cela. Dans ce poste, le titulaire a besoin de se retrouver seul avec lui-même pour aller au fond des choses avant d'engager la société tout entière dans une voie dont il n'est pas toujours aisé de mesurer les conséquences. Je crois comprendre que M. Bouchard a hérité cela de M. Bourassa.

Dans notre système britannique de gouvernement responsable, le Cabinet des ministres est l'organe par excellence du pouvoir, du pouvoir du premier ministre j'entends. Voilà pourquoi ce qui précède et ce qui suit la réunion hebdomadaire est aussi important que la séance elle-même – la pièce comme on disait au collège. Je le rencontrais habituellement le lundi soir, le plus souvent seul à seul, pour établir l'agenda de la réunion. Comme ne peut être discuté que ce qui apparaît à l'agenda, le pouvoir du premier ministre est absolu en matière d'établissement des décisions prioritaires. De plus, l'ordre des sujets est aussi capital : les questions où l'on pressent l'unanimité – suite aux rapports des comités du Conseil – passent en premier de sorte que les questions litigieuses viennent en dernier au cas où l'inclination du premier ministre différerait de celles de certains collègues, il devient alors logique de reporter le débat même jusqu'aux calendes grecques.

M. Bourassa, dont l'intérêt pour le contenu des choses variait avec les sujets, savait très exactement comment ménager son temps. À cette fin, les trois comités du Conseil établis dès son arrivée (développement économique, développement socioculturel, aménagement du territoire) le servaient très bien. Le premier, dirigé par Gérard D. Levesque, ministre des Finances, touchait les questions sur lesquelles M. Bourassa se sentait plus à l'aise. Comme les deux personnages se connaissaient de longue date, et se comprenaient sans même se parler, M. Bourassa, après avoir fait son propre tour d'horizon, notamment sur la fiscalité, se branchait assez rapidement et appuyait son ministre des Finances. M. Bourassa a œuvré sur la scène provinciale mais ses intérêts intellectuels étaient très larges particulièrement sur les questions économiques. Il suivait de près l'action des institutions financières internationales, le commerce extérieur des pays de l'OCDE et leurs investissements étrangers, les prix relatifs des ressources, l'emploi, la politique monétaire, les finances publiques, la politique américaine et celle de l'Union européenne, il parlait de tout cela en connaisseur. Il avait toujours près de lui les dernières éditions des grands journaux de deux continents et les magazines économiques classiques.

Sur les questions socioculturelles, il savait que le président du Comité, M. Ryan, faisait ses devoirs à fond et que sa philosophie sociale ne lui posait pas de problème. Donc il déléguait beaucoup en matière d'éducation, de culture et de santé. Les problèmes d'aménagement du territoire, confrontant par définition des visées locales différentes par exemple entre le ministre de l'Environnement et le ministre des Transports ou le ministre de l'Agriculture, étaient entre les mains, à l'époque, de M. Marc-André Côté dont le sens politique était assez aiguisé. Une règle assez sage, je pense, prévoyait d'ailleurs que les recommandations du Comité devaient être acceptées des membres avant proposition au Conseil de façon à éviter de nouveaux débats à cette étape ultime. Si bien que les réunions du Conseil des ministres ne duraient presque jamais plus d'une heure trente ou deux heures.

Au début de mon assignation, je lui proposai de créer un comité de planification aux fins de coordonner les décisions des trois comités et celles du Conseil du Trésor dont le rôle était important dans la préparation et la mise en œuvre des décisions du Conseil des ministres. Il me rétorque lors d'une de nos séances du lundi soir : « Il siège maintenant le Comité de planification ! » J'ai vite compris trois choses : il n'aimait pas les discussions avec beaucoup de monde, il était le patron et il voulait jouer sur mon orgueil pour que je me présente avec des dossiers fin prêts. Il savait parfaitement manœuvrer en tenant compte de l'amour-propre de chacun. Un jour que je lui disais à propos d'une de ses tactiques : « Duplessis n'aurait pas fait mieux. » Il me rétorqua : « Venant de toi, cela m'honore ! »

Quand un ministre ne saisissait pas son opposition à un projet, il me disait : « Roch, moi je dis oui, les non c'est toi qui s'arrange avec cela ! » Sa discrétion était une façon de garder ses cartouches et aussi de mesurer l'intelligence de son interlocuteur. Si on ne pouvait décoder ses paroles, alors là ce n'était pas rassurant. Un jour, un ministre me dit qu'il avait demandé quelque chose au premier ministre et qu'il avait accepté. Je lui demande : « Qu'est-ce qu'il a dit ? » Il répond : « Il a dit ouais ! » Je lui ai rétorqué bien vite : « Cela Monsieur le ministre, ça veut dire non. » Contrairement à l'image qu'on a souvent donnée de M. Bourassa, soit qu'il était un homme mou ou incapable de décider, je puis vous assurer qu'il était, au contraire un premier ministre parmi les plus entêtés que j'ai côtoyés et je les ai tous bien connus à partir de M. Duplessis jusqu'à M. Landry. Mais il ne voulait pas, par délicatesse, heurter les gens de front, et préférait les voir évoluer jusqu'à ses vues, quitte à repousser la décision le temps qu'il fallait.

Il attachait une importance primordiale à l'éthique aussi bien chez les ministres que dans la fonction publique. C'est d'ailleurs sous son premier gouvernement que nous avions préparé et mis en œuvre le règlement sur l'éthique dans la fonction publique et sous son deuxième mandat que l'on a précisé les règles relatives aux fiducies sans droit de regard applicables aux ministres.

Enfin, je retiens de lui l'importance qu'il attachait à la loyauté. Pas pour la période lune de miel, disait-il, c'est trop facile, mais pour les jours sombres. Par contre, il déléguait beaucoup à ses ministres et à son entourage et il comprenait très bien le rôle délicat de la haute fonction publique qu'il m'avait chargé de rencontrer chaque semaine pour rendre compte des décisions du gouvernement applicables à l'ensemble de l'environnement politique conjoncturel.

En terminant, je salue la mémoire d'un homme qui a été premier ministre du Québec pendant 15 ans, dans des temps assez difficiles. Il se place donc, sous cet aspect, dans la même catégorie que messieurs Gouin, Taschereau et Duplessis.

# Tranquille ?

Mario Bertrand

Je ne vous cacherai pas que j'ai sursauté en prenant connaissance du titre du colloque *« Robert Bourassa. Un bâtisseur tranquille »*. Tranquille, Robert Bourassa ? Peut-être, mais à la condition de s'en tenir *stricto sensu* à la définition que donne *Le Petit Larousse* de l'adjectif tranquille, c'est-à-dire « sans agitation ». Autrement, comment définir un homme qui a remporté, à l'âge de 36 ans, une course à la direction de son parti, qui a été le plus jeune premier ministre de l'histoire du Québec, qui, après avoir essuyé une défaite remarquée en 1976, a remporté, sept ans plus tard et pour une seconde fois, une course à la direction de son parti et qui, tout compte fait, a rempli quatre mandats de gouvernement comme premier ministre du Québec, et ce, pendant des périodes difficiles, voire troubles de notre histoire ?

Le parcours politique de Robert Bourassa, est une histoire d'autant plus fascinante qu'elle témoigne de l'extraordinaire réserve d'énergie et de l'exceptionnelle force d'impulsion de cet homme incomparable. Robert Bourassa a été la preuve vivante que, même en politique (royaume des ego surdimensionnés), la modestie, l'humilité et – pourquoi pas ? – la tranquillité ne sont nullement des obstacles à l'ambition ni à l'ascension vers les plus hauts sommets. Accessible, modeste, sans esbroufe et animé d'une formidable capacité d'agir et de bouger, telles étaient les principales qualités de Robert Bourassa. Ses qualités, il les a mises au service d'une volonté d'autant plus redoutable qu'elle était fondée sur la conviction sincère que la politique peut vraiment changer le cours des choses et le destin des gens.

Jeune homme de son temps et de son époque, Robert Bourassa était l'un des plus jeunes chefs d'État d'Occident lorsqu'il a été élu premier ministre du Québec, en avril 1970. Quinze ans plus tard, il s'avérait de nouveau l'homme de la situation, alors qu'il faisait élire une autre majorité écrasante de députés libéraux à l'Assemblée nationale du Québec. En 1985, il est encore et toujours de son temps et de son époque : preuve en est sa maîtrise admirable de dossiers alors aussi complexes que la haute technologie et la mondialisation, ainsi que sa connaissance phénoménale des institutions politiques canadiennes, nord-américaines et internationales, dont la Communauté européenne qui l'a toujours passionné.

Dans un hommage à son ami « européaniste » et premier membre associé de la Chaire Jean-Monnet à l'Université de Montréal, le professeur Soldatos rappelle un fait que plusieurs personnes ignorent, à savoir que Robert Bourassa a été, avec lui, le coauteur d'un livre publié en 1979 et intitulé *L'Élection du Parlement européen au suffrage universel direct.* C'est dans cet ouvrage que Robert Bourassa a exposé sa thèse de proportionnalité entre le degré d'intégration économique et le degré, souhaitable, d'intégration institutionnelle.

Les qualités de Robert Bourassa, de même que ses actions, témoignent éloquemment de ce que la littérature populaire et savante, celle des Warren Bennis, Peter Bender, Tom Peters, John Roebuck, Henry Mintzberg, Peter Drucker, etc., désigne comme les caractéristiques d'un leader naturel, à savoir la capacité de développer une vision et de donner un sens, une direction, la capacité d'élaborer des projets visant à concrétiser cette vision, l'optimisme et l'enthousiasme, l'authenticité et l'intégrité, la détermination et le courage et la capacité de choisir, mobiliser, mener et retenir les gens nécessaires pour mener à terme sa vision et ses projets.

Revoyons les principales caractéristiques du vrai leader.

## Première grande caractéristique : un rêve à partager, une vision à concrétiser

La vision n'est pas un concept abstrait. Condition *sine qua non* du ralliement, c'est la capacité de présenter une image convaincante d'un grand projet de société à réaliser. Cette vision, le véritable leader se l'approprie et la communique avec enthousiasme. Sur le plan politique, les plus grands vivent et meurent en conformité avec leur vision, leurs idées et leurs idéaux. Dès la parution de *Bourassa/Québec* en 1970, et de *La Baie James* en 1973, Robert Bourassa s'est employé à expliquer sa vision du Québec moderne et les projets qu'il croyait nécessaires pour le bâtir, de façon juste et équitable. C'est ce qui a donné, entre autres, des réalisations comme le développement hydroélectrique de la Baie-James, un « non » retentissant à la Conférence constitutionnelle de Victoria, l'abrogation de l'article 80 de l'Acte de l'Amérique du Nord britannique (AANB) qui empêchait l'Assemblée nationale de procéder à une réforme de la carte électorale impliquant 17 comtés dits protégés, la mise en place de l'assurance maladie et de l'assurance hospitalisation, le régime des allocations familiales du Québec, la mise sur pied de la Cour des petites créances, l'implantation de l'aide juridique, la création de l'Office de la protection du consommateur, la création du Conseil du statut de la femme, la première loi décrétant le français « langue officielle du Québec » et la Charte québécoise des droits et libertés de la personne.

Dans les années 1980, c'est avec *Deux fois la Baie James* en 1981, ainsi qu'avec *L'Énergie du Nord: la force du Québec* et *Le Défi technologique*, tous deux publiés en 1985, que Robert Bourassa a formulé sa vision d'un Québec capable de maîtriser son avenir. Au milieu de la décennie 1980, son gouvernement conviait cette fois les Québécois à remettre le Québec sur les rails, notamment en instaurant un climat propice aux investissements et à la création d'emplois, en faisant de la haute technologie la pierre angulaire de notre développement économique, en assainissant nos finances publiques qui étaient dans un état pitoyable et en participant activement à la libéralisation des échanges commerciaux entre le Canada et les États-Unis.

## Deuxième grande caractéristique du vrai leader : l'attention focalisée sur les gens

Le vrai leader « tire » davantage les gens qu'il ne les pousse. Il les considère et les choisit pour ce qu'ils sont, et non pas pour ce qu'il voudrait qu'ils soient. Le leader fort est doué d'une grande capacité de mobilisation qu'il exerce en convainquant les individus de s'engager, en faisant preuve d'un optimisme contagieux, en n'oubliant pas la relève et en impliquant les jeunes, en oubliant son ego et en permettant aux autres de s'attribuer le crédit de certains succès et en privilégiant une pratique collégiale du gouvernement. Robert Bourassa adhérait tellement à ces valeurs qu'il a toujours été, dans chacun de ses mandats, fort aise et heureux de s'entourer de certains ministres forts qu'il nommait à des postes clés. Dans un de ses ouvrages sur le leadership, Warren Bennis affirme que « la vision est la denrée des leaders, le pouvoir est leur monnaie d'échange ». Pourquoi ? Parce que, fondamentalement, le pouvoir est le corollaire du leadership. En plus de définir la vision et de choisir la direction, le vrai leader exerce judicieusement son pouvoir. Ce pouvoir, c'est notamment celui du chef sur « ses hommes et ses femmes », c'est-à-dire les gens de confiance dont il s'entoure et prend bien soin, qu'il bichonne même, qu'il protège toujours et qu'il soigne, parfois, lorsqu'ils sont blessés sur la ligne de feu. Robert Bourassa n'abandonnait jamais personne. Il prenait un soin jaloux de tout son monde. Et il s'occupait aussi des casse-pieds ! Face aux emmerdeurs, il appliquait, avec une rare efficacité, cet aphorisme qui est le *motto* de Jacques Chirac : « Se laisser apprendre beaucoup de choses par des gens qui ne connaissent rien. » Ainsi, dès qu'un enquiquineur sortait de son bureau, il était immanquablement victime du « syndrome des 3 i », une sorte d'état de volupté qui faisait que le raseur se croyait intime, intelligent et indispensable.

Dans les contacts personnels, Robert Bourassa était imbattable. C'est à ces moments-là qu'il se révélait dans toute son authenticité, dans toute sa simplicité et dans toute sa sincérité. Il affectionnait les échanges *one to one* à un point tel qu'il avait développé une aversion, voire une allergie aux réunions de groupe qui l'amenait à réduire à la portion congrue les rencontres en comité avec ses conseillers. Bienveillant comme pas un, Robert Bourassa connaissait parfaitement la nature humaine et ses travers. Il ne se faisait d'ailleurs aucune illusion à cet égard. Souverainement allergique aux conflits, aux cris et aux heurts, peu de choses et peu de gens parvenaient à le faire enrager. Il en avait trop vu… et trop subi aussi ! Cette connaissance profonde et pragmatique du genre humain et, surtout, sa confiance et son instinct faisaient de lui un « démineur averti ». Il possédait en effet un talent incommensurable pour mesurer, analyser et évaluer les inévitables rapports de force qui existaient non seulement au sein de son conseil des ministres, de son caucus ou de son parti, mais également au sein de la société civile. Cette perspicacité lui a permis d'anticiper les problèmes bien avant qu'une majorité de gens ne les perçoivent.

À cet effet, je veux confirmer et détruire en même temps le mythe selon lequel Robert Bourassa était friand de sondages : OUI, il adorait les sondages qu'il dévorait avec avidité ; NON, ces sondages ne guidaient pas ses actions. La preuve ? Il n'appréciait vraiment que les sondages qui confirmaient ses points de vue ! Car Robert Bourassa avait des opinions bien arrêtées sur beaucoup de sujets (Tiens ! Un autre mythe qui s'envole...) et faisait plus souvent qu'autrement à sa tête. Néanmoins, il préférait séduire plutôt que d'imposer, convaincre plutôt qu'asséner. Il en allait de même avec sa garde rapprochée à qui il n'aimait manifestement pas donner des instructions ni dicter des façons de faire. Il était beaucoup plus à l'aise quand il évoquait des hypothèses ou des pistes de solution, quand il énonçait des possibilités de règlement, quand il jonglait avec différents scénarios. Résultat ? Il était impératif de savoir lire entre les lignes, de le décoder... et vite !

Parmi le cercle d'individus qui gravitaient à proximité de Robert Bourassa, il y avait, d'une part, ceux qui ne pouvaient rien lui refuser et, d'autre part, ceux à qui, en raison de plusieurs années de collaboration, il pouvait difficilement dire non. D'où la nécessité d'un contrepoids. Aussi, me suis-je attribué, dès mon arrivée à ses côtés, le rôle de critique impitoyable, voire d'empêcheur de tourner en rond, un rôle qu'il a choisi de tolérer. En pratique, je n'étais pas son « meilleur public ». À défaut d'être grossier avec un homme aussi charmant et attachant, il m'arrivait souvent de grossir un trait de caractère ou d'exagérer un fait.

Quarante ? Cinquante ? Soixante-quinze ? Je ne compte plus le nombre de fois pendant la semaine où nous nous parlions au téléphone, son outil de travail de prédilection, et ce, du réveil jusqu'au coucher. En fin de soirée, souvent après minuit et toujours après l'incontournable lecture des premières éditions des journaux du lendemain matin que nous nous faisions livrer dès leur sortie des presses, il déployait invariablement la même approche « stratégique » : *Mon téléphone sonne. C'est lui !* – Première question : « *Où es-tu ?* » La plupart du temps, on venait tout juste de se laisser, ou il appelait lui-même chez moi. – Deuxième question : « *Qu'est-ce que tu fais ?* » Que peut-on bien faire, lorsqu'on est fourbu, à une heure et demie du matin ? Puis il se met à tourner autour du pot... Je comprends dès lors que j'ai probablement adopté, avec un ministre ou dans un comité interministériel, une position qu'il juge inadéquate.

De fait, il voulait convaincre sans jamais prendre les gens de front. Fin connaisseur de la nature humaine, il voyait toujours, derrière les mots, un visage, un tempérament, un assemblage complexe de motivations. Pour lui, savoir reculer était aussi important que savoir avancer. Et il appliquait avec un soin jaloux la célèbre formule *Donner du temps au temps* qu'il avait empruntée à l'ancien président François Mitterrand, qui l'avait lui-même empruntée à un ministre de Charles X, le comte de Villèle. Et Robert Bourassa savait mieux que quiconque qu'en politique les fautes de temps sont de graves erreurs de jugement. Aussi avait-il développé, au fil des ans, une volonté, voire une obsession de maîtriser le temps afin de ne pas être limité dans sa marge de manœuvre ni enfermé dans des scénarios qu'il ne contrôlait pas.

## Troisième grande caractéristique du vrai leader : l'authenticité, l'intégrité et le courage

L'authenticité de Robert Bourassa était fondée sur une simplicité admirable, une absence de prétention qui l'honorait. Lorsqu'il est un esthète de l'esprit, comme l'était Robert Bourassa, le vrai leader se distingue par cette capacité de distanciation, voire d'indifférence qui fait les grands politiques, au dire de François Mitterrand. Dans les faits, cette attitude se concrétise par l'absence de rancune et d'angoisse ainsi qu'une parfaite maîtrise de soi. Il appréciait ceux qui, tout comme lui, savaient faire preuve de stoïcisme, cette aptitude que Robert – le dictionnaire, pas le premier ministre – définit comme « le courage pour supporter la douleur, le malheur, les privations, avec les apparences de l'indifférence ».

Rationnel, cartésien et d'une patience angélique, Robert Bourassa se méfiait toujours de ses premières réactions. Quel que soit l'événement auquel il devait faire face, il évitait la précipitation et refusait systématiquement de tirer des conclusions hâtives et irréfutables qui allaient obligatoirement commander ses actions dans l'avenir. Robert Bourassa n'était ni méchant ni rancunier, tant s'en faut, sauf si quelqu'un qu'il aimait ou à qui il faisait confiance lui manquait vraiment de respect ou de loyauté. Personnellement, je ne pourrais vous citer que trois cas. Vous conviendrez avec moi qu'en 25 ans de carrière, ce n'est vraiment rien !

## Quatrième grande caractéristique du vrai leader : la passion, réelle, durable et structurante

Au moment de conclure cette présentation, je veux éviter à tout prix de verser dans le dithyrambe, un genre qu'il abhorrait. Je pourrais vous parler longtemps de la passion qui animait le Robert Bourassa, humble et simple, qui aimait se rendre disponible et qui, en privé, maniait l'humour avec beaucoup d'habileté. Pour illustrer sa passion, réelle, durable et structurante, du Québec, je pourrais évoquer le symbole d'énergie, de puissance et de force tranquille de l'aménagement hydroélectrique Robert-Bourassa à la Baie-James, en l'occurrence une centrale souterraine et un barrage qui jouent un rôle prépondérant dans la production de notre « or blanc », de cette « énergie du Nord, force du Québec ». Je pourrais également citer les mots qu'il a prononcés au Salon rouge, en 1990, et que l'Histoire a déjà retenus :

> « Quoi qu'on dise et quoi qu'on fasse, le Québec est, aujourd'hui et pour toujours, une société distincte, libre, capable d'assumer son destin et son développement. »

C'est sur un sens poussé de l'État et sur une conscience aiguë des responsabilités inhérentes qu'était fondée sa passion pour ce Québec qu'il a tant aimé et qui – il faut bien l'avouer ! – ne le lui a pas toujours bien rendu. À mes yeux, toute la vie publique de ce génie de la politique peut se résumer en cinq mots clés : passion, conviction, vision, détermination et abnégation. Voilà l'homme que j'ai beaucoup aimé, que j'ai eu le bonheur de côtoyer et le privilège de servir.

# L'homme de parti

JOHN PARISELLA

Il est plutôt intéressant de remarquer à quel point les historiens et les analystes politiques ont tendance à évaluer la carrière de Robert Bourassa en mettant l'accent strictement sur son bilan en tant que premier ministre et chef de gouvernement. On tient pour acquis son rôle en tant que chef de parti, un rôle qu'il chérissait et qu'il assumait avec enthousiasme et grande fierté. M. Bourassa fut élu pour la première fois chef du Parti libéral du Québec à 36 ans, le 17 janvier 1970 et réélu le 15 octobre 1983, sept ans après la défaite de novembre 1976.

Monsieur Bourassa dirigeait son parti basé sur la notion que, si les gouvernements eux finissent par passer, le parti se doit d'exprimer la continuité et la pérennité d'une force politique. Indéniablement, le PLQ occupait une place centrale dans sa vie politique. Robert Bourassa écrivait lors de la course à la chefferie en 1970 « qu'un parti politique n'existe que par la participation la plus entière de ses militants à la prise de décisions du parti et à l'élaboration de ses grandes politiques ». En fait, monsieur Bourassa était le premier militant de la base à assumer le leadership de son parti. Très jeune, à titre de militant, il fut bénévole et engagé au niveau de la commission politique du PLQ. Dans son livre *Gouverner le Québec*, il relate avec grand plaisir ses premières participations à des assemblées politiques sous Adélard Godbout. Chose peu surprenante pour le jeune diplômé de l'Université de Montréal, d'Harvard, et d'Oxford, qui avait fait ses armes dans les milieux étudiants. Son engagement politique des premières années a grandement influencé son comportement comme chef. Pour Robert Bourassa, les jeunes, le militant et le contenu sont au cœur de l'action politique.

Comme formation politique, le PLQ poursuit cinq grands objectifs fondamentaux. Tout d'abord, le PLQ favorise le développement économique en privilégiant les initiatives et les efforts de l'entrepreneuriat québécois et le secteur privé comme axe principal. Le PLQ insiste sur l'importance de créer d'abord la richesse pour ensuite la redistribuer à ceux qui en ont besoin. Conséquemment, le deuxième grand objectif devient la poursuite de la justice sociale. Pour le PLQ, le rôle du gouvernement est de mettre en œuvre des politiques qui ont pour but de réduire les écarts sociaux, d'aider les plus démunis et d'assurer une plus grande équité entre les diverses composantes de la société. Troisièmement, le PLQ a toujours prôné une plus grande démocratisation de notre vie collective. C'est sous un gouvernement libéral que les femmes ont obtenu le droit de vote, que les jeunes ont eu le droit de vote dès l'âge de 18 ans, que se sont démocratisées les commissions scolaires, etc. Le quatrième objectif est la priorité accordée aux libertés individuelles tout en assumant un équilibre obligatoire avec les intérêts de la collectivité. Finalement, le PLQ préconise le fédéralisme et défend les intérêts du Québec à l'intérieur du cadre fédéral. À ce titre, le PLQ demeure présentement la seule formation politique de premier plan engagée au maintien du Québec dans le Canada. Monsieur Bourassa dirigeait le parti dans la défense et la promotion de ces cinq grands objectifs et en avait fait son credo politique.

Bien au-delà de la promotion de ce credo politique, ce qui impressionnait tous et chacun fut son contact avec la base du parti. La direction qu'il imprimait au parti fut inspirée par un profond respect du militant. Pour lui, le militant était la source de l'engagement politique. Il souhaitait qu'au sein du parti les militants puissent être au cœur des débats sur les grands enjeux de notre société. Comme premier ministre, monsieur Bourassa s'assurait que le parti œuvre comme outil de ressourcement de son gouvernement. C'est sous sa gouverne que fut mis sur pied le Comité des suivis des engagements électoraux afin de permettre au PLQ de jouer son rôle de gardien du mandat électoral du gouvernement.

Monsieur Bourassa était particulièrement fier de son engagement envers les jeunes. Il n'avait jamais assez de temps pour les écouter et pour débattre avec eux des grandes questions de l'heure. Ses rendez-vous fréquents du vendredi soir étaient sacrés. Il avait la profonde conviction que les jeunes, et particulièrement la Commission jeunesse, apportaient le dynamisme et le renouveau en permanence du parti.

C'est sous son seul leadership que le PLQ a pu remporter quatre élections générales depuis 1970. Ce bilan impressionnant reposait sur une organisation électorale solide et implantée à la grandeur du territoire du Québec. Dès son retour comme premier ministre en 1985, M. Bourassa a insisté pour que l'on instaure un code d'éthique au sein du parti pour en assurer l'intégrité et l'autonomie vis-à-vis de l'appareil gouvernemental. Il a poussé l'informatisation de la permanence et modernisé les méthodes de travail. Bref, monsieur Bourassa apportait toute son attention à cette institution, le parti, qu'il considérait comme la base de son action politique.

En tant que chef, monsieur Bourassa participa exceptionnellement aux débats lors des réunions publiques des instances du parti. Il préférait laisser la place aux militants. Cependant, les questions de la langue et la position constitutionnelle l'ont amené à s'engager ouvertement. En 1988, le débat entourant la loi 178 qui instaurait l'affichage extérieur en français et limitait l'utilisation de la langue anglaise est un exemple assez probant de son doigté politique. Adoptée sous le manteau de la clause nonobstant, cette loi a soulevé un tollé épouvantable dans l'ensemble du Canada et surtout parmi la communauté anglophone du Québec. Éventuellement, trois ministres ont quitté son gouvernement. Monsieur Bourassa a néanmoins défendu cette politique et s'est assuré que certains compromis puissent permettre aux ministres et députés anglophones de demeurer, à tout le moins, membres du caucus libéral. Ce qui évita une rupture totale avec la communauté anglophone. Compte tenu qu'il envisageait cette loi comme une mesure temporaire, ce qui lui importait c'était de garder la coalition libérale intacte, même s'il faut admettre qu'elle fut ébranlée pour un certain temps.

Le débat sur l'entente de Charlottetown fut un autre moment marquant. Occupant la tribune principale lors d'un congrès spécial des membres tenu à l'Université Laval en 1992, monsieur Bourassa a défendu l'entente. Le résultat fut mitigé. Le président de la Commission jeunesse d'alors, Mario Dumont, et le président du Comité constitutionnel, Jean Allaire, ont tous deux quitté parti. Il faut rappeler cependant que l'ensemble de la base militante a maintenu son soutien à l'égard de monsieur Bourassa, ce qui lui permis éventuellement d'assumer son rôle de leader de la coalition pour le « OUI » et d'éviter les déchirements potentiels au sein de la coalition fédéraliste. Il faut se rappeler à cette époque que cette coalition vivait de fortes tensions en raison des modalités de la loi 150 qui préconisait un éventuel référendum sur une forme de souveraineté.

Dans l'ensemble, le bilan de monsieur Bourassa comme chef de parti est des plus positifs. Il a défendu l'intégrité et l'autonomie de son parti. Quand on évalue sa performance face aux grands objectifs du PLQ, monsieur Bourassa passe le test de l'histoire avec brio et courage. Il a préservé intact le cœur de la coalition du parti malgré les déchirants débats autour des politiques linguistiques et la position constitutionnelle. Il tenait surtout que la base militante du parti soit représentative des composantes de la population. Sous sa direction, le nombre de membres du PLQ, entre 1983 et 1994, est resté au-delà de la barre des 100 000 membres, ce dont peu de partis au Canada peuvent se vanter. Pour lui, la seule opération mathématique qu'il imposait sur son parti était l'addition.

Monsieur Bourassa a remporté quatre succès électoraux marquants. Mais, bien au-delà de ces réussites, il a su garder le PLQ comme une force politique pertinente dans la vie démocratique du Québec. Tout compte fait, voilà une contribution tout à l'honneur de l'homme de parti et de son engagement politique.

# 2.3

## Sa vision du fédéralisme et de la crise constitutionnelle

# Un louvoyeur qui gardait le cap

André Burelle

Dans l'entourage de Pierre Elliott Trudeau, on n'avait guère d'estime pour Robert Bourassa qui passait pour un mollasson, un éternel indécis, un obsédé de la politique dépourvu de véritables convictions. Et Jean-François Lisée, qui ne manque pas de vocabulaire pour assassiner un adversaire, l'a traité tour à tour de flotteur, d'improvisateur, de zigzagueur, d'emberlificoteur, de tricheur et de naufrageur[1]. Pour ma part, durant mes années à Ottawa, j'ai longuement observé M. Bourassa à la barre du voilier québécois, et deux choses m'ont frappé. Premièrement, Robert Bourassa ne rusait avec le vent que pour mieux garder le cap qu'il s'était fixé, et qui voulait prévoir ses manœuvres n'avait qu'à tenir compte des courants de fond et des vents contraires avec lesquels il devait composer. Deuxièmement, ceux qui l'accusaient d'être un éternel louvoyeur, aussi bien dans le camp souverainiste que fédéraliste, comprenaient mal l'ambivalence foncière des électeurs québécois ou n'étaient tout simplement pas d'accord avec le cap que Bourassa poursuivait comme premier ministre du Québec.

## UN FÉDÉRALISTE À L'EUROPÉENNE

Ce cap, quel était-il ? Avec son sens de la formule, Robert Bourassa l'a décrit sans ambiguïté lors de l'adoption de la loi 22 en 1974 : « La souveraineté culturelle du Québec au sein du marché commun canadien[2] », voilà ce qu'il visait. Et de ses premières critiques de la

1. Jean-François Lisée, *Le Tricheur, Robert Bourassa et les Québécois, 1990-1991*, Montréal, Boréal, 1994. Voir aussi du même auteur, *Le Naufrageur, Robert Bourassa et les Québécois, 1991-1992*, Montréal, Boréal, 1994.
2. Déclaration du premier ministre Robert Bourassa reproduite dans le communiqué de presse du Conseil exécutif daté du 31 juillet 1974 et intitulé *Nouvel Équilibre des forces culturelles en Amérique du Nord*. Autre variante, M. Bourassa publiera, au début de 1976,

souveraineté-association de René Lévesque, jusqu'à sa formulation de la « question de Bruxelles », en passant par ses écrits référendaires de 1980 et son témoignage devant la commission Macdonald, le calcul de son cap politique est toujours demeuré fondé sur une seule et même équation fondamentale : Comment procurer au Québec un maximum de « sécurité culturelle » allié à un maximum de « prospérité et de stabilité économique », de manière à assurer sa survie et son épanouissement à titre de seule société majoritairement francophone en Amérique du Nord[3] ?

Comme la souveraineté-association de René Lévesque se voulait une réponse à cette même équation politique, il n'est pas étonnant qu'avant sa défaite de 1976, comme après son retour au pouvoir en 1985, Robert Bourassa ait fréquenté les mêmes eaux que le Parti québécois. Cela suffisait à en faire un fédéraliste douteux aux yeux d'Ottawa et du reste du Canada. Et les soupçons pesaient d'autant plus lourdement sur ses épaules qu'il était un fervent admirateur de la Communauté économique européenne, dont se réclamait René Lévesque dans *Option Québec.*

Ce qu'on refusait obstinément de voir, c'est que Bourassa et Lévesque n'avaient pas la même vision de la Communauté européenne. Pour Robert Bourassa, les souverainistes lorgnaient l'Europe des patries du général de Gaulle, alors que l'avenir était du côté de l'Europe fédérale de Jean Monnet : celle du traité de Maastricht, de l'union monétaire et d'un Parlement supra-national européen pour pallier le déficit démocratique des institutions communautaires mises en place par le traité de Rome. Et, à ses yeux, le Parti québécois tournait le dos à cette Europe de l'avenir, parce que son aile souverainiste pure et dure ne pouvait honnêtement admettre les pertes de souveraineté auxquelles un Québec souverain serait obligé de consentir pour gérer sans déficit démocratique l'union économique et monétaire Canada-Québec que René Lévesque promettait de négocier au lendemain de l'indépendance.

---

dans *Le Monde diplomatique,* un article intitulé « Québec, État français dans un marché commun canadien ».

3. Retiré de la politique, Robert Bourassa écrit « Mon credo politique a toujours été que, dans cette question [la reconnaissance du Québec comme société distincte], le vrai problème pour les Québécois, c'est la sécurité culturelle, le Québec étant le seul gouvernement responsable à une majorité francophone » dans Robert Bourassa, *Gouverner le Québec,* Fides, Montréal, 1995, p. 143.

Robert Bourassa fut le premier à dénoncer cette erreur de perspective du mouvement souverainiste. Et, au retour de son exil volontaire en Europe, ses convictions n'avaient pas changé. Plus conscient que jamais des limites que les forces techno-économiques continentales et mondiales imposent à la souveraineté des États-nations, il parlait désormais de « sécurité culturelle » plutôt que de « souveraineté culturelle » pour réclamer une maîtrise d'œuvre du Québec en matière de langue, de culture, d'immigration et de communications. Mais il soutenait toujours, avec la dernière énergie, que l'union économique et monétaire Canada-Québec, prônée par les souverainistes, commandait une union politique fédérale, comme la Communauté européenne était en train d'en faire la preuve[4].

En clair, Robert Bourassa n'était ni un souverainiste à la Lévesque ni un fédéraliste *one nation* à la Trudeau. Il était partisan d'un fédéralisme supranational à l'européenne. Et tout au long de sa carrière politique, il a mené sa barque en visant le point de rencontre des deux grands axes qui devaient, selon lui, présider à une réforme moderne du fédéralisme canadien : celui de la sécurité culturelle du Québec et celui du partage économique et social entre partenaires d'une union canadienne inspirée de l'expérience européenne. Retraçons un peu son parcours.

## L'AXE CULTUREL DONT BOURASSA N'A JAMAIS DÉVIÉ

Robert Bourassa était de ceux qui estiment que trois choses importent dans l'histoire d'un peuple : le nombre, le nombre et le nombre. Et la dénatalité qui frappe le Québec depuis le début de la Révolution tranquille l'inquiétait si profondément qu'elle a commandé l'essentiel de ses choix politiques en matière de langue et de culture.

Rappelons que l'indice synthétique de fécondité québécois est passé d'un peu plus de 4 enfants en 1957, à 1,37 en 1987, et qu'il se tient aujourd'hui sous la barre du 1,5. Lorsqu'on sait qu'un indice de fécondité de 2,1 est requis pour assurer le simple remplacement des générations, on comprend les inquiétudes de M. Bourassa. D'autant plus qu'à cette dénatalité brutale s'ajoutent les bilans migratoires négatifs que le Québec enregistre depuis des décennies, avec une

4. Robert Bourassa, *L'Union monétaire et l'union politique sont indissociables*, Montréal, PLQ (textes référendaires), 1980.

perte nette moyenne de quelque 5 000 ressortissants par année depuis 1971, et des saignées records de 33 408 en 1991 et de 28 495 en 1993.

Lorsque Robert Bourassa arrive au pouvoir, au début des années 1970, la crise démographique qui frappe le Québec a déjà commencé à éroder son poids économique et politique au sein de la fédération. Mais, ce qui l'inquiète le plus, c'est la menace qu'elle représente pour l'avenir du français à Montréal, car plus de 80 % des nouveaux immigrants qui s'établissent dans la métropole, à cette époque, joignent les rangs de la minorité anglophone plutôt que de la majorité francophone de la province. Encore secoué par la crise d'Octobre, Robert Bourassa comprend qu'une situation aussi aberrante est une bombe à retardement qui menace directement la paix sociale, et malgré tout ce qu'on a pu dire de son indécision et de sa mollesse, il s'attaque rapidement et vigoureusement au problème.

Pour favoriser le recrutement de nouveaux immigrants francophones ou plus facilement « francophonisables », il signe, dès 1971, l'entente Lang-Cloutier qui permet à la province de poster des agents orienteurs dans les principaux bureaux d'Immigration Canada à l'étranger. En 1975, il pousse plus loin ses demandes avec l'entente Andras-Bienvenue, et obtient pour le Québec un droit d'entrevue avec les candidats à l'immigration et une participation à leur sélection par le gouvernement fédéral.

En même temps qu'il signe ces accords avec Ottawa, M. Bourassa avance deux pièces maîtresses sur l'échiquier politique québécois. Pour diriger les nouveaux immigrants vers les écoles françaises et faire du français la langue officielle d'un Québec de plus en plus multiethnique, il fait adopter la loi 22 en juillet 1974. Et, en 1975, il dote la province de la Charte moderne des droits et libertés de la personne, qui consacre la naissance d'une nation civique et territoriale québécoise de langue commune française en nette rupture avec l'ancienne nation ethnique canadienne-française.

Au cours de ces mêmes années, M. Bourassa module les allocations familiales pour offrir une prime au troisième enfant. Et sur le front culturel, son ministre Jean-Paul L'Allier déclenche, au nom de la « souveraineté culturelle » du Québec, une « guerre du câble » pour contester l'autorité exclusive d'Ottawa dans le domaine des télécommunications.

Pour un politicien réputé indécis, « sans couilles » et sans convictions, cela s'appelle chercher la bagarre. Bagarre avec Trudeau, qui ne lui pardonnera jamais d'avoir tué sa charte de Victoria et d'avoir miné sa politique de bilinguisme institutionnel en faisant du français la seule langue officielle du Québec. Bagarre avec la communauté anglo-québécoise, pour qui la loi 22 constitue une injuste remise en question de ses droits linguistiques et une menace à la survivance de ses institutions, du fait qu'elle bloque le libre accès des nouveaux immigrants au système scolaire anglo-protestant.

Honni par les libéraux fédéraux en poste à Ottawa et boudé par l'électorat anglophone de la province, Robert Bourassa subit une cinglante défaite aux mains du Parti québécois en 1976. Et par un de ces paradoxes dont l'histoire a le secret, ceux qui voulaient tuer la loi 22 et la politique de francisation des immigrants de Robert Bourassa, ouvrent toute grande la porte à la Charte de la langue française du docteur Camille Laurin et à l'entente Cullen-Couture signée, en 1978, par les gouvernements Lévesque et Trudeau. La loi 101 ira beaucoup plus loin que la loi 22. Et contre toute attente, le Québec obtiendra dans Cullen-Couture une reconnaissance de sa « spécificité française » et le dernier mot dans la sélection des immigrants indépendants et des réfugiés sélectionnés à l'étranger.

M. Bourassa ne pouvait rêver confirmation plus éloquente des politiques démolinguistiques et culturelles qui avaient contribué à sa perte. Exilé en Europe et méprisé des siens, il aurait pu se repentir d'avoir trop brusqué l'opinion publique québécoise et canadienne. Au contraire, il en remit dès son retour miracle au pouvoir en 1985.

À peine en selle, M. Bourassa reprend le dossier linguistique et culturel là où il l'avait laissé. Il exige lors des négociation de Meech : 1) une reconnaissance constitutionnelle du caractère distinct du Québec, comme seule société majoritairement francophone en Amérique du Nord ; 2) un droit de veto du Québec sur toute modification des institutions canadiennes susceptibles d'affecter son statut au sein de la fédération ; 3) la nomination sur recommandation de la province de trois juges formés en droit civil québécois parmi les neuf magistrats de la Cour suprême ; 4) pleins pouvoirs du Québec en matière d'immigration ; et 5) des balises au pouvoir de dépenser fédéral dans les champs de compétence provinciale.

On connaît la suite. Ce qu'on sait moins, c'est qu'à force de ténacité, M. Bourassa a réussi à sauver du naufrage de Meech l'entente

MacDougall-Tremblay sur l'immigration. Le Québec y est formellement reconnu comme *société distincte* et obtient l'extension de son pouvoir de sélection aux demandes d'immigration faites sur place au Canada. Plus important encore, il obtient l'exclusivité des services d'accueil et d'intégration offerts aux nouveaux immigrants sur son territoire, avec juste compensation de la part du gouvernement fédéral, pourvu que les services offerts par la province soient « globalement équivalents » à ceux qui sont offerts dans le reste du pays.

Ce qu'on sait davantage, mais qu'on n'aime pas se faire rappeler, c'est que, par son refus de changer de cap dans le domaine linguistique, M. Bourassa a lui-même contribué au naufrage de Meech. Lorsqu'en décembre 1988 la Cour suprême invalide l'article 58 de la loi 101 sur l'affichage commercial, il fait voter la loi 178 pour maintenir l'unilinguisme français dans l'affichage extérieur des commerces, et recourt à la clause nonobstant pour soustraire cette disposition à l'application des chartes canadienne et québécoise. La réaction est immédiate. Le reste du Canada considère ce geste comme un exemple des abus auxquels pourrait mener une reconnaissance constitutionnelle du Québec comme société distincte. De son côté, Lucien Bouchard blâme Robert Bourassa de n'avoir pas soustrait à l'application des chartes l'intégralité de la loi 101 en matière d'affichage. C'est le début de la fin des accords de Meech déjà ébranlés par le travail de sape des Trudeau, Wells et McKenna.

À la lumière de ce qui s'est passé depuis, ce coup porté à Meech par la loi 178 ne manque pas d'ironie. Claude Ryan fera voter la loi 86 pour se conformer finalement au jugement de la Cour suprême en 1993. Et Lucien Bouchard, devenu premier ministre du Québec, refusera tout retour aux dispositions de la loi 101 en matière d'affichage commercial, en déclarant qu'il ne pourrait plus se regarder dans le miroir s'il agissait autrement. Pourtant, c'est Robert Bourassa qu'on accusera d'être un louvoyeur sans convictions !

## L'AXE ÉCONOMIQUE TRACÉ PAR BOURASSA

Constant dans ses politiques démolinguistiques et culturelles, Robert Bourassa ne le fut pas moins dans ses grandes orientations économiques. Avec sa vision de l'hydroélectricité comme pivot du développement économique du Québec, son « projet du siècle » à la Baie-James, son « fédéralisme rentable » et les « 100 000 emplois » qu'il promettait de créer au cours de son premier mandat, M. Bourassa n'a jamais cessé de taper sur le même clou : sans la force économique de son côté, un peuple minoritaire, miné au surplus par la dénatalité, ne peut assurer la pérennité de sa langue et de sa culture par simple recours à la force de la loi. Et tous les palabres constitutionnelles du monde ne peuvent changer cette règle d'airain.

Accorder priorité au développement économique du Québec arrangeait certes un Robert Bourassa coincé entre René Lévesque et Pierre Elliott Trudeau dans l'arène constitutionnelle, mais cette décision relevait chez lui d'une conviction profonde[5]. Sans une économie moderne et vigoureuse, capable d'innover et de créer des emplois durables et gratifiants, Robert Bourassa estimait :

1) que le Québec serait incapable de mettre au travail les milliers de diplômés qu'il commençait à fabriquer à grands frais dans ses universités et ses cégeps, et qu'il perdrait ses meilleurs éléments au profit des autres provinces et des États-Unis ;
2) que le Québec ne pourrait non plus retenir chez lui les milliers d'immigrants qu'il s'efforçait de recruter chaque année pour remédier à sa crise démographique ; et
3) que la domination de l'anglais ne ferait que s'accentuer si le français n'était pas porté au Québec par des institutions financières et des entreprises capables de donner un visage français à la recherche, à l'innovation, au commerce et aux productions culturelles diffusées par la radio, la télévision, le câble et les satellites de communication.

Je laisse à d'autres le soin d'analyser et de critiquer le « modèle économique québécois » que Robert Bourassa a largement contribué à définir et à mettre en place durant ses années au pouvoir. Mon propos est simplement de montrer qu'ici encore le supposé zigzagueur a fait preuve d'une remarquable constance. Et le rappel de deux ou trois « idées fixes » de M. Bourassa suffira pour cela.

La première de ces « idées fixes » est que le Québec devait miser massivement sur son potentiel hydroélectrique pour moderniser les bases de son économie et assurer son développement durable. Dès son entrée en politique, Bourassa propose pour y arriver son « projet du siècle » : la mise en valeur des ressources hydroélectriques de la Baie-James. Ses adversaires péquistes dénoncent ses rêves de grandeur. Ils l'accusent de mettre tous les œufs du Québec dans le même

5. Michel Vastel, *Bourassa,* Montréal, Éditions de l'Homme, 1991, p. 64.

panier et de renoncer à une technologie de pointe en abandonnant la filière nucléaire à l'Ontario. Il suffira des accidents de Three Mile Island et de Tchernobyl, accompagnés des ratés du réacteur installé par Hydro-Québec à Bécancour, pour que les défenseurs du nucléaire se convertissent à l'hydroélectricité, une fois au pouvoir. Robert Bourassa, lui, n'a pas changé de cap[6].

Sa deuxième « idée fixe », sœur jumelle de la première, est qu'il fallait se servir des méga-travaux, comme ceux de la Baie-James, pour mettre au monde des sociétés d'ingénierie, des firmes de construction et une filière de fournisseurs québécois capables d'employer des talents d'ici, et de doter le Québec d'un *know how* exportable, en matière de gestion de grands projets, de construction de barrages et de transport de l'électricité en milieu nordique. Ce recours à des méga-projets pour concrétiser le « maître chez nous » des Jean Lesage et des René Lévesque a donné naissance à un « Québec inc. » qu'il est de bon ton de décrier en ces temps de libre-échange international. Et il est vrai que ce modèle demande à être révisé dans le contexte d'une mondialisation de plus en plus contraignante pour les États et les gouvernements. Mais, ici encore, Bourassa a toujours refusé de jeter le bébé avec l'eau du bain[7].

À l'instar des Michel Bélanger et des Jacques Parizeau, il croyait aux grandes institutions financières dont s'est doté le Québec pour canaliser l'épargne et financer le développement économique de la province dans le respect de son identité propre. Et pour la Caisse de dépôt et placement, la Société générale de financement (SGF) et la Société de développement industriel (SDI), les années Bourassa furent des années fastes de consolidation, de diversification des entreprises et d'aide à la naissance de PME québécoises enracinées dans les régions. Trop de promiscuité dans le monde des affaires québécois et trop d'efforts pour sauver des canards boiteux *made in Québec* ont abouti à certains échecs retentissants. Mais, à côté de cela, combien de réussites exemplaires et combien de prises de risques judicieuses sont venues enrichir le Québec et lui donner les moyens de ses politiques sociales, linguistiques et culturelles ?

---

6. Voir à ce sujet trois écrits de Robert Bourassa publiés dans les années 1980. *Deux fois la Baie James*, Montréal, La Presse, 1981, 157 p. ; *Power from the North*, Scarborough, Prentice-Hall Canada, 1983, 181 p. ; *Le Défi technologique*, Québec-Amérique, Montréal, 1985, 145 p.
7. Voir la position nuancée prise par Robert Bourassa sur le sujet dans *Gouverner le Québec*, Fides, Montréal, 1995, p. 182 et suivantes.

Avec la signature de l'ALENA et la faiblesse du dollar canadien, plusieurs de ces « joyaux de famille » du Québec dans le domaine agro-alimentaire, comme dans celui des pâtes et papiers et des télécommunications sont devenus des proies faciles pour le capital étranger. Et de voir aujourd'hui certains tenants du droit à la différence des petites nations vendre gaiement au plus offrant des entreprises que le Québec a mis au monde pour garantir son propre avenir linguistique et culturel attristerait Robert Bourassa. Cet économiste était un partisan du libre-échange, mais, fort de l'expérience européenne, il croyait que la libre circulation des biens, des capitaux et des services est conciliable avec la liberté d'accorder priorité au capital humain sur le capital financier et celle de revendiquer le droit à la différence des communautés humaines face à une mondialisation strictement marchande des rapports humains.

## UN ESPRIT DUR AU CŒUR MOU

À vrai dire, Robert Bourassa était, à sa façon, « un esprit dur au cœur mou[8] ». Pour un homme politique, cela veut dire entretenir des projets, mais accepter les lenteurs du peuple qu'il gouverne ; garder le cap, mais tenir compte de certains « faits têtus » dans ses efforts pour modifier la dynamique historique d'un groupe humain ; accepter de courir lucidement des risques, mais refuser l'aventure pour les petites gens dont il a charge. Avoir l'esprit dur et le cœur mou, c'est n'être ni de gauche ni de droite ; c'est appliquer la loi, mais sans dureté excessive ; vouloir le progrès, mais combattre l'exclusion ; encourager la richesse, mais travailler à sa juste redistribution ; gouverner avec rigueur mais viser le libre accomplissement des personnes.

Je ne prétends pas, loin s'en faut, que Robert Bourassa correspondait en tout point à ce type idéal, et que la mollesse du cœur ne s'est jamais traduite chez lui en mollesse de la pensée. Je soutiens simplement que cet homme n'était ni le politicien opportuniste ni l'indécrottable indécis que certains se plaisent à nous décrire. Robert Bourassa rêvait d'un fédéralisme supra-national à l'européenne pour assurer l'avenir du Québec au sein du Canada. Qu'il n'ait pas réussi à mener sa barque à bon port ne justifie personne d'affirmer qu'il naviguait sans carte et sans boussole. Son erreur aura été de s'enfermer dans une logique de l'*opting out* contraire à l'*opting in* européen qu'il

8. Jacques Maritain, *Réponse à Jean Cocteau*, Paris, Stock, 1964, p. 124.

prêchait, d'avoir calculé sa course en se basant sur des données trop exclusivement québécoises, et d'avoir du même coup mésestimé les courants de fond canadiens et mondiaux qui ont fait dériver sa barque de façon fatale. C'est ce que j'aimerais montrer en guise de conclusion.

## UNE MÉCONNAISSANCE DU « CANADA ANGLAIS »

Autant Robert Bourassa devinait d'instinct le Québec francophone, autant il m'a toujours semblé aveugle à la psyché collective du « Canada anglais ». Il avait beau avoir étudié et enseigné dans les meilleures universités de Grande-Bretagne et des États-Unis, sa difficulté à débusquer les sentiments secrets des Anglo-Canadiens l'aura desservi tout au long de sa carrière. Dans *Gouverner le Québec,* Robert Bourassa répond à un de ses interlocuteurs : « J'ai toujours fait de la politique au niveau québécois et avant d'être Canadien ou Québécois, je suis francophone[9]. » Inscrits en filigrane de cette déclaration d'appartenance, se profilent le protectionnisme linguistique obligé et le réflexe de l'*opting out* d'un Québec français minoritaire en Amérique du Nord. Deux attitudes défensives incomprises dans le reste du pays, mais qui empêchaient aussi M. Bourassa de bien comprendre les Anglo-Canadiens. Il était toujours étonné de leur réaction hargneuse à ses politiques. Leur scandale face à l'adoption de la loi 22 et de la loi 178, leur allergie à son « fédéralisme rentable », leur nationalisme canadien aussi émotif, à sa façon, que le nationalisme québécois, tout cela semblait le dérouter.

Dans sa défense du droit à la différence du Québec, Robert Bourassa aurait pu s'appuyer sur le droit à la différence nationale des peuples autochtones et sur le droit à la différence régionale des autres provinces. Mais, pour lui comme pour bien des Québécois, le reste du Canada, parce qu'il parlait anglais, semblait homogène. Seul le Québec était vraiment différent et justifié de réclamer un fédéralisme asymétrique. Il ne lui venait pas vraiment à l'idée que la souveraineté locale dont avait besoin le Québec, comme seule société majoritairement de langue française en Amérique du Nord, pouvait aussi servir

9. *Gouverner le Québec,* p. 71 : « On le sait, j'ai toujours fait de la politique au niveau québécois et avant d'être Canadien ou Québécois, je suis francophone et il s'agit de déterminer si l'avenir est du côté de la fédération ou à l'extérieur de la fédération canadienne pour les francophones en Amérique du Nord. Je crois, pour ma part, que ça peut se faire à l'intérieur de la fédération. »

à protéger l'identité régionale de Terre-Neuve ou des provinces de l'Ouest contre la domination culturelle de l'Ontario et à les mettre à l'abri des politiques « à pointure unique » concoctées par un gouvernement central incapable de coller aux différences locales d'un pays à l'échelle d'un continent.

Dans la même veine, M. Bourassa parlait volontiers de « fédéralisme rentable », mais comprenait mal qu'on accuse le Québec d'être une province entretenue pour qui le fédéralisme n'avait d'intérêt que s'il s'avérait payant. Et lui, qui dénonçait les ingérences du gouvernement fédéral dans les champs de compétence souveraine du Québec, s'étonnait que les provinces de l'Ouest trouvent hypocrite sa façon de fermer les yeux lorsqu'Ottawa venait siphonner « leurs » revenus pétroliers au profit du Québec, de l'Ontario et des Maritimes.

Cette incapacité de comprendre le Canada anglais, Robert Bourassa en a fait la preuve la plus flagrante dans le dossier du libre-échange canado-américain. Trop exclusivement centré sur le Québec, il ne s'est pas rendu compte qu'en appuyant sans réserve le libre-échange avec les États-Unis il froissait deux sensibilités bien enracinées dans le reste du Canada. D'abord, il se mettait à dos une gauche socialiste profondément allergique à l'Amérique néolibérale des Ronald Reagan et des George Bush. Ensuite, il heurtait de front, surtout en Ontario, le vieux fond nationaliste d'un Canada anglais bâti sur le refus de la révolution américaine et sur un commerce Est-Ouest défiant les lois de la géographie et de la stricte rationalité économique.

On a beaucoup blâmé la loi 178 pour la déconfiture de Meech. Je crois que l'appui inconditionnel des fédéralistes comme des souverainistes québécois au libre-échange canado-américain y a joué un rôle tout aussi important.

## L'INCAPACITÉ DE PROPOSER UN FÉDÉRALISME INSPIRÉ DU MODÈLE EUROPÉEN

Tout cela n'excuse pas le reste du Canada de son incompréhension et de ses préjugés envers le Québec. Et je ne voudrais surtout pas minimiser sa lourde part de responsabilité dans l'échec de Meech. Je soutiens simplement que les choses auraient pu se dérouler autrement si M. Bourassa avait réussi à repenser à neuf les demandes traditionnelles du Québec pour proposer un fédéralisme partenarial vraiment inspiré du modèle européen dont il se réclamait.

Lorsque le ministre Gil Rémillard se vanta d'avoir décroché à Meech un droit de retrait si inconditionnel qu'il permettrait au gouvernement québécois d'investir dans des travaux de voirie les sommes qui lui seraient versées pour compenser son retrait de tout nouveau programme cofinancé par le fédéral et les provinces dans le domaine social, ce fut le scandale dans le reste du Canada. Et durant la longue nuit passée à l'édifice Langevin pour traduire l'accord de Meech en textes légaux, les premiers ministres provinciaux, Howard Pawley en tête, firent savoir à M. Bourassa qu'il n'était pas question de dire oui à l'enchâssement du caractère distinct du Québec dans la Constitution, s'il refusait de contracter le moindre engagement pour consolider l'union sociale canadienne face aux pressions du néolibéralisme et du libre-échange mondial.

Le Québec aurait dû comprendre que pareille logique de négociation n'était pas un caprice mais un impératif incontournable dans un pays fédéral comme le nôtre. Obligé de demeurer décentralisé, pour respecter le droit à la différence nationale et régionale de ses communautés fédérées, mais aux prises avec les forces de la mondialisation, et au besoin de consolider une union sociale fondée sur le pouvoir de dépenser fédéral dans les champs de compétence provinciale, le Canada se heurte de plus en plus aux limites du *nation building* tutélaire d'Ottawa. Pour régler ses problèmes de concertation intergouvernementales, il devra tôt ou tard s'ouvrir à une gestion partenariale de la fédération.

En s'inspirant du rapport Goldenberg-Lamontagne, M. Bourassa avait avancé, devant la commission Macdonald, en 1984, l'idée d'un conseil des premiers ministres capable de gérer l'interdépendance des deux ordres de gouvernement souverains de la fédération dans le respect du principe de non-subordination[10]. Fort de cette suggestion, il aurait pu exiger que le Parlement fédéral remette aux provinces les points d'impôt qui leur reviennent de droit pour exercer leurs compétences constitutionnelles, en échange d'un engagement formel de leur part à remplacer par des normes communes codécidées à l'européenne par ce conseil des premiers ministres, les normes nationales imposées encore aujourd'hui par les gros sous d'Ottawa. Il aurait pu de même exiger que les traités de plus en plus

10. Robert Bourassa, *Mémoire présenté par le Parti libéral du Québec devant la Commission sur l'union économique canadienne*, le 24 février 1984, p. 26.

nombreux négociés par les autorités fédérales dans les champs de compétence souveraine des provinces soient soumis à ce mécanisme de concertation interne. Mais il n'en fit rien.

Au lendemain de l'échec de Meech, et fort des travaux menés par la commission Bélanger-Campeau, tout le monde pensait que Robert Bourassa pourrait enfin dire clairement ce qu'il voulait pour le Québec et ce qu'il était prêt à offrir en retour au reste du Canada. Et après son flirt de Bruxelles avec la notion d'*États souverains associés dans une union économique responsable à un Parlement élu*, la plupart des observateurs s'attendaient à ce qu'il propose une réforme du fédéralisme canadien inspirée de l'expérience européenne. Erreur. Miné par la maladie et devant le rejet de sa « question de Bruxelles » par Jacques Parizeau, et une menace de schisme au sein de son cabinet et de son propre parti[11], M. Bourassa se mit en attente d'une « offre fédérale » de la part d'un gouvernement Mulroney aux abois. Et face à la surenchère des leaders autochtones et aux pressions des provinces de l'Ouest en faveur d'un sénat triple E, il se contenta de réclamer, en plus des accords de Meech, un retrait fédéral inconditionnel et avec pleine compensation fiscale de tous les champs de compétence réservés aux législatures provinciales par la Constitution de 1867. Parce qu'il contestait aussi radicalement le pouvoir de dépenser du fédéral sans offrir le moindre outil partenarial pour sauvegarder la cohérence des grands programmes sociaux pancanadiens, le Québec se heurta à une retentissante fin de non-recevoir. Et M. Bourassa dut se résigner à l'accord bancal de Charlottetown.

---

11. À M. Jean-François Lisée qui accusait M. Bourassa d'avoir gaspillé par son immobilisme le puissant rapport de force politique qui lui aurait permis de faire la souveraineté-association, ou, à tout le moins, de négocier une réforme fondamentale du fédéralisme canadien au lendemain de l'échec de Meech, M. Claude Ryan a répondu, lors du présent colloque, que le Québec ne vivait pas en régime présidentiel et que, malgré tout le pouvoir dont jouit un premier ministre en régime parlementaire britannique, M. Bourassa ne pouvait bouger sans l'appui de son cabinet et de son caucus. Il a répété que lui-même était carrément opposé au rapport Allaire et au rapport Bélanger-Campeau et qu'il n'était pas homme à se laisser bousculer. En clair, un référendum sur la question de Bruxelles aussi bien qu'une réforme du fédéralisme canadien fondée sur le rapport Allaire auraient provoqué un schisme au sein du PLQ. Par-delà la maladie et la prudence légendaire de M. Bourassa, peut-être faut-il chercher de ce côté la raison fondamentale de l'attentisme qu'il choisit de pratiquer au lendemain de Bélanger-Campeau et que Gérald Larose n'est pas le seul à regretter et à trouver inexplicable.

S'il était vraiment allé au bout de ses convictions, en réclamant la « sécurité culturelle du Québec » au sein d'une union économique et sociale canadienne gérée de façon responsable, par codécision à l'européenne, M. Bourassa aurait trouvé une oreille attentive à Ottawa. C'est en tout cas ce que donne à penser l'accueil fait par le Comité ministériel de M. Joe Clark, au projet de rééquilibrage de la fédération qu'on m'autorisa à lui proposer en juillet 1991. Au lieu de quoi M. Bourassa se replia frileusement sur « les demandes traditionnelles du Québec » et sa barque vint s'échouer sur les hauts-fonds de Meech et de Charlottetown.

# Son exil bruxellois: les répercussions sur ses hypothèses constitutionnelles

Paul-André Comeau

« La question de Bruxelles » ou « la super-structure » : les deux formules ont fait couler beaucoup d'encre au Québec, il y a une dizaine d'années. L'une et l'autre décrivent et résument tout à la fois deux des hypothèses au sujet de l'avenir constitutionnel du Québec avec lesquelles jonglait l'ancien premier ministre Robert Bourassa après son retour au pouvoir en 1985 dans le sillage des accords du lac Meech et du référendum de Charlottetown..

La question de Bruxelles a été lancée au début des années 1990. L'image a fait mouche, mais elle n'est pas anodine. Un commentateur perspicace n'a pas manqué de souligner à l'époque que Robert Bourassa semblait prendre malin plaisir à lancer ces formules lorsqu'il effectuait un séjour officiel à l'étranger. Cette réflexion à voix haute devant l'un ou l'autre journaliste que le premier ministre d'alors côtoyait pourtant tous les jours à Québec prend un sens particulier en raison de ce que l'on peut appeler son « exil bruxellois ».

Durant près de 20 mois, de décembre 1976 à juillet 1978, Robert Bourassa s'est isolé à Bruxelles où il a mené une existence studieuse et discrète. C'est en fait la première fois depuis son élection à la tête du gouvernement au printemps 1970 qu'il peut réfléchir longuement et uniquement à l'avenir constitutionnel du Québec

À son arrivée surprise à Bruxelles, en décembre 1976, Robert Bourassa tourne en rond quelques jours à peine. Il est accueilli par M. Jean Deschamps, patron de la Délégation générale du Québec qu'il a lui-même établie en 1972. Il accepte rapidement une double charge d'enseignement, d'abord à l'Institut des études européennes, de l'Université libre de Bruxelles, puis à l'Institut européen d'administration des affaires (INSEAD), à Fontainebleau.

Dès ses premières heures dans cette ville qui devient peu à peu la capitale de l'Europe, il énonce son plan de travail : approfondir ses connaissances sur l'Europe communautaire. En s'établissant à Bruxelles, il s'installe aux premières loges de l'évolution constitutionnelle du royaume belge qui se métamorphosera en moins de vingt ans en un véritable régime fédéral. Enfin, il fait à peine mystère de sa ferme intention de préparer son retour au Québec, retour en politique active, cela va de soi. Voilà les trois axes, les trois dominantes du programme intellectuel qui nourrira l'exil bruxellois de Robert Bourassa. Un exil qui exercera une influence profonde sur ce qui sera sa seconde carrière politique.

## LA BELGIQUE PRÉ-FÉDÉRALE

Ce sont évidemment les questions relatives à la construction européenne qui intéressaient d'abord et avant tout Robert Bourassa, mais il ne peut pas ne pas être interpellé par l'évolution de la Belgique, ce pays qui justifie plus d'une analogie avec le Québec et le Canada. Le bilinguisme, les deux peuples, la réforme constitutionnelle : les objets de comparaison ne manquent pas pour l'observateur le moindrement ouvert à la démarche comparative. À la faveur de ses précédents séjours à Bruxelles, Robert Bourassa s'est familiarisé avec la complexité de la vie politique et sociale de ce pays d'un peu moins de dix millions d'habitants. La multiplicité des niveaux politiques déroute facilement l'observateur ; elle découle en partie de la sédimentation successive d'institutions établies au fil des années. Les partis occupent aussi une place prépondérante dans la plupart des secteurs d'activités, ce qui retient l'attention de celui qui vient de réformer en douceur le Parti libéral du Québec.

En 1968, la Belgique a connu une grave crise « linguistique » lors de l'affrontement au sujet de la vieille ville universitaire de Louvain, de *Leuven* comme le martèlent les nationalistes flamands. Rapidement, la Belgique engage la première des trois vagues de réforme constitutionnelle qui vont complètement métamorphoser la nature de son régime politique. Au même moment ou presque, Robert Bourassa rejetait les accords de Victoria et forçait du coup le premier ministre du Canada, Pierre Elliott Trudeau, à mettre fin à sa première tentative de réforme constitutionnelle À l'époque, le synchronisme de ces événements n'avait pas échappé à Robert Bourassa, maintenant plongé malgré lui dans l'amorce de la phase 2 de la réforme du régime constitutionnel belge. À Québec, le gouvernement du Parti québécois jongle, lui, avec la mise en œuvre de son projet de souveraineté-association.

Robert Bourassa affine d'abord sa lecture de la première ronde des changements constitutionnels qui viennent de s'achever en Belgique. Cette réforme repose en grande partie sur les dimensions culturelles de la société belge. Le raccord avec la « souveraineté culturelle », qui avait été l'un de ses thèmes de prédilection, s'impose spontanément à Robert Bourassa. Ce dernier mesure le chemin parcouru par l'une et l'autre communauté linguistique – flamande et francophone. Il constate rapidement que certaines des innovations mises en place dans cette Belgique pré-fédérale s'inspirent largement de ce qui a été réalisé au Québec, notamment en ce qui a trait à la capacité d'intervention de ces deux communautés sur la scène internationale. Certains universitaires et quelques hauts fonctionnaires belges ont bien assimilé « la doctrine Gérin-Lajoie » sur le prolongement international des compétences exclusives du Québec. Les deux communautés linguistiques disposent désormais du pouvoir de conclure des accords avec un pays tiers, étape qui n'a pourtant pas été franchie par le Québec. Les Wallons, puis les Flamands ont été en 1972 les témoins de l'installation dans leur pays de la Délégation générale du Québec. Sans trop le claironner, ils envisagent depuis quelque chose d'analogue, les uns en France, les autres aux Pays-Bas.

Impossible à Robert Bourassa de ne pas scruter davantage le sens et la portée de ces avancées belges. Aussi va-t-il accepter les invitations que lui parviennent de divers horizons de l'échiquier politique belge. Son réseau de contacts s'élargit peu à peu, aussi bien au sein du gouvernement belge qu'auprès de certains dirigeants de partis politiques. Il noue ainsi des liens profonds avec Wilfried Martens, à ce moment président du parti social-chrétien flamand (CVP) et qui occupera les fonctions de premier ministre, de 1979 à 1991. C'est sous Martens que la Belgique achèvera, à la faveur de deux autres rondes de négociations, la réforme constitutionnelle qui structure l'actuel régime fédéral[1]. Durant cette même période, le Québec vivra lui le psychodrame des accords du lac Meech. Les liens ainsi tissés dans la classe politique belge seront toujours maintenus par Robert Bourassa. Ainsi, en février 1992, à l'occasion de sa dernière visite en Belgique en tant que premier ministre du Québec, il tient à rencontrer

1. Jacques Brassine – *La Belgique fédérale,* Bruxelles, CRISP, dossier n° 40, 1994.

Wilfried Martens qui vient de démissionner et qui n'a plus aucune chance redevenir premier ministre.

Des confidences obtenues de l'un ou l'autre de ses interlocuteurs, une constante se dégage, qui n'a rien de très surprenant. Robert Bourassa se montre tout aussi curieux des secrets de la cuisine électorale que de l'organisation des partis politiques. Il surprend souvent ses hôtes par ses interprétations des sondages préélectoraux ou par son analyse spontanée du résultat d'un scrutin dans l'un ou l'autre pays européen.

L'ancien premier ministre du Québec établit des liens importants avec certains leaders des milieux économiques et financiers belges. C'est à cette époque que remontent ses relations avec Albert Frère, industriel de la région de Charleroi qui deviendra le principal partenaire européen de Power Corporation.

## L'EUROPE DES INCERTITUDES

> Le soir même du 15 novembre (1976), je disais à mon épouse que j'étais intéressé à aller étudier les questions du Marché commun parce que je trouvais extraordinaire ce qui se faisait en Europe sur le plan de l'évolution de l'histoire, en présumant qu'un référendum aurait lieu et que je pourrais graduellement participer au grand débat public[2].

Voilà comment, un an après ses adieux à la politique, Robert Bourassa résumait le sens de sa décision de s'exiler à Bruxelles. Vingt ans ou presque se sont pourtant écoulés depuis le départ en catimini de celui qui avait été le plus jeune premier ministre dans l'histoire du Québec. Cette décision surprise ne relève ni du dépit ni du coup de tête, encore moins d'une forme de fuite en avant. Il faut y lire une décision logique, politique presque.

Robert Bourassa s'installe donc à Bruxelles là où la Délégation générale a mandat, entre autres, de rendre compte de l'évolution de la construction européenne. L'Europe glisse alors dans une période de turbulence, d'incertitude et de remise en question qui ne prendra fin qu'à l'arrivée à la tête de la Commission européenne de Jacques Delors, en 1985. Elle commence à peine à se remettre des difficiles, mais nécessaires modifications qui découlent de l'adhésion de la Grande-Bretagne, de l'Irlande et du Danemark. Elle est rapidement et heureusement interpellée par la Grèce au lendemain du renverse-

2. Robert Bourassa – *Gouverner le Québec*, Montréal, Fides, 1995 : p113.

ment du « régime des colonels ». Au même moment ou à peu près, les deux pays de la péninsule ibérique qui renouent avec la démocratie, le Portugal et l'Espagne, cognent à leur tour à la porte de cette Europe qui se présente désormais comme la Communauté économique européenne.

Le premier choc pétrolier sonne le glas des « Trente Glorieuses ». L'Europe se sent vulnérable ; elle est en tout cas fragilisée. L'abandon du système de Bretton Woods et le flottement inorganisé du dollar américain sèment la pagaille sur les marchés de change. Le chômage fait son apparition dans ce coin du monde où la prospérité semblait s'être installée à demeure au lendemain de la reconstruction de l'après-guerre. Un terme nouveau fait son apparition à Bruxelles, *l'euroscepticisme* qui traduit bien le climat d'incertitude et qui menace de s'installer à demeure.

Depuis la mise en place de la Communauté européenne du charbon et de l'acier (CECA) au début des années 1950, Robert Bourassa a suivi avec attention et intérêt le cheminement de cette nouvelle Europe. Il s'interroge maintenant sur les prochaines étapes de cette intégration économique où le politique cherche à faire son nid. Auprès de certains des mandarins de la Commission européenne, de hauts fonctionnaires des représentations permanentes des pays membres et de quelques diplomates et journalistes en poste à Bruxelles, il cherche à vérifier ses hypothèses et intuitions. Spécialiste des questions de fiscalité en régime fédéral – c'est d'ailleurs à ce titre qu'il a été invité à enseigner à l'Université libre de Bruxelles et à l'INSEAD –, il est rapidement convaincu de la nécessaire convergence des économies, des politiques monétaires, voire des politiques fiscales si l'Europe aspire vraiment à devenir autre chose qu'une large et prospère union économique.

Robert Bourassa est témoin du débat qui s'engage alors à Bruxelles et dans certaines capitales européennes, au sujet du *déficit démocratique* de cette Europe déjà caricaturée comme le royaume de la technocratie. Il suit de près discussions et travaux qui mèneront, en 1979, à l'élection au suffrage universel des membres du Parlement européen. Là aussi, la jonction s'impose, selon lui, entre le rapprochement des économies et des politiques et la nécessaire représentation des citoyens européens dans un Parlement supranational. On voit ici poindre le dernier élément de la fameuse « question de Bruxelles » :

> Voulez-vous remplacer l'ordre constitutionnel existant par deux États souverains associés dans une union économique, laquelle union serait responsable devant un Parlement élu au suffrage universel ?

Rapidement, Robert Bourassa établit des contacts avec la toute première équipe du Forum de Davos dont il deviendra l'un des participants les plus assidus. Des hommes d'affaires, de hauts fonctionnaires et certains politiques gravitent à ce moment dans l'orbite de Raymond Barre qui est toujours considéré comme l'un des vice-présidents les plus influents de l'histoire de la Commission européenne.

L'exilé québécois se frotte alors aux réalités internationales, à la politique européenne qui se fait de façon sinueuse peut-être, mais qui se fait tout de même. Il n'est certes pas mal à l'aise dans ce climat où le pragmatisme quotidien s'inspire toujours du grand dessein à l'origine de la construction d'une Europe qui serait délivrée du fléau de ses guerres chroniques et fratricides. Ce cheminement mi-pragmatique, mi-idéologique, exerce sur Robert Bourassa une véritable fascination, fascination dont il ne se départira pas lors de son retour en politique active, lors de son « retour aux affaires », pour reprendre l'expression favorite d'un autre ancien premier ministre du Québec. L'accord qui débouche en 1986 sur l'Acte unique, premier coup de maître de Jacques Delors, le fascine littéralement. Il s'enthousiasmera littéralement devant la reconnaissance, par les États-membres de l'Union européenne, du principe de *subsidiarité* adopté lors du Conseil européen tenu à Édimbourg, en décembre 1992[3].

Ce parallélisme entre les avancées de la construction européenne et les propositions au sujet de l'avenir constitutionnel du Québec va devenir une constante des interventions de Robert Bourassa, deuxième manière

## CAP SUR LE QUÉBEC

Avant même son départ pour Bruxelles, Robert Bourassa a déjà mis le cap sur le référendum que doit tenir le nouveau gouvernement installé à Québec à la suite de la victoire surprise du Parti québécois. Selon Ian MacDonald, il en aurait assuré son épouse dès le soir de sa double défaite, le 15 novembre 1976[4]. Il serait inutile d'aligner les signes discrets qu'il émet à ce sujet à ses interlocuteurs dans la capitale de

3. Christophe Degryse – « Vivement la subsidiarité », *La Presse*, 19 décembre 1992, p. B-7.
4. L. Ian MacDonald – *From Bourassa to Bourassa – A Pivotal Decade in Canadian History*, Montréal, Harvest House, 1984, p. 274.

l'Europe. Ne songe-t-il pas très rapidement à réunir quelques Québécois installés à Bruxelles pour discuter des problèmes du Québec et esquisser des pistes d'avenir ? Ne se rend-il pas régulièrement au bureau qu'on lui a aménagé à la Délégation générale pour lire presque religieusement les journaux en provenance de Montréal et de Québec ?

René Lévesque, nouveau premier ministre du Québec, a d'ailleurs été l'un des premiers informés du projet européen de Robert Bourassa. C'est lors de la passation des pouvoirs que Robert Bourassa l'a mis au courant de sa décision de se retirer à Bruxelles pour y étudier les institutions européennes. Dans ses Mémoires, René Lévesque se rappelle avoir immédiatement saisi l'autre dimension de cette retraite européenne :

> Je ne puis que l'y encourager fortement, mais je me doutais tout aussi fort qu'il fût capable de s'en tenir bien longtemps à ce studieux exil. Toute sa carrière, depuis ses premières armes de jeune et brillant conseiller ou recherchiste, à Ottawa comme à Québec, ne s'était jamais orientée que dans un sens unique[5].

Waterloo est à moins de 15 kilomètres de Bruxelles, aurait-on pu écrire au moment du départ de Robert Bourassa. René Lévesque, lui, a trop de flair pour ne pas avoir saisi d'instinct que Robert Bourassa mettait en fait le cap sur l'île d'Elbe pour mieux revenir au Québec. De fait, il arrive parfois à Robert Bourassa d'avouer à un interlocuteur médusé ne savoir faire, ni n'avoir le goût de faire autre chose que de la politique. Et de la politique québécoise !

À l'exception de la longue interview qu'il accorde à Raymond Saint-Pierre en guise de bilan ses deux premiers mandats, il évite soigneusement de se rappeler trop tôt au bon souvenir des Québécois[6]. D'ailleurs, ils sont peu nombreux les amis et fidèles qui lui rendent visite à Bruxelles. Comme pour souscrire à cette discrétion visiblement recherchée, ses visiteurs québécois demeurent eux aussi silencieux à leur retour au Québec.

Robert Bourassa réalise rapidement que le froid qui s'était installé depuis un bon moment entre lui-même et les libéraux fédéraux, plus spécialement l'entourage du premier ministre Pierre Elliott Trudeau, s'est transformé en bloc de glace. C'est l'un des sujets qu'il évoque parfois avec un certain humour devant ses interlocuteurs. De même,

5. René Lévesque – *Attendez que je me rappelle,* Montréal, Québec/Amérique, 1986, p. 373.
6. Raymond St-Pierre – *Les Années Bourassa (L'intégrale des entretiens Bourassa – Saint-Pierre),* Montréal, Éditions de l'Héritage, 1977.

il ne s'émeut pas outre mesure du jugement péremptoire émis par la plupart des observateurs au sujet de l'avenir de sa carrière politique. Devant les professeurs et observateurs rassemblés au Département de science politique de l'Université de Montréal, il retrouve en 1994 le même sourire à peine esquissé au moment de son départ vers l'Europe : « Lors de ma défaite en 1976, on m'a enterré sans certificat de décès comme la suite des choses l'a démontré[7]. » Sur la Grand-Place de Bruxelles, Robert Bourassa s'avoue fasciné par la plaque commémorative qui évoque l'exil belge de Victor Hugo dont on célèbre cette année le bicentenaire de la naissance. De façon plus discrète, l'ancien premier ministre du Québec prépare lui aussi son retour, sa rentrée au Québec.

Au jour le jour, Robert Bourassa redevient à Bruxelles, comme naguère à Londres, l'étudiant studieux qui regarde vers le prochain référendum, mais aussi et peut-être davantage vers les lendemains de ce référendum. Sa réflexion s'étoffe au gré de ses lectures et à la faveur des discussions avec ses étudiants peu à peu subjugués par ce professeur. À leur grande surprise, ce dernier leur fait part sans aucune prétention des leçons qu'il dégage de son expérience à la tête du gouvernement de ce Québec dont l'avenir constitutionnel devient sujet de conversation aussi bien dans les amphithéâtres universitaires que dans les chancelleries.

Son séjour en Belgique lui permet en fait de reprendre et d'approfondir certaines des questions qui animaient les rencontres du groupe des libéraux québécois réunis autour de René Lévesque après la défaite de juin 1966[8]. Ces questions sur l'avenir constitutionnel du Québec, tout comme la fin de non-recevoir signifiée brutalement à l'option de René Lévesque lors du congrès dramatique du Parti libéral à l'automne 1967, la solution préconisée par le Parti québécois, la chevauchée fédérale de Pierre Elliott Trudeau, bref tous les éléments de l'aventure constitutionnelle du Québec, Robert Bourassa les soupèse dans le contexte plus large de l'Europe communautaire. Il soumettra désormais tout questionnement sur le destin du Québec qui se cherche, à la comparaison presque systématique avec le cheminement du « Marché commun » de 1958 en voie de muer en une « union européenne ». Ce sera l'aulne de la grande majorité de ses hypothèses et questions en matière constitutionnelle lorsqu'il aura retrouvé la confiance de son parti et des Québécois.

---

7. Robert Bourassa, *op. cit.*, p. 113.
8. Pierre Godin, *Les Frères divorcés*, Montréal, les Éditions de l'Homme, 1986, p. 239-242.

# De Victoria à Charlottetown : le « bon sens » géopolitique de Robert Bourassa

Michel Sarra-Bournet

Deux mythes ont longtemps eu cours au sujet de Robert Bourassa. Le premier est que l'ex-premier ministre aurait été tenté par la souveraineté durant une courte période au début des années 1990. Cette fausse impression, que le principal intéressé a exploité au maximum, vient d'une mauvaise interprétation de deux faits de la vie politique de Robert Bourassa : sa participation aux réunions qui ont donné naissance au mouvement Souveraineté-Association et ses déclarations ambiguës au lendemain de l'échec de l'Accord du lac Meech.

Le deuxième mythe est celui qui veut que Bourassa n'ait été qu'un politicien pragmatique, sans pensée constitutionnelle claire. Claude Morin est sans doute celui qui a le plus contribué à transmettre cette image. Dans un de ses nombreux récits, il écrivait que Bourassa mettait « la question du statut du Québec sur le même pied que n'importe quelle autre préoccupation courante : construction de routes, subvention à des entreprises ou mesures sociales[1] ». De plus, l'ex-ministre et apparatchik de l'État québécois montre un Bourassa préoccupé par la fabrication d'images, un politicien qui s'adaptait aux humeurs de l'électorat, et affirme que ce qu'on prenait souvent pour de l'indécision de sa part était en fait un fin calcul politique[2].

Dans cet essai d'interprétation, je m'attaque à ces deux mythes pour démonter que jamais Robert Bourassa n'a songé à enclencher le processus menant à la souveraineté du Québec parce qu'il croyait profondément aux avantages du fédéralisme pour le Québec.

---

1. Claude Morin, *Mes premiers ministres,* Montréal, Boréal, 1991, 448 p.
2. *Ibid.*, p. 326 et 374.

## ROBERT BOURASSA, LE FÉDÉRALISTE

Entre le constat qu'a fait Robert Bourassa de la mort de l'Accord du lac Meech, le 23 juin 1990, et la signature de l'Accord de Charlottetown, le 28 août 1992, plusieurs croyaient qu'il allait enclencher une démarche pour l'indépendance politique et que ses hésitations n'étaient motivées que par une volonté de donner une véritable dernière chance au Canada, afin d'en avoir le cœur net. À cette époque, tous les sondages donnaient à penser que le peuple québécois l'aurait appuyé s'il était allé de l'avant. La parution d'un livre intitulé *L'Accord: comment Robert Bourassa fera l'indépendance*[3] a aidé à renforcer ce malentendu. Mais Bourassa en aura trompé plus d'un et berné, en plus des souverainistes modérés remplis d'espoir, des membres de son propre entourage[4].

Pour plusieurs, cette soudaine conversion était plausible : Robert Bourassa n'avait-il pas déjà été proche de René Lévesque ? En 1967, Lévesque réunissait régulièrement un petit groupe de réflexion dont Bourassa faisait partie. Ces candidats à la dissidence du Parti libéral du Québec s'étaient même rendus à quelques reprises chez ce dernier. Ces réunions furent à l'origine du mouvement Souveraineté-Association.

Selon l'historien Richard Desrosiers, Bourassa « choisit d'accepter la succession de Jean Lesage plutôt que de se mouiller avec René Lévesque et son projet de souveraineté-association[5] ». L'idée que la décision de Robert Bourassa de se retirer du groupe ait été le fruit du calcul d'un jeune politicien ambitieux a été reprise par René Lévesque lui-même :

> Bourassa a été très utile et nous donnait un coup de main jusqu'à la veille de la décision où il nous a laissés tomber comme une vieille patate. Je suis convaincu que sa décision était prise depuis le début, mais ça lui permettait de voir ce qui se passait et d'éliminer quelques gars gênants[6].

Pourtant, dans une entrevue diffusée récemment à la radio, on pouvait entendre le principal intéressé rappeler les véritables raisons pour lesquelles il avait rejeté la souveraineté-association :

---

3. Par Georges Mathews et publié à Montréal aux Éditions du Jour en 1990.
4. Voir Jean-François Lisée, *Le Tricheur* et *Le Naufrageur*. Montréal, Boréal, 1994.
5. Cité dans Gilles Gougeon (dir.), *Histoire du nationalisme québécois. Entrevues avec sept spécialistes*, Montréal, VLB éditeur, 1993, 140 p.
6. Cité dans Pierre Godin, *René Lévesque. Héros malgré lui*, Montréal, Boréal, 1997, 322 p.

> Il y avait durant le mois d'août et le mois de septembre, et c'est bien connu, des rencontres entre Libéraux, que ce soit à ma résidence ou que ce soit à d'autres résidences, pour examiner l'option ou examiner ce que pouvait proposer Monsieur Lévesque dans cette option. [...] Je me souviens des premiers textes qui nous étaient soumis. Alors, il n'y avait rien d'anormal. Je crois que nous examinions ce néo-fédéralisme pour voir s'il pouvait fonctionner. [...] Après étude, après examen, j'en suis venu à la conclusion que ça ne pouvait pas fonctionner comme régime fédéral, que ça supposait nécessairement la séparation du Québec. [...] Et pour moi, j'étais convaincu à ce moment-là quand on voit l'intimité des relations financières, fiscales, économiques avec le reste du Canada et avec le reste de l'Amérique du Nord, je ne pouvais pas voir comment la séparation du Québec pouvait nous permettre de réaliser nos objectifs fondamentaux[7].

Mais, au début des années 1990, un deuxième facteur a semé le doute dans les esprits au sujet de l'attachement de Robert Bourassa à la fédération canadienne. Au lendemain de l'échec de l'Accord du lac Meech, il était difficile pour plusieurs souverainistes de ne pas prendre leurs désirs pour la réalité quand ils l'entendirent affirmer que le « Québec a la liberté de ses choix. Il doit faire son choix dans le réalisme, dans le calme et la lucidité[8] ». Pourtant, au moment où il déclarait : « Je puis vous assurer que mon seul guide sera l'intérêt supérieur du peuple du Québec[9] » et qu'il cooptait Lucien Bouchard au sein de la commission Bélanger-Campeau sur l'avenir politique et constitutionnel du Québec, Robert Bourassa ne cherchait qu'à gagner du temps.

Au milieu de toutes ces déclarations ambiguës, le projet de superstructure à l'Européenne était une des plus importantes fausses pistes qu'il ait lancées. C'est à Bruxelles, lorsqu'il évoqua une possible question référendaire, qu'il atteignit le summum du double langage : « Voulez-vous remplacer l'ordre constitutionnel existant par deux États associés dans une union économique, laquelle sera responsable à un Parlement élu au suffrage universel ?[10] » Dans ce libellé, chacun pouvait y déceler ce qu'il espérait, que ce soit la chose ou son

---

7. Jacques Bouchard (réalisateur), *Point de mire sur René Lévesque*, émission radiophonique, Société Radio-Canada, le 1er mars 2002.
8. Robert Bourassa, « Le Québec a la liberté de ses choix », *Le Soleil*, le 25 juin 1990, p. A-10.
9. *Ibid.*
10. Robert Bourassa, *Gouverner le Québec*, Montréal, Fides, 1995, p. 239.

contraire. Comme chacun sait, Robert Bourassa n'est jamais allé plus loin. Il est retourné à la table constitutionnelle en août 1992 pour signer l'Accord de Charlottetown. Trois ans plus tard, en pleine campagne référendaire, il affirma lui-même qu'on ne saurait comparer le partenariat proposé aux Québécois lors du référendum de 1995 à l'Union européenne[11]. C'est donc dire que, même aux beaux jours de la question de Bruxelles, il n'avait jamais songé à la souveraineté.

À plusieurs reprises durant sa carrière, Robert Bourassa a réitéré sa conviction que la souveraineté ne constituait pas une solution viable pour le Québec. Il savait ce qu'il voulait, et il savait ce qu'il ne voulait pas. Et il le sut très tôt dans sa carrière. Les écrits du jeune député de Mercier attestent que son rejet de la souveraineté s'appuyait sur une conviction profonde. En 1968, dans sa réplique au manifeste *Option Québec* de René Lévesque, Robert Bourassa a révélé que sa principale objection à la souveraineté du Québec était d'ordre économique car, disait-il, l'aspect économique lui paraissait « d'une importance primordiale en raison de la primauté croissante de l'économie dans la vie des collectivités[12] ».

Devenu premier ministre, Robert Bourassa négocia la Charte de Victoria, mais se ravisa devant le tollé que cet accord soulèvera chez les leaders d'opinion du Québec. Dans sa lettre au secrétaire de la Conférence des premiers ministres, le 23 juin 1971, il écrivit néanmoins que « le fédéralisme constitue pour les Québécois le meilleur moyen d'atteindre leurs objectifs économiques, sociaux et culturels[13] ». Cela, il l'a confirmé au lendemain de sa défaite électorale de 1976, dans les entrevues données au journaliste Raymond Saint-Pierre a qui il affirmait : « J'ai toujours cru qu'il fallait un fédéralisme économique au Canada » et « Le fédéralisme, pour moi, est la forme de gouvernement supérieur[14] ». Et pour le rendre plus alléchant pour l'électorat, il n'hésita pas à qualifier le fédéralisme canadien de rentable : « Pour les Québécois, confia-t-il en entrevue, c'est très

---

11. Cité dans André Bellemare, « L'Union européenne et le projet souverainiste n'ont rien de commun – Bourassa », *La Presse*, le 17 octobre 1995.
12. Robert Bourassa, « Aspects économiques d'un Québec indépendant », dans Jean-Paul Lefebvre, *Réflexions d'un citoyen*, Ottawa, Éditions du Jour, coll. « Cahiers de *Cité Libre* », p. 99-113.
13. Cité dans Arthur Tremblay, *Meech revisité. Chronique politique*, Sainte-Foy, Presses de l'Université du Québec, 1998, p. 18.
14. Cité dans Raymond Saint-Pierre, *Les Années Bourassa*, Saint-Lambert, Québec : Héritage, 1977, p. 51 et 58.

avantageux. [...] Nous voulons rester dans le régime fédéral, nous voulons en profiter[15]. »

Pour plusieurs, cette position ne s'appuie pas seulement sur les convictions profondes de Robert Bourassa, mais d'abord par les circonstances politiques. Le politologue Louis Balthazar avance que, lorsque Robert Bourassa succède à Jean Lesage en 1970, « le Parti libéral du Québec n'apparaît plus comme parti nationaliste [...]. La politique québécoise était désormais polarisée : au souverainisme péquiste, les libéraux ne pouvaient qu'opposer un fédéralisme orthodoxe[16] ». D'autres, comme Réjean Pelletier, expliquent également le comportement de Robert Bourassa par le nouveau contexte de l'époque : « À la montée et à l'emprise grandissante du Parti québécois qui se définit comme souverainiste, on peut opposer la volonté fermement affirmée du Parti libéral du Québec de se présenter comme le défenseur du fédéralisme, ce qui entraîne en retour la nécessité de faire la paix avec le gouvernement fédéral[17]. »

## ROBERT BOURASSA, LE NATIONALISTE

Mais si la position fédéraliste de Robert Bourassa n'était que le fait de la conjoncture, se pourrait-il qu'il ait été, au fond, un nationaliste qui s'ignorait ? Selon Louis Balthazar, il serait faux de dire que le nationalisme québécois n'a pas influé sur le parti de Robert Bourassa : « Jamais le parti ne s'est présenté comme le reflet fidèle des positions du gouvernement fédéral. [...] Ce parti s'est toujours refusé à laisser au Parti québécois le monopole du nationalisme[18]. » En effet, au projet de rapatriement de la constitution ardemment désiré par Trudeau, Bourassa répondit par l'idée de souveraineté culturelle. Mais, pour Réjean Pelletier, les premiers ministres québécois ne faisaient pas le poids face au Léviathan fédéral au tournant des années 1970 : « Le mouvement d'affirmation du Québec sur la scène canadienne va marquer, à partir de ce moment, un temps de recul : face à un gouvernement fédéral fort et intransigeant, le gouvernement québécois se montrera faible et conciliant[19]. » D'où le scepticisme d'un Léon Dion

15. *Ibid.*, p. 51 et 64.
16. Louis Balthazar, *Bilan du nationalisme au Québec*, Montréal, L'Hexagone, 1986, p. 163.
17. Réjean Pelletier, *Partis politiques et société québécoise. De Duplessis à Bourassa 1944-1970*, Montréal, Québec/Amérique, 1989, p. 370.
18. Balthazar, *op. cit.*, p. 164 et 165.
19. Pelletier, *op. cit.*, p. 360.

qui estimait « creuse » la politique de la souveraineté culturelle[20]. En août 1973, devant Bourassa et plusieurs de ses ministres et députés, le politologue pourtant proche des libéraux déclara :

> Je ne vois vraiment pas l'intérêt pour un parti politique et pour un gouvernement de s'engager dans cette recherche d'une simple souveraineté culturelle qui serait immanquablement illusoire si elle ne contient pas, en même temps, une stratégie garantissant une dose adéquate d'autonomie économique et d'indépendance politique[21].

Pour sa part, Louis Balthazar a beau rappeler que Robert Bourassa, « tout en se faisant le champion du fédéralisme, refusera le projet fédéral de rapatriement de la Constitution à Victoria, en 1971 [et] engagera la bataille des communications[22] », c'est le ministre des Communications Jean-Paul L'Allier qui en fut le principal acteur. Celui-ci réclama en février 1974 un transfert de compétences en matière de câblodistribution et de télévision à péage, position réitérée par Bourassa en avril 1975 lorsque Trudeau annonça qu'il voulait relancer les négociations sur le rapatriement de la Constitution. Ce fut peine perdue. L'Allier dut se retirer de la conférence fédérale-provinciale de juillet 1975 lorsqu'il se rendit compte que le fédéral ne céderait rien[23].

Il faudra des circonstances plus favorables – des interlocuteurs prêts à les écouter (les conservateurs de Mulroney ont été élus en 1984) et un Parti québécois en déroute (Lévesque démissionne et son parti est battu en 1985) – pour que les libéraux de Bourassa soient en mesure d'apparaître comme les porte-étendards de la défense des intérêts du Québec. C'est ce qui se produisit lors de l'épisode de l'Accord du lac Meech.

Il n'est pas de mon propos d'analyser ce projet d'amendement constitutionnel, de dire s'il représente un pas en avant ou un pas en arrière, s'il aurait fermé ou non la porte à une plus grande autonomie pour le Québec (car il ne touchait pas au partage des compétences). Soulignons toutefois que Robert Bourassa a très rapidement demandé à l'Assemblée nationale de le ratifier, ce qui en dit long sur son empressement à régler la question constitutionnelle. Selon les

20. Léon Dion, *Le Québec et le Canada. Les voies de l'avenir*, Montréal, Québécor, 1980, p. 14.
21. Cité dans Bruno Bouchard, *Le Parti libéral du Québec et le débat constitutionnel*, Montréal, VLB éditeur, 1999, p. 52-53.
22. Balthazar, *op. cit.*, p. 140.
23. Bouchard, *op. cit.*, p. 62-72.

points de vue, cela pouvait signifier qu'il est ou bien un pragmatique qui veut se concentrer sur des choses concrètes, ou bien un nationaliste qui croit avoir flairé une bonne occasion d'obtenir des concessions du Canada anglais, ou alors un fédéraliste pressé de fermer la porte à la souveraineté du Québec.

Il faut quand même reconnaître un dessein nationaliste dans certains décisions politiques importantes de Robert Bourassa. Prenons d'abord sa politique d'immigration destinée à renforcer le caractère francophone du Québec. L'entente Bienvenue-Andras d'octobre 1975 permettra au Québec de participer à la sélection et au recrutement des immigrants. Bien qu'elle ne fut jamais constitutionnalisée, cette entente fédérale-provinciale sera bonifiée à deux reprises par la suite, s'étendant aux critères de sélection dans un premier temps, puis aux programmes d'intégration. On ne dira jamais assez combien l'intégration en français des immigrants à la société québécoise est la pierre angulaire de la « désethnicisation » de la majorité francophone du Québec. Déjà, en 1971, la politique culturelle et les revendications constitutionnelles de Robert Bourassa oscillaient entre deux objectifs : assurer « l'avenir de la culture des Canadiens français » ou celui « du caractère culturel distinct de la société québécoise[24] ». Dès la fin de son premier mandat, il aura pris parti pour une nation québécoise francophone et multiethnique.

Sa politique linguistique fut également fort significative, au moins sur le plan symbolique. Cependant, ses lois 22 et 178 lui valurent bien des maux de tête, la première qui fit, en 1974, du français la seule langue officielle au Québec et la seconde qui interdit, en 1988, l'affichage extérieur en anglais en profitant de la clause dérogatoire de la Constitution. Ces deux mesures contribuèrent à effriter la base électorale anglophone du Parti libéral et à mécontenter le Canada anglais. Selon le regretté sénateur Arthur Tremblay, la loi 178 a réveillé « une attitude anti-québécoise qui grossira pour devenir une vague, un torrent dans lequel l'Accord du lac Meech sera emporté[25] ». De plus, pour redorer son blason auprès de l'électorat nationaliste, Robert Bourassa se vanta d'avoir été le seul premier ministre à suspendre les libertés individuelles, ce qui lui a valu les foudres de la presse canadienne-anglaise.

---

24. Cité par Bouchard, *op. cit.*, p. 46 et 48.
25. Tremblay, *op. cit.* p. 608.

Enfin, il faut ajouter un élément souvent négligé du nationalisme québécois des années 1980 et 1990: le continentalisme. Là encore, son appui à l'Accord de libre-échange entre le Canada et les États-Unis, signé par le gouvernement de Brian Mulroney en 1988, laissa un goût amer à plusieurs Canadiens.

Son nationalisme a coûté cher à Robert Bourassa. Ses efforts linguistiques ne lui ont pas porté chance sur le plan électoral, ses prises de position libre-échangistes ne lui ont pas gagné d'amis au Canada anglais et ses aventures constitutionnelles ont failli tourner à la catastrophe pour les fédéralistes lorsque le ressac anti-Meech a gonflé la vague souverainiste au Québec.

* * *

Robert Bourassa était fédéraliste et nationaliste à la fois. Même dans la conjoncture favorable de l'après-Meech, il n'a jamais songé à réaliser la souveraineté du Québec. Entre sa « rupture » avec René Lévesque en 1967 et son retrait de la vie politique en janvier 1994, il n'a jamais dérogé à son credo fédéraliste.

Ceux qui croyaient que Robert Bourassa ait pu contempler autre chose que le maintien du Québec dans la fédération canadienne étaient dans l'erreur[26], tout comme ceux qui, en 1980, avaient compris que Pierre Elliott Trudeau voulait décentraliser la fédération lorsqu'il a mis les sièges de ses députés « en jeu » pour du changement[27].

Robert Bourassa a déjà été traité de tous les noms – vingt et un, très exactement, dans les dix-neuf chapitres des deux tomes de Jean-François Lisée – mais rarement l'a-t-on comparé au premier ministre du Canada qui avait promis de remettre les nationalistes québécois à leur place. Ce dernier ne l'aurait d'ailleurs peut-être pas apprécié, lui qui s'impatientait de la « faiblesse » et de l'« indécision » du jeune premier ministre québécois. Cependant, il considérait aussi Robert Bourassa, à ses débuts du moins, comme un fédéraliste aux idées claires[28].

C'est en fait sur ce dernier point que les deux hommes se rejoignaient vraiment. Tous deux n'ont jamais dérogé aux idées qu'ils

26. Voir Michel Sarra-Bournet, « Sur un référendum qui n'eut pas lieu », *Bulletin de l'Association québécoise d'histoire politique*, vol. 2, n$^{os}$ 1-2, automne 1993, p. 49-53.
27. Voir Guy Laforest, *Trudeau et la fin d'un rêve canadien*, Sillery, Septentrion, 1992.
28. Pierre Elliott Trudeau, *Mémoires politiques*, Montréal, Le Jour éditeur, 1993, p. 207, 222.

défendaient au début de leur carrière politique. Mais, contrairement à Trudeau qui a réalisé en 1982 la souveraineté du Canada sans nouveau partage des pouvoirs avec les provinces, Robert Bourassa n'aura réussi qu'à empêcher la souveraineté du Québec. Il a suffisamment temporisé entre 1990 et 1992 pour que retombe la vague souverainiste dans l'opinion publique québécoise.

Bien qu'il ait affirmé qu'il fallait garder la souveraineté comme « police d'assurance », Robert Bourassa n'a donc jamais considéré cette option comme valable ou viable. En 1968, dans sa réplique à *Option Québec* de René Lévesque[29], Robert Bourassa expliquait que « c'est en raison de la situation géographique du Québec en Amérique du Nord » que son indépendance était compliquée[30]. Trente-cinq ans plus tard, au moment de quitter son poste de premier ministre, il réitérait que la souveraineté du Québec était « un non-sens géopolitique ».

Si Robert Bourassa ne voulait pas la souveraineté, alors que voulait-il au juste ? Avait-il un projet constitutionnel ? Ou n'était-il que le reflet d'un Québec incapable de prendre une décision ? Je risque une hypothèse : Robert Bourassa voulait défendre le Québec contre l'envahissement du gouvernement fédéral et y préserver la prédominance du français. Mais, incapable d'arracher des concessions sur le partage des compétences dans la Constitution canadienne, il n'aura jamais réussi à stopper Ottawa. Pour quelqu'un qui avait dit que le *statu quo* était le pire des scénarios, c'est exactement ce qu'il a réussi à obtenir : le *statu quo* constitutionnel. À Victoria, il a acquiescé à des propositions constitutionnelles insatisfaisantes, puis il est revenu sur sa parole. À Charlottetown, il a signé un document insuffisant, quitte à le laisser mourir ensuite. Mais, devant l'impasse de Meech, il n'a pas tiré, comme une majorité de Québécoises et de Québécois, la seule conclusion qui s'impose : le Canada ne reculerait jamais.

Autre paradoxe : ce premier ministre qui considérait la négociation constitutionnelle comme « la méthode par excellence pour perdre son temps » et qui, en 1970, rêvait à « résoudre cette question en deux mois[31] » a passé le plus clair de son deuxième mandat à tenter de résoudre la question du statut du Québec.

---

29. Montréal, Éditions de l'Homme, 1968.
30. Bourassa, « Aspects économiques... », *loc. cit.*, p. 113.
31. Morin, *op. cit.*, p. 384 et 385.

Au nom d'un « bon sens » géopolitique, Robert Bourassa aura donc préféré le *statu quo* à la souveraineté. « Peut-être l'histoire dira-t-elle que ma prudence a évité aux Québécois une énorme bêtise », affirmera-t-il en 1995[32]. Il aurait pourtant dû savoir que le *statu quo* constitutionnel n'est qu'une illusion. Il masque une centralisation réelle de la fédération canadienne qui se poursuit inexorablement depuis le milieu du XX^e^ siècle. Par suite du rapatriement de 1982, la modernisation constitutionnelle du Canada est impossible, et le français ne maintient sa position au Québec qu'à coups de béquilles législatives. En définitive, le bilan constitutionnel de Robert Bourassa se résume en peu de mots : à force de refuser d'avancer, le Québec n'a cessé de reculer depuis 1970.

32. Bourassa, *Gouverner le Québec*, p. 264.

# Le marathonien immobile[1]

Jean-François Lisée

Quelle a été la plus grande réalisation de Robert Bourassa ? Le pouvoir. Y accéder, y rester. Lorsqu'il y était chassé, y revenir. Puis s'y maintenir. Tout est là. C'est l'œuvre de sa vie. Comment le lui reprocher ? Pas un chef de gouvernement, pas un député, pas un échevin qui ne cherche le pouvoir.

Il y avait cependant quelque chose d'exceptionnel dans la prise et la gestion du pouvoir par Robert Bourassa. C'est qu'après une brève période d'activisme au début des années 1970 – dont le lancement de la Baie-James en 1971, son principal legs – il ne voulait pas faire grand-chose de ce pouvoir. En un mot, il voulait être au pouvoir et qu'on le laisse tranquille. Il était une sorte de marathonien immobile. Or les tourbillons de l'histoire, notamment linguistique et nationale, venaient constamment troubler sa quiétude. Le paradoxe, c'est qu'il allait dépenser une phénoménale quantité d'énergie pour faire en sorte que… rien ne se passe.

On se trompe lorsqu'on décrit Robert Bourassa comme un mou. Comme un indécis ballotté par les sondages, comme l'ambivalence québécoise incarnée. M. Bourassa était au contraire extrêmement déterminé, sur la poignée de sujets qui lui tenaient à cœur, dont la conquête et la rétention du pouvoir ou le refus de la souveraineté. Il avait remarquablement peu de scrupules quant aux moyens politiques à utiliser pour faire triompher son point de vue. Mais sur les autres questions, la majorité en fait, puisqu'il avait peu de convictions réelles il préférait prendre le moins de décisions possible, fein-

1. Les faits et citations de ce texte sont tous tirés des livres *Le Tricheur* et *Le Naufrageur*, mais en particulier du chapitre biographique « L'éducation politique de Robert Bourassa » qu'on retrouve dans *Le Tricheur – Robert Bourassa et les Québécois 1990-1991*, Montréal, Boréal, 1994, p. 457-510.

dre de suivre la direction du vent lorsque la bourrasque était forte, reporter toujours le moment de trancher, lancer des ballons d'essai pour constater l'effet, trouver quelque prétexte pour ne pas agir, miser sur l'usure, le temps, l'inertie, l'ennui. Il faut, à mon avis, quatre clés pour comprendre le personnage: la détermination, voire la dureté, l'aversion au changement, la rareté des convictions et le double langage. Le sujet est inépuisable, je vais tenter de l'illustrer en quatre temps.

## MAIN DE FER

Il n'y a guère de meilleure source sur la dureté de Robert Bourassa que l'intéressé lui-même. « Si on regarde les faits, il n'y a pas un gouvernement en Occident qui a pris des mesures pour emprisonner trois chefs syndicaux » affirmait-il en 1977, dans une série d'entrevues-bilan sur son premier passage au pouvoir. Les chefs des trois centrales syndicales au Québec avaient été emprisonnés pour avoir défié une des neuf lois spéciales de retour au travail adoptées par le gouvernement dans une période d'affrontements assez durs, mais pas inédits ailleurs en Occident. M. Bourassa avait raison de noter qu'il était allé plus loin que les autres: « Avec la Loi sur les mesures de guerre, avec l'emprisonnement des chefs syndicaux, avec les [neuf] lois spéciales, je suis allé à la limite du régime. » Tout à fait vrai.

Comment peut-on d'ailleurs faire un survol de son action sans souligner qu'il est le seul chef d'une démocratie occidentale, dans la seconde moitié du XX^e^ siècle, à avoir réclamé et obtenu, en temps de paix, la suspension des libertés civiles de ses concitoyens. Le seul à avoir cautionné l'emprisonnement de 500 membres de la société civile sans acte d'accusation, les perquisitions sans mandat chez 4 600 citoyens. C'est Pierre Trudeau qui a fait voter la loi. Il n'en a d'ailleurs jamais exprimé le moindre remords. Fort bien. Mais comme il l'a toujours expliqué, la demande, répétée, est venue de M. Bourassa qui, écrit Trudeau, « ne me lâchait pas ». Une version que M. Bourassa ne se contente pas de confirmer. En fait, il est outré qu'on en doute et qu'on donne à Trudeau seul le crédit, en somme, d'avoir mis des innocents en prison. « J'ai assumé mes responsabilités » disait M. Bourassa. « Le gouvernement du Québec, c'est lui qui a pris les décisions en dernier ressort et on pourra le prouver ! »

Il vaut la peine de revenir un instant sur cette affaire car elle teste, à mon sens, la valeur cardinale que l'on doit chercher chez nos gouvernants : leur capacité à protéger nos droits, même et peut-être surtout en temps de crise. Il faut distinguer trois choses. D'abord, la présence de l'armée canadienne dans les rues de Montréal en octobre 1970. Que des militaires viennent assumer des tâches de protection des personnes et des bâtiments et libèrent ainsi les forces policières pour leur rôle essentiel d'enquête et de recherche des felquistes, voilà une décision justifiable, mais distincte de la suspension des libertés. Ensuite, MM. Bourassa et Trudeau ont soutenu qu'il fallait adopter la Loi sur les mesures de guerre pour élargir les pouvoirs d'enquête et d'arrestation des policiers pendant la crise. On sait maintenant que la GRC contestait cette évaluation et affirmait que les arrestations et les perquisitions proposées n'allaient en rien aider à retrouver les deux otages ou leurs ravisseurs. Avec le recul, on constate que la GRC avait raison : aucune arrestation, aucune perquisition n'a fait progresser l'enquête. On le constate aujourd'hui, mais on pouvait raisonnablement en douter à l'époque.

Finalement, MM. Bourassa et Trudeau ont affirmé que la Loi sur les mesures de guerre était excessive dans sa portée, mais constituait malheureusement le seul moyen législatif à leur disposition. C'est lorsqu'on les suit dans cette démonstration que leur comportement devient sujet à caution. La loi donnait des pouvoirs aux policiers, elle ne leur imposait cependant pas d'obligation. Le premier ministre du Québec avait la capacité politique et la responsabilité morale d'intervenir pour en doser l'application, modérer l'enthousiasme des forces policières et pour préserver, du moins partiellement, les droits des détenus. Rien ne nous permet de croire que M. Bourassa, ou d'ailleurs M. Trudeau, s'inquiétait du sort réservé aux prisonniers d'octobre. M. Bourassa avoue avoir demandé pourquoi il fallait arrêter le poète Gérald Godin, et s'être satisfait de la réponse policière : il y avait « un dossier » sur lui. Sauf exceptions, pendant 21 jours en moyenne, 500 prisonniers d'octobre n'ont pas pu voir leur avocat : rien n'interdisait à M. Bourassa de leur accorder ce droit. Dans la plupart des cas, ils n'ont pas pu parler à leur famille : il aurait pu les y autoriser. Ils n'ont pas pu savoir de quoi ils étaient accusés : il aurait pu l'exiger des procureurs. Mais le fait est que ces Québécois étaient en prison pour délit d'opinion. Péquistes, syndicalistes, marxistes, c'était leur seul crime. Une cinquantaine d'entre eux sont restés derrière les barreaux pendant deux mois et demi en moyenne, et ce même lorsque les premières arrestations de responsables felquistes ont démontré que ces emprisonnements étaient sans objet.

Il n'y avait aucun doute que les perquisitions donnaient lieu, soit à de l'abus de pouvoir, soit à de l'incompétence. Même la maison du ministre fédéral Gérard Pelletier fut fouillée. Celles des membres des exécutifs péquistes de circonscriptions paisibles le furent aussi, parfois à plusieurs reprises. On attend toujours en vain un témoignage d'indignation du premier ministre, une preuve qu'il ait tenté d'agir pour freiner ces excès. Restons proche des faits connus : il a réclamé l'imposition d'un État policier au Québec à la fin de 1970. Cet État policier temporaire a servi à affaiblir l'opposition syndicale, la gauche et l'opposition souverainiste légale. Il n'est pas interdit de penser que c'est ce qu'il voulait.

Les temps ayant changé, le Québec n'a heureusement pas vécu d'autres drames de ce genre. Mais la dureté de Robert Bourassa n'est pas disparue pour autant. Elle est devenue plus enrobée, mais non moins efficace. En 1981, dans un essai qu'il a écrit pour le magazine *L'Actualité*, M. Bourassa se demande quelles sont les qualités principales que doit avoir un premier ministre. Que donne-t-il comme réponse ? La capacité de gestion et la connaissance des dossiers ? Non. L'honnêteté ? Non. La capacité de créer des consensus ? Non. Le *leadership* ? Non. Le respect des droits et des institutions ? Vous n'y êtes pas du tout. Il répond : « La lucidité, le sang-froid, la détermination ». Surtout, ajoute-t-il, « il ne faut jamais lâcher ». Redevenu chef du Parti libéral du Québec, il parle au journaliste Ian MacDonald de son retour imminent au pouvoir : « Il n'y a pas de doute que je serais plus dur », dit-il.

Plus dur ne signifie cependant pas plus cassant. En privé, comme avec les médias, Robert Bourassa était tout à fait l'homme affable, courtois, prévenant, détestant la confrontation que chacun nous décrit. Ronald Poupart, qui fut son adjoint et celui de Daniel Johnson avant de travailler pour Jean Charest, expliquait la technique du Bourassa seconde manière. Dans l'exemple qu'il utilise, Johnson, président du Conseil du trésor très préoccupé par le dérapage des finances publiques, refuse d'approuver une dépense supplémentaire. Selon Poupart, M. Bourassa opère comme suit : « Tu es contre. Bon, c'est parfait, je vais y repenser, on s'en reparle demain. » Le lendemain, il dit : « J'ai regardé ça, Daniel, mais tel et tel aspect me préoccupent en particulier. J'aimerais que tu y repenses et qu'on en reparle. » Johnson y pense, n'a pas changé d'avis et rappelle. Il entend : « À cause de telle et telle autre chose, je serais porté à dire qu'il faudrait le faire, qu'en penses-tu ? On s'en reparle demain ». Daniel rappelle encore. M. Bourassa lui dit : « Pour telle raison, je pencherais plutôt pour, qu'est-ce que tu en penses ? » « Au bout de trois ou quatre jours, conclut Poupart, l'interlocuteur dit : O.K. ! On va le faire ! » C'est la technique du passif agressif[2].

Et il faut reconnaître que, de 1989 à 1992, alors que tous autour de lui le poussaient à modifier sa position d'amant du *statu quo*, voulaient qu'il fasse preuve d'audace, d'imagination, l'invitaient à saisir l'occasion et à faire bouger le Québec hors de l'impasse, sans nécessairement sortir de la fédération, il a fallu à Robert Bourassa une extraordinaire dose de détermination pour replonger son parti et le Québec tout entier dans l'immobilisme.

## OBJECTIF : L'IMMOBILISME

Pourquoi cet adepte de la gestion tranquille du pouvoir s'est-il engagé en 1986 dans la réforme constitutionnelle de Meech, ouvrant ainsi la boîte de Pandore et causant tant de chagrin pendant presque une décennie ? Parce qu'il voulait faire sa marque, réintégrer le Québec dans la constitution canadienne, faire un pied-de-nez à Pierre Trudeau ? Toutes ces réponses ? Sans doute. Mais lorsqu'on lui posait la question, sur le toit du *bunker*, il avait une autre explication. La question constitutionnelle, c'était le terrain du PQ. Il fallait l'éviter, éloigner le calice. Si on pouvait, avec la notion de société distincte, régler le dossier, « ça nous permettrait, disait-il, de nous rendre en l'an 2000, peut-être, dans un climat de relative stabilité ». Bref, si ses demandes modestes pouvaient être acceptées, il voulait ne plus parler de la question pendant une quinzaine d'années, donc le reste de sa vie politique. Et ceux qui croyaient qu'après Meech il s'engagerait dans une deuxième ronde de négociations visant à chercher plus de pouvoirs pour le Québec se seraient retrouvés gros Jean comme devant.

Il n'a d'ailleurs jamais voulu autre chose que de se débarrasser de ce dossier. À Victoria en 1971, on sait maintenant que l'offre fédérale de Pierre Trudeau avait été négociée avec son aval, modifiée selon ses indications. Mais lorsqu'elle a soulevé l'indignation, y compris

2. Lors du colloque, M. Johnson a affirmé ne pas se reconnaître dans cette anecdote, racontée pourtant par un des plus proches collaborateurs de M. Bourassa. D'autres participants, dont Raymond Garneau, ont cependant indiqué pendant le colloque que M. Bourassa gagnait ses batailles à l'usure, ce qui est très largement connu.

dans son propre cabinet et sa propre délégation, il a décidé de ne pas la signer. Il l'a très souvent regretté par la suite. Parce qu'il était satisfait de l'offre de Victoria, parce qu'elle était bonne pour le Québec ? Pas du tout. Ou plutôt, pas nécessairement. Mais parce que, à son avis, ça aurait fermé le dossier.

Il est difficile de savoir avec quelle revendication québécoise il était d'accord. Le « fédéralisme rentable » ? Un slogan vide de sens qu'il avait inventé parce que, disait-il, entre Lévesque et Trudeau, « il ne me restait pas grand place ». « Souveraineté culturelle ? » C'est le plus beau cas. Après la mort de Meech, il se trouve des gens à Ottawa, qui ont la fausse impression que Robert Bourassa veut une réforme en profondeur du fédéralisme. André Burelle, ancien conseiller de Pierre Trudeau, et Michel Roy, ancien éditorialiste, poussent le ministre Joe Clark, chargé du dossier, à satisfaire une revendication traditionnelle du Québec, que le ministre Claude Ryan vient de réitérer : l'autonomie complète en matière linguistique. Ce serait Québec qui aurait le dernier mot sur l'accès à l'école anglaise, l'affichage commercial. Il pourrait même étendre la loi 101 aux 10 % d'entreprises réglementées par Ottawa. Une percée historique. Ottawa conserverait sa politique de bilinguisme institutionnel et les provinces s'engageraient à adopter, par exemple, un Code des minorités. Clark vient sonder le père de la souveraineté culturelle. Que répond-il ? Laissons-lui la parole : avec Clark, « on a parlé de la langue, a raconté M. Bourassa. Je lui ai dit que je ne voulais pas la prendre... J'ai opté pour le *statu quo*... J'ai trouvé qu'on avait quand même suffisamment de pouvoirs ».

Puis vient la culture. Marcel Masse, ministre fédéral, lui suggère de demander la « prédominance législative en matière culturelle », bref, le droit de choisir l'ampleur de sa souveraineté culturelle. Masse se fait fort d'appuyer cette idée avec ses collègues francophones au sein du pouvoir fédéral. Réaction de Robert Bourassa : désintérêt total. Il ne reprend pas la revendication à son compte, n'en informe même pas ses adjoints.

Pourquoi cette attitude ? Parce que davantage de pouvoirs, c'est davantage de tracas. L'adoption de Meech n'aurait pas changé grand-chose, dans l'exercice réel du pouvoir. Mais imaginez ce qu'une réforme en profondeur du fédéralisme aurait occasionné comme soucis supplémentaires, sans parler même de la souveraineté, qu'elle soit confédérale ou de Bruxelles. La question se pose : si Robert Bourassa avait été chancelier allemand lors de la chute du mur de Berlin, y aurait-il eu réunification de l'Allemagne ?

Son chef de cabinet de 1989 à 1993, John Parisella, expliquait un jour ce qui intéressait son patron. « Robert Bourassa, disait-il, c'est les finances publiques, l'économie, la constitution et la langue. Mais il ne faut pas l'achaler avec des problèmes d'intendance, lui parler d'un projet en santé, en immigration ou quoi que ce soit. Ça, pour lui, ça fait partie de la plomberie. "Organisez-vous avec la plomberie ! " disait-il. »

Et comme on vient de voir qu'il ne voulait pas davantage de responsabilités sur la langue et qu'il a constamment tenté de se débarrasser du dossier de la constitution, ça restreignait le champ de son engouement aux finances publiques, dont la gestion ne fut pas exemplaire – pour dire le moins –, et à l'économie résumée essentiellement à l'hydroélectricité.

## CE QU'IL EN PENSE

« Si vous cherchez un fil conducteur à ma philosophie, vous le trouverez davantage dans le pragmatisme que dans l'idéologie » affirmait Robert Bourassa avec justesse. Presque tout, pour lui, n'était que gestion du quotidien.

Soyons de bon compte, Robert Bourassa a eu deux idées. Ou plutôt, une seule, deux fois : le développement énergétique du Nord. La Baie-James fut sa grande audace et faillit le perdre. Le devis initial était de six milliards. La facture finale, de 16 milliards. Une erreur de calcul de 266 %. S'il n'y avait eu, entre la mise en chantier et le début de la production, l'émergence de l'OPEP, la crise du pétrole et la flambée des prix de l'énergie, l'affaire n'aurait pas été rentable. Mais elle le fut, pour notre plus grand bien... et le sien. Sauvé par les pays arabes, Robert Bourassa voulut recommencer avec Grande-Baleine, mais en vain. Il réussit à convaincre Hydro-Québec de signer avec des alumineries une série de contrats secrets qui ne fut, elle, jamais rentable pour le Québec.

De toute évidence, en 14 ans de pouvoir, des réformes ont été adoptées, certaines importantes, comme la Charte des droits, l'assurance médicament, le patrimoine familial, la francophonie, j'en passe. Aucune ne fut amorcée par Robert Bourassa, qui n'était pas avant-centre, mais gardien de but. Il n'a pas pu, et plusieurs fois n'a pas voulu, arrêter toutes les rondelles. Sur plusieurs questions, contraint et forcé, à la dernière extrémité, il devait agir : le dossier olympique, la Convention de la Baie-James, les lois linguistiques 22 et 178. Peut-être avons-nous cependant, avec la loi 86 sur la prédominance du français dans l'affichage, adoptée alors qu'il avait décidé de quitter la vie politique, l'expression d'une volonté qui était vraiment sienne. Mais quelle était sa conviction profonde sur plusieurs dossiers auxquels il fit mordre la poussière ? Était-il contre la loi de protection des consommateurs ou l'assurance automobile que défendait sa ministre Lise Bacon ? Peut-être pas, mais il trouvait que cela causerait trop de problèmes. S'opposait-il à la perception automatique des pensions alimentaires, mesure essentielle pour protéger les mères seules et leurs enfants ? On n'a pas de raison de le croire, mais il n'y tenait pas suffisamment pour imposer sa volonté. C'était de l'intendance. Comme la réforme de la santé de Marc-Yvan Côté, qu'il aurait laissé faire si elle n'avait pas soulevé de vagues. Mais elle en soulevait, alors...

Un jour de 1976 où il ne disait pas s'il désirait, ou non, que la reine Élisabeth s'arrête au Québec pendant une tournée canadienne, un Pierre Trudeau excédé lui lança : « Quand, Robert, apprendras-tu à te décider ? » On pouvait être en désaccord avec Trudeau, mais c'était un homme de conviction. Et la conviction appelle l'action, c'est net. On sait ce qu'on veut, on le fait. On en subit les conséquences, positives ou négatives, dans l'opinion.

Mais la gestion politique pure à laquelle s'adonnait Robert Bourassa supposait une autre méthode. Puisqu'il ne tenait à rien de particulier – sauf au *statu quo* dans la plupart des cas – il fondait souvent son action sur ce qui allait se vendre, ce qui allait marcher. Forcément, il hésitait. Pas parce qu'il ne savait pas ce qui était nécessaire ou juste ou souhaitable pour le Québec, mais parce qu'il soupesait interminablement ce qui était politiquement rentable ou désavantageux.

Mario Bertrand, son chef de cabinet de 1987 à 1989, racontait que M. Bourassa « ne prend pas une décision importante avant d'écouter ce que disent Jean-Luc Mongrain, Jean Cournoyer, Pierre Pascau et Gilles Proulx [alors animateurs vedettes à la radio et à la télé] sur le sujet. Il veut savoir ce que les gens leur disent en lignes ouvertes. [...] Il les écoute directement, il sait où les trouver dans la grille horaire. D'ailleurs, ajoute Bertrand, je lui disais qu'il s'y fiait trop. »

Puisqu'il n'avait pas de conviction sur la quasi-totalité des dossiers, que son objectif était de gouverner le moins possible et que, s'il fallait prendre des décisions, il devait coller à l'air du temps, alors, oui, il paraissait indécis, mou, à la remorque des sondages. Mais ce n'est pas qu'il n'arrivait pas à se faire une idée, c'est qu'il n'arrivait pas à trouver rapidement le point de moindre résistance de l'opinion québécoise. Il est d'ailleurs parfois introuvable. Il expliqua à un journaliste torontois pourquoi il avait d'abord choisi en 1988, sur la langue d'affichage, l'intenable formule « français à l'extérieur, bilingue à l'intérieur ». « Vous êtes premier ministre du Québec, a-t-il dit, et vous avez deux sondages, un qui dit "ne touchez pas à la loi 101" [donc à l'affichage unilingue français], l'autre qui dit "nous sommes favorables à l'affichage bilingue". Que faites-vous avec ça ? Vous inventez la formule intérieur-extérieur ! »

## LIBRE DE SES CHOIX ?

Il faut bien distinguer entre, d'une part, l'attentisme généralisé sur tous les sujets qui l'ennuient et qui sont nombreux et, d'autre part, la gestion du problème le plus épineux qui lui fut présenté : la crise politique ouverte par la mort de Meech.

En apparence, les méthodes se recoupent. Sur le fond, rien n'est pareil. Robert Bourassa se fout de la couleur de la margarine. Il fera traîner ce dossier pendant des années. Il ne se fout pas de la montée du sentiment souverainiste au sein de son parti et de la société québécoise après Meech. On lit souvent que cette poussée fut aussi forte que brève. En fait, l'intention de vote favorable à « la souveraineté » et à la « souveraineté-association » fut majoritaire depuis l'automne 1989 jusqu'en 1994. Pour la « souveraineté-association », c'était le cas sans même tenir compte des indécis[3].

Le danger était donc grand. M. Bourassa dira dans une entrevue à la CBC en 1992 que « sa position, du début jusqu'à la fin, n'a pas changé ». Il s'agissait de garder « le Québec à l'intérieur du Canada – tout le reste n'est que du bavardage, du *gossip* ». Il faut le croire, puisque c'est ce qu'il a fait.

Donc, lorsqu'il déclare, le soir de la mort de Meech, que « le Québec est libre de ses choix », c'est du bavardage. Le Québec n'a

3. M. Bourassa lui-même disait qu'un référendum sur la souveraineté tenu en juin 1991, soit un an après la mort de Meech, aurait donné un résultat positif d'environ 58 %.

pas de choix, ou du moins il n'en avait pas d'autre que celui d'élire Robert Bourassa l'année précédente car maintenant c'est lui qui décide. Il le revendique d'ailleurs le jour de sa démission, dans une phrase lourde de sens : « J'ai assumé le destin du Québec. »

Alors lorsqu'il déclare, peu après la mort de Meech, que, dans le grand débat qui s'ouvre, « il ne faut exclure aucune option, sauf le *statu quo* et l'annexion aux États-Unis », c'est du bavardage. Lorsqu'il invite son parti à adopter le rapport Allaire, qui prévoit une réforme radicale de la fédération dont il ne veut pas ou, en cas d'échec, une souveraineté dont il veut moins encore, c'est du bavardage. Lorsqu'il reçoit le rapport de la commission Bélanger-Campeau, il sait que c'est du bavardage, mais voilà, les autres commissaires veulent qu'il le signe. Il se fait alors donner un avis juridique qui lui confirme que sa signature de premier ministre n'a aucune valeur juridique. C'est donc du bavardage écrit. Il signe.

La question n'est pas de savoir si Robert Bourassa aurait dû faire la souveraineté. Ce n'était pas sa conviction, il n'en avait pas l'obligation. On peut s'attrister qu'il ne l'ait pas été, mais il serait ridicule de le lui reprocher et ce n'est aucunement mon propos. La question est de savoir si Robert Bourassa s'est comporté en démocrate pendant une période de turbulence politique – totalement pacifique au demeurant – où les Québécois exprimaient une forte volonté de changement et où les conditions d'un changement étaient réunies.

Meech est mort en juin 1990. Accordons aux Québécois un mois ou deux de répit. En août, M. Bourassa fait une intervention politique marquée lors du congrès de l'aile jeunesse de son parti, qui vient d'adopter une position souverainiste. Il pourrait se lever, là, et, en démocrate, déclarer sa conviction : l'attachement du PLQ au Canada était un principe essentiel, intouchable et il va se battre pour convaincre les Québécois, les libéraux et les autres, de la valeur de sa position. Il leur parle plutôt de l'organisation du futur Parlement commun entre le Québec et le Canada. Le 6 novembre, il participe à l'ouverture des travaux de la commission Bélanger-Campeau. Belle occasion d'affirmer sa foi fédéraliste. Mais il est dans une période où il refuse même de répondre à la question « Êtes-vous fédéraliste ? » Son refus de se dire fédéraliste durera plusieurs mois. Le jour où le rapport Allaire est présenté, le 29 janvier 1991, serait une bonne occasion. Mais il choisit d'affirmer au contraire que le rapport lui convient, dans sa forme et dans son contenu, ce qui est faux. Ou alors le 8 mars, à son discours d'ouverture du Congrès libéral, il pourrait dévoiler sa pensée. Mais il affirme plutôt que « le *statu quo* est la pire solution pour le Québec ». À la clôture du Congrès, il indique pour la première fois depuis Meech que le Canada est « son premier choix », mais toujours pas son « seul choix ». De tout ce bavardage, les Québécois sondés deux mois plus tard, en mai 1991 retiennent à 82 % que M. Bourassa ne bluffe pas lorsqu'il réclame une réforme en profondeur du fédéralisme, sans quoi il conduira son parti vers la souveraineté. Ils le croient.

Il faut attendre le début de 1992 pour que le premier ministre exprime assez franchement que le Canada est son seul choix. Quoiqu'il évoque toujours, en février 1992, de sa propre initiative sa « question de Bruxelles » portant sur « des États souverains et associés », la question qu'il n'a aucunement l'intention de soumettre au vote populaire, jugeant, en privé, la chose « imprudente ».

Que se serait-il passé si Robert Bourassa avait dit assez rapidement la vérité ? Un éditorial du quotidien *The Gazette* a un jour offert une réponse. Deux choses auraient pu se produire. « Un membre de l'Assemblée nationale aurait déposé une résolution proposant l'indépendance et elle aurait été adoptée, écrit le quotidien avec effroi, ou des députés libéraux auraient fait défection et se seraient joints au Parti québécois en assez grand nombre pour enlever à M. Bourassa sa majorité à l'Assemblée. » Est-ce vrai ? On ne le saura jamais et on a des raisons d'en douter, car la force d'inertie est très grande dans notre système et la suite des choses a démontré que la quasi-totalité des élus libéraux était prête à suivre le chef libéral dans ses changements de cap apparents.

Mais, selon l'argument du quotidien anglophone, si M. Bourassa avait agi dans la clarté, les élus du peuple auraient été libres de leur choix, peut-être y aurait-il même eu un référendum où les Québécois auraient été libres de leur choix. Si le premier ministre avait agi en démocrate, la démocratie aurait fonctionné. M. Bourassa, conclut la *Gazette*, a droit à « tous les honneurs » pour avoir agi ainsi. Pour avoir donc empêché le fonctionnement normal de notre assemblée démocratique, et sauvé le Canada. C'est une conception de la démocratie. Ce n'est pas la mienne.

Plus intéressant encore est le comportement du chef des fédéralistes québécois envers les fédéralistes. Des ministres importants, son choix comme coprésident de la Commission sur l'avenir du Québec, Michel Bélanger, son caucus, son parti, se sont mis d'accord sur une stratégie de réforme de la fédération, la stratégie dite du « couperet sur la gorge », selon l'expression exacte du politologue Léon Dion. Pour résumer : on fait semblant de menacer de faire la souveraineté pour pousser le Canada à nous offrir une réforme importante. Je ne pose pas de jugement sur la qualité ou la moralité de cette stratégie. Je constate simplement qu'elle était largement partagée à l'époque par les fédéralistes. L'exploit de Robert Bourassa est d'avoir convaincu une forte majorité de Québécois de jouer cette carte de la « dernière chance » après l'échec de Meech. Son rapport de forces était inégalé dans l'histoire politique moderne du Québec.

Cette stratégie supposait cependant une petite chose : que le chef des fédéralistes fasse semblant d'y croire. Or le premier ministre, s'il cachait son jeu lorsqu'il s'adressait aux Québécois, ne le faisait pas lorsqu'il parlait à ses homologues du Canada. Les premiers ministres David Peterson et Bob Rae de l'Ontario, Don Getty de l'Alberta, Frank McKenna du Nouveau-Brunswick et Don Cameron de Nouvelle-Écosse ont tous raconté bien candidement qu'à chaque étape du processus, et depuis le tout début, M. Bourassa les informait en privé qu'en aucun cas il ne mettrait cette menace à exécution, que ce n'était qu'une tactique pour gagner du temps et faire retomber la pression au Québec. Cet aveu de M. Bourassa sabotait complètement la stratégie des fédéralistes québécois et anéantissait le rapport de forces québécois. L'Ontarien Bob Rae a résumé la situation en ces termes : « Le problème central de la stratégie de négociation du Québec était que nous [du Canada anglais] étions en présence d'un mécanisme dans lequel nous ne pouvions pas perdre. »

Tout, donc, était du bavardage. Ce que M. Bourassa disait aux souverainistes et ce qu'il disait aux fédéralistes. Il n'espérait qu'une chose, en fait, comme à Victoria, comme à Meech, c'était de fermer le dossier. En août 1991, Paul Tellier vient lui présenter une première mouture des nouvelles offres fédérales. Elles sont extraordinairement timides. Il les trouve bonnes. Ce sont d'autres Québécois, les ministres de Brian Mulroney, qui les torpilleront. En juillet 1992, le Canada anglais conclut une entente, dite du « 7 juillet ». Selon Joe Clark, M. Bourassa l'a approuvée au téléphone. C'est un autre Québécois, Brian Mulroney, qui la refusera, y voyant un recul inacceptable pour le Québec. Recul que jamais les Québécois n'accepteraient lors d'un référendum.

Évidemment, on ne peut rien comprendre de l'attitude de Robert Bourassa tant qu'on croit à son bavardage. Il a voté une loi qui affirme qu'il y aura un référendum sur la souveraineté. Il ne faut pas le croire. C'est entendu. Mais il dit aux Québécois « qu'à moins d'un tremblement de terre » il y aura un référendum sur la réforme de la fédération. Personne ne voit comment les réformes proposées pourraient réunir une majorité au Québec. C'est qu'il ne fallait pas croire, non plus, à la promesse d'un référendum sur les offres. Comme le gaz dans les immeubles parisiens, il y avait mensonge à tous les étages.

M. Bourassa voulait une chose, toujours la même : pas l'autonomie linguistique ou la souveraineté culturelle, mais fermer le dossier. Après une période de tâtonnements, sa stratégie était la suivante : obtenir une offre fédérale la moins dérangeante possible – « pourquoi ne pouvons-nous pas tout simplement revenir à Meech » se lamentait-il fréquemment auprès de ses collègues provinciaux. Ensuite, faire voter cette mini-réforme, non par référendum – car il savait qu'il le perdrait – mais par sa majorité parlementaire à l'Assemblée nationale redevenue docile. Puis changer de sujet jusqu'à l'élection générale, qui pouvait n'avoir lieu que deux ans plus tard.

Se dédire de sa promesse de tenir un référendum sur les offres fédérales serait un mauvais moment à passer, mais moins mauvais, pensait-il, que de perdre ce vote. Il avait d'ailleurs commencé à préparer le terrain, affirmant à compter de mars 1992 qu'il ne fallait jamais « organiser de référendum sans être sûr de le gagner ». Il pourrait, le moment venu, s'appuyer sur ce principe. Et puis, il n'était plus à un retournement près. Il savait qu'il se trouverait des gens pour applaudir. L'essentiel était d'empêcher que le Québec soit libre de ses choix, du moins tant qu'il était premier ministre.

Nous savons tous que le référendum a eu lieu, en octobre 1992. C'est Brian Mulroney qui l'a imposé à M. Bourassa, le menaçant directement, en privé, à quelques reprises de tenir cette consultation sans la participation du gouvernement québécois si nécessaire. De toute façon, une fois que les autres premiers ministres provinciaux furent convaincus de tenir un référendum pancanadien, les dés étaient jetés.

Les quatre grandes caractéristiques de la « méthode Bourassa » se sont alors retournées contre lui. Il fut piégé par sa propre dureté, sa propre aversion au changement, la rareté de ses convictions et son double langage. La campagne référendaire de 1992, qui occasionna une scission dans son propre parti et la perte d'une partie de sa base électorale francophone, fut, pour lui, un cauchemar et un échec politique personnel considérable.

## SA CONTRIBUTION À L'IMPASSE

Il a fallu beaucoup de leaders politiques québécois pour construire l'impasse politique dans laquelle nous nous trouvons. Les souverainistes, les trudeauistes, les libéraux nationalistes, les électeurs eux-mêmes, le Canada anglais aussi, ont, tour à tour, par leurs actions ou les conséquences de leurs actions, apporté leurs pierres à ce mur. Le déclin politique du Québec au sein du Canada est inscrit dans la démographie, dans l'effet cumulatif, par l'entremise des tribunaux, d'une constitution imposée et sur un déséquilibre fiscal croissant.

Mais on sait aujourd'hui que, si une réforme importante de la fédération canadienne était possible, c'était dans la période suivant l'échec de Meech. On sait aujourd'hui que, si un consensus non partisan sur la souveraineté du Québec était possible, c'était dans la période suivant l'échec de Meech. Pour la première fois de leur histoire, les Québécois étaient disposés à s'unir, dans une voie ou dans l'autre, ou dans une combinaison des deux. Ils étaient lucides et déterminés. Le Canada anglais était, du moins dans un premier temps, sur la défensive. À des années-lumières de C-20. Washington se disait disposé à s'accommoder d'un Québec dont le degré d'autonomie pourrait varier, avait publiquement expliqué l'ambassadeur américain, « de 0 à 100 % ». Le premier ministre français s'appelait Michel Rocard.

Pour le Québec, l'histoire ne s'est pas montrée généreuse de moments propices au changement de statut politique. Cette rareté rendait d'autant plus précieuse cette occasion de changement interne ou externe. L'occasion fut irrémédiablement gaspillée.

Certains trouvent que le comportement du premier ministre du Québec pendant cette période fut habile, ingénieux, subtil, tout en nuances et virtuosité. Admirable, même. Du grand art politique. Je ne suis pas de cette école. La façon désastreuse avec laquelle il a géré la négociation constitutionnelle a miné, pour l'avenir prévisible, le chemin d'une redéfinition de la place du Québec au sein de la fédération. De même, l'avenue menant à la souveraineté s'est refermée. Avec le recul, on peut penser qu'un peu de franchise, au fond, aurait été utile et qu'à tout prendre il aurait été préférable que le Québec soit libre de ses choix, que Robert Bourassa n'assume pas, seul, le destin du Québec, en cette période où le changement était possible.

# 2.4

## Souveraineté culturelle et législation linguistique

# La souveraineté culturelle du Québec

Charles Denis

Le lendemain de la victoire du 29 octobre 1973, Robert Bourassa quitta en fin d'après-midi son bureau d'Hydro-Québec, à Montréal, pour se rendre en voiture à Québec. Je l'accompagnai pendant tout ce voyage, et j'eus ainsi avec lui une longue conversation dont j'aimerais maintenant vous rapporter plusieurs moments, un peu comme un instantané des souhaits, des espoirs et des préoccupations d'un homme à qui les Québécois avaient donné la veille un immense pouvoir, soit 102 sièges sur 110.

Tout en laissant courir son regard sur le paysage reposant qui borde l'autoroute 20, Robert Bourassa se mit à élaborer sur un certain nombre de sujets qui lui tenaient à cœur. La situation financière du Québec était saine, et 128 000 emplois allaient être créés en 1973. Bourassa déclara que les défis de ce nouveau mandat consistaient à continuer la création d'emploi, à maintenir le dialogue avec la population, et à préciser les pouvoirs nécessaires à cette souveraineté culturelle qui intriguait de plus en plus ses interlocuteurs. Il savait qu'il allait avoir bientôt en main, soit en février 1974, le rapport de la commission Gendron sur la situation de la langue française au Québec : il estimait que le temps était venu pour lui d'agir d'une façon déterminante sur le plan linguistique, d'autant plus que son énorme majorité lui donnait un pouvoir considérable.

Pour Bourassa, la voie était donc ouverte à des initiatives importantes, notamment en entreprenant la longue marche vers la souveraineté culturelle.

Le Parti québécois venait, il est vrai, d'augmenter substantiellement son appui populaire, soit 230 000 voix de plus qu'à l'élection d'avril 1970. Pouvait-on, se demanda Bourassa, songer à établir un dialogue avec les éléments les plus progressistes du PQ. Pourquoi, précisa-t-il, ne pas travailler à un réalignement des forces politiques au Québec afin que le débat se fasse davantage à l'avenir entre le conservatisme et les forces du progrès, plutôt que de se continuer sur le plan de l'indépendantisme contre le fédéralisme.

N'était-ce pas Raymond Laliberté, un syndicaliste doublé d'un intellectuel, qui avait déclaré quelques mois plus tôt que la question nationale dévorait malheureusement au Québec tout le social ? Voilà une prise de position qui trouvait un écho favorable chez Bourassa, qui était en fait un homme politique de centre gauche. On sait que, encore très jeune, alors qu'il étudiait en Angleterre et qu'il s'intéressait évidemment à la politique intérieure anglaise, il avait pris sa carte du Parti travailliste, alors pourtant dans l'opposition à cette époque. Personnellement, j'ai toujours trouvé ce fait révélateur de la véritable orientation idéologique de l'homme.

On voit, signala Bourassa, que ce soit par les travaux des recherchistes ou par les sondages, que tous les groupes de la société québécoise ont appuyé pendant la campagne électorale le Parti libéral d'une façon majoritaire, sauf des éléments de la bourgeoisie et certains dirigeants syndicaux, qui sont à leur façon une forme d'establishment.

En fait, lança Bourassa, avec toutes les mesures qu'ils ont fait adopter depuis 1970, ce sont les libéraux qui sont devenus les vrais sociaux-démocrates. D'une part, il s'était constamment efforcé, pendant son premier mandat, de consolider la sécurité économique des travailleurs en faisant de la lutte contre le chômage et du développement des entreprises la principale préoccupation de son gouvernement. La recherche de la sécurité économique des Québécois n'était-elle pas devenue la caractéristique de son administration avec le lancement de la Baie-James, la création de la Société de développement industriel, la SDI maintenant Investissement-Québec, et les législations économiques adoptées dans tous les secteurs. D'ailleurs, pour illustrer le caractère fondamental et nécessaire du progrès économique, Bourassa n'hésitait pas à citer souvent l'homme politique français Jean Jaurès, qui avait déclaré qu'on ne peut pas bâtir le socialisme sur la pauvreté.

Par ailleurs, n'avait-il pas contribué à promouvoir d'une façon on ne peut plus concrète la social-démocratie au Québec avec des mesures comme l'assurance maladie, l'Office de la protection du consommateur, les allocations familiales pour aider d'abord et avant tout les familles à revenu modeste, le Conseil du statut de la femme, les médicaments gratuits aux personnes âgées, la Régie des loyers, la Loi des petites créances, l'aide juridique, l'exemption d'impôt pour les petits salariés, la réforme de la carte électorale avec l'abolition des comtés protégés et la création de comtés équivalents quant au nombre d'électeurs, le Code des professions rendant obligatoire la connaissance d'usage de la langue française et, éventuellement un peu plus tard, la Charte des droits et libertés de la personne.

La politique du Parti libéral du Québec est bien, me souligna-t-il, une politique social-démocrate puisque nous cherchons à aider ceux qui en ont le plus besoin. Bourassa était convaincu que l'accent mis sur l'indépendance politique, telle qu'elle était proposée par le Parti québécois, était une conception irréaliste des véritables aspirations de la majorité des Québécois. Les Québécois, selon Bourassa, retenaient surtout deux choses : d'une part, ils font partie d'un grand ensemble nord-américain, le Canada, qui est, comme il aimait souvent l'expliquer, un espace de solidarité, certes imparfait, mais susceptible d'améliorations avec des formules comme, par exemple, la péréquation. D'autre part, les Québécois constataient que de nombreux pays dans d'autres régions du monde s'orientaient en fait de plus en plus vers un lien fédératif.

Bourassa expliqua alors que, malgré le niveau d'interdépendance économique que connaissait la société canadienne, on pouvait tout de même avoir une solution proprement québécoise, c'est-à-dire la souveraineté culturelle dans le fédéralisme économique. Cette formule était pour Bourassa la véritable solution à l'insécurité ressentie par plusieurs Québécois, insécurité qui les amenait à douter du système fédéral canadien. La souveraineté culturelle exprimait selon lui avec précision le degré de liberté d'action nécessaire au Québec pour se doter des politiques requises pour la protection et pour l'épanouissement de la langue et de la culture d'expression française alors que nous vivons dans une Amérique du Nord largement anglophone. Si l'on pouvait éliminer définitivement toute inquiétude dans le cœur des Québécois quant à leur sécurité culturelle, il devenait alors possible, estimait-il, que beaucoup d'électeurs, qui avaient voté pour le PQ par crainte, par exemple, d'être assimilés à plus ou moins long terme, soient amenés à réviser leur choix politique.

Le premier ministre, qui était manifestement en verve, indiqua même comment il concevait l'obtention de la souveraineté culturelle.

Tout d'abord on partait d'un certain nombre d'acquis: dans le domaine de l'éducation, la Constitution était claire. Dans le secteur de la formation, il était avantageux de convenir de normes à des fins de mobilité de la main-d'œuvre. Dans d'autres cas, c'était purement une question de compétence, comme dans le secteur des communications. Dans le domaine de la culture, cela pouvait être une question de partage fiscal nous donnant la maîtrise d'œuvre, les sommes engagées n'étant pas énormes. Quant aux zones grises, elles pourraient être dissipées tout d'abord par des arrangements administratifs, puis par des conférences fédérales-provinciales, entre ministres des Communications par exemple, lesquels pourraient déblayer le terrain et préciser les pouvoirs définitifs dont le Québec a besoin pour détenir la souveraineté culturelle.

Lors des élections fédérales du 8 juillet 1974, les électeurs canadiens accordèrent un gouvernement majoritaire à Pierre Trudeau, et ceci avec un appui accru au Québec: 60 députés sur 75. Avec ce nouveau pouvoir majoritaire, Trudeau allait certainement être tenté, malgré Victoria, de ressusciter la négociation constitutionnelle. Or Bourassa ne voulait pas que la loi 22 fasse partie d'une éventuelle négociation constitutionnelle, ceci pour l'excellente raison que le gouvernement du Québec est le seul gouvernement au Canada responsable à une majorité francophone.

En rétablissant trois semaines plus tard, soit le 31 juillet 1974, avec la loi 22 le français comme langue officielle du territoire québécois, soit plus de deux siècles après qu'il eut perdu ce statut, Robert Bourassa établit un nouvel équilibre entre les forces culturelles au Canada et, en fait, sur le continent nord-américain.

La loi 22 fut la concrétisation la plus spectaculaire de l'affirmation culturelle du Québec moderne. De plus, par cette initiative, le Québec devenait la seule entité politique officiellement francophone de l'Amérique du Nord, enrichissant ainsi le marché commun canadien d'un apport qui lui permettait d'affirmer davantage son originalité face au léviathan américain. On notera, en passant, que René Lévesque reconnut que Robert Bourassa, en faisant adopter la loi 22, avait fait preuve d'un courage certain, comme il le signala lui-même en page 357 de son livre intitulé *Attendez que je me rappelle...* Il fallait de fait beaucoup de courage politique pour oser, en Amérique du Nord, renforcer les droits de notre majorité francophone tout en respectant, au Québec, les droits individuels de notre minorité anglophone.

Bien des années plus tard, le jugement de la Cour suprême de décembre 1988 a d'ailleurs confirmé que Bourassa avait vu juste et que le Québec avait le droit d'établir le français comme langue officielle. Avec l'adoption de la loi 22, le Québec se rapprochait considérablement de l'objectif de la souveraineté culturelle que Bourassa proposait aux Québécois. Comme il l'écrivit au début de 1976 dans un article publié dans l'hebdomadaire français *Le Monde diplomatique*, le Québec était devenu avec la loi 22 « un État français dans le marché commun canadien ».

Pour le premier ministre du Québec, la souveraineté culturelle devait également comporter une nouvelle dimension, soit celle de l'immigration. Il mit en place en 1974, avec la loi 46, une politique accueillante et dynamique axée sur les objectifs suivants : information adéquate des candidats, pouvoir réel de sélection et de recrutement, et intégration harmonieuse à la société québécoise. La loi 46 ayant été adoptée, Bourassa donna instruction au ministre de l'Immigration du Québec, Jean Bienvenue, de négocier avec le gouvernement fédéral les modalités d'une collaboration essentielle au succès de l'exercice québécois de cette autorité. Cette négociation fut finalement couronnée de succès puisque l'année suivante, soit le 17 octobre 1975, Jean Bienvenue et Robert Andras, ministre fédéral de la Main-d'œuvre et de l'Immigration, signèrent une entente. L'immigration pouvait désormais s'inscrire positivement au cœur de la politique démographique du gouvernement du Québec et contribuer au renforcement de sa souveraineté culturelle.

Un troisième volet de la souveraineté culturelle proposé par Bourassa aux Québécois était celui des communications. Il fallait selon lui que le Québec soit le premier agent de planification et de réglementation dans le secteur des communications. Il donna des instructions afin que la Régie des services publics assume pleinement la responsabilité du Québec en matière de câblodistribution, même si certaines décisions de la Régie étaient contestées par les autorités fédérales.

Par ailleurs, toujours dans le domaine des communications, c'est le 10 février 1975 que Bourassa inaugura les studios et les installations techniques de la télévision de Radio-Québec, maintenant Télé-Québec, qui se mit à diffuser sur antenne UHF au canal 15 à Québec et au canal 17 à Montréal. Bourassa dotait ainsi le Québec d'un instrument moderne de formation, d'information et de divertissement tout en permettant aux téléspectateurs québécois de mieux percevoir toute la vigueur de leur identité culturelle. La loi-cadre sur le cinéma, ou loi n° 1, fut adoptée en juin 1975. Pour Bourassa, cette loi s'inscrivait certainement dans la poursuite de la souveraineté culturelle du Québec. En fait, le projet de loi n° 1 fut élaboré dans les bureaux mêmes du premier ministre, à sa demande, au 17e étage d'Hydro-Québec, au cours de longues séances de travail que j'organisai notamment avec le regretté André Guérin, homme de grande culture et qui était à cette époque président du Bureau de surveillance du cinéma. Nous nous inspirions largement des modèles offerts par la France, avec le Centre national de la cinématographie, et par la Suède, avec l'Institut du film. Bourassa souhaitait que cette loi-cadre donne les moyens à notre industrie cinématographique de refléter l'identité culturelle des Québécois. Le premier ministre voulait également que cette loi contribue au développement d'un cinéma de qualité au Québec, permette l'extension de cette culture cinématographique à toutes les régions du Québec et développe le cinéma pour enfants.

Par ailleurs, l'industrie québécoise du livre reçut au printemps de 1975 une aide considérable avec la Loi garantissant des prêts aux éditeurs et aux libraires d'un montant total de 5 millions de dollars. Cette garantie pouvait aller jusqu'à 75 % de la valeur des comptes à recevoir de l'emprunteur sur ventes de livres, la valeur des livres admissibles s'établissant selon leur prix coûtant.

Une quatrième dimension de la souveraineté culturelle, c'est également la place que le Québec s'est acquise sous l'impulsion de Bourassa dans l'ensemble des pays francophones : dès octobre 1971, le Québec avait réussi, après bien des négociations avec Ottawa, à devenir gouvernement participant aux activités de l'Agence francophone de coopération culturelle et technique. Nous entretenons maintenant des relations directes avec les gouvernements francophones, avec qui nous signons des ententes. Dans les domaines de notre compétence, le gouvernement de Robert Bourassa a même signé des ententes avec des pays autres que francophones : dans un secteur que je connais bien, celui des industries culturelles, le gouvernement Bourassa a, par exemple, signé sans problèmes des accords de coproduction cinématographique et télévisuelle avec, par exemple, le Danemark, la Suède, la Pologne et le Venezuela.

Robert Bourassa était à la fois un visionnaire et un politique réaliste, parfaitement en symbiose aussi bien avec l'homme de la rue qu'avec la plupart des chefs de file de notre société. Profondément Québécois, il a poursuivi des objectifs et il a mené des combats qui sont toujours à l'ordre du jour pour notre collectivité. Il a tellement marqué son temps que les dirigeants politiques québécois s'inspireront longtemps encore des solutions qu'il proposait. Il suffit pour s'en convaincre de constater comment à l'heure actuelle (2002) le développement hydroélectrique et sa fameuse « question de Bruxelles » sont toujours d'actualité. L'émotion causée chez tous les Québécois par son départ fait de plus en plus place avec le temps à la sérénité entourant sa mémoire, ainsi qu'à l'estime à l'égard de ses réalisations. Le souvenir, bien vivant, de cet homme exceptionnel, simple et généreux prend maintenant toute la place du vide qu'il a créé quand il s'en est allé.

Comme il l'affirmait il y a six ans, quelques mois avant qu'il ne nous quitte : « Avec le français langue officielle, la culture, l'immigration et notre place dans la francophonie internationale, les progrès sont indéniables, et le combat continue. On verra avec les années, prédisait-il, que c'est cette formule, la souveraineté culturelle, qui sera appuyée par l'ensemble des Québécois, et qui sera éventuellement acceptée par le Canada. Le temps dira que c'est moi qui avais raison. »

# Lois et projets de lois linguistiques

Michel Paillé[1]

Dans le domaine linguistique, les deux périodes de gouvernement du premier ministre Robert Bourassa se distinguent l'une de l'autre tout naturellement. En effet, la première période est caractérisée par l'adoption d'une véritable première loi linguistique d'importance, la Loi sur la langue officielle du Québec, tandis que la seconde période est celle d'une série de lois amendant essentiellement la Charte de la langue française. Dans le premier cas, le gouvernement Bourassa prenait une tout autre direction que celle empruntée par le gouvernement Bertrand en 1969, tandis que dans la seconde période il amendait la loi votée par le gouvernement Lévesque en 1977. Voyons donc, tour à tour, ces deux périodes politiques nettement différenciées.

## LA PÉRIODE 1970-1976 : LE FRANÇAIS EST DÉCLARÉ LANGUE OFFICIELLE DU QUÉBEC

### La loi 63 de l'Union nationale

Élu en 1970, M. Robert Bourassa prend les commandes du pouvoir politique au Québec peu après l'adoption, par le gouvernement Bertrand, d'une loi très impopulaire touchant le choix de la langue d'enseignement. En effet, la Loi pour promouvoir la langue française au Québec, malgré son titre, reconnaissait la pleine liberté des citoyens à choisir dans quelle langue leurs enfants feront leurs études primaires et secondaires. Adopté à l'automne 1969 peu avant le déclenchement des élections, le projet de loi 63 énonçait une règle générale voulant que l'enseignement au Québec se donne en français,

1. Michel Paillé s'exprime ici à titre personnel ; ses propos, qui appartiennent au domaine de l'histoire, n'engagent nullement son employeur.

pour ensuite accorder, dans le même article, un droit d'exception universel : les cours « sont donnés en langue anglaise à chaque enfant dont les parents [...] en font la demande » !

## La loi 22

Bien que la loi du gouvernement Bertrand ait « ramené le Québec 10 ans en arrière, suscitant de violentes réactions de la part des francophones[2] », le gouvernement Bourassa n'allait pas intervenir rapidement en ce domaine. Plus de 4 ans séparent en effet la loi 63 de la loi 22. Rien n'a donc été fait, dès l'arrivée au pouvoir au printemps 1970, pour diriger vers l'école française, en septembre de la même année, les enfants des immigrants. Sur cette question, Bourassa reprenait implicitement l'espérance de son prédécesseur libéral, l'ancien premier ministre Jean Lesage, qui souhaitait que l'on fasse « un essai loyal de la loi 63[3] ». Par ailleurs, comme l'a bien noté Jean-Claude Gémar, la loi 22 a abordé la question de la langue d'enseignement « à la dernière place » et l'a traitée au moyen de « demi-mesures destinées à contenter tout le monde », ce qui fait rarement l'unanimité[4].

En matière de langue d'enseignement, la loi 22 n'a pas mieux réussi que la précédente à diriger vers l'école française les enfants des immigrants. Bien que l'on ait « procédé lentement relativement à cette question, dans le but d'éviter de répéter les erreurs du gouvernement précédent » (traduction libre)[5], aucun résultat positif n'a été observé. C'est d'ailleurs à cause de cet échec particulier que cette loi laissera un mauvais souvenir, occultant dans les mémoires ses meilleurs éléments.

Rappelons que cette loi stipulait que les élèves « doivent connaître suffisamment la langue d'enseignement pour recevoir l'enseignement dans cette langue », tout en précisant que ceux qui ne connaissent ni le français ni l'anglais « reçoivent l'enseignement en

---

2. Jean-Claude Gémar, *Les Trois États de la politique linguistique du Québec. D'une société traduite à une société d'expression*, Québec, Conseil de la langue française, 1983, p. 45.
3. Jean-Claude Corbeil, *L'Aménagement linguistique au Québec*, Montréal, Guérin, 1980, p. 38.
4. Jean-Claude Gémar, *op. cit.*, p. 92.
5. « The Liberal Government of Robert Bourassa [...] proceeded slowly on the language question, in order to avoid the mistakes of its predecessor » : Michael B. Stein, « Bill 22 and the Non-Francophone Population in Québec : A Case Study of Minority Group Attitudes on Language Legislation », dans John R. Mallea, *Quebec's Language Policies : Background and Response*, Québec, PUL, 1977, p. 248.

langue française». Pour vérifier la connaissance de l'anglais, la loi donnait au ministre de l'Éducation le pouvoir d'« imposer des tests ».

Est-il besoin de préciser que ces tests, administrés à de jeunes enfants, ont été très impopulaires. D'abord appliqués par les commissions scolaires (1974-1975) et ensuite par le ministère de l'Éducation du Québec (1975-1976 et 1976-1977), ils se sont avérés inefficaces pour diriger plus d'enfants vers les écoles françaises du Québec. En outre, rien dans la loi n'aurait pu empêcher les écoliers qui ont échoué le test lors de leur admission de tenter de le réussir l'année suivante[6]. Plus encore, des écoliers qui avaient échoué l'examen d'anglais ont tout de même été admis illégalement dans des écoles anglaises. Bref, « [pour] une deuxième fois en cinq ans, un gouvernement touchait au problème de la langue d'enseignement sans le régler[7] ».

À la décharge du gouvernement Bourassa, précisons que la Commission d'enquête sur la situation de la langue française et sur les droits linguistiques au Québec (commission Gendron) n'avait fait aucune recommandation concrète pour limiter l'admissibilité dans le réseau scolaire anglophone du Québec. En matière d'apprentissage des langues, la commission Gendron recommandait « d'exiger que tous les élèves des écoles anglophones de la province acquièrent une connaissance approfondie du français » et, bien sûr, l'inverse pour les enfants du réseau de langue française[8]. La Commission reconnaissait toutefois au Québec les pleins pouvoirs de légiférer en ce domaine, pouvoirs qu'elle recommandait d'utiliser à très court terme (de trois à cinq ans) advenant que la situation ne s'améliore pas[9].

C'est d'ailleurs ce que fera le gouvernement suivant. En effet, aussitôt après son élection du 15 novembre 1976, le gouvernement du Parti québécois de M. René Lévesque a entrepris de résoudre cette question avant la rentrée scolaire de septembre 1977. Dès cette année-là, les enfants dont le père et la mère n'avaient pas fait leurs études primaires en anglais au Québec ont dû s'inscrire au secteur d'enseignement de langue française des commissions scolaires. Bien

---

6. Claude St-Germain, *La Situation linguistique dans les écoles primaires et secondaires, 1971-72 à 1978-79*, Québec, Conseil de la langue française, 1980, p. 87.
7. Michel Plourde, *La Politique linguistique du Québec, 1977-1987*, Québec, Institut québécois de recherche sur la culture, 1988, p. 17.
8. Gouvernement du Québec, *Rapport de la Commission d'enquête sur la situation de la langue française et sur les droits linguistiques au Québec. Les droits linguistiques*, Québec, L'Éditeur officiel, 1972, livre II, p. 79.
9. *Ibid.*, p. 79-80.

qu'un droit acquis de poursuivre toutes études en anglais ait été accordé à tous ceux qui avaient profité du libre choix de la langue d'enseignement, tous les enfants des nouveaux immigrants[10] sont depuis lors dirigés vers l'école française.

## Le français, langue officielle du Québec

Nonobstant l'échec de la loi 22 relativement à la langue d'enseignement, il n'en demeure pas moins qu'elle traçait, pour la première fois, les premières grandes lignes d'une politique linguistique véritable. En effet, contrairement à la loi 63 qui n'abordait qu'un domaine, la Loi sur la langue officielle légiférait sur la langue de l'administration publique, du travail, des affaires, de l'étiquetage, des professions et, comme on l'a vu plus haut, de l'enseignement.

Mais avant tout, dès son premier article, la loi 22 faisait du français « la langue officielle du Québec ». Ce faisant, elle endossait la première recommandation de la commission Gendron dans son volume sur les droits linguistiques : « La Commission recommande au gouvernement québécois de proclamer immédiatement le français *langue officielle* du Québec[11] ». Hautement symbolique, cette proclamation se retrouvera au premier article de la Charte de la langue française. En outre, reconnaissons la sagesse de M. Bourassa de n'être pas allé aussi loin que la commission Gendron le souhaitait : déclarer également « le français et l'anglais *langues nationales* du Québec[12] ». À l'évidence, une certaine confusion, pour ne pas dire plus, en aurait résulté.

Bien que le premier article de la loi 22 n'avait pas « d'effets juridiques », Jean-Claude Gémar reconnaît au moins « que l'effet produit par une déclaration de principe n'est pas négligeable[13] ». À preuve, selon lui, l'importance de « l'émoi causé par cette déclaration dans les milieux anglophones[14] », ce que René Lévesque a reconnu dans ses mémoires : « Pour les anglophones, le *bill* 22 était une horreur. En faisant du français la langue officielle, il consacrait pour la première fois leur statut de minoritaires[15]. » À preuve aussi, selon Jean-François

10. Nous faisons abstraction des exemptions que la loi autorise.
11. *Ibid.*, p. 78.
12. *Ibid.*, p. 78.
13. Jean-Claude Gémar, *op. cit.*, p. 93.
14. *Ibid.*, p. 93.
15. René Lévesque, *Attendez que je me rappelle*, Montréal, Québec/Amérique, 1986, p. 357.

Lisée, la profonde contrariété du premier ministre canadien Pierre Elliott Trudeau, qui avait fait reconnaître, à la fin des années 1960, l'anglais et le français langues officielles du Canada[16].

## La francisation des milieux du travail

C'est dans le domaine de l'implantation du français comme langue du travail que l'on trouve le meilleur héritage du gouvernement Bourassa des années 1970. En nommant le docteur François Cloutier ministre de la Culture, M. Bourassa se trouvait à confier la question linguistique à un homme imprégné de sens pratique. Responsable *de facto* de l'Office de la langue française (OLF), un organisme créé en 1961 par M. Georges-Émile Lapalme – alors ministre de la Culture dans le gouvernement Lesage –, M. Cloutier s'est montré très intéressé à l'avenir de la langue française au Québec. Sous son égide, les budgets et les ressources humaines de l'OLF ont été augmentés[17].

De plus, M. Gaston Cholette, président de l'OLF, qui avait rang de sous-ministre, a très bien su développer une expertise concrète parmi ses employés. Il a lui-même témoigné du fait que le ministre Cloutier trouvait les travaux de l'OLF de nature « académique », études valables mais trop restreintes à la linguistique proprement dite[18]. C'est ainsi qu'à la demande du ministre l'OLF a été restructuré « de manière à lui permettre de remplir le mandat que le gouvernement venait de lui confier, c'est-à-dire de voir à l'implantation du français, langue de travail[19] ».

Durant les années 1970-1974, avant même que la loi 22 ne soit votée, des fonctionnaires québécois ont travaillé de concert avec le patronat et les syndicats. Les premiers essais de francisation attestent du succès de ces démarches : c'est le cas notamment de l'Aigle d'or, de l'Alcan, d'Hydro-Québec, de la General Electric et des Mines Cartier. Cette expertise a conduit à la publication, en 1974, d'un guide général d'implantation linguistique sous le titre *Le Français dans l'entreprise*[20]. Il

---

16. Jean-François Lisée, *Sortie de secours. Comment échapper au déclin du Québec*, Montréal, Boréal, 2000, p. 71.
17. Jean-Claude Corbeil, *op. cit.*, p. 55-58.
18. Gaston Cholette, *L'Office de la langue française de 1961 à 1974. Regard et témoignage*, Québec, Institut québécois de recherche sur la culture et Office de la langue française, 1993, p. 144.
19. François Cloutier, cité par Gaston Cholette, *op. cit.*, p. 144.
20. Jean-Claude Corbeil, *op. cit.*, p. 57-58.

est donc vrai de dire qu'entre les lois 63 et 22 « le gouvernement Bourassa n'est pas resté complètement inactif dans le domaine de la langue. En ce qui a trait au monde du travail, il a œuvré à l'implantation concrète, dans les milieux d'affaires anglophones, des normes établies par l'Office de la langue française » (traduction libre)[21].

Bref, lorsque la Loi sur la langue officielle a été mise en vigueur au milieu de 1974, et lorsque la Charte de la langue française a pris le relais trois ans plus tard, une infrastructure administrative déjà bien rodée allait pouvoir poursuivre ses travaux. Toutefois, il faut cependant noter que l'appareil étatique, employé à la francisation du Québec, était également en mesure de constater, de manière très empirique, les limites de la persuasion. C'est de cette expérience que l'on a compris qu'il fallait recourir à des mesures coercitives[22], mesures qui ne viendront pas toutes de la loi 22, car cette loi « prévoyait toute une série d'échappatoires[23] ».

## Appréciation de la loi 22

On s'entend généralement pour dire que le premier ministre Robert Bourassa a payé cher son intervention politique en matière de langue : deux ans après la loi 22, il perdait le pouvoir. Selon Marc V. Levine, l'échec de M. Bourassa tiendrait à deux mauvais calculs. Il aurait d'abord perdu « le soutien des francophones modérés » en croyant « que les nationalistes seraient satisfaits de l'abrogation de la loi 63 et du programme de francisation des entreprises[24] ».

Ensuite, tablant sur le fait que les anglophones et les allophones préféreraient sa loi linguistique à celle que le Parti québécois annonçait s'il devait former le gouvernement, M. Bourassa a réalisé, en novembre 1976, qu'un large segment de ces groupes linguistiques non francophones « n'oublièrent pas la loi 22 [ ;] leur colère se refléta dans le résultat des élections[25] ». Comme l'a bien résumé Guy Rocher, « [au]

---

21. « The Bourassa government did not remain completely idle in the language field in the interim period. In the area of work it urged Anglophone businesses to implement the norms laid down by its French Language Bureau », Michael B. Stein, *loc. cit.*, p. 250.
22. Jean-Claude Corbeil, *op. cit.*, p. 58.
23. Guy Rocher, « Autour de la langue : crises et débats, espoirs et tremblements », dans Gérard Daigle et Guy Rocher (dir.), *Le Québec en jeu. Comprendre les grands défis*, Montréal, PUM, 1992, 435 p.
24. Marc V. Levine, *La Reconquête de Montréal*, Montréal, VLB éditeur, 1997, p. 176.
25. *Ibid.*, p. 176.

lieu de se réjouir de ce qu'on leur accordait, anglophones, allophones et francophones allaient tous s'irriter pour ce qu'ils disaient avoir perdu[26] ».

Quoi qu'il en fût des erreurs de M. Bourassa, le témoignage de son successeur immédiat, M. René Lévesque, est particulièrement éloquent. En effet, reconnaissant que la loi 22 « ne s'éloignait pas tant que ça de [sa] propre façon de voir les choses » et que le programme du Parti québécois « publié en vue des élections se contenterait encore des mêmes lignes générales[27] », René Lévesque considérait que M. Robert Bourassa avait montré « un courage certain[28] ».

## LA PÉRIODE 1985-1994 : DES AMENDEMENTS À LA CHARTE DE LA LANGUE FRANÇAISE

Durant la deuxième période, six projets de loi touchant la question linguistique ont été présentés à l'Assemblée nationale, cinq par le gouvernement de M. Robert Bourassa et un sixième par un député de l'opposition péquiste. Trois de ces projets de loi ont été déposés dans la seule année 1986, c'est-à-dire au cours de la première année qui a fait suite aux élections.

### Des « illégaux » à l'école anglaise

Le projet de loi 58, intitulé « Loi sur l'admissibilité à l'enseignement en anglais de certains enfants », a été parrainé par le ministre de l'Éducation, M. Claude Ryan. Responsable *de facto* de l'application du chapitre VIII de la Charte de la langue française, le ministre de l'Éducation voulait alors résoudre une fois pour toute la question récurrente de centaines d'écoliers qui, bien qu'ils ne répondaient pas aux critères d'admissibilité à l'école anglaise, faisaient tout de même leurs études dans le réseau scolaire anglophone. Incorrectement appelés « illégaux », ces écoliers étaient plutôt des clandestins[29] du secteur d'enseignement en anglais.

---

26. Guy Rocher, *loc. cit.*, 436.
27. René Lévesque, *op. cit.*, p. 358.
28. *Ibid.*, p. 357.
29. Non inscrits dans les écoles anglaises, ces écoliers recevaient une attestation non officielle d'études leur permettant de poursuivre au cégep. L'obtention d'un DEC régularisait leur situation. Toutefois, ils ne pouvaient transmettre leur droit d'admissibilité à l'école anglaise à leurs frères, leurs sœurs et leurs enfants.

Cette loi stipulait que l'enfant qui étudiait dans une école anglaise « sans y être admissible peut être admis [si] le contenu de l'enseignement [...] est conforme [...] aux programmes édictés ». Ainsi, dans les délais prévus par cette loi, 1 432 enfants ont été reconnus légalement admissibles dans les écoles primaires et secondaires de langue anglaise du Québec[30]. *Ipso facto,* les frères et sœurs de ces nouveaux ayants droit, ainsi que leurs enfants éventuels et tous leurs descendants, obtenaient, en vertu à la fois de la Charte de la langue française et de la Charte canadienne des droits et libertés, le droit de faire leurs études en anglais.

En outre, pour qu'il n'y ait pas répétition d'une telle situation, la loi 58 amendait la Charte de la langue française en y insérant deux alinéas (208.1 et 208.2) qui décrivent les infractions, les sanctions et les peines pour quiconque laisserait dorénavant entrer à l'école anglaise un enfant qui n'y a pas droit.

## Des services en anglais

Adopté en décembre 1986, la « Loi modifiant de nouveau La loi sur les services de santé et les services sociaux » (projet de loi 142) stipulait que « toute personne d'expression anglaise a le droit de recevoir en langue anglaise des services de santé et des services sociaux... dans la mesure où le prévoit [le] programme d'accès ». Il appartient à un conseil régional d'élaborer ce programme, en tenant compte des ressources disponibles dans les établissements de santé et de services sociaux.

Présenté par madame Thérèse Lavoie-Roux, alors ministre de la Santé et des Services sociaux, cette loi cherchait également à « favoriser, à l'intention des membres des différentes communautés culturelles du Québec, l'accessibilité à des services de santé et des services sociaux dans leur langue ».

## Un projet de loi avorté

Déposé à l'Assemblée nationale à l'automne 1986 par madame Lise Bacon, le projet de loi 140 n'a pas été adopté. Si ce projet de loi

---

30. Ministère de l'Éducation, « Admissibilité à l'enseignement en anglais. Distribution de l'admissibilité. Sommaire provincial », Québec, ministère de l'Éducation, Direction générale du financement et des équipements, données informatisées non publiées, 24 septembre 2001.

avait été voté et sanctionné, il aurait modifié la Charte de la langue française de manière à redéfinir les organismes institués en 1977. Les fonctions de la Commission de protection de la langue française auraient été transférées à l'Office de la langue française tandis que celles de la Commission de toponymie auraient été ajoutées aux mandats du ministère des Affaires culturelles. Enfin, un Haut Comité de la langue française aurait remplacé, avec des pouvoirs réduits, le Conseil de la langue française. Pouvoirs réduits, en effet, car le projet de loi 140 n'attribuait pas à ce nouvel organisme le mandat d'informer le public sur toutes questions touchant le statut et la qualité du français au Québec.

## L'affichage commercial

Deux ans plus tard, le gouvernement Bourassa a fait voter, par l'Assemblée nationale, le projet de loi 178 présenté par le ministre Guy Rivard. La « loi modifiant la Charte de la langue française » de 1988 autorisait l'affichage bilingue à l'intérieur des établissements des entreprises privées ainsi que pour les raisons sociales. Par contre, l'affichage extérieur se devait de demeurer exclusivement en français. Pour ce faire, le gouvernement a dû évoquer la « clause nonobstant » de la Charte canadienne des droits et libertés, mesure valide pour une période de cinq ans.

Cette question sur l'affichage public devait donc nécessairement rebondir en 1993. Dans le projet de loi 86 parrainé par le ministre Claude Ryan, l'Assemblée nationale du Québec a dû se pencher à nouveau sur cette dimension de la politique linguistique. Elle allait toutefois le faire dans une loi substantielle de 65 articles qui touchait de nombreux domaines.

Les deux principaux aspects de cette loi concernent l'affichage et la Commission de protection. En ce qui a trait à l'affichage, plutôt que de se prévaloir de la clause nonobstant pour une deuxième période quinquennale consécutive, le gouvernement de Robert Bourassa a cherché un moyen d'appliquer une proposition de la Cour suprême du Canada. Dans l'arrêt Ford de 1988, la Cour avait indiqué « que la nette prédominance du français était la méthode qui, selon elle, permettrait au législateur québécois de réaliser son objectif tout en se conformant aux exigences des Chartes canadienne et québécoise des droits et libertés [*sic*][31] ». Ainsi, l'article 58 de la loi 101 était à nouveau amendé de façon à permettre l'affichage public et la publicité commerciale « en français et dans une autre langue pourvu que le français y figure de façon nettement prédominante ». Enfin, pour ce qui est de la Commission de protection de la langue française, elle était tout simplement abolie par la suppression des articles 157 à 184 de la Charte de la langue française.

## LÉGISLATION, JUSTICE, ENSEIGNEMENT ET ENTREPRISES

Outre ces deux dimensions marquantes de la politique linguistique, la loi 86 retouchait à trois autres domaines de la loi 101 : la langue de la législation et de la justice, la langue d'enseignement et la francisation des entreprises.

À propos de la langue de la législation et de la justice, on se rappellera d'abord que la Cour suprême du Canada avait invalidé, en 1979, dans l'arrêt Blaikie 1, les articles 7 à 13 inclusivement de la Charte de la langue française[32]. La loi 86 réintroduisait un nouvel article 7 qui faisait du français la langue de la législation et de la justice sous réserve de quelques contraintes, notamment celles de l'article 133 de la Loi constitutionnelle de 1867. Le nouvel article 8 donnait préséance à la version française en cas de divergence entre les deux versions d'un règlement ou d'un acte similaire, dans la mesure où l'article 133 de la Loi constitutionnelle de 1867 ne s'applique pas[33].

La loi 86 harmonisait, neuf ans plus tard, certains articles de la loi 101 avec le jugement de la Cour suprême de 1984 qui donnait préséance à la « clause Canada » de la Charte canadienne des droits et libertés sur la « clause Québec ». Ce jugement de 1984 accordait aux enfants, dont un parent avait fait ses études primaires en anglais ailleurs au Canada, le droit de s'inscrire dans le réseau scolaire anglophone du Québec. Avant ce jugement, les immigrants venus des autres provinces canadiennes étaient confondus avec les immigrants internationaux ; ils devaient alors s'inscrire à l'école française.

Enfin, la loi 86 réécrivait 16 articles de la loi 101 (articles 135 à 150) portant sur la francisation des entreprises.

31. Comité interministériel sur la situation de la langue française, *Le Français langue commune. Enjeu de la société québécoise. Bilan de la situation de la langue française au Québec en 1995*, Québec, ministère de la Culture et des Communications, 1996, p. 31.
32. *Ibid.*, p. 25-28.
33. *Ibid.*, p. 29.

## Un projet de loi venu de l'opposition

Le député péquiste de Taillon, M. Claude Filion, a présenté un projet de « loi modifiant la Charte de la langue française et d'autres dispositions législatives » en 1988 (projet de loi 191). Ce député de l'opposition officielle voulait actualiser et renforcer la loi 101, surtout dans le domaine de la langue de travail en s'assurant de l'application réelle des programmes de francisation dans les entreprises. Plus particulièrement, il voulait « promouvoir l'usage du français dans les domaines d'activité reliés à l'informatique, la technologie et la science ». Il désirait aussi faire en sorte que la Charte de la langue française ait prévalence sur toutes lois postérieures qui lui seraient contraires. Aussi, il proposait que la nomination des présidents des organismes de la Charte de la langue française relève de l'Assemblée nationale plutôt que du gouvernement.

Enfin, M. Filion espérait faire insérer un droit particulier parmi les cinq déjà énoncés dans la Charte de la langue française (art. 2 à 6). En effet, un nouvel article (art. 6.1) aurait affirmé que tout « immigrant ou réfugié a droit de recevoir et de requérir de l'Administration un enseignement de la langue française afin de permettre son intégration au sein de la société québécoise ». Le projet de loi 191 n'ayant pas été voté et sanctionné, ce nouveau droit n'a donc pas été reconnu. Cependant, un énoncé de politique portant sur l'immigration, signé par le premier ministre Bourassa lui-même, en a repris le concept dans ce qui fut appelé « le contrat moral ». Affirmant qu'il est légitime que toute société d'accueil « fasse connaître ses attentes aux immigrants[34] », le gouvernement du Québec considérait que l'immigrant s'engageait à apprendre et à faire usage public du français en échange d'un engagement du Québec à offrir des services adéquats aux immigrants et à promouvoir l'usage du français[35].

---

34. Gouvernement du Québec, *Au Québec pour bâtir ensemble. Énoncé de politique en matière d'immigration et d'intégration*, Québec, ministère des Communautés culturelles et de l'Immigration, 1990, p. 15.
35. *Ibid.*, p. 16.

## Un projet de loi venu de l'opposition

[illegible]

# 3

# Les grands enjeux sociaux

# 3.1

## La crise d'Octobre (1970)

# Un acteur autonome

Jean-Paul Brodeur

D'après son livre intitulé *Gouverner le Québec* (Bourassa, 1995), l'ex-premier ministre du Québec a souvent utilisé l'ambiguïté pour se créer une marge de manœuvre. Dans sa communication au cours de ce colloque, le sénateur Bolduc, qui fut un réformateur de la fonction publique québécoise, raconte qu'après la période des questions en Chambre M. Bourassa disait toujours: «J'espère que j'ai rien dit.» Au fil des ans, le recours fréquent à cette stratégie a fini par brouiller de façon durable l'image de M. Bourrassa lui-même, qui varie au gré de la perception de ses divers interlocuteurs, sans que l'on puisse identifier des constantes fermes au sein de cette multiplicité «d'impressions-Bourassa». Cette remarque est également vraie pour ce qui est de l'attitude de M. Bourassa pendant la crise d'Octobre. Dans ce dernier cas, cependant, la perception de son attitude a moins varié selon les personnes, bien qu'on trouve ce type de variation, qu'elle n'a varié dans le temps: la perception initiale de faiblesse et d'indécision, qui conduisit un certain nombre de personnalités québécoises à douter de la sûreté avec laquelle M. Bourassa tenait le gouvernail de l'État québécois, a laissé place à une évaluation moins univoque de son rôle.

Nous tenterons d'abord dans la première partie de ce texte de faire un repérage des diverses perceptions de l'action de M. Bourassa pendant la crise d'Octobre et de l'évolution sensible de ces perceptions dans le temps. Dans une seconde partie, nous nous efforcerons d'aller au-delà du miroir et de caractériser, serait-ce sur le mode le plus bref, la façon dont le gouvernement du Québec, qu'on ne saurait réduire à la personne de M. Bourassa, a géré la crise. Finalement, nous reviendrons brièvement en conclusion sur la discussion qui a suivi la présentation des divers intervenants du panel sur Octobre, lors du colloque sur M. Bourassa, qui s'est tenu à l'UQAM, en mars

2002. Il nous a en effet semblé que cette discussion a témoigné dans certains de ses aspects d'une importante régression dans l'analyse de cette crise.

## LES PERCEPTIONS DANS LES ÉCRITS SUR LA CRISE D'OCTOBRE

Pour l'essentiel, notre analyse porte sur les divers écrits québécois et canadiens qui ont porté sur la crise d'Octobre ou sur la vie de M. Bourassa lui-même. Bien que notre revue des écrits ait été relativement extensive, nous ne pourrons citer tous les documents que nous avons recensés. Nous regrouperons nos observations sous une liste de qualificatifs qui ont été appliqués directement à M. Bourassa ou qu'on peut inférer des propos tenus sur lui. Ces stéréotypes ne sont pas strictement présentés par ordre chronologique, bien qu'ils se soient à peu près succédé dans le temps selon l'ordre que nous suivons.

### L'absent

Ce premier qualificatif tient moins à une perception qu'à un fait historique qui exercera une influence profonde sur la suite des événements et sur la perception de l'action de M. Bourassa. Dans son important[1] journal des événements d'octobre, M. Jean Provencher[2] insiste sur le départ de M. Bourassa pour New York le 7 octobre, en dépit de l'enlèvement de M. Cross, le 5 octobre précédent (le rapport Duchaîne note également ce départ, mais n'insiste pas sur son importance[3]). Il ne rentrera au Québec que dans l'après-midi du 10 octobre, peu avant l'enlèvement de M. Pierre Laporte. Si M. Bourassa fut présent au Québec le jour de l'enlèvement de M. Cross, il sera absent du Québec pour un des principaux développements de la crise, soit la lecture du Manifeste du Front de libération du Québec (FLQ) à la télévision de Radio-Canada, le 8 octobre. C'est la résonance que trouvera dans l'opinion publique la lecture du Manifeste qui transformera l'enlèvement d'un diplomate britannique en crise nationale. L'absence de M. Bourassa est importante à plusieurs égards. Elle permettra d'abord à M. Jérôme Choquette d'accaparer un

1. Dans ses mémoires – *Attendez que je me rappelle* – M. René Lévesque affirme s'être appuyé sur « l'impitoyable compte rendu des événements » de M. Jean Provencher pour ce qui est des événements d'octobre (Lévesque, 1986 : note 1, p. 325).
2. Jean Provencher, *La Grande Peur d'octobre '70,* 1974, p. 18.
3. Rapport Duchaîne. Québec, 1981, p. 45.

leadership initial dans la gestion de la crise, auquel son manque de sang-froid ne le destinait pas du tout. Ensuite, elle donnera plus de visibilité à M. Pierre Laporte, premier ministre par intérim, au début de la crise. Son enlèvement n'en paraîtra que plus dramatique et engendrera un terrible effroi dans la classe politique québécoise et canadienne. Après l'enlèvement de M. Laporte, l'initiative dans la gestion de la crise sera complètement assumée par le gouvernement fédéral au yeux de l'opinion publique du Canada et du Québec et ne repassera plus aux mains de M. Bourassa.

## L'impuissant

Dans son livre sur le mouvement souverainiste au Québec, Pierre-Louis Mallen exagère, comme plusieurs autres auteurs français, la probabilité que le Québec aurait pu basculer dans l'indépendance pendant la crise d'Octobre. Il affirmera, par exemple, que M. Bourassa avait accepté de libérer les prisonniers politiques[4], ce qui est tout à fait faux. Cependant, dans son discours du 11 octobre, le premier ministre du Québec parut ouvrir la porte à la négociation. M. Bourassa laissa en effet entendre que des « prisonniers politiques » qui avaient purgé une partie de leur peine d'incarcération pourraient bénéficier d'une libération conditionnelle. Ces prisonniers étant incarcérés dans des établissements fédéraux, leur remise conditionnelle en liberté ne dépendait pas des autorités québécoises, mais de la Commission nationale (fédérale) des libérations conditionnelles, comme on devait le réaliser par la suite quand la porte entrouverte par M. Bourassa se referma.

Cet exemple des libérations conditionnelles n'est qu'une illustration d'une croyance qui fut partagée par plusieurs. M. Bourassa était impuissant à résoudre la crise, parce qu'il demeurait prisonnier des traditionnels conflits d'autorité entre le pouvoir central et le pouvoir du Québec. Les divers aspects de l'utilisation des Forces armées canadiennes sont un exemple beaucoup plus massif de l'impotence institutionnelle du gouvernement québécois et de son premier ministre pendant la crise.

---

4. Pierre-Louis Mallen et René Lévesque « Vivre le Québec libre », Montréal, Presses de la cité, 1978, 378 p., p. 331.

## Le coincé

Cette image résulte de la généralisation de l'observation précédente, selon laquelle M. Bourassa était la proie des divisions entre le pouvoir fédéral et le pouvoir provincial. L'ouvrage d'Auf der Maur et Chodos[5] est représentatif de cette perception. M. Bourassa y apparaît sur la ligne de plusieurs fractures. La première de celles-ci a été mentionnée plus haut et concerne les tensions entre le pouvoir fédéral et celui du Québec. Il en est au moins trois autres. D'abord, M. Bourassa apparaît également partagé entre l'influence des faucons de son cabinet – les ministres Choquette, Tetley et Kirkland-Casgrain – et sa propre garde rapprochée – les ministres Castonguay, Garneau, Levesque (Gérard D.) et Saint-Pierre –, ces derniers apparaissant plus modérés, à l'exception possible de M. Garneau. Ce clivage entre faucons et colombes recouvre aussi en partie les tensions entre l'administration municipale de M. Drapeau et le gouvernement provincial. Au niveau municipal, l'échéance de nouvelles élections se rapprochait rapidement et M. Drapeau, en bon tribun qu'il était, avait choisi de tenir la ligne la plus dure. Il était à cet égard puissamment aiguillé par la police municipale de Montréal et son conseiller juridique, Me Michel Côté, qui étaient les acteurs les plus influents sur le terrain et, surtout, la source la plus immédiate de l'information qui parvenait au pouvoir politique. Finalement, on a fait grand cas d'un déchirement allégué de M. Bourassa entre la froide raison d'État et sa compassion pour le ministre séquestré Pierre Laporte, qui avait remis son sort entre ses mains. Tout dirigeant mis dans une telle situation en aurait pâti. Il semble toutefois qu'on ait exagéré le statut de bras droit dont aurait joui M. Laporte auprès de M. Bourassa et surtout les liens d'amitié qui auraient uni les deux hommes. Don et Véra Murray ont insisté sur le fait (publiquement confirmé par M. Choquette en 1973) que le ministre de la Justice – M. Jérôme Choquette – avait informé le premier ministre de l'existence d'un rapport de police sur une rencontre en avril 1970 entre M. Laporte et deux personnes apparemment reliées au crime organisé[6].

5. Auf der Maur et Chodos, 1972.
6. MM. Dasti et DiIorio ; voir Murray et Murray, 1978, p. 108.

## Le vacillant

Cette perception intègre les trois précédentes et culmine dans une représentation partisane de M. Bourassa, qui apparaît de plus en plus avec le recul du temps comme le produit d'une phobie bénigne. Les tiraillements agitant M. Bourassa sont amalgamés à l'indécision chronique qu'on lui prête pour produire l'image d'un pilote que la tempête sépare de son gouvernail et qui est davantage la proie des événements que leur maître. En particulier, on le travestit sous la forme d'un homme politique en état d'apesanteur, qui oscille selon les secousses qui lui sont données par des émissaires censés le dominer. L'un des bras droits de M. Trudeau, M. Marc Lalonde, est le prototype allégué de ces émissaires dominateurs, bien qu'il ait toujours nié le rôle qu'on lui attribuait dans ses déclarations publiques.

Quelle que soit sa vérité ultime, cette perception n'est pas qu'un produit subjectif sans substance réelle. Elle a eu son moment d'objectivité historique en conduisant le 14 octobre un groupe d'hommes politiques et d'intellectuels, dont les figures de proue étaient respectivement M. René Lévesque, alors président du Parti québécois, et M. Claude Ryan, directeur du journal *Le Devoir*, à rédiger une déclaration qui prenait vigoureusement parti pour une solution négociée au conflit au moment où l'on s'interrogeait sur la volonté du gouvernement de M. Bourassa de poursuivre dans cette voie. Les motifs des signataires de cette déclaration demeurent encore controversés et nous nous contenterons à cet égard de citer un passage du rapport officiel rédigé par M^e^ Jean-François Duchaîne et publié en 1981 par le gouvernement québécois (dont le premier ministre était alors M. René Lévesque) sur l'effet de cette déclaration :

> Au cours d'une conférence de presse donnée à 21 h, M. Lévesque rend public le contenu de la déclaration. Ceux qui craignaient la formation d'un gouvernement provisoire voient dans le regroupement de ces personnes une confirmation de leurs appréhensions[7].

Cette représentation d'un Bourassa vacillant, manipulé par le pouvoir fédéral, a été, il faut le reconnaître, une représentation dominante dans les milieux souverainistes[8] et au sein de la gauche québécoise[9] dans la période qui a suivi la crise d'Octobre. Elle a également

7. Québec, 1981, p. 101.
8. Provencher, 1974 ; Lévesque, 1986.
9. Piotte *et al.*, 1971.

eu une large diffusion dans la presse et parmi les théoriciens du complot de tous poils. Bien qu'elle ne fasse plus consensus, elle continue d'être influente.

## L'autocrate

À mesure que le temps a passé, on a révisé le rôle de M. Bourassa au sein de la crise d'Octobre et les stéréotypes que nous venons de caractériser ont été de plus en plus contestés. L'ouvrage de Don et Véra Murray[10] a été l'un des premiers à proposer une lecture révisionniste de l'action de M. Bourassa au sein de ces événements. Cette révision est, au vrai, radicale, et un passage qui la met en lumière mérite d'être cité :

> Quoi qu'il en soit, les témoignages de presque tous ceux, soit des ministres ou des adjoints, soit des officiers de police, des fonctionnaires d'autres paliers de gouvernement ou des collaborateurs de Pierre Laporte, qui furent en contact régulier avec Bourassa pendant la crise, décrivent un autre homme ; un chef froid, calculateur qui, très tôt après l'enlèvement de Laporte, détermina les mesures nécessaires à prendre[11].

Loin d'être influencé de l'extérieur, M. Bourassa aurait conduit sa propre politique à partir d'un sanctuaire de proches collaborateurs où trouvent place les quatre ministres de confiance (MM. Castonguay, Garneau, Levesque [Gérard D.] et Saint-Pierre) et trois hauts fonctionnaires influents, soit MM. Julien Chouinard, Paul Desrochers et Jean Prieur. Avec bien d'autres par la suite, Don et Véra Murray feront cas du fait que M. Chouinard et M. Desrochers étaient des colonels de réserve de l'armée canadienne pour arguer que le gouvernement de M. Bourassa adopta tôt dans la crise la ligne de l'intransigeance.

Il ne nous appartient pas de juger de la véracité de l'image de M. Bourassa présentée par Don et Véra Murray. Il n'en reste pas moins que, dans leur livre, ils citent un propos de M. Robert Demers, alors proche de M. Bourassa : « Robert [dit M. Demers] aime laisser ses adversaires caresser la douce illusion qu'il est plus faible qu'eux[12] ». M. Robert Demers a présenté une communication lors de la séance

10. Don Murray et Véra Murray, 1978.
11. *Ibid.*, p. 112.
12. *Ibid.*

du colloque Bourassa 2002, qui portait sur la crise d'Octobre : comme on pourra en juger par le texte de sa communication reproduit dans ce livre, ses paroles citées en 1978 sont dans le droit fil de son intervention de 2002.

## Le démocrate

M. Demers ne fut pas le seul collaborateur de M. Bourassa à avoir pris la parole lors du colloque Bourassa de 2002. L'ancien ministre William Tetley y était également présent et fit une intervention remarquée lors de la période de questions qui suivit les présentations. M. Tetley a défendu une position qui s'énonce en détail dans un texte qu'on peut lire sur Internet[13].

M. Tetley s'accorde avec Don et Véra Murray, de même qu'avec M. Demers, pour défendre une vision de M. Bourassa selon laquelle celui-ci fut un acteur autonome de ces événements, qui fut toujours en pleine possession de ses moyens et qui réussit à les imposer.

À la différence notable de ceux qui présentent un Bourassa autocrate, qui a concentré le pouvoir du gouvernement québécois entre ses mains et celles de son proche entourage politique, M. Tetley dessine la figure d'un Bourassa démocrate et joueur d'équipe. L'équipe Bourassa était selon M. Tetley le Conseil entier des ministres et l'action du gouvernement québécois a obéi pendant toute la durée de la crise à un principe fort de collégialité dans sa prise de décision.

## M. Bourassa par lui-même

Dans son livre autobiographique[14], M. Bourassa donne un aperçu sur lui-même qui est peut-être l'une des seules constantes que l'on retrouve dans les impressions qu'il a laissées. Commentant son important discours du 11 octobre, que d'aucuns perçurent comme une ouverture à la négociation pour ensuite rapidement déchanter, l'ancien premier ministre écrit :

13. L'adresse Web où l'on peut lire ce texte est : http ://tetley.law.mcgill.ca/livreoctobre.htm. On peut correspondre par courriel avec M. Tetley à l'adresse suivante : william.tetley@mcgill.ca.

14. Bourassa, 1995.

> La réaction des médias, qui était vitale à ce moment-là, est révélatrice. Radio-Canada français dit : « Bourassa dit non » ; Radio-Canada anglais dit « Bourassa dit oui ». Cela permettait une certaine marge de manœuvre et, dans les jours qui ont suivi, il y a eu une très petite accalmie[15].

Cette politique de l'atermoiement par surcroît d'ambiguïté n'est pas toujours payante : la « très petite accalmie » fut en effet suivie par la tragédie de l'exécution de Pierre Laporte et du dérapage du recours à la Loi sur les mesures de guerre.

Au regard de la pratique de l'ambiguïté, il est intéressant de comparer le texte de M. Bourassa à une autre version du même événement par un auteur anglophone plus près des événements dans le temps que M. Bourassa. Par rapport à l'interprétation du discours de M. Bourassa le soir du 11 octobre, M. Denis Smith a écrit :

> Le fait que le message (dans le discours de M. Bourassa) se soit concentré sur des mécanismes de garantie et qu'il ait demandé au FLQ de communiquer avec lui conduisit certains commentateurs (incluant ceux du réseau anglais de Radio-Canada) à l'interpréter comme un net rejet des demandes du FLQ[16].

Il est piquant de constater (se rapporter au passage de Smith que nous avons souligné) que Smith affirme que le réseau anglophone de Radio-Canada interprète le discours de M. Bourassa dans le sens d'un rejet des demandes du FLQ, alors que M. Bourassa, écrivant une quinzaine d'années après ces événements, en a gardé un souvenir opposé (pour ce dernier, le réseau anglophone a interprété son discours comme un « oui », alors que le réseau francophone l'interprétait comme un « non »). Il est possible que, provisoirement dérouté dans la forêt des miroirs qu'il a fait croître dans le sol de ses actions, M. Bourassa se soit lui-même mépris sur le sens de son ambiguïté.

## LA GESTION DE LA CRISE

Nous nous pencherons maintenant sur la gestion de la crise, indépendamment de l'avis des commentateurs. Lors de son intervention au colloque Bourassa 2002, le sénateur Bolduc tente de fournir une explication de la réputation d'indécision qui s'est attachée à M. Bourassa. La voici :

---

15. *Ibid.*,1995, p. 34.
16. Smith, 1971, p. 22. Traduction et soulignement de l'auteur.

> Contrairement à l'image qu'on a donnée de M. Bourassa, à l'effet qu'il était un homme mou ou incapable de décider, je puis vous assurer qu'il était au contraire un premier ministre parmi les plus entêtés que j'ai côtoyés et je les ai tous bien connus à partir de M. Duplessis jusqu'à M. Landry. Mais il ne voulait pas, par délicatesse, heurter les gens de front, et préférait les voir évoluer jusqu'à ses vues quitte à repousser la décision le temps qu'il fallait.[17]

Si on le lit attentivement, M. Bolduc nous explique que l'indécision prêtée à tort à M. Bourassa ne vient pas de ce qu'il ignore ce qu'il veut. Bien au contraire ! Il fut à cet égard parmi les plus résolus des premiers ministres avec qui M. Bolduc ait collaboré. Sachant donc mieux que tout autre ce qu'il veut, M. Bourassa aurait toutefois répugné à imposer sa volonté aux autres et préféra utiliser le temps pour les amener progressivement à partager ses positions. Cet art de gouverner à la japonaise fait sans doute merveille à long terme, mais c'est à la condition expresse que le chef dispose du temps qu'il faut pour amener ses collègues à partager ses vues. *Lors d'une crise, c'est précisément le temps qui fait défaut.* Dans une telle situation, on ne peut plus faire la différence entre l'apparence de l'indécision et sa réalité. En effet, quelle que soit la force intérieure de la résolution du chef, s'il s'abstient par délicatesse de l'imposer d'autorité en tentant de gagner du temps, la conjoncture évoluera d'elle-même en fonction des circonstances ou les décisions seront prises ailleurs par ceux qui n'ont pas d'états d'âme à imposer sans attendre leur volonté. Dans les deux cas, la volonté du chef aura été effectivement supplantée en dépit de sa résolution intérieure, qu'il s'est retenu d'exprimer, et il paraîtra avec raison avoir été indécis. En d'autres termes, nous pensons que le style de gouvernance de M. Bourassa se prêtait mal à la gestion efficace des crises.

La façon dont celle-ci a été gérée par le gouvernement du Québec tout entier est un morceau d'anthologie de ce qu'il ne faut pas faire.

## Une retraite affichée

Nous avons déjà noté que M. Bourassa s'était absenté pendant les premiers jours de la crise et qu'il n'était pas là au moment capital de la lecture du Manifeste du FLQ à la télévision. On ne saurait vrai-

---

17. Roch Bolduc, « Éthique et loyauté », texte reproduit dans ce livre, 2002.

ment lui en faire grief, car il ne disposait pas comme nous de l'avantage de la rétrospection quand il prit sa décision de partir pour New York. Toutefois, la décision du gouvernement de battre en retraite à l'hôtel Reine Élisabeth après l'enlèvement de M. Laporte n'était pas éclairée parce qu'elle plaçait le gouvernement québécois en porte-à-faux par rapport à la population. En se claquemurant sous haute surveillance au dernier étage de l'hôtel le plus en vue de Montréal, le gouvernement se réfugiait sur un promontoire que la population pouvait montrer du doigt et sur lequel son retrait était continûment à l'affiche. Sa retraite était d'autant plus visible que la femme de M. Laporte s'était elle aussi réfugiée dans cet hôtel. Il n'est pas de bonne stratégie au sein d'une crise grave que d'y paraître tout en n'y étant pas.

## La dissolution du charisme

Cette présence d'absence que nous venons de décrire comporte le désavantage dirimant de dépouiller de toute forme de charisme les joueurs qui se retirent de façon provocante de la partie. La meilleure formule que l'on ait trouvée pour décrire le charisme des acteurs d'une crise est l'expression anglaise de *grace under pressure* (l'élégance sous la pression). Or force est de constater qu'il n'y a aucun des membres du gouvernement québécois – ni peut-être aucun des acteurs qui ont joué un rôle dans la crise sur la scène québécoise – qui ait manifesté cette forme de charisme. Comme l'ont montré les événements de septembre 2001 à New York, – dont le maire, M. Rudolf Giuliani, a manifesté de façon indéniable cette sorte de charisme – les crises laissent un souvenir d'autant plus traumatisant qu'elles n'ont pas trouvé leur(s) héros.

## Une cellule de crise aux dimensions variables

Nous avons vu que les opinions diffèrent profondément sur la composition de l'équipe qui tenta de gérer la crise. L'équipe fut d'abord privée de son chef, en voyage, et dirigée par un matamore armé surnommé « *two guns* » – M. Jérôme Choquette – et un premier ministre par intérim, M. Laporte, qui devait devenir la victime exemplaire de la crise. Après son enlèvement, certains pensent que M. Bourassa s'entoura d'un petit groupe de prétoriens dans lequel se concentra le pouvoir, alors que d'autres soutiennent que c'est tout le cabinet qui géra de façon collégiale la crise. En réalité, ces deux opinions ne sont pas incompatibles et surviennent souvent en même temps dans les situations de crise. D'une part, la crise est gérée officieusement par une garde rapprochée. D'autre part, toutes les parties prenantes au débat sont officiellement consultées pour maintenir l'apparence de l'unanimité. Cette incertitude dans la détermination des responsabilités comporte des désavantages décisifs dans le contexte d'une crise. Nous en mentionnerons deux.

## L'épuisement physique et nerveux

Le premier tient en ce que, dans un tel contexte de dédoublement des responsabilités en celles qui sont officieuses et celles qui sont officielles, les véritables gestionnaires de la crise doivent assister à un nombre de réunions qui se trouve également multiplié par deux : les conciliabules décisionnels et les séances de persuasion en conseil plénier. Le prix tant physique que psychologique de cette gestion sans interruption d'une crise par un même groupe restreint et tenu d'être partout présent peut se révéler de plus en plus lourd à mesure que la crise dure et que la pression monte. Quel que soit le respect que l'on éprouve pour les décideurs plongés dans cette situation difficile, on ne peut nier les convergences dans les témoignages affirmant que des membres du gouvernement québécois ont donné les signes qu'ils contrôlaient de plus en plus difficilement leurs émotions. Sans insister sur les crises de larmes de certains membres du Cabinet, il faut mentionner que des auteurs aussi favorables à M. Bourassa que Don et Véra Murray n'ont pu faire l'impasse sur les témoignages de M. Claude Ryan et de M. Guy Joron voulant que M. Bourassa éprouvait une détresse véritable devant son impuissance à secourir son collègue kidnappé et à prévenir les excès du recours à la Loi sur les mesures de guerre, qui s'annonçait[18].

## Inconstance et manque de contrôle

La seconde conséquence de la diffusion des responsabilités au sein des autorités québécoises concerne la prise de décision. Celle-ci s'est d'abord révélée sans constance dans les lignes arrêtées. Quoi qu'il en ait été des interprétations divergentes faites dans la presse du discours prononcé au soir du 11 octobre par M. Bourassa, les historiens de la crise s'accordent pour reconnaître qu'il constituait une

18. Murray et Murray, *op. cit.*, p. 110-111.

ouverture vers une solution négociée. D'où le désarroi de plusieurs quand cette avancée vers la négociation s'est par la suite révélée de plus en plus illusoire. Ensuite, la diffusion des responsabilités a conduit les autorités politiques à abdiquer leur contrôle sur les forces policières quand il fut décidé de recourir à la Loi sur les mesures de guerre.

## Dépendance à l'égard de la police municipale de Montréal

Le rapport de l'enquêteur officiel du gouvernement québécois sur la crise d'Octobre, M^e^ Jean-François Duchaîne[19], développe deux thèses. La première est que l'impulsion initiale de recourir à la Loi sur les mesures de guerre est venue de la police municipale de Montréal, qui désirait, entre autres motifs, un règlement permettant de prolonger la période de détention des suspects arrêtés, sans qu'il soit besoin de les mettre formellement en accusation[20]. La deuxième est que le gouvernement fédéral, conseillé par un organisme du nom de Polaris, s'est saisi de l'occasion du recours à cette loi pour appliquer une tactique de « guerre psychologique » contre les mouvements de guérilla en créant un choc dans l'opinion publique québécoise[21].

Quoi qu'il en soit de la volonté plausible du gouvernement fédéral de se livrer à une guerre psychologique contre le FLQ, le rôle joué par la police de Montréal a été capital, comme l'attestera la suite des événements. La police de Montréal – en particulier, sa section anti-terroriste (la S.A.T.) – fut à toutes fins utiles la seule source de renseignements du gouvernement québécois sur l'évolution de la crise. Le service de sécurité de la GRC se méfiait des services policiers québécois, ayant intercepté un appel suspect d'un membre de la SQ à un présumé felquiste, et sa tradition lui interdisait de partager les renseignements dont il disposait au-delà des nécessités opérationnelles conçues dans le sens le plus étroit. D'autre part, la SQ n'avait qu'une expérience très lacunaire dans le renseignement de sécurité. Le gouvernement québécois était donc dépendant de la S.A.T. de la police de Montréal. Or, cette dépendance était d'autant plus problématique que l'administration municipale du maire Drapeau était un acteur

19. Comme le rapport le note (Québec, 1981, p. 3), nous avons assisté M^e^ Duchaîne dans la phase finale de la rédaction de son rapport.
20. Québec, 1981, p. 74-75.
21. Québec, 1981, p. 116-117.

de premier plan dans la crise, dont elle voulait infléchir le déroulement selon ses propres objectifs, qui ne coïncidaient pas nécessairement avec ceux de l'administration provinciale. En réalité, des trois pouvoirs directement concernés – le pouvoir fédéral canadien, le pouvoir provincial québécois et le pouvoir municipal de Montréal, détenu par M. Drapeau –, le gouvernement du Québec était le seul à ne pas disposer d'un appareil de renseignement directement sous sa coupe.

M. Bourassa en tirera les conséquences après le dénouement de la crise, en créant le Centre d'analyse et de documentation (le CAD), modelé en partie sur le Service de documentation extérieure et de contre-espionnage (SDECE) du gouvernement français. Dans une très large mesure, la prise de décision du gouvernement québécois pendant la crise d'Octobre peut être qualifiée d'aveugle.

## EN GUISE DE CONCLUSION

La conclusion du repérage auquel nous nous sommes livrés dans la première partie est que la perception du rôle de M. Bourassa a profondément évolué depuis 1970. L'image de faiblesse et d'indécision qui lui fut d'abord accolée – en partie par des adversaires politiques comme M. Lévesque, il faut le souligner – a évolué en faveur de M. Bourassa. Il est progressivement apparu comme un acteur autonome de la crise, qui tenta d'y poursuivre ses propres fins (la neutralisation provisoire de certains de ses adversaires politiques les plus militants). Néanmoins, il nous a semblé percevoir au cours de la discussion qui suivit les présentations sur le rôle de M. Bourassa lors du colloque organisé en 2002 à l'UQAM que la classe politique passait d'une extrémité à une autre dans sa représentation de M. Bourassa. Celui-ci fut en effet présenté de façon insistante comme une espèce de surhomme invulnérable à la fatigue et au désarroi pendant la crise. Cette métamorphose de l'image de M. Bourrassa est en partie attribuable au contexte du colloque lui-même, qui prit parfois l'aspect d'une célébration du rôle de M. Bourassa dans l'histoire du Québec.

De notre deuxième partie portant sur la gestion de crise, nous ne tirerons qu'une conclusion. Pour ce qui est de ce type de crise, qui dépend de la possession de renseignements de sécurité de bonne qualité, il ne nous semble pas que le Québec soit maintenant en meilleure posture qu'en 1970. Bien des raisons expliquent cet état de fait, en particulier la disparition presque totale du terrorisme au Québec et même au Canada. Cependant, devant la résurgence actuelle de cette calamité aux États-Unis, peut-être le Québec devrait-il investir une somme modeste d'efforts à se construire une expertise dont il n'aurait pas trop à rougir en cas d'attentat terroriste ou d'incident grave.

On a dit des aristocrates français, après la restauration de la monarchie qui suivit la chute de Napoléon, qu'ils n'avaient rien oublié ni rien appris de la Révolution française. Notre impression au cours de la discussion qui suivit les interventions sur le rôle de M. Bourassa lors de la crise d'Octobre fut que les jeunes Québécois qui y participèrent avaient tout oublié de la crise d'Octobre et étaient par conséquent incapables d'en rien apprendre. Il nous a en effet semblé que tout ce que la recherche sur ces événements avait tenté de dépasser – le grand complot fédéral, le machiavélisme de présumés acteurs en coulisse, la veulerie des hommes politiques, l'idéalisation puérile du FLQ, l'affabulation du couple Trudeau-Bourassa selon l'imagerie du pot de fer et du pot de terre, et, pour dire le plus important, l'illusion déliquescente qu'il y ait eu quoi que ce soit de prémédité voire de contrôlé dans ce tragique gâchis – a refait surface sur le mode de l'éternel recommencement. Ce qu'il y a de plus affligeant dans cette candeur régressive tient moins à l'oubli de l'événement lui-même et de ses caractéristiques qu'à l'incapacité de remédier à cet oubli en prenant conscience de la somme de connaissances accumulées sur ces événements. Cet affaissement du discours sur la crise dans une molle envie de rabâcher en bande le passé augure déplorablement de l'avenir.

## BIBLIOGRAPHIE

Arsenault, Bona, *Souvenirs et Confidences*, Ottawa : Leméac, 1983, 288 p.

Auf der Maur, Nick and Robert Chodos (dir.), *Quebec : A Chronicle 1968-1972 : a Last post special*, Toronto : James Lewis & Samuel, 1972, 166 p.

Bédard, Éric, *Chronique d'une insurrection appréhendée : la crise d'Octobre et le milieu universitaire*, Sillery, Éditions du Septentrion, 1998, 199 p.

Bergeron, Gérard, *Du duplessisme à Trudeau et Bourassa 1956-1971*, Montréal, Parti Pris, 1971, 631 p.

Bertrand, Réal, *Robert Bourassa*, Outremont, Lidec, 1983, 64 p.

Bolduc, Roch, « Éthique et loyauté », *Robert Bourassa : un bâtisseur tranquille*, 2002.

Bourassa, Robert, *Gouverner le Québec*, Montréal, Fides, 1995, 305 p.

Daniels, Dan (dir.), *Québec, Canada and the October Crisis*, Montréal, Black Rose Book, 1973, 124 p.

Dion, Léon, *La révolution déroutée 1960-1976*, Montréal, Boréal, 1998, 324 p.

Ferron, Jacques, *Une amitié bien particulière*, Montréal, Boréal, 1990, 255 p. (voir en particulier la *Bibliographie des documents sur la crise d'Octobre*, p. 229-255).

Haggart, Ron and Aubrey E. Golden, *Rumours of War*, Toronto, New Press, 1971, 311 p.

La Rochelle, Louis, *En flagrant délit de pouvoir : chronique des événements politiques de Maurice Duplessis à René Lévesque*, Montréal, Boréal Express, 1982, 302 p.

Lemieux, Vincent, *Le Parti libéral du Québec : alliances, rivalités et neutralités*, Sainte-Foy, Presses de l'Université Laval, 1993, 257 p.

Lévesque, René, *Attendez que je me rappelle*, Montréal, Québec/Amérique, 1986.

Levin, Malcolm and Christine Sylvester, *Crisis in Quebec*, Toronto, Ontario Institute for Studies in Education, 1973, 102 p.

Morf, Gustave, *Terror in Quebec : cases studies of the FLQ*, Toronto, Clarke, Irwin, 1970, 185 p.

Murray, Don et Vera Murray, *De Bourassa à Lévesque*, Montréal, Quinze, 1978, 267 p.

Piotte, Jean-Marc *et al.*, *Québec occupé*, Montréal, Parti Pris, 1971, 249 p.

Provencher, Jean, *La Grande Peur d'octobre '70*, Montréal, L'Aurore, 1974.

Québec, *Rapport sur les événements d'octobre 1970* (enquêteur du gouvernement et auteur du rapport : Me Jean-François Duchaîne), 2e édition, Québec : gouvernement du Québec, ministère de la Justice, 1981, 256 p.

Saywell, John, *Quebec 70, a documentary narrative*, Toronto, University of Toronto Press, 1971, 152 p.

Smith, Denis, *Bleeding hearts Y bleeding country : Canada and the Quebec crisis*, Edmonton, M.G. Hurtig, 1971, 177 p.

Tetley, William, *La Crise d'Octobre, 1970*, http://tetley.law.mcgill.ca/livreoctobre.htm

Vastel, Michel, *Bourassa*, Montréal, Éditions de l'Homme, 1991, 317 p.

# Calme et patient

Robert Demers

J'ai bien connu Robert Bourassa. Nous étions alors deux jeunes fonctionnaires. Il était secrétaire de la commission Bélanger sur la fiscalité, j'étais conseiller en financement à l'Éducation. Nous avons quitté la fonction publique au début de 1966. Bourassa voulait se présenter comme député et me demanda de lui donner un coup de main. Ce fut le début d'une longue association ; élection dans Mercier en 1966, congrès à la chefferie en 1970, puis l'élection générale au printemps 1970. J'étais membre de l'exécutif du parti alors composé de trois députés dont Pierre Laporte, trois militants dont Lise Bacon également présidente, moi comme trésorier et bien sûr du chef du parti, Robert Bourassa. En cinq ans Bourassa était passé de fonctionnaire quasi inconnu à chef du Parti libéral et premier ministre.

## LA QUESTION PRÉALABLE

Nous sommes en octobre 1970, Pierre Laporte a été enlevé par le FLQ. Dans un communiqué daté du 11 octobre, le premier ministre invite les ravisseurs à communiquer. Le lendemain je suis nommé négociateur par le gouvernement. La rencontre avec Bourassa fut courte, la conversation laconique. Nous venions de faire la campagne à la chefferie et l'élection générale ensemble, nous nous connaissions parfaitement bien. On m'avait déjà remis le communiqué du 11 octobre. C'est certes un des documents les plus importants pour connaître la personnalité de Bourassa. Il a été écrit en pleine crise entièrement de sa main. J'en cite un extrait pertinent : « C'est parce que nous tenons véritablement à la vie de M. Laporte et à celle de M. Cross que nous voulons, avant de discuter des demandes qui sont faites, établir des mécanismes qui garantiraient, si l'on prend l'exemple dont parle M. Laporte, que la libération des prisonniers (dits) politiques ait comme résultat certain la vie sauve aux deux otages. Il y a là un préalable que le simple bons sens nous force à demander et c'est à ce titre que nous demandons aux ravisseurs de communiquer avec nous. » C'est la fameuse question préalable. Celle qui allait donner lieu au sauf-conduit et à ses modalités.

Ce communiqué était juste assez ambigu pour que chacun y trouve son compte. Il allait permettre au premier ministre de faire la collecte de toutes les informations dont il avait besoin pour bien jauger la situation, mesurer les compromis qui pourraient être faits et prendre sa décision avec ses collègues du cabinet. Bourassa, minutieux, commençait toujours par analyser en détails les questions, cueillir le plus d'information possible. Cette approche pragmatique découlait peut-être de sa formation comme fiscaliste qui recherche la vérité au-delà de la première lecture.

Soucieux de garder le calme dans la population, Bourassa avait demandé de limiter les déclarations au strict essentiel. J'avais obtenu l'accord du négociateur du FLQ Robert Lemieux pour suivre cette ligne de conduite. La situation était complexe, elle concernait plusieurs gouvernements. Cet accord Lemieux ne le respecta jamais, mais se lança plutôt dans des déclarations percutantes d'appui au FLQ. Cette conduite accompagnée de contradictions continues entre ce que nous convenions et ce qu'il déclarait publiquement eut tôt fait de permettre au premier ministre de se rendre compte que les discussions avec Lemieux n'iraient nulle part. La détérioration de la situation, l'agitation croissante montrait clairement que le premier ministre devait réagir avec force et prendre le contrôle de la situation. Pour ceux qui sont plus jeunes et qui ne vécurent pas ces événements, je vous invite à voir le documentaire de la compagnie Ad Hoc Film qui relate cette semaine avec des clips de l'époque et des entrevues de ceux qui y ont participé, comme le ministre de la Justice Jérôme Choquette et moi-même. Ce film qui a été vu à Télé-Québec et qui repassera dans un avenir prochain est un des meilleurs documents sur cette période. Les départements d'histoire peuvent s'en procurer une copie.

## BOURASSA ET LAPORTE

Bourassa avait à cœur de sauvegarder nos institutions politiques. Mais la situation pour Robert Bourassa était difficile, même pénible. Pierre Laporte était pour notre génération, les pré-baby-boomers, un héros de la lutte contre Duplessis. Journaliste au *Devoir* il avait montré *Le Vrai Visage de Maurice Duplessis* dans un livre publié à l'époque, et s'était attiré par ses chroniques le courroux du vieux politicien. Pierre Laporte était un homme courageux qui n'avait pas craint de dénoncer ce régime peu reluisant. Il avait su étaler les scandales qui affligeaient l'Union nationale et contribué à mettre un terme à ce gouvernement. Bourassa l'avait battu à la course à la chefferie, mais il lui vouait une grande admiration, il l'avait nommé vice-premier ministre et ministre du Travail. Il était un collègue précieux. Bourassa avait annoncé ses couleurs dans sa déclaration initiale au FLQ et je vous la cite : « Mes chers concitoyens, un grand homme d'État a déjà dit : Gouverner c'est choisir. Nous avons choisi, nous, la justice individuelle et collective. Quant à moi je me battrai pour cette justice jusqu'à la limite de mes moyens en assumant tous les risques, quels qu'ils soient, qui sont essentiels à l'avenir de notre peuple. » Cette dernière phrase de sa déclaration était à mon avis annonciatrice des mesures qui allaient être prises.

## LE MYTHE D'UN BOURASSA PANIQUÉ

Parmi les rumeurs qui ont circulé et les mythes qui se sont installés, il y a celui d'un Bourassa paniqué, paralysé par les événements dont le contrôle aurait été essentiellement entre les mains d'Ottawa. On doit noter que la crise a débuté par l'enlèvement d'un diplomate. Le 5 octobre 1970, l'attaché commercial britannique James Richard Cross était enlevé par le FLQ. À ce stade, l'affaire relevait d'une part du ministre de la Justice du Québec, Jérôme Choquette, mais aussi de Mitchell Sharp, secrétaire d'État aux affaires extérieures du gouvernement du Canada. D'autant plus que parmi les exigences des ravisseurs on trouvait une demande de libération et de sauf-conduit à Cuba ou en Algérie pour une vingtaine de membres du FLQ se trouvant en prison pour divers actes criminels. La crise a pris une tout autre dimension avec l'enlèvement de Pierre Laporte. Elle devenait la responsabilité du premier ministre du Québec. L'attitude réservée de Robert Bourassa qui était aux prises en même temps avec une grève des médecins spécialistes protestant contre l'adoption d'une loi instaurant l'assurance maladie au Québec, ses appels au calme, sa décision de limiter les interventions et déclarations au strict nécessaire pour ne pas envenimer davantage la situation trouvèrent sourde oreille chez ses détracteurs. Il n'en manquait pas avec trois partis d'opposition. Bourassa qui n'avait que 38 ans, qui était entouré d'une équipe de conseillers dans la trentaine, était grandement sous-estimé. Nouvellement élu, il n'était premier ministre que depuis environ cinq mois, on le connaissait mal dans les milieux politiques à cette époque malgré ses victoires éclatantes. Il ne faut pas ignorer le rôle de l'opposition qui est de miner la crédibilité du premier ministre. René Lévesque s'y attaquait avec vigueur. Il avait réussi a regrouper diverses personnalités dont plusieurs du monde syndical, tous des gens appuyant le Parti québécois bien sûr, pour réclamer que le gouvernement donne suite aux demandes du FLQ. On prétendit que le gouvernement d'Ottawa dictait à Bourassa sa conduite. Les rumeurs circulaient bon train sur le premier ministre et sur ses capacités.

J'ai rencontré Bourassa tous les jours pendant cette semaine fatidique qui fut le sommet de la crise d'Octobre. Il était calme, posé, parfaitement lui-même. En aucun moment je ne l'ai vu manifester le moindre énervement. Bourassa était très différent de René Lévesque et de Pierre Trudeau. Lévesque, que j'ai bien connu lorsqu'il était dans le Parti libéral, était un homme d'opinion, ardent et passionné, il souffrait mal la contradiction, Trudeau me donnait l'impression d'un intellectuel à conviction ferme, parfois dogmatique. Que de contrastes avec Robert Bourassa : studieux, méthodique, pragmatique. Robert Bourassa abordait avec circonspection tous les problèmes dont il ne possédait pas les tenants et aboutissants. Cela pouvait lui donner parfois une allure louvoyante. Mais il n'en était rien, il maniait très bien les situations, utilisant parfois des propos juste assez ambigus pour couvrir ses arrières. Mais, une fois qu'il avait fait le tour d'une question, il n'avait aucune hésitation à prendre toutes les mesures requises. Tout ceux de ses conseillers qui l'ont vu quotidiennement à l'œuvre pendant cette période vous diront que pendant les événements d'octobre il était particulièrement décidé et même froid. Attristé par la situation certes, mais on ne l'a jamais vu exprimer la moindre émotion.

## LE MYTHE DU GOUVERNEMENT QUI POUVAIT TOMBER

L'un des éléments les plus intrigants de cette période est l'opinion à Ottawa que le gouvernement de Robert Bourassa pourrait peut-être tomber. On sait aujourd'hui qu'elle pourrait trouver sa source dans une conversation entre Robert Bourassa et Pierre Elliott Trudeau. Le premier ministre du Canada y fait référence dans ses notes de la conversation et on retrouve des références à celle-ci dans le procès-verbal de la réunion du cabinet fédéral qui a discuté de l'adoption de la Loi sur les mesures de guerre. À ma connaissance personne n'a assisté à cette conversation parmi les intimes de Bourassa et ce dernier n'a laissé aucune note à ce sujet. Bien plus, je l'ai rencontré tous les jours durant cette période, de même que ses conseillers. Il n'a jamais mentionné à quiconque qu'il avait la moindre inquiétude à cet égard. La solidarité de son cabinet et de ses députés était exemplaire. Claude Castonguay, ministre des Affaires sociales dans le gouvernement Bourassa, en a témoigné récemment. Robert Bourassa, avec une majorité absolue de la députation et un contrôle tout aussi fort sur le Parti libéral, n'a en aucun moment été en danger de quelque façon que ce soit. Le premier ministre lui-même a déclaré le 12 novembre 70 à l'Assemblée nationale et je cite: « [...] je dois rendre hommage à mes collègues du conseil des ministres, aux députés de mon parti qui ont manifesté durant cette crise une solidarité totale. »

Sans doute M. Bourassa a fait des déclarations à M. Trudeau sur la solidarité de son caucus et de son cabinet. Il est malheureux que nous n'ayons pas les propos exacts de M. Bourassa. Il ne pouvait s'agir que d'hypothèses extrêmes. Mais il faut aussi se rappeler que ceci était dans le contexte des discussions sur l'opportunité d'adopter la Loi sur les mesures de guerre. Trudeau n'y était pas favorable. Tous ceux qui ont entouré M. Bourassa pendant la crise savent que M. Bourassa y tenait fortement.

## BOURASSA ET LA LOI SUR LES MESURES DE GUERRE

C'est le sujet le plus controversé et sur lequel il s'est dit le plus de faussetés. La principale voulant que la Loi sur les mesures de guerre était une machination de Pierre Elliott Trudeau pour mater le Québec et l'imposer à Robert Bourassa. Que l'on ait pu le dire à l'époque, parmi les diverses critiques qui furent faites du régime Bourassa, passe encore. Le rôle de l'opposition, c'est de critiquer le régime en place. Que l'on ait pu le soutenir par la suite m'apparaît étonnant. On s'est très peu efforcé de trouver la vérité à cet égard. La règle pendant plusieurs années a été la promotion de ce qui convenait à l'idéologie politique que l'on épousait plus que la recherche de la vérité. On n'a jamais vérifié auprès de ceux qui étaient les principaux conseillers ou collègues de Robert Bourassa. On a mis de côté les propos du premier ministre à cet égard. Je crois que certains, pas tous, se sont laissés aveugler par leurs allégeances politiques, peu soucieux de connaître et de publier la vérité. Il a fallu attendre la publication des procès-verbaux du conseil des ministres du gouvernement canadien pour se rendre compte que Pierre Trudeau était bien réticent à l'application de la Loi sur les mesures de guerre et que c'est sur l'insistance de Robert Bourassa que le Cabinet fédéral a finalement accepté de mettre certaines dispositions de la loi en vigueur. On a longtemps berné le public à ce sujet. Pourtant Robert Bourassa avait clairement dit ce qu'il en était dans son discours du 12 novembre 1970 à l'Assemblée nationale.

Que faut-il conclure à l'examen rétrospectif de cette période difficile ? Bourassa nous a appris que face aux difficultés qui se présentent il faut faire preuve de circonspection, de calme, même de patience. Par contre, lorsque les valeurs en jeu sont à la base de la société, il ne faut pas craindre de prendre les moyens nécessaires et disponibles pour protéger nos institutions. Cette attitude ferme a permis à tous, même aux esprits les plus troublés, de se rendre compte que l'invitation du FLQ nous amenait dans un chemin que nul ne voulait suivre. La voie de la démocratie est devenue de façon claire et résolue la seule à adopter comme mécanisme pour résoudre nos différends. C'est un legs important. Cette attitude ferme et résolue aura contribué à la disparition du FLQ du firmament québécois.

L'usage de la Loi sur les mesures de guerre, les arrestations de plusieurs centaines de personnes resteront sans doute la partie la plus critiquée des décisions de l'époque. À ce sujet Bourassa nous avait dit et je le cite : « Nous avons considéré les différents moyens que nous pouvions prendre et nous en sommes venus à la conclusion que c'était le seul et que les forces policières en avaient besoin pour mettre un frein à la menace du terrorisme qui pesait sur le Québec. » J'ajouterai que ces mesures qui ont ramené le calme ont sauvé des vies. D'abord celle de Cross, possiblement celles des ravisseurs. Ayant négocié avec Me Bernard Mergler, dans la rue, l'acceptation par les ravisseurs de Cross du sauf-conduit à Cuba, entourés de tireurs d'élite sur les toits environnants, je peux vous dire que l'insistance de Bourassa d'établir des mécanismes qui garantiraient la vie sauve aux otages a permis que cette négociation se soit déroulée sans incidents fâcheux. Je me permets de rappeler que l'agitation étudiante à Chicago avait à l'époque entraîné la police à tirer sur eux et à tuer un certain nombre d'étudiants. Rien de tout cela ne s'est produit chez nous. Robert Bourassa par son flegme, sa prudence et sa détermination aura contenu la pire crise de l'histoire du Québec.

# Est-il responsable de la mort de Pierre Laporte ?

Bernard Dagenais

Vingt-quatre heures à peine après son enlèvement, Pierre Laporte écrivait au premier ministre Robert Bourassa le message suivant :

> « Mon cher Robert,
>
> « J'ai l'impression d'écrire la lettre la plus importante de toute ma vie ; [...]
>
> « Tu as le pouvoir en somme de décider de ma vie... [...] « Tu connais mon cas personnel qui mérite de retenir l'attention. J'avais deux frères, ils sont morts tous les deux. Je reste seul comme chef d'une grande famille qui comprend ma mère, mes sœurs, ma propre femme et mes enfants ainsi que les enfants de Rolland dont je suis le tuteur. Mon départ sèmerait un deuil irréparable, car tu connais les liens qui unissent les membres de ma famille. Ce n'est plus moi seul qui est en cause mais une douzaine de personnes ; je crois que tu me comprends.

Et Pierre Laporte terminait sa lettre avec le post-scriptum suivant :

> « Je te le répète, fais cesser les recherches et que la police ne s'avise pas de les continuer sans que tu le saches. Le succès de cette recherche serait un arrêt de mort pour moi. »

On a avancé, à l'époque, que cette lettre aurait pu être dictée sous la menace. Par ailleurs, on n'écartait pas que Laporte ait ajouté un peu de pathos à sa situation pour forcer les autorités à poser des gestes qui le libéreraient. Mais Pierre Laporte est mort. Et, avec le recul du temps, on saisit derrière cette lettre un pressentiment de mort prochaine.

Quelle part de responsabilité Bourassa porte-t-il dans cette mort ? Ses amis répéteront ce que l'on a déjà dit : ce n'est pas lui qui avait le doigt sur la gâchette. De toute façon, les pouvoirs de décision, en cette matière, appartenaient au gouvernement fédéral et lui échappaient. Selon cette avenue, il ne pouvait donc pas être tenu responsable ni de la mort de Laporte ni des arrestations massives et de l'incarcération de toute la gauche québécoise durant la nuit de la grande rafle.

Vouloir l'excuser sous prétexte qu'il n'était pas le seul maître de la situation, c'est reconnaître que Bourassa n'était que la troisième roue du carrosse et qu'il a joué un rôle effacé durant la crise. Or Bourassa était connu pour être astucieux, stratège et très habile politicien. Son entourage proche insiste pour dire que c'est lui-même qui avait exigé l'application de la Loi sur les mesures de guerre. Et certains ministres de son cabinet confirment qu'une liste des gens visés par la Loi sur les mesures de guerre avait été soumise à son conseil des ministres. Il aurait donc joué un rôle beaucoup plus actif dans la crise que l'impression qui en ressort à la lecture des médias d'alors. Comment cerner ce que l'on pourrait qualifier d'ambiguïté de son comportement ?

Il faut se souvenir que Bourassa était à l'époque un jeune politicien dont l'inexpérience pouvait expliquer certaines hésitations. Mais ce jeune politicien avait pourtant réussi à se hisser à la tête du Parti libéral devant de vieux routiers. Il avait accepté sans rien dire que s'installe un climat politique trouble au moment de son élection quelque six mois plus tôt en cautionnant le coup de la Brink's et en ayant recours à la démagogie de la peur pour freiner la montée d'une opposition. Bourassa était-il ce jeune économiste probe manipulé au plus haut niveau, ou était-il le manipulateur ?

À défaut de lui prêter de sombres desseins, on pourrait croire que, comme Pie XII sur la question juive, Bourassa aurait opté pour la réserve, par opportunisme politique, dans un rapport de force qu'il croyait perdu d'avance face à l'intransigeance des autorités municipales de Montréal et de la ligne dure adoptée par Ottawa.

Mais nous sommes toujours face à l'énigme du personnage : a-t-il cédé aux pressions ou a-t-il délibérément emprunté la voie qui a mené à l'incarcération gratuite de quelque 500 personnes et à la mort d'un de ses ministres ? Ou alors, la réalité se situe-t-elle quelque part à mi-chemin entre ces deux positions ?

S'interroger sur cette question, c'est chercher la véritable personnalité de Bourrassa. C'est aussi se demander si le sacrifice de

Laporte en valait le prix et pourquoi Bourassa a-t-il permis, dans une société qu'il définissait comme un modèle de démocratie, qu'on profite de la crise pour jeter en prison tous les opposants sociaux et politiques ?

Quelle était donc la philosophie politique qui a guidé le gouvernement Bourassa pendant la crise d'Octobre ? Elle s'articule autour de quatre avenues.

## LA FOLLE RAISON D'ÉTAT

On a souvent invoqué la raison d'État pour justifier des décisions qui devaient protéger les bases mêmes de nos sociétés démocratiques contre des pouvoirs subversifs. Mais, trop souvent, la raison d'État a été un argument invoqué par le pouvoir pour contrer une opposition qui le dérangeait. Le Québec ne fait pas exception à cette règle. Sous le gouvernement de l'Union nationale, entre 1966 et 1970, Vallières et Gagnon, accusés d'être les idéologues derrière le FLQ, ont passé plus de temps (des années) en prison préventive qu'aucun criminel de droit commun, sans jamais n'avoir été inculpés de quoi que ce soit.

Lorsque la crise d'Octobre survient, on jettera en prison des centaines de personnes pendant des jours et des semaines sans qu'elles ne puissent communiquer avec qui que ce soit. Et pour la quasi-totalité des personnes arrêtées, aucun procès ni condamnation ne viendront justifier leur séjour en prison. Et plus, par une procédure judiciaire vicieuse, on a longtemps refusé de lever les accusations portées.

Après que Paul Rose fut condamné pour le meurtre de Pierre Laporte, un crime qu'il n'a pas commis, mais qu'il a assumé, on lui a longtemps refusé une libération conditionnelle pour bonne conduite alors qu'une telle demande fut accordée aux criminels les plus pourris qui se sont bien conduits… en prison.

Lorsque l'on a demandé au gouvernement Bourassa ce qui l'empêchait de prendre des mesures aussi draconiennes contre la pègre, voici ce qu'a répondu le ministre des Affaires culturelles d'alors, le Dr François Cloutier : « C'est ainsi que la pègre qui existe dans tous les pays respecte jusqu'à un certain point les règles de la démocratie. Elle en vit, elle en profite, mais elle est à l'intérieur du système. Mais aussitôt que vous avez un mouvement terroriste qui se situe, lui, en dehors du système… à ce moment-là, il n'y a plus de règles du jeu. »

Quant au ministre de la Justice, Me Jérôme Choquette, il a exprimé l'avis qu'« il serait injuste à l'égard de la pègre d'utiliser à d'autres fins les pouvoirs spéciaux conférés en vertu de la Loi des mesures de guerre ». Il a expliqué que ces pouvoirs ont été donnés en rapport avec les activités d'une association révolutionnaire appelée FLQ et ne doivent pas être utilisés contre des citoyens auxquels on peut reprocher leur mode d'existence. « Cela risquerait de pervertir l'esprit de la loi », a-t-il précisé[1].

Mais pourquoi alors ne pas déclarer la pègre « illégale » ? Et le ministre de répondre qu'une commission d'étude sur le crime organisé concluait, il n'y a pas si longtemps, que la police connaissait le nom et l'adresse des principaux membres de la pègre. Qu'il était impossible cependant d'agir contre eux, sans sacrifier les libertés démocratiques. Il soulignait notamment l'obligation pour la police d'être munie de mandats de perquisition et d'arrestation. Et lorsqu'on lui demanda pourquoi le gouvernement ne profitait pas de ses pouvoirs spéciaux, pour lutter efficacement contre la pègre, Me Choquette a encore précisé que la loi et les règlements actuels sont restreints à un certain nombre d'activités et qu'il n'a pas le droit d'en dépasser le cadre en procédant à des arrestations et perquisitions. « Je dois me soumettre aux lois telles quelles sont », a-t-il dit[2].

Si on résume l'attitude du gouvernement Bourassa, s'attaquer à la pègre sans mandat, c'est brimer leur droit civique. Mais mettre en prison des acteurs sociopolitiques avec lesquels on ne partage pas les points de vue, cela s'appelle la raison d'État. C'est ce que nous qualifions de folle raison d'État.

## LES « ODIEUX » TERRORISTES

Ce qui fait la différence entre la pègre démocratique et les opposants terroristes, c'est que ceux-ci sont exclus du système. Ils sont exclus à maints égards : d'une part, comme leurs idées, à la base, sont dérangeantes, on fait tout pour les faire taire ou pour ne pas en tenir compte. Leur parole est évincée du discours politique. C'est ainsi que la thèse du Nègre blanc d'Amérique a été écartée par toutes les élites du Québec pendant des décennies jusqu'à ce qu'un groupe de militants déterminés obligent la société a en tenir compte.

1. *La Presse*, 5 novembre 1970.
2. Pierre Louis O'Neil, *Le Devoir*, 10 novembre 1970.

Parce que leur discours est banni, parce que les militants doivent se prononcer à leur risque et péril – certains perdront même leur emploi –, ils basculent dans la contestation, seule voie que leur réservent les élites. Et bientôt, par exaspération, ces groupes comprendront que ce n'est que par la violence que l'on peut ébranler un système qui refuse de s'ouvrir à des idées différentes des siennes. Voilà comment des idéalistes deviennent des individus subversifs.

La montée du FLQ a fait davantage pour la cause des francophones que tous les discours politiques. Mais, plutôt que d'accepter le fait que certaines inégalités poussent une fraction de gens dans des solutions de désespoir, on campe ces « terroristes » dans un univers qu'on qualifie d'inacceptable. Et, pour ce faire, on a recours aux règles de base de la propagande :

- Isoler le geste terroriste des motifs qui le commandent (ce sont des criminels que rien ne justifie leur geste dans une société démocratique).
- Diaboliser l'ennemi en l'accusant de tous les maux (ils veulent détruire la démocratie).
- Grossir le nombre d'ennemis (ils sont plus de trois mille felquistes).
- Exagérer la menace que font courir les terroristes (ils ont assez de dynamite pour faire sauter le centre de Montréal).
- Alimenter l'inquiétude : lorsque les autorités se sont rendu compte qu'elles avaient exagéré, pour ne pas perdre la face, elles vont créer l'inquiétude (les faux communiqués, les faux appels à la bombe, les faux incendies de bâtiments de la GRC).
- Profiter des événements pour liquider ses adversaires (la grande rafle).
- Augmenter les pouvoirs policiers et les mesures de sécurité. Se donner bonne conscience en se disant que tout cela est fait pour sauver la démocratie contre ceux qui veulent la détruire.

Ce que le gouvernement Bourassa a pratiqué comme discours au moment de la crise d'octobre 1970 correspond à l'ABC de la propagande en période de crise. Le président américain George W. Bush a repris la même approche après la destruction du World Trade Center, en 2001, et le premier ministre israélien Sharon a fait de même pour justifier l'envahissement des territoires palestiniens en 2002.

## UN AVEUGLEMENT DE BON ALOI

Pouvait-on prévoir les événements qui se sont déroulés en octobre 1970 ? À première vue, rien ne laissait présager que le jeune premier ministre Bourassa aurait alors à faire face à une telle crise et à devoir choisir entre la vie de son ministre et la raison d'État.

Mais, si l'on étudie ce qui s'est passé au cours des six mois précédant les enlèvements de Cross et de Laporte, on se rend compte que tous pouvaient savoir que des enlèvements se préparaient car l'escalade du terrorisme au Québec, ou ce qu'on en savait, laissait prévoir que tôt ou tard on assisterait à l'enlèvement d'otages au Québec.

Dans les six mois précédant l'enlèvement du diplomate britannique James Richard Cross, deux tentatives d'enlèvement de diplomates avaient été mises au jour. Le 28 mars 1970, les policiers procédaient à l'arrestation de deux individus qui avaient conçu le complot de s'emparer du délégué commercial d'Israël à Montréal, Moïse Golan. Les deux individus qui ont été par la suite formellement accusés de complicité en vue de commettre un enlèvement sont Lanctôt (qui réussira le rapt de monsieur Cross) et Pierre Marcil.

Trois mois plus tard, le 21 juin, un second complot est mis au jour dans un chalet des Laurentides, à Prévost. Il s'agissait cette fois de l'enlèvement projeté du consul américain à Montréal, Harrison W. Burgess, prévu pour le 4 juillet, jour de la déclaration de l'indépendance des États-Unis. Trois personnes furent accusées du complot : Claude Morency, André Roy et François Lanctôt, le frère de Jacques. Ces trois noms apparaissent sur la liste des prisonniers dont le FLQ demandera la libération.

La liste des demandes alors diffusée par les médias comprenait le relâchement de 13 prisonniers politiques, le réemploi des travailleurs de Lapalme, une taxe volontaire de 500 000 $ et la possibilité de s'exprimer sur les ondes pendant une heure. Ce sont là, à peu de chose près, les mêmes exigences qui seront demandées pour le relâchement de Cross. Or, tous ces faits étaient du domaine public avant les événements d'octobre puisque les médias en avaient parlé.

Les auteurs des enlèvements d'octobre s'étaient déjà signalés : d'abord Jacques Lanctôt qui avait été arrêté pour tentative d'enlèvement six mois plus tôt. Puis Marc Carbonneau qui s'était fait remarquer lors des manifestations qui avaient marqué un an plus tôt la grève des policiers de Montréal. Et enfin Paul Rose qui avait eu son heure de gloire, l'année précédente, avec sa maison d'accueil pour les jeunes – la maison du pêcheur – à Percé. Cette maison fut considérée comme le refuge de tous les contestataires et Paul Rose fit l'objet de poursuites par la municipalité.

Et voilà que la crise soi-disant imprévue et imprévisible éclate dans un Québec tranquille. C'est ce que nous appelons un aveuglement de bon aloi. Et c'est ce qui nous incite à croire que les autorités ne pouvaient pas ignorer qu'il se préparait quelque chose. D'ailleurs les listes des gens qui devaient faire partie de la grande rafle ne se sont pas constituées en une seule nuit.

## LA RECHERCHE DE BOUCS ÉMISSAIRES

Au moment de la crise d'Octobre, tous les ténors de la politique affirmaient haut et fort que les Québécois avaient le grand privilège de vivre dans la meilleure démocratie au monde. Donc, si le Québec et le Canada représentaient des exemples de démocratie, pourquoi existait-il un Front de libération du Québec qui, selon les dirigeants politiques, ne recherchait que l'anarchie et la destruction. C'est que des esprits pervers étaient venus troubler la tranquillité des Québécois.

### D'abord les étrangers

Une telle manifestation de haine ne peut venir d'un Québec si paisible, si tolérant et si confortable. Il faut qu'elle soit alimentée de l'étranger. On s'en prendra alors :

- au **communisme international** qui sème le terreur partout. Il est soutenu par Cuba, l'Algérie, la Jordanie et la Chine de Mao qui représentaient dans les années 1970 *l'axe du mal.* La Russie était exclue de cet axe pour des raisons stratégiques qui pointaient davantage la Chine.
- aux **immigrants** sans foi ni loi, comme les hippies, les déserteurs, les activistes, ces gens qui ne respectent pas les lois de leurs pays, mais qui viennent propager ici des idées de destruction.
- au **général de Gaulle** à qui on ne pardonne pas son discours sur le balcon de l'hôtel de ville. Il sera directement mis en cause

par tous ceux qui s'opposent à toute revendication socio-politique des Québécois.

## Ensuite les intellectuels

– Au premier chef les **enseignants** qui sèment la mauvaise graine dans leur classe. « Qui a formé ces anarchistes, car les vrais responsables de ces actes criminels et insensés ne sont pas seulement les individus qui les ont commis, mais ceux qui leur ont mis cela dans la tête », pouvait-on entendre. L'université pourrit les esprits de nos enfants. Ils deviennent des disciples de révolutionnaires qui consacrent leur temps à la destruction de notre civilisation. Le ministre de l'Éducation du Québec, Guy Saint-Pierre, désigne même un enquêteur pour étudier les plaintes formulées contre les enseignants. « Des abus aussi flagrants que subtils m'incitent à faire appel au sens des responsabilité… des enseignants pour m'assurer qu'ils ne profitent pas de leur contact avec élèves et étudiants dans le cours normal de l'exercice de leurs fonctions pour se livrer indûment à toute forme de propagande politique ou d'endoctrinement. » Que reproche-t-il aux enseignants ? D'avoir utilisé et commenté en classe le manifeste du FLQ.

Les **médias** sont rapidement pris à partie. Ils ont accordé trop d'importance aux événements, ont servi de relais et d'amplificateurs aux terroristes. Le député libéral Louis Philippe Lacroix n'hésite pas à accuser de façon nominative certains journalistes d'avoir semé la haine et la discorde. Le directeur du *Devoir,* M. Claude Ryan, est pris à partie pour avoir voulu instaurer un gouvernement parallèle. On n'hésitera pas à brandir la possibilité de censure qu'accorde la Loi sur les mesures de guerre pour mettre au pas les journalistes.

La **gauche** devient l'ennemi du pouvoir. En somme, tous ceux qui ne pensent pas comme le gouvernement sont des ennemis du gouvernement. Le FRAP, le parti d'opposition aux élections municipales de Montréal qui propose des changements sociaux, devient la façade du FLQ. Des intellectuels osent dire que, dans certaines circonstances, la violence est utile à l'évolution des peuples. Ce sont des inconscients.

Voilà donc les principaux responsables de la crise. Ce sont eux les véritables assassins de Pierre Laporte. Et la philosophie politique de Bourassa se confond avec l'approche de tous les gouvernements occidentaux qui pratiquent le néolibéralisme. Il n'y a pas de place pour la dissidence intellectuelle.

## ET PIERRE LAPORTE EST MORT

*« Tu as le pouvoir en somme de décider de ma vie... »* avait écrit Pierre Laporte à Robert Bourassa. Celui-ci a sacrifié son collègue pour des raisons d'État. Aujourd'hui, nous pouvons affirmer, avec le recul du temps, que l'enlèvement et la mort de Pierre Laporte ont bien servi Bourassa. Son enlèvement a permis de museler l'opposition sociopolitique du Québec. Sa mort a permis, par le phénomène des victimes expiatoires, de purger le Québec de toute violence sociopolitique pendant un quart de siècle. Et l'attitude ambiguë qu'a adoptée Bourrassa lui a toujours été utile. Il devint le premier ministre qui a conservé le pouvoir le plus longtemps au Québec au cours du dernier demi-siècle. Alors, pour lui aussi, la violence fut payante... Pourquoi donc regretter la mort de Pierre Laporte ?

# La paranoïa des autorités

Jacques Jourdain

> Le premier indice de l'existence d'une situation répressive pour les nouveaux intellectuels est le sentiment que leur liberté d'expression est sous surveillance.
>
> Léon Dion, *Les Intellectuels du temps de Duplessis,* p. 206.

La crise d'Octobre se déroule durant une décennie où le terrorisme sévit en Europe, au Moyen-Orient et en Amérique latine. Des bombes explosent, des avions sont détournés et des personnages publics kidnappés. Au Québec, c'est en mars 1963 que trois hommes donnent naissance à la première cellule du FLQ. Leurs bombes incendiaires visaient trois casernes militaires. D'autres cellules ont par la suite perpétré des hold-up, cambriolé des armureries, volé de la dynamite, etc. Des boîtes aux lettres, des édifices gouvernementaux, des entreprises privées et des personnalités ont été la cible des terroristes. Le terrorisme était déjà responsable de la mort de cinq personnes et plus d'une centaine d'attentats à la bombe avaient été commis quand Robert Bourassa devint premier ministre du Québec en avril 1970.

Sept ans se sont écoulés entre les premiers attentats et les enlèvements d'octobre 1970. Sept années durant lesquelles les autorités n'ont guère cru bon adapter et développer leur service de renseignements. C'est pourquoi, durant la crise d'Octobre, Robert Bourassa, à l'instar des autres dirigeants, ne disposait pas des informations lui permettant de bien évaluer la situation. Impressionnés par l'audace et les coups d'éclat, certains dirigeants ont cru le FLQ assez puissant pour mettre en échec les forces policières et menacer le pouvoir établi.

En fait, les événements d'octobre 1970 constituent le prolongement et l'exacerbation des revendications et des luttes menées par différents mouvements sociaux depuis le début de la Révolution tranquille. Ces mouvements sont les poumons des sociétés démocratiques en ce sens qu'ils créent l'espace où se renouvellent les institutions et les élites[1].

Toutefois, le refus d'accéder aux demandes populaires peut conduire les autorités à vouloir contenir l'élan des contestataires. Les affrontements avec les forces de l'ordre conduisent parfois à une escalade de la violence politique. Quand les dirigeants y voient une menace pour l'État, ils répriment les contestataires et réduisent l'espace démocratique. Pour les forces du *statu quo*, la violence politique devient une occasion permettant de réprimer, sans discernement, les groupes qui revendiquent des changements. L'imposition des mesures de guerre apparaît, à ce titre, comme le couronnement des mesures répressives imposées par les autorités depuis l'émergence des mouvements de contestation des années 1960.

La répression réduit l'espace démocratique si elle brise l'élan des contestataires et décourage la participation populaire à des rassemblements organisés. Mais à la fin des années 1960, en dépit d'abondantes et brutales mesures coercitives, les autorités n'étaient pas parvenues à contenir la violence politique au Québec[2].

---

1. Par exemple, Pierre Trudeau, Jean Marchand, et Gérard Pelletier ont contesté le régime Duplessis avant d'accéder aux plus hautes fonctions de l'État canadien. De même, Bernard Landry, Pierre Marois, Serge Ménard, Louise Harel et Claude Charron ont été des leaders de la contestation étudiante avant de devenir des figures dominantes du Parti québécois et du gouvernement péquiste. Reprises par ce gouvernement, certaines des revendications des mouvements sociaux ont ainsi contribué au renouvellement des institutions québécoises : la loi 101, la Loi sur le financement des partis politiques et notamment la Loi anti-briseur de grève.
2. Les cas de brutalité policière les plus connus sont : à Montréal, mai 1964, le jour de la fête de la Reine, 85 arrestations ; à Québec, en octobre 1964, samedi de la Matraque ; à Montréal, en mai 1965, jour de la fête de la Reine, 203 arrestations ; à Montréal, 24 juin 1968, lundi de la Matraque ; des lois ont également contribué à réduire l'espace démocratique : en 1963, la Loi des coroners, autorise la police à détenir sans mandat toutes personnes soupçonnées d'avoir des informations sur le FLQ ; le règlement 3926, de l'administration Drapeau-Saulnier, interdit toutes manifestations à Montréal. Des felquistes ont également écopé de lourdes sentences : Gabriel Hudon et Raymond Villeneuve, 12 ans de prison ; Georges Schoters et Jacques Giroux, 10 ans ; François Schirm et Edmond Guénette, condamnés à perpétuité ; Pierre-Paul Geoffroy, 124 peines d'emprisonnement à perpétuité.

En avril 1970, Robert Bourassa, le jeune premier ministre du Québec, hérite donc d'une conjoncture difficile : un chômage chronique et une effervescence sociale qui allait donner lieu à un type d'actions encore jamais vu en Amérique du Nord : deux enlèvements politiques[3]. Les événements d'octobre s'amorcent avec le rapt de James Cross, par la cellule Libération, le 5 octobre. Mais ce n'est qu'avec l'enlèvement de Pierre Laporte, le 10 octobre, que le coup d'éclat de la cellule Chénier déclenche vraiment la crise d'Octobre et la panique qui s'ensuivit.

Le 11 octobre, le cabinet Bourassa établit ses quartiers à l'hôtel Reine Élisabeth et le premier ministre du Québec donne l'impression de vouloir négocier avec les ravisseurs. Cependant, le 15 l'armée envahit le Québec ; le lendemain, le gouvernement fédéral accède à la demande des autorités québécoises et impose les mesures de guerre. Le 17 octobre, on retrouve le cadavre de Pierre Laporte. James Cross est finalement libéré le 3 décembre alors que les membres de la cellule Libération acceptent un sauf-conduit pour Cuba. Le 27 décembre, la police procède à l'arrestation de Francis Simard et des frères Rose de la cellule Chénier. Finalement, le 4 janvier 1971, l'armée se retire du Québec et le 30 avril l'État d'exception prend fin.

Nous savons maintenant que les cellules Libération et Chénier ne représentaient aucunement une menace pour l'État, que les associations étudiantes étaient incapables de procéder à un soulèvement étudiant d'envergure (Bédard : 1998) et que les directions syndicales

3. Il n'y a jamais eu, au FLQ, un centre décisionnel coordonnant l'activité des différentes cellules en respectant un plan précis. Jacques Lanctôt et Paul Rose se sont connus lors de leur arrestation durant l'émeute du 24 juin 1968. Ils sont alors décidés à porter un grand coup pour la libération du Québec. En 1969, un groupe se forme autour de ces deux hommes différents qui ne scellent aucun accord. Lanctôt a un goût prononcé pour l'action et prône les coups d'éclat. Il entre en clandestinité en février 1970 après avoir comploté pour enlever le consul d'Israël. Paul Rose se démarque par son sens de l'entrepreneurship. Grâce à son système de fraude et des hold-up, il a loué des maisons, acheté une ferme et des voitures. Rose voulait ériger une solide organisation avant d'entrer en clandestinité. Mais l'empressement du clan Lanctôt anéantira l'organisation de Rose. Le 21 juin 1970, un informateur permet à la section anti-terroriste de la police de Montréal de déjouer le complot visant à enlever le consul américain, Harisson Burgess. La SAT procède à l'arrestation de 5 felquistes et récupère 28 000 $ provenant d'un hold-up. Le lendemain, la police découvre la ferme de Sainte-Anne-de-la-Rochelle. Dès lors, les felquistes ne disposaient plus que d'une base d'opération « brûlée », de maigres ressources et d'un petit réseau de sympathisants pour assumer des prises d'otages et la vie en clandestinité. Les cellules Libération (Lanctôt) et Chénier (Rose) étaient désorganisées et précaires lorsqu'elles ont procédé, à la hâte et sans se coordonner, aux enlèvements du 5 et du 10 octobre 1970.

condamnaient le terrorisme (Cardin : 1990)[4]. Alors qu'est-ce qui a pu conduire Robert Bourassa à paniquer en octobre 1970 ? Comment en est-il venu à croire que la démocratie était en péril et à demander l'armée et les mesures de guerre ?

Mon hypothèse est la suivante : *Dès l'élection d'avril 1970, le gouvernement Trudeau a commencé à craindre pour l'unité canadienne. Puis en octobre, après l'enlèvement de Pierre Laporte, cette crainte s'est transformée en paranoïa. À Ottawa, à Québec et à Montréal, des dirigeants ont interprété une série d'événements dans un sens favorable à la thèse de l'insurrection appréhendée. Par ailleurs, les corps policiers ont surévalué la force réelle du FLQ. De sorte que les informations transmises au premier ministre du Québec et les pressions qu'il a dû subir l'ont conduit à céder à la panique.*

Pour confirmer cette hypothèse, je vais scruter l'environnement de Robert Bourassa. D'abord, ce qui s'est produit à Ottawa et ce que révèle le fonctionnement des corps policiers engagés dans les événements d'octobre. Après quoi, je tâcherai d'analyser le comportement de Robert Bourassa entre le 5 et le 16 octobre 1970. Ce qui devrait me permettre de démontrer que l'enlèvement du ministre Laporte a été l'événement fondateur du nouveau prisme à travers lequel les autorités ont ré-interprété l'action des mouvements sociaux depuis le début des années 1960.

## L'INQUIÉTUDE GAGNE LE CABINET TRUDEAU

Il semble qu'avant le 10 octobre 1970 Pierre Elliott Trudeau ait craint davantage les électoralistes du PQ que les terroristes du FLQ. Par ailleurs, Trudeau a toujours considéré le nationalisme québécois comme un frein à l'évolution du Québec et une menace à l'unité canadienne[5]. En automne 1968, cette hantise a donné lieu à un incident diplomatique, le premier ministre canadien ayant affirmé que le diplomate français, Philippe Rossillon, était un agent secret oeuvrant dans l'intérêt des séparatistes québécois. Puis, en mars 1970, Trudeau menaça même de rompre les relations diplomatiques avec la France

---

4. Dans *Comprendre octobre 1970* (p.152), Jean-François Cardin précise que Michel Chartrand, du Conseil central des syndicats nationaux de Montréal, appuya publiquement le manifeste et qu'il refusa de condamner le FLQ.
5. Voir à ce propos « Réflexion sur la politique au Canada français », *Cité libre*, n° 3, p. 53-70 ; « Un manifeste démocratique » *Cité libre*, n° 22, p. 1-31 ; « L'aliénation nationaliste », *Cité libre*, n° 35, p. 3-5 et « La nouvelle trahison des clercs », *Cité libre*, n° 46, p. 3-16 et « La province de Québec au moment de la grève », dans *La Grève de l'amiante*, Éditions du Jour, 1956.

en raison, disait-il, de l'ingérence de celle-ci dans des questions politiques canadiennes[6]. À la lecture des procès-verbaux[7] du cabinet fédéral en 1970, on peut constater qu'après l'élection provinciale d'avril 1970 l'obsession de Trudeau est partagée par certains ministres qui réaffirment que l'unité nationale est menacée et qu'il faut à tout prix aider Robert Bourassa à créer des emplois au Québec. On s'interroge également sur le financement du Parti québécois et on se demande combien de séparatistes travaillent dans la fonction publique canadienne.

Les dirigeants étaient peu préoccupés par le terrorisme. On avait tout au plus concocté un plan d'urgence relevant d'Ottawa qui prévoyait bloquer l'accès aux infrastructures de transport et on disposait de dossiers sur la presque totalité des diplomates habitant la région montréalaise. Le 6 octobre, le jour suivant l'enlèvement de James Cross, le cabinet Trudeau est consterné mais opte pour la ligne dure et refuse de négocier avec les ravisseurs[8]. À l'évidence, la menace felquiste n'est guère prise au sérieux ; le 7 octobre, Trudeau recommande à ses ministres d'être présents à la soirée en l'honneur du gouverneur général de façon à donner l'image d'un gouvernement qui contrôle la situation. Toutefois, après le rapt de Pierre Laporte, la paranoïa s'installe vraiment au cabinet Trudeau. Le 12 octobre, l'armée canadienne envahit les rues d'Ottawa et protège les bâtiments publics. Lors de la réunion du cabinet, le 15 octobre, Jean Marchand affirme que la police de Montréal et la Sûreté du Québec sont probablement infiltrées. Trudeau, pour sa part, n'est pas très favorable à l'imposition des mesures de guerre[9]. Avouant que la GRC ne peut fournir une évaluation précise de la menace qui pèse sur les autorités, Trudeau prétend néanmoins qu'il pourrait y avoir environ 1 000 felquistes et il informe ses ministres que Robert Bourassa craint l'éclatement de son gouvernement. Quant à Bryce Mackasey, il croit que la situation pourrait dégénérer jusqu'à l'éclatement d'une guerre civile.

---

6. *Le Devoir*, mardi 24 avril 2001, p. A3.
7. Voir notamment les documents 537-70, 553-70, 569-70, 705-70, 755-70, 57-70, 58-70, 61-70, 60-70, 62-70, 1216-70, 1221-70, 63-70 et 65-70.
8. On peut lire dans le PV (n^os^ 57-70, p. 3), du cabinet fédéral du 6 octobre 1970 : « The Prime Minister said it was essential that the government maintain a firm position throughout and not give in to the demands of the abductors. »
9. On peut lire dans le PV (60-70) du cabinet du 15 octobre : *The Prime Minister said that he was afraid that civil libertarians would remember that eventually.*

Finalement, c'est dans un climat de surenchère qu'on impose les mesures de guerre. Le 16 octobre, Jean Marchand prétend devant la Chambre des communes que l'État du Québec et l'État fédéral sont menacés par 3 000 felquistes disposant de 2 000 livres de dynamites et de l'appui de nombreuses associations extérieures ! Le 19 octobre, dans un document signé par Trudeau, on apprend que son gouvernement a identifié des joueurs indésirables sur l'échiquier politique : le PQ, des maoïstes, quelques leaders syndicaux et des intellectuels. À ce propos, Marcel Pepin affirme, le 22 octobre, que les écrits de Pierre Vallières inspirent les felquistes. Spontanément on pense à *Nègres blancs d'Amérique*, mais Pépin fait référence à *Stratégie révolutionnaire et rôle de l'avant-garde*, un document rédigé en prison en 1968 et qui a circulé beaucoup auprès de la gauche montréalaise[10].

## L'IMPUISSANCE DES CORPS POLICIERS

En consultant le rapport de Me Duchaîne, on s'étonne de constater qu'en 1970 les différents corps policiers, québécois et canadien, n'étaient pas préparés à faire face à des enlèvements politiques. Pourtant, le rapport McDonald révèle que c'est après les premiers attentats felquistes, en 1963, que la GRC met sur pied le Criminal Investigation Bureau ; en 1964 une escouade conjointe regroupe la GRC, la Sûreté du Québec et la police de Montréal, la Combined Antiterrorist Sqaud (CATS) et le premier ministre Pearson autorise l'espionnage des indépendantistes. On découvre également que le premier ministre Trudeau forme, le 5 mai 1970, un comité interministériel chargé de développer une politique concernant l'ordre public et d'évaluer le travail préparatoire en vue de l'imposition des mesures de guerre. En outre, Trudeau enjoint la GRC à mettre sur pied une unité spéciale, la section G, qui doit recueillir des renseignements sur les activités séparatistes et terroristes au Québec. Cet organisme doit également relever l'influence de puissances étrangères sur l'évolution du Québec au sein du Canada et obtenir des informations relatives aux organisations subversives québécoises.

En dépit de cet arsenal, durant les événements d'octobre l'activité policière a donné lieu à plusieurs ambiguïtés et a connu très

10. Aux révolutionnaires, Vallières propose une stratégie en 3 étapes pour accélérer la révolution : (i) l'agitation populaire qui débouche sur la clandestinité ; (ii) l'organisation du peuple en comités de quartiers, d'usine et d'écoles et regroupés sous forme de fédération ; (iii) les indigents prennent les armes contre les exploiteurs.

peu de succès. Cela peut s'expliquer notamment en tenant compte des méthodes d'investigation de la police[11], de l'insuffisance des effectifs[12] et de la compétition entre les corps policiers.

Il est opportun de souligner le manque de coordination des corps policiers qui, jaloux de leur autonomie, hésitaient à se transmettre des informations qui auraient pu faire accélérer l'enquête. À la SQ, par exemple, on observe l'existence d'une compétition stérile entre le Bureau des enquêtes et le Service de sécurité qui collaboraient très peu durant les événements d'octobre. En plus d'être minée par la compétition, la SQ était chargée de surveiller les bâtiments publics. La SQ était débordée, les policiers étaient épuisés; finalement, la direction de la SQ demanda des renforts de l'armée. En outre, c'est la police de Montréal qui sera chargée de l'enquête lors de l'enlèvement de James Cross. Mais ce corps policier n'était pas outillé pour ce genre de travail. Curieusement, c'est la police de Montréal qui demanda les mesures de guerre. Parmi les autres faits troublants, la confection des listes d'arrestations s'est faite, le 11 octobre, sous la direction de la GRC. Les agents de la SQ n'ont jamais pu consulter les dossiers que la GRC a utilisés pour produire ces listes.

Il est également pertinent de mentionner la désinvolture d'Ottawa à l'endroit du terrorisme et des organismes chargés de le combattre. Cette attitude expliquerait le manque de ressources financières de la GRC et l'interaction déficiente entre dirigeants des corps policiers et dirigeants politiques. Par exemple, un rapport du Strategic Operation Center, daté de décembre 1970, révèle que le gouvernement fédéral disposait d'informations permettant d'anticiper des enlèvements politiques. Puis, en octobre 1970, Trudeau n'aurait pas vérifié auprès de la GRC si des renseignements disponibles pouvaient

---

11. Dans son rapport, Me Duchaîne (p. 66) précise, à ce propos, que les corps policiers ont choisi de vérifier systématiquement les informations qui, au nombre de 2 000 par jour, provenaient du public. Conséquemment, les informations les plus pertinentes ont été noyées dans une masse de renseignements plus ou moins pertinents. C'est ainsi que les policiers ont mesuré la force réelle du FLQ à la somme d'énergies consacrées à lutter contre le terrorisme. De sorte qu'on en vint à croire à l'existence d'une puissante organisation pouvant mettre en échec les corps policiers et disposant de la puissance nécessaire au renversement de l'État.

12. La police de Montréal disposait d'environ 15 policiers pour lutter contre le terrorisme, la SQ d'environ 30 policiers. Quant à la GRC, elle disposait de 300 agents à Montréal et probablement du même nombre en région (Duchaîne, 21).

confirmer la thèse de l'insurrection appréhendée[13]. Le directeur de la SQ, Maurice Saint-Pierre, croyait, pour sa part, à l'imminence d'assassinats politiques. C'est du moins ce qu'il écrit, en septembre 1970, dans une lettre adressée au ministre de la Justice du Québec (Duchaîne, 28).

Donc une série de quiproquos et une faible coordination expliqueraient la déconvenue des forces policières, au Québec en 1970[14].

## LA VALSE HÉSITATION DE ROBERT BOURASSA

D'entrée de jeu, il faut souligner la position embarrassante de Robert Bourassa depuis son élection en avril 1970. La présence de sept députés péquistes à l'Assemblée nationale conférait à l'option souverainiste une indéniable légitimité. Pour combattre cette option, Bourassa devait tâcher d'obtenir une réforme de la constitution ou, à tout le moins, des avantages pour le Québec. Or, il fallait préalablement que Bourassa assure sa crédibilité face à son homologue fédéral. D'autant plus que Bourassa avait brièvement flirté avec le MSA en 1967[15]. En octobre 1970, le premier ministre du Québec, âgé d'à peine 36 ans, n'est pas un politicien aguerri. Au surplus, après l'enlèvement de Laporte, il dispose de peu de temps pour réfléchir et surtout de peu de moyens lui permettant une évaluation objective et efficace de la situation. Comment dans ces conditions Robert Bourassa aurait-il pu faire abstraction du vent de panique qui soufflait à Ottawa, à

---

13. C'est du moins ce qu'a révélé Me Guy Gilbert lors du colloque *La Mémoire d'Octobre* 1970 qui s'est déroulé à l'UQAM, le 6 octobre 2000.

14. Par exemple, bien qu'en février et juin 1970 la police ait fait avorter deux projets d'enlèvements impliquant les frères François et Jacques Lanctôt, les militants compromis dans les événements d'octobre n'ont fait l'objet d'aucune surveillance particulière durant la période précédant l'enlèvement de James Cross. Également, c'est le 5 octobre que Mme Cross identifie Jacques Lanctôt comme un des ravisseurs de son mari. Mais ce n'est que le 7 novembre que la police s'intéresse à Suzanne Lanctôt, l'épouse du prévenu, ce qui permettra de retracer le lieu de séquestration de Cross. C'est finalement le 25 novembre que la GRC découvre le lieu où est détenu James Cross. Mais ce n'est que le 1er décembre qu'elle l'annonce à la police de Montréal et à la SQ. En outre, le 15 décembre au moment où elle en informe les deux autres corps policiers, la GRC connaissait depuis quelque temps l'endroit où se terraient Simard et les frères Rose.

15. Voir à ce propos « Aspects économiques d'un Québec indépendant », *Maintenant*, n° 70, octobre 1967, p. 309-313.

Québec et à Montréal où le tandem Drapeau-Saulnier devait également composer avec le Front d'action politique[16] ?

En cet automne 1970, l'enjeu pour Robert Bourassa consiste donc à sortir gagnant des événements d'octobre. Précisément, il doit préserver sa légitimité. D'abord au sein de son parti où des adversaires potentiels pourraient chercher à l'écarter ; puis auprès des autres acteurs politiques, dont ses interlocuteurs du gouvernement fédéral et l'opposition péquiste.

Dans ces circonstances, Bourassa ne pouvait se permettre d'adopter une attitude trop conciliante à l'endroit des felquistes. Autrement, à Ottawa on se serait empressé d'interpréter cette position comme un signe de faiblesse. Dans ce jeu qui oppose les dirigeants aux dirigés, il fallait plutôt saisir l'occasion pour convaincre l'ensemble des contestataires qu'en aucun cas la violence pouvait se traduire par des gains. Par contre, en s'alignant sur les positions fédérales, en adoptant la ligne dure, Bourassa risquait d'être critiqué pour son manque de leadership et on accuserait son gouvernement d'avoir démissionné devant Ottawa. Cette position inconfortable explique, sans doute, la valse-hésitation de Bourassa.

Après l'enlèvement de Cross, le 5 octobre, la position de son gouvernement est similaire à celle qui a été adoptée par le cabinet Trudeau. On ne se rend pas aux exigences des ravisseurs. Jérôme Choquette tente d'obtenir la libération de Cross en échange d'un minimum de concessions. La situation politique ne recèle rien pouvant déclencher un mouvement de panique. Tout semble d'ailleurs indiquer que l'objectif de la cellule Libération est d'obtenir une large caution populaire par la diffusion du célèbre manifeste. Pour que son audience puisse se prolonger, la cellule Libération impose une négociation avec les autorités en envoyant ses communiqués à des stations de radio concurrentes. Le 7 octobre, le Manifeste est lu sur les ondes de CKAC et on le diffuse le 8 à la télévision de Radio-Canada.

---

16. Le Front d'action politique était issu notamment des Comités d'action Politique créés par la CSN en 1967 après l'imposition de la loi 25, par le gouvernement Johnson, qui forçait le retour au travail des enseignants du Québec. En 1970, le FRAP se voulait une organisation autonome des travailleurs. Il s'agit de la première véritable tentative de coordination des activités de la gauche montréalaise. Le président du FRAP, Paul Cliche condamne la violence mais cautionna les revendications du FLQ en 1970. À Ottawa, Jean Marchand saisit cette occasion pour associer le FRAP au FLQ. À noter : en dépit de la menace d'insurrection, les élections municipales ont eu lieu le 25 octobre. Le FRAP ne fit élire aucun candidat.

Dès lors, la cellule Libération réduit ses demandes à l'élargissement des felquistes et à la cessation des opérations policières. Les négociations avec les ravisseurs permettent d'espérer la libération prochaine de Cross. Malgré la grève des médecins spécialistes, Robert Bourassa se rend comme prévu à New York. On apprend également, ce 8 octobre, l'arrestation de trois felquistes, dont Jocelyne Despatie, ex-standardiste au bureau du premier ministre à Montréal.

De part et d'autre, la stratégie a bien fonctionné. Cross est sur le point d'être libéré sans que le gouvernement n'ait eu à fléchir devant la menace ; le FLQ obtient le statut d'interlocuteur conciliant (Crelinsten : 1988, 74-75) et, avec la lecture du Manifeste, il parvient à imposer publiquement et à grande échelle une contre-interprétation de la réalité sociale (Raboy : 1983, 59)[17]. Les autorités sont d'ailleurs déconcertées par la sympathie populaire à l'endroit des terroristes. Le 10 octobre, Jérôme Choquette offre un sauf-conduit aux ravisseurs de Cross et promet la clémence pour les felquistes écroués.

Pour le clan Rose, l'offre confirme toutefois l'échec de la cellule Libération. Quelques minutes après l'annonce faite par le ministre Choquette, la cellule Chénier kidnappe Pierre Laporte, croyant naïvement rehausser le pouvoir de négocier du FLQ.

Pourtant improvisé et peu planifié, l'enlèvement de Pierre Laporte a consterné des dirigeants et des policiers dépassés par les événements et incapables d'évaluer froidement la situation. C'est ainsi que la rapidité d'exécution de la cellule Chénier a engendré une importante spéculation sur la puissance réelle du FLQ. D'aucuns sont désormais convaincus que le FLQ peut frapper où bon lui semble. Dès lors, l'attitude de Robert Bourassa ne sera plus la même. Pour combattre le terrorisme, il doit évaluer si l'armée suffit à rétablir l'ordre ou, autrement, si les mesures de guerre doivent être appliquées. « Dès ce jour-là, affirme Claude Ryan (1971, 16-17) nous savions qu'à Montréal, Québec et Ottawa, la plupart des dirigeants politiques étaient terriblement effrayés et songeaient sérieusement à recourir aux mesures de guerre. M. Bourassa lui-même, qui avait paru la semaine précédente enclin à la négociation, nous laissait maintenant savoir que des pressions très fortes s'exerçaient sur lui en sens contraire. »

---

17. Ce que certains dirigeants, dont Jean Drapeau, sauront traduire comme étant le signe de l'érosion de la volonté populaire.

Témoin des délibérations du cabinet Bourassa, l'ex-ministre François Cloutier confirme : « Puis les communiqués se multiplièrent, menaçants, ambigus. Il était question de cellule d'intervention, d'attentats et l'on prédisait d'autres enlèvements. Rapidement, l'inquiétude reprit le dessus et la peur s'installa, alimentée par les médias d'information toujours omniprésents, par l'impression que la police tournait en rond et que les dirigeants étaient désemparés » (1978, 102)[18].

Le matin du 11 octobre, la cellule *Chénier* émet un premier communiqué. On peut y lire que l'enlèvement de Laporte est conforme au plan 3[19] et que le ministre sera exécuté si les autorités ne remplissent pas les sept demandes initiales. Intransigeants, les militants regroupés autour de Rose agissent comme s'ils désiraient la capitulation du gouvernement provincial. Impressionné par la détermination des felquistes, Robert Bourassa insiste pour que son cabinet déménage au Reine Élisabeth où il s'entretient avec les ténors de la ligne dure : Pierre Trudeau, Maurice Saint-Pierre, directeur de la SQ, et Lucien Saulnier, président du conseil exécutif de la Ville de Montréal (Provencher : 1974, 34 ; Lacoursière : 1972, 158). D'intenses discussions animent le cabinet Bourassa et certains ministres découvrent également l'existence d'un plan révolutionnaire concocté par Vallières[20].

Puis un second communiqué du groupe Chénier entretient la peur des autorités : « C'est déjà une très grande concession pour nous d'être obliger (sic) de le remettre en vie et en bonne condition. » Le communiqué est suivi d'une lettre pathétique de Laporte à Bourassa : « Tu as le pouvoir en somme de décider de ma vie. S'il ne s'agissait que de cela et que le sacrifice doive avoir de bons résultats, on pourrait y penser. Mais nous sommes en présence d'une escalade bien organisée, qui ne se terminera qu'avec la libération des "prisonniers

18. Dans *L'Enjeu* (p. 105) François Cloutier affirme « Il n'y a certainement pas eu de panique », alors que quelques lignes plus loin il cite un ministre qui lui révéla durant la crise : « J'ai fait mon testament, maintenant je n'ai plus d'inquiétude. Je suis prêt à tout. »

19. On comprend maintenant l'importance accordée par les autorités à *Stratégie révolutionnaire et rôle de l'avant-garde* où la troisième étape est celle où les indigents prennent les armes contre les exploiteurs.

20. C'est ce qu'a raconté William Tetlley durant le colloque *La Mémoire d'octobre 1970*. Dans *La Crise d'octobre* (p. 139) Gérard Pelletier fait également référence à ce texte de Vallières découvert lors des perquisitions policières.

politiques ". Après moi, ce sera un 3e, puis un 4e et un 20e. Si tous les hommes politiques sont protégés, on frappera ailleurs, dans d'autres classes de la société. Autant agir tout de suite et éviter un bain de sang et une panique bien inutiles. »

En décrivant ainsi le FLQ, Pierre Laporte entretenait le mythe d'une organisation très structurée et disposant de moyens permettant de mettre en échec les forces policières. La réponse de Bourassa à l'ultimatum des ravisseurs révèle qu'il prend la menace au sérieux : « Des événements exceptionnels et sans précédent dans notre province menacent la stabilité de nos institutions politiques. » Par ailleurs, le gouvernement insiste sur le fait qu'il doit obtenir la garantie que la libération des prisonniers politiques ait comme résultat certain la vie sauve des otages. Fidèle à lui-même, Bourassa demeure équivoque : « Gouverner c'est choisir. Nous avons choisi, nous, la justice, individuelle et collective. Quant à moi, je me battrai pour cette justice jusqu'à la limite de mes moyens, en assumant tous les risques, quels qu'ils soient, et qui sont essentiels à l'avenir de notre peuple. »

Il semble que les ravisseurs et Pierre Laporte aient cru en la volonté de négocier. Le 12 octobre, Laporte écrit à Bourassa : « Merci encore… Merci à tous ceux qui ont contribué à cette décision raisonnable que tu as annoncée avec force et dignité. J'espère être libre… et au travail d'ici 24 heures. » Dans un troisième communiqué, la cellule Chénier entretient la peur des autorités : « Comme preuve de notre bonne foi nous suspendons nos activités et demandons aux autres cellules d'en faire autant ».

Le 12 octobre, sans doute pour gagner du temps, Bourassa désigne Me Robert Demers comme négociateur gouvernemental. De part et d'autres, la négociation semble impossible. Me Demers ne représente que le Québec alors que certaines des requêtes relèvent des autorités fédérales qui de toute façon refusent de négocier. Au surplus, l'avocat et sympathisant felquiste Me Robert Lemieux est désigné uniquement pour voir à l'application des demandes et non pour en négocier la substance. Cette même journée, à Québec, apparaissait la cellule Nelson revendiquant l'attentat contre la résidence du docteur Guy Carter et menaçant que, si le 14 octobre la situation dans les hôpitaux ne s'était pas régularisé, « nous inviterons un de ces médecins, ces salauds, à partager notre hospitalité pour un temps indéterminé » (Lacoursière : 200).

Dès lors la panique s'empare des dirigeants. Les médias contribuent à développer ce climat malsain en publicisant les propos alarmistes des élites gagnées par la peur[21] alors que le premier ministre de l'Ontario, John Robarts, donne son appui à la ligne dure. Le 14 octobre, c'est dans cette ambiance favorable à la paranoïa qu'interviennent 16 personnalités favorables à la libération des « prisonniers politiques » en échange des deux otages. Rapidement, la rumeur circule, à Ottawa, à Québec et à Montréal que René Lévesque et Claude Ryan complotaient pour former un gouvernement provisoire. Au Reine Élisabeth, le cabinet provincial est divisé[22]. Quelques ministres refusent de céder au chantage et menacent de démissionner. Ce qui ne peut qu'accroître la perte de crédibilité de Bourassa auprès des dirigeants de Montréal et d'Ottawa. Quels sont alors les choix qui s'offrent à Bourassa ? Il peut demander uniquement l'armée, cela pourrait d'ailleurs offrir un répit aux policiers. Mais la menace ne commande-t-elle pas des mesures d'exceptions ? S'il demande les mesures de guerre, il sait qu'il répondra à certaines attentes, mais qu'il devra également assumer l'odieux de la situation ! Il mandate alors Jérôme Choquette, hérault de la ligne dure, pour qu'il évalue avec Mitchel Sharp la possibilité de libérer quelques felquistes. Bourassa était donc enclin à négocier ! Sharp et Trudeau se sont opposés

---

21. « La révolution est peut-être en voie d'exécution, *Le Soleil,* 13 octobre 1970, p. 1 ; « Une action internationale prévue par le FLQ pour parvenir à ses fins » *Le Soleil,* 14 octobre 1970, p. 1 ; « M. Charles B. Neaple (président de la Bourse de Montréal NDLR) est convaincu d'être le quatrième sur la liste », *Le Soleil,* 14 octobre 1970, p. 22 ; « Le nationalisme québécois n'est qu'un prétexte utilisé par le FLQ pour instaurer au Québec une dictature socialiste » (Jean-Noël Tremblay, député de Chicoutimi NDLR), *Le Soleil,* 14 octobre 1970, p. 27 ; « Drummond quitte sa demeure de Montréal » (Kevin Drummond, ministre des Terres et Forêts NDLR), *Le Soleil,* 14 octobre 1970, p. 36 ; « Trudeau se déplace dans une limousine blindée » *La Presse,* 14 octobre 1970, p. F4 ; « Scotland Yard renforce la protection de la famille royale », *La Presse,* 14 octobre 1970, p. F8 ; « Le ministre Saint-Pierre suspend sa tournée, *La Presse,* 14 octobre 1970, p. F10 ; « Une crise sérieuse qui ébranle nos institutions » – Robert Bourassa, *Le Soleil,* 15 octobre 1970, p. 3 ; « Il craint pour sa famille » – le juge Maurice Allard, *Le Soleil,* 15 octobre, p. 42 ; « Le mauvais exemple du FLQ inquiète les États-Unis », *Le Soleil,* 15 octobre 1970, p. 56.
22. C'est du moins ce qu'a affirmé Wiliam Tetley lors du colloque *La Mémoire d'octobre 1970.* Du reste, Tetley affirma dans *La Presse* du 5 octobre 2000, p. A6, qu'en 1970 le cabinet Bourassa ignorait la puissance réelle du FLQ et que ce n'est qu'après la mort de Laporte que tous s'entendirent sur le fait qu'il ne fallait pas négocier avec les terroristes. Quant à Jérôme Choquette, il affirma le 5 octobre 2000 (*Le Devoir,* p. A1 et A8) « Je voyais un grand péril à ce que l'on cède devant le terrorisme. Si on cède, on est fini : les institutions démocratiques sont battues en brèche, l'autorité des tribunaux est réduite à néant, on s'est abaissé devant le chantage [...]. Il ne faut pas céder au chantage, même au prix de la vie d'un homme [...] ».

à cette requête. C'est alors que Bourassa avise Trudeau qu'il voulait adopter une loi spéciale pour briser la grève des médecins avant que les mesures de guerre ne soient adoptées.

Durant la journée du 15 octobre, le directeur de la police de Montréal, Marcel Saint-Aubin, fait parvenir une lettre au maire Drapeau dans laquelle il affirme qu'un mouvement subversif, disposant de nombreuses petites cellules étanches, s'apprête à renverser « l'État légitime au moyen de la sédition et d'une insurrection armée éventuelle ». La police de Montréal exigeait les mesures de guerre ! Mais c'est à Trudeau et non au premier ministre du Québec que Drapeau et Saulnier écrivent : « [...] l'assistance des gouvernements supérieurs est devenue essentielle pour protéger la société du complot séditieux et de l'insurrection appréhendée dont les enlèvements récents ont marqué le déclenchement ». En s'adressant à Trudeau, les dirigeants montréalais agissent comme si Robert Bourassa n'était qu'un acteur secondaire, voire vulnérable !

La légitimité de Bourassa, déjà écorchée, aurait-elle subi une perte irréversible s'il avait refusé de s'aligner sur les positions de Drapeau, cautionnées à Ottawa et par certains membres de son cabinet ? La réponse semble affirmative ! Au surplus, si Bourassa a choisi les mesures de guerre plutôt que de simplement demander l'armée pour consolider la paix, c'est qu'à l'instar de plusieurs il a cédé à la panique et qu'il a vraiment cru à la menace d'insurrection[23]. Plusieurs années plus tard, Bourassa s'est d'ailleurs confié : « Selon les informations qu'on avait, il était difficile de tirer des conclusions quant à l'importance des effectifs du FLQ [...]. C'est que si j'avais attendu et qu'il y ait eu un autre enlèvement, ma légitimité politique aurait été mise en cause[24]. » Le 15 octobre, dans la lettre qu'il a fait parvenir à Trudeau, Bourassa fait donc référence à des « menaces proférées contre la sécurité de l'État » et demande les mesures de guerre pour contrer l'activité des personnes oeuvrant au « renversement du gouvernement par la violence et les moyens illégaux ». C'est peu après avoir rédigé cette lettre, vers 21 h, que Robert Bourassa s'adresse aux ravisseurs.

---

23. Des événements tragiques, tel l'assassinat de Kennedy en 1963 et d'Aldo Moro en 1976, n'ont pas engendré de crise comme ce fut le cas au Québec en 1970. La réaction excessive de certaines élites découle d'un état de panique à la suite d'une mauvaise interprétation de la situation.

24. Robert Bourassa, *Gouverner le Québec*, Montréal, Fides, 1995. Cité dans Léon Dion, *La Révolution déroutée*, Bibliothèque nationale du Québec, Les Éditions Boréal, p. 173.

Alors qu'il venait d'enclencher le processus devant mener à l'imposition des mesures de guerre, Bourassa offre un sauf-conduit aux membres des deux cellules terroristes et s'engage à recommander la libération conditionnelle de 5 felquistes. Cette offre doit prendre fin dans la nuit du 16 octobre à 3 h du matin (Duchaîne : 109). Bourassa sait très bien qu'il n'a pas l'aval d'Ottawa et des autres dirigeants pour négocier. Il ne cherche qu'à gagner du temps.

Durant la nuit du 16 octobre, Ottawa imposait finalement les mesures de guerre. Durant la journée, en conférence de presse, Bourassa avoua qu'il craignait que le FLQ ne passe à la quatrième étape de son plan : (1) propagande, (2) attentats, (3) enlèvements, (4) assassinats sélectifs[25]. On connaît malheureusement la suite ! Après la mort de Pierre Laporte, Robert Bourassa s'enferme dans un incroyable mutisme. De sorte qu'on se demande où est son gouvernement ! « Ce silence accrédite de jour en jour les rumeurs d'une démission du gouvernement provincial devant le pouvoir fédéral » (Lemelin : 1971). Mutisme qui traduit sans doute un état de panique auquel s'entremêle un lourd sentiment de culpabilité. Croyant que les felquistes se comptaient par milliers et qu'ils bénéficiaient de la complicité d'autres groupes subversifs, que la police et la fonction publique étaient infiltrées et que des puissances étrangères complotaient contre l'État canadien, les dirigeants ont sacrifié Pierre Laporte à la raison d'État. C'est définitivement l'enlèvement de Pierre Laporte qui a été l'événement fondateur d'un nouveau prisme à travers lequel les autorités ont ré-interprétés l'action qui se déroulait depuis 1960 sur l'échiquier politique. La paranoïa des autorités s'est donc nourrie de certains faits que je vais rappeler.

## L'ESCALADE DE LA VIOLENCE AU QUÉBEC

À l'instar d'autres groupes contestataires, les cellules du FLQ dénonçaient l'injustice sociale qui affligeait les francophones au Québec. Or, durant le régime Duplessis, nombreux seront les francophones à prendre conscience qu'ils formaient une majorité discriminée dans la province de Québec. Comptant pour plus de 80 % de la population québécoise, ils ne contrôlaient pas les principaux

---

25. Encore ici, on peut mesurer l'importance de l'inflation verbale des communiqués de Paul Rose et le poids des discours de Pierre Vallières sur les politiciens durant la crise d'Octobre.

leviers de leur économie. En raison de la discrimination, il leur était difficile de travailler, de vivre et de connaître une ascension sociale dans leur langue. Concrètement, ils étaient exploités en tant que travailleurs et discriminés comme francophones. Les questions sociales et la question nationale ont donc formé l'axe autour duquel les conflits se sont développés. L'axe autour duquel sont apparus, au début des années 1960, diverses organisations indépendantistes socialistes, étudiantes et syndicales. Dirigées par des entrepreneurs politiques qui ont profité d'une conjoncture[26] favorable à l'engagement social, ces organisations ont mis en commun des ressources[27] et elles sont parvenues à faire participer des milliers de francophones insatisfaits à des actions contestataires. Par ailleurs la répression des autorités et la rivalité[28] qui opposait certaines des organisations ont motivé l'escalade de la violence durant la décennie des années 1960. Bref, le

---

26. Historiquement, on observe que l'individu conteste davantage lorsque des besoins élémentaires sont satisfaits. À ce propos, la prospérité économique et le régime démocratique ont permis aux Québécois d'améliorer leur qualité de vie après la Seconde Guerre mondiale. Tremblay et Fortin (1963) ont démontré qu'en 1958 les familles canadiennes-françaises consacraient 30 % de leur revenu à des biens autres que la nourriture, le logement ou les vêtements. En outre, de 1960 à 1970, on observe une diminution de la pauvreté des familles au Québec alors que le salaire minimum grimpe jusqu'en 1976 (Langlois, 1990 : 83, 89). Par ailleurs, ce sont particulièrement les jeunes qui sont favorables à la contestation et au changement. Au début des années 1960, les 15 à 24 ans représentent 14 % de la population du Québec et 20 % en 1970.
27. Par exemple, l'AGEUM a publié dans *Le Quartier latin*, en octobre 1964, le journal *La... libre* des grévistes de *La Presse* et différentes associations étudiantes ont manifesté avec des travailleurs en grève (La Grenade Shoes, en octobre 1965 ; Ayers à Lachute, en octobre 1966 ; Seven Up, en octobre 1967). En février 1967, l'UGEQ a aussi contribué à l'organisation d'une manifestation avec des syndicats pour dénoncer la loi 25 qui obligeait le retour au travail des enseignants du Québec. Elle participa également aux activités du Mouvement de libération du taxi, en 1967 et 1968. Le même type de collaboration a réuni diverses organisations en 1968 lors de l'Opération McGill français et en 1969 pour dénoncer le bill 63. En outre, le Conseil central des syndicats nationaux de Montréal a contribué aux activités du Mouvement de libération du taxi, payé le cautionnement des felquistes Vallières et Gagnon en plus de souscrire aux activités du Mouvement pour la défense des prisonniers politiques. La CEQ a, quant à elle, payé le cautionnement des 24 jeunes arrêtés à la Maison du pêcheur de Percé (Bélanger : 1984 ; Cardin : 1990).
28. L'objet de cette rivalité étant la représentation des intérêts des francophones, la compétition favorisa l'escalade des moyens légaux et illégaux pour signifier aux autorités le mécontentement populaire. Agissant ainsi, les centrales syndicales, par exemple, espéraient augmenter le nombre de leurs membres. Les différents réseaux FLQ comptaient également recruter des adhérents en dénonçant les modérés qui retardaient l'avènement de l'indépendance. C'est pourquoi on a critiqué le RIN (*La Cognée*, mai 1966) ainsi que différentes associations étudiantes (*La Cognée*, 1er octobre 1965 ; *La Cognée* étudiante, 17 avril 1966) et les syndicats (*La Cognée*, no 8, 31 mars 1964 ; *La Cognée*, no 30, 1er mars 1965).

FLQ n'a jamais eu le monopole de la violence politique[29]. L'activité subversive de plusieurs groupes a confondu les autorités qui, en octobre 1970, ne disposaient ni du temps ni des ressources pour évaluer froidement la situation. Après l'enlèvement de Pierre Laporte, les autorités ont donc réinterprété l'histoire de la contestation en amplifiant la menace réelle que faisait peser la violence politique. Plusieurs ont vraiment cru à l'existence d'une insurrection orchestrée avec la complicité de puissances extérieures. La paranoïa des autorités s'est nourrie de certains faits spectaculaires qu'il est utile de rappeler.

La condition ouvrière s'est parfois traduite en actes de violence. En décembre 1966, lors d'une grève à la Dominion Ayers, à Lachute, des manifestants affrontent des gardes armés. Pendant une grève de Seven Up, en février 1968, la manifestation organisée par des syndicats, le MSA, le RIN et le NPD dégénère en émeute extrêmement violente. En Estrie, en automne 1968, des grévistes armés prennent le contrôle de l'usine Domtar. Au printemps 1970, les travailleurs de la compagnie Lapalme ont incendié des camions et des installations de Postes Canada[30]. Puis durant l'été 1970, à Cabano, au Témiscouata, des chômeurs affrontent et désarment des policiers.

La question nationale a également été le motif de plusieurs affrontements violents. Notamment, en 1968, l'émeute de la Saint-Jean, l'émeute à Saint-Léonard concernant la langue d'enseignement et l'émeute des chauffeurs de taxi qui lancent des cocktails Molotov sur les installations de la compagnie Murray Hill. Puis, en 1969, la Saint-Jean dégénère à nouveau en émeute et, durant l'Opération McGill français, 15 000 manifestants revendiquent violemment une seconde université de langue française à Montréal.

À plusieurs reprises des attentats ont eu pour cible des institutions, des policiers ou des résidences privées. Depuis 1963, il y eut des dizaines d'attaques contre des quartiers généraux de la GRC et des cambriolages de casernes militaires[31]. On se rappelle la tentative de faire sauter la base militaire à la Macaza, en juillet 1965. Une estimation

---

29. Marc Laurendeau (1974) affirme que, de 1963 à 1972, il y aurait eu 176 cas de violence politique au Québec, dont 48 % attribuables à des actes terroristes et 30 % à des manifestations ayant dégénéré. Dans une étude où ils ont exclu le terrorisme, Frank et Kelley (1977) ont recensé 121 cas de violence politique au Québec de 1963 à 1973.
30. Louis Fournier (1998 : 274) dénombre quelque 800 attentats contre Postes Canada.
31. À Westmount, le 20 avril 1963 et à Québec, le 14 juin 1965, les quartiers généraux de la GRC ont été la cible des terroristes. Le 30 janvier, le 15 février, 20 février 1964 et le 16 avril 1966, d'importants vols d'armes et de matériel sont effectués dans des édifices militaires.

rapide révèle plus d'une cinquantaine de hold-up de financement et de vols d'armes et de dynamites[32]. En 1965, le journal *La Cognée* est rénéotypée sur du papier provenant du gouvernement fédéral et expédié par la poste, à des policiers de Montréal, dans des enveloppes préaffranchies et réservées au courrier gouvernemental. De quoi apeurer les corps policiers déjà ciblés par les terroristes[33].

Déjà en 1970, plus d'une centaine d'attentats s'étaient produits contre des institutions, des chefs d'entreprises et des dirigeants. Au Québec, et davantage à Montréal[34], nombreuses sont les personnes troublées par les activités des cellules du FLQ. Après les boîtes aux lettres, une bombe explose le 1er juillet 1965 contre un mur de l'hôtel de ville de Westmount. Les felquistes usent du même procédé à la Bourse de Montréal, le 13 février 1969 (20 blessés graves) ; à la résidence de Jean Drapeau, le 29 septembre 1969 ; à la demeure du financier Jean-Louis Lévesque, à Outremont le 19 juin 1970 ; à Tracy, le 23 juin 1970, aux immeubles Simard appartenant à la famille de l'épouse de Robert Bourassa. Le 24 juin, une explosion au ministère de la Défense à Ottawa occasionne la mort d'une employée. À Québec, le 16 juillet 1970, une bombe est désamorcée à l'hôtel Victoria où loge Robert Bourassa[35].

---

32. Dans mes recherches, j'ai regroupé dans la catégorie vol les hold-up et les cambriolages d'armes et de dynamites. À ce jour, j'ai recensé une cinquantaine de ces types de vols. Notez qu'à compter de 1969 Paul Rose a ingénieusement découvert une façon de frauder American Express, ce qui permis à sa cellule de disposer de maisons et de véhicules.

33. Le 14 mars 1964, la résidence du capitaine Henri Francoeur, un diplômé de la CATS, est la proie d'un incendie criminel. Le 24 mai 1965, un agent de la GRC est roué de coups au parc Lafontaine et certains collègues sont molestés à Montréal, le 7 septembre 1967. Le 27 novembre 1968, une voiture de police est dynamitée à Montréal et le 8 janvier 1969 une bombe éclate près de la demeure du chef de police de Montréal, Jean-Paul Gilbert.

34. Montréal était le lieu où les récriminations des francophones contre des patrons anglophones se présentaient avec le plus d'acuité. En 1961, rappelle Yves Bélanger (1998 : 138) « le trois quarts des établissements manufacturiers sous contrôle francophones se trouv[aient] hors de la région de Montréal ». En 1969, une enquête menée auprès de 1000 entreprises du secteur manufacturier révèle que, si dans 78 % des cas, la langue maternelle des travailleurs était le français, seulement 28 % des firmes utilisaient le français comme langue de travail (Denis 1979).

35. Voici quelques autres attentats qui ont pu nourrir la paranoïa des autorités : le 18 septembre 1968, à la résidence du directeur de la prison de Bordeaux, Albert Tanguay ; les 12, 13 et 14 octobre 1968, à la Chambre de commerce de Québec, au siège du ministère du Travail, place d'Youville, au Club Renaissance (Union nationale) et au Club de Réforme (Parti libéral) ; le 13 décembre 1968, aux résidences de Percy Fox (administrateur de Domtar) et Charles Hershorn (propriétaire de Murray Hill) et notamment, le 31 décembre 1968, à l'hôtel de ville de Montréal.

Qui donc perpétrait ces attentats? Marc Laurendeau (1974: 91) a établi que les felquistes avaient un degré de scolarisation plus élevé que la moyenne des Québécois, soit 13,2 ans. Compte tenu de l'origine sociale des terroristes – plusieurs provenaient de familles bien nanties –, les autorités ont pu croire que les felquistes avaient infiltré la police, l'armée et la fonction publique[36]. Par ailleurs, plusieurs felquistes et des militants radicaux qui provenaient de l'étranger étaient connus des autorités judiciaires et policières. Les Jacques Lucques, Georges Schotoers, les frères André et Roger Normand, François Schirm, Joseph Costisella et notamment Richard Bouchoux. Certains d'entre eux avaient une formation militaire ou universitaire. Depuis 1964, des felquistes entretenaient des liens avec le FLN en Algérie et c'est depuis 1968 que des felquistes s'étaient réfugiés à Cuba. Également, en août 1970, le journaliste Pierre Nadeau interviewait Normand Roy et Michel Lambert qui s'entraînaient dans un camp de fedayins en Jordanie pour, disaient-ils, faire des assassinats sélectifs au Québec.

Il est utile de rappeler que, le 1er juillet 1970, 2000 personnes à Montréal ont scandé SOS-FLQ et que le 15 octobre suivant, au Centre Paul-Sauvé, 3000 personnes ont commis la même erreur, soit attiser la paranoïa des autorités!

## BIBLIOGRAPHIE

Bédard, Éric, *Chronique d'une insurrection appréhendée*, Sillery, Les Éditions du Septentrion, 1998, 199 p.

Bélanger, Yves, *Québec inc.*, Montréal, Éditions Hurtubise HMH, 1998, 201 p.

Bélanger, Pierre, *Le Mouvement étudiant québécois : son passé, ses revendications et ses luttes*, ANEQ, 1984, 208 p.

---

36. Par exemple, François Gagnon était le fils d'un grand avocat d'Outremont ; le père de Guy De Grasse et celui de Gérard Pelletier étaient des gradés de la police de Montréal ; Louis Beaulieu était le fils de l'ambassadeur du Canada à Paris ; Michèle Duclos était la fille du major Jean Duclos ; Gaston Collin était un ancien officier de l'Armée canadienne ; Georges Dubreuil était un pompier de la ville de Montréal alors que Gilles Choquette et Georges Gagnon étaient gardiens au pénitencier de Saint-Vincent-de-Paul.

Cardin, Jean-François, *Comprendre octobre 1970,* Montréal, Les Éditions du Méridien, 1990, 226 p.

Cloutier, François, *L'Enjeu,* Les Éditions internationales Alain Stanké, 1978, 171 p.

Crelinsten, Ronald D., « The International Dynamic of the FLQ during October Crisis on 1970 » dans David C. Rapoport, *Inside Terrorist Organisation,* New York, Columbia University Press, 1988.

Denis, Roch, *Luttes de classes et question nationale au Québec, 1948-1968,* Montréal, Presses socialistes internationales, 1979, 601 p.

Dion, Léon, *La Révolution déroutée 1960-1976,* Montréal, Boréal, 1988, 315 p.

Duchaîne, Jean-François, *Rapport sur les événements d'octobre 1970,* gouvernement du Québec, 1981.

Fournier, Louis, *FLQ : histoire d'un mouvement clandestin,* Outremont, VLB éditeur, 1998, 533 p.

Frank J.A. et Michael Kelley, « Étude préliminaire sur la violence politique au Québec, 1963-1973 », *Revue canadienne de science politique,* vol. 10, n° 1, 1977, p. 145-157.

Jourdain, Jacques, *De Cité libre à l'Urgence de Choisir : Pierre Vallières et les palinodies de la gauche québécoise,* Mémoire de M.A. (science politique), UQAM, 1995, 115 p.

Lacoursière, Jacques, *Alarme citoyens,* Ottawa, Les Éditions de La Presse, 1972, 438 p.

Langlois, Simon, « Anciennes et nouvelles formes d'inégalités et de différenciation sociale au Québec » dans Fernand Dumont (dir.), *La Société québécoise après 30 ans de changements,* Institut québécois de recherche sur la culture, Bibliothèque nationale du Québec, 1990, p. 81-98.

Laurendeau, Marc, *Les Québécois violents,* Montréal, Les Éditions du Boréal Express, 1974, 240 p.

Lemelin, Claude, « Où est le gouvernement du Québec » dans Claude Ryan (dir.), *Le Devoir et la Crise d'octobre 70,* Ottawa, Léméac, 1971, p. 86-89.

Pelletier, Gérard, *La Crise d'Octobre,* Montréal, Les Éditions du Jour, 1971, 265 p.

Provencher, Paul, *La Grande Peur d'Octobre 1970,* Montréal, Les Éditions de l'Aurore, 1974, 121 p.

Raboy, Marc, *Libérer la communication,* Montréal, Nouvelle Optique, 1983, 154 p.

Ryan, Claude, « Introduction » dans *Le Devoir et la Crise d'octobre 1970,* Ottawa, Les Éditions Léméac, 1971, p. 11-23.

Tremblay, Marc-Adélard et Gérald Fortin (1963). « Enquête sur les conditions de vie de la famille canadienne-française : l'univers des besoins », *Recherches sociographiques*, vol. 4, n° 1, p. 9-46.

Vallières, Pierre, « Stratégie révolutionnaire et rôle de l'avant-garde » dans R. Comeau, D. Cooper et P. Vallières, *FLQ : un projet révolutionnaire*, Montréal, VLB éditeur, 1968, p. 193-204.

# 3.2

## Les peuples autochtones

# De l'entente de la Baie-James à la crise d'Oka

John Ciaccia

## L'ÉPOQUE DE ROBERT BOURASSA NE FUT PAS UNE ÉPOQUE ORDINAIRE

Pendant ses mandats, Robert Bourassa a dû faire face à des questions graves qui ont eu des répercussions significatives sur notre société : certaines étaient le fruit d'une société québécoise en pleine effervescence ; d'autres ont été créées par Robert Bourassa lui-même, le projet de la Baie-James, par exemple ; d'autres enfin lui ont été imposées (on peut penser à la crise d'Oka parmi de nombreux exemples).

Je doute qu'aucun autre premier ministre du Québec ait eu à faire face à autant de questions aussi sérieuses ayant affecté non seulement le Québec mais tout le Canada.

À bien des égards, Robert Bourassa était un visionnaire. Il vit le projet de la Baie-James comme une possibilité exceptionnelle de développement économique pour le Québec, qui non seulement créerait de l'emploi pour les Québécois, en particulier les jeunes, mais qui serait une source importante de revenus par la vente d'électricité aux États du nord-est des États-Unis. Il a donné son point de vue sur ce projet dans son ouvrage intitulé *L'Énergie du Nord* qu'il a dédié à la jeunesse québécoise.

Cependant, son rêve vint se heurter à la réalité des revendications des peuples autochtones. Il serait faux de dire qu'il ne tint pas compte de ces revendications, mais il les minimisa et ceci surtout parce qu'il suivit les conseils un peu trop optimistes d'une firme d'avocats bien connue et respectée de l'époque. Même les avocats les plus chevronnés ne reconnaissaient pas la portée réelle de ces droits.

Lorsque les peuples autochtones ont demandé une injonction contre le projet, on rassura M. Bourassa qu'elle serait refusée et que les travaux de la cour ne dureraient que trois ou quatre jours tout au plus. Comme nous le savons, le procès dura plusieurs mois et l'injonction fut prononcée, ce qui força l'arrêt temporaire des travaux (obligeant Hydro-Québec et la Société d'énergie de la Baie-James à interrompre le projet et à mettre à pied des milliers d'ouvriers).

Robert Bourassa était un homme réaliste. Il se rendait bien compte qu'il serait obligé de négocier avec les autochtones et il était prêt à accepter certaines approches innovatrices et inédites pour arriver à une entente. C'est pourquoi la Convention de la Baie-James de 1975 peut être considérée comme un moment marquant dans l'histoire des ententes avec les peuples autochtones, non seulement au Canada mais à travers le monde.

La convention assurait le développement économique nécessaire pour les autochtones mais, surtout, elle reconnaissait leurs différences culturelles au niveau des traditions, des valeurs, de la vision du monde, des priorités et des activités qui devaient être respectées. Il en résultera la création de commissions scolaires où l'enseignement se ferait en langues autochtones. Cette convention assurait aussi certains droits relatifs à la chasse, à la pêche et au piégeage gérés conjointement par le gouvernement et les peuples autochtones.

On accorda aussi à ces nations de vastes territoires pour leur usage exclusif. Afin d'assurer la survie de leur mode de vie traditionnel, on mit sur pied un programme de sécurité du revenu pour les chasseurs et les trappeurs cris. On créa aussi des comités pour l'environnement avec la participation des peuples autochtones et, pour la première fois dans le territoire de la Baie-James, et sans doute au Québec, les études d'impact sur l'environnement devinrent obligatoires avant la mise en œuvre de tout projet de développement. Je me souviens avoir expliqué la Convention de la Baie-James devant des membres de l'association Global Legislators Organization for a Balanced Environment, réunis à Washington, un peu avant le Sommet de la Terre qui se tint à Rio de Janeiro, en 1990.

En 1992, à la veille de leur participation au Sommet de la Terre à Rio de Janeiro, certains membres du Parlement européen se préparaient à soumettre une résolution beaucoup trop sévère pour dénoncer le mauvais traitement infligé aux peuples autochtones du Québec. Je me suis rendu à Washington avant le Sommet afin de rencontrer les membres de Global et de leur expliquer la Convention de la Baie-James. Je me souviens de la réaction de la représentante du Japon qui avait été si impressionnée par le contenu et l'esprit de la convention qu'elle avait manifesté le souhait que le Japon adopte une telle entente avec ses peuples autochtones.

Les modifications proposées furent acceptées avec enthousiasme et la résolution ainsi modifiée fut présentée quelques mois plus tard au Sommet de la Terre.

* * *

Les événements d'Oka n'auraient pas pu se produire à un pire moment pour le premier ministre. La crise éclata peu de temps après l'échec de l'Accord du lac Meech et au moment où il apprenait qu'il était atteint du cancer dont il est mort quelques années plus tard. Il n'en parla pas pendant la crise et je doute que quiconque ait été au courant. Il estimait qu'il était plus important de résoudre une crise qui menaçait toute la région montréalaise et qui avait déjà coûté la vie à un caporal de la Sûreté du Québec, que de se préoccuper de la maladie qui avait commencé à le ravager. L'intérêt public pour lui était plus important que ses problèmes personnels.

Vous vous en souviendrez peut-être, la crise d'Oka éclata le 11 juillet 1990 lorsque la SQ attaqua les barricades érigées par les Mohawks à Kanesatake. La SQ répondait à un appel du maire qui avait obtenu une injonction forçant les Mohawks à démanteler les barricades. La municipalité souhaitait agrandir le terrain de golf et aller de l'avant avec un projet de développement immobilier de plusieurs millions de dollars, sur un territoire comprenant un secteur appelé les Pinèdes où se situait un cimetière sacré des Mohawks. Afin d'empêcher les ouvriers de commencer leurs travaux, les Mohawks avaient érigé des barricades sur une route secondaire en mai 1990. Les Mohawks résistèrent à l'attaque et cela coûta la vie à un officier de la SQ.

Robert Bourassa avait senti qu'il s'agissait d'une poudrière. Il suffisait de se rappeler des événements semblables aux États-Unis pour se rendre compte de la violence et du carnage qui pourraient s'ensuivre. Une entente acceptable entre le gouvernement et les Mohawks était nécessaire. Il fallait éviter de recourir à la force. Une entente initiale conclue le 14 juillet, jour de l'anniversaire du premier ministre, échoua. Je ne présenterai pas ici les causes de cet échec.

Après l'échec de cette première entente, j'ai essayé de poursuivre les négociations avec les Mohawks. Je me rendis vite à l'évidence que les Mohawks n'étaient pas intéressés à négocier. Le gouvernement fédéral non plus. Que faire ?

J'ai décidé de solliciter la participation de membres de la Ligue iroquoise des Six-Nations. À une époque, la Ligue jouissait d'un gouvernement sophistiqué qui couvrait une grande partie du territoire qui est maintenant québécois, ontarien et du nord-est des États-Unis. Elle n'était plus reconnue par le gouvernement fédéral mais elle existait toujours et jouait un rôle de leadership moral pour les communautés autochtones qui reconnaissaient encore sa légitimité. Je sentais que les Warriors imposaient leur volonté sur les Mohawks. Ce qui semblait au départ une défense légitime de leurs droits était en train de dégénérer en une série de revendications irréalisables. Mais ils étaient armés, et exerçaient ainsi leur contrôle sur les Mohawks.

J'espérais pouvoir négocier avec la Ligue et proposer une solution alternative aux méthodes et positions inacceptables adoptées par les Warriors.

J'ai sans doute fait preuve de détermination et d'insistance dans mes efforts pour arriver à une entente avec la Ligue mais je dois remercier Robert Bourassa de ne pas m'avoir empêché de le faire. Il avait compris l'importance d'éviter toute autre effusion de sang. Nous sommes une société pacifique. Nous ne pouvions revenir en arrière et changer les événements du 11 juillet, mais nous devions à tout prix éviter d'autres incidents semblables. En plus des considérations morales, nous ne voulions pas entacher notre réputation. L'histoire nous aurait mal jugé.

Certains, tant au sein du gouvernement qu'à l'extérieur, voulaient que le premier ministre fasse preuve de fermeté, qu'il démolisse de force les barricades du pont Mercier, afin de soulager la rage de ceux qui avaient été lésés par les gestes des Warriors ou qui étaient dérangés par les barrages routiers. On trouvait le premier ministre trop indulgent avec ceux qui enfreignaient la loi. Malgré les frustrations et la colère, malgré les foules qui lançaient des pierres aux Mohawks qui, craignant l'armée, quittaient la réserve, le premier ministre soutint se position.

Nous pouvons tous être fier que le premier ministre n'ait pas cédé aux pressions. Nous devons saluer sa patience qui permit, malgré la durée de la crise (76 jours), d'arriver à une résolution sans qu'il y ait d'autre victime.

# La nation crie et l'entente de la Baie-James

BILLY DIAMOND[1]

Évoquer les années où Robert Bourassa était premier ministre du Québec suscite une foule de sentiments contradictoires chez moi et au sein de la nation crie. Bien que nous partagions tous les deux l'atteinte de certains buts pour les gens que nous représentions, une dévotion totale envers la cause que nous défendions et l'importance d'en arriver à un accord équitable pour tous, nos visions étaient fondamentalement différentes. Lorsque l'on aborde le sujet d'*Eeyou Istchee* ou, si vous préférez, du territoire traditionnel des Cris situé dans le nord du Québec, il va de soi que celles-ci s'entrechoquaient. Pour M. Bourassa, ce territoire représentait une source abondante de ressources naturelles à exploiter pour le bien de tous les Québécois. Il semble bien qu'il n'avait pas compris qu'il s'agissait de nos terres et de nos ressources… Encore plus, je crois qu'il ne se rendait même pas compte que les Cris constituent une véritable nation : avec sa propre culture et ses propres activités économiques. À ses yeux, les Cris et Inuits représentaient en quelque sorte des sociétés marginales avec leurs propres lois et institutions, mais il s'agissait d'abord et avant tout de citoyens québécois habitant le nord de la province et exploitant les ressources qui s'y trouvent. Je crois que sa formation en droit et en économie l'amenait à regarder principalement vers le futur et à considérer la prospérité économique comme le meilleur moyen de remédier aux maux sociaux.

À sa décharge, je dois reconnaître qu'il semble que M. Bourassa ait compris cette réalité après quelques années. À partir de ce moment, son attitude de négociation s'en est trouvée modifiée. Dès lors, il désirait trouver une solution équitable pour tous, tout en

1. Traduction de Valéry Colas.

reconnaissant notre culture, nos traditions, notre mode de vie et en nous considérant comme partenaires dans les projets de développement du nord du Québec. En fait, il s'agit là des principes fondamentaux de la Convention de la Baie-James signée entre la nation crie et le gouvernement du Québec le 11 novembre 1975. À mon avis, il ne fait aucun doute que cet accord constitue la base même des relations entre notre nation et la société québécoise, le tout, dans le respect de la constitution canadienne. Rappelons toutefois que la signature de cet accord fut suivie de plusieurs années de frustrations et de différends qui se sont apaisés dernièrement avec la signature d'une nouvelle entente portant sur les relations entre la nation crie et le gouvernement du Québec.

Au delà des critiques que l'on peut porter à cet accord, il faut reconnaître que celui-ci est fort progressiste ! Que l'on pense aux clauses traitant de la reconnaissance de nos activités de chasse et de pêche, aux clauses environnementales, aux clauses concernant l'éducation et les services sociaux, cet accord constitue l'entente la plus progressiste intervenue entre des membres des Premières Nations et un gouvernement, tant au Canada qu'à l'échelle mondiale.

## L'ANNONCE DU PROJET DU SIÈCLE

Au printemps 1971, le premier ministre du Québec, Robert Bourassa, annonce que son gouvernement s'apprête à entreprendre le projet du siècle. Ce projet vise l'exploitation des ressources hydrauliques du territoire cri en y bâtissant deux complexes hydroélectriques, soit le complexe La Grande et NBR. Reconnu dans un rapport sommaire en 1971 par la firme d'ingénierie Rousseau, Sauvé, Warren et Associés, le potentiel hydroélectrique semble gigantesque : il serait possible de produire 97 milliards de kilowattheures par année, une capacité de plus de 14 000 mégawatts. Le hic ? Environ 172 000 milles carrés de notre territoire ancestral seraient inondés par le développement de ces bassins…

À ce moment, il était prévu de développer deux principaux complexes. Le premier est appelé le système du nord. Il inclurait la Grande Rivière, le bas de la rivière Eastmain et la tête des rivières Grande Baleine et Caniapiscau. Le second projet, appelé le système du sud, regrouperait les rivières Nottaway, Broadback et Rupert, en incluant la tête de la rivière Eastmain.

Pour la nation crie, ce projet semblait véritablement destructeur ! Notre peuple évolue sur ces terres depuis des milliers d'années, en respect avec l'œuvre du Créateur, des animaux et des autres créatures qui l'habitent. En allant de l'avant avec ce projet, une bonne partie de nos territoires ancestraux seraient détruits. Qui plus est, dans l'une des régions les plus fertiles et productives ! Voilà donc qu'au printemps 1971 Robert Bourassa nous apparaît tel un démon alors qu'il semble s'apprêter à remonter le temps en voulant instaurer un nouveau gouvernement colonial en conférant des pouvoirs politiques, économiques et sociaux à la Société de développement de la Baie-James.

## L'OPPOSITION DE LA NATION CRIE

Pour nous, il en va de la survie de notre peuple, de nos terres et de notre façon de vivre. Pour une des premières fois de son histoire, la nation crie s'organise pour contrer ce projet qui nous semble dévastateur. De pair avec les Inuits, qui voyaient aussi leur mode de vie affecté par ce projet, nous avons rendu notre opposition publique. Toujours en état de choc, nous prions le ministre fédéral aux Affaires indiennes, Jean Chrétien, de faire cesser cette intrusion dans nos terres. Personne d'autre que les castors n'est autorisé à construire des barrages sur notre territoire !

Au printemps 1972, nous avons collaboré avec l'Association des Indiens du Québec afin d'informer les autochtones des tenants et aboutissants du projet de développement de la Baie-James. Plus fort de cette union, nous avons eu recours aux services de spécialistes afin d'évaluer scientifiquement les répercussions de ces projets sur nos territoires. Nous avons ensuite embauché des avocats et entamé des procédures judiciaires contre ce projet en nous basant sur des arguments constitutionnels.

Quelques mois plus tard, pressé par le gouvernement fédéral, nous avons tenté de persuader le gouvernement du Québec, Hydro-Québec, les corporations de la Baie-James énergie et développement de retourner à leurs planches à dessin et de reconsidérer leurs projets ou, à tout le moins, de les réduire de façon substantielle, particulièrement en ce qui concerne le détournement des rivières. À notre grand désarroi, M. Bourassa ne nous a pas écoutés. À l'instar de plusieurs politiciens provinciaux et fédéraux, incluant le premier ministre

Pierre Elliott Trudeau, il a refusé de croire qu'il s'agissait de notre territoire, que nous constituons une société distincte, une nation, et que notre consentement était requis pour tout projet visant à développer la région du Nord québécois.

En octobre 1972, nous avons tenté de faire valoir notre point de vue une fois de plus. Des représentants des Cris et de l'Association des Indiens du Québec, incluant mon père Malcolm, grand chef, et moi, avons rencontré M. Bourassa et plusieurs membres du Cabinet des ministres. M. Bourassa nous a dit que ce projet entraînait une expropriation telle qu'il était possible de le vivre pour n'importe quel citoyen québécois. Il a ensuite quitté la réunion sans même prendre la peine d'écouter jusqu'au bout mon père, qui expliquait alors les positions de la nation crie.

Ce conflit était le résultat même du choc entre deux cultures, entre deux mondes tout à fait différents. Conflit au cours duquel M. Bourassa représentait le symbole d'un ennemi désirant notre destruction. Heureusement, au fil du temps, j'en suis venu à mieux connaître l'univers des hommes blancs et à voir M. Bourassa sous un meilleur jour.

## LES PROCÉDURES D'INJONCTION

Les procédures juridiques entourant ce conflit commencent à l'automne 1972. (Comme on oublie vite !) Après quelques jours d'audience préliminaire au cours desquels les avocats du gouvernement du Québec, en accord avec les principes de M. Bourassa, tentent de démontrer que les Cris et les Inuits n'ont aucun droit sur ces territoires, le juge Albert Malouf de la Cour supérieure du Québec, district de Montréal, ordonne la tenue d'audiences publiques puisqu'il lui semble que les Cris ont effectivement des droits sur ces territoires.

S'ensuit alors la tenue de l'une des plus longues audiences de l'histoire judiciaire canadienne : 167 témoins y sont entendus et 312 pièces à conviction sont déposées. Le procès durera plus de 7 mois ! C'est l'avocat James O'Reilly qui me persuada d'être le premier témoin à me présenter devant la Cour. Âgé tout juste de 23 ans, je me devais d'expliquer face au juge et face au système judiciaire qui sont les Cris, ce qu'ils font, comment ils perçoivent leurs terres et ressources et comment le projet de développement de la Baie-James va nous affecter, affecter nos terres, nos vies et notre mode de vie.

Après avoir entendu les témoins, le juge Malouf prit une décision qui eut l'effet d'une bombe sur M. Bourassa : il ordonna l'arrêt des travaux de la Baie-James. Cette injonction, qui survient le 15 novembre 1973, représente le traitement choc dont M. Bourassa avait besoin pour s'ouvrir davantage aux revendications de la nation crie. Avouons-le, c'est aussi à partir de ce moment que les Cris allaient comprendre un peu mieux le point de vue de M. Bourassa.

## LE LIVRE DE ROBERT BOURASSA : *LA BAIE JAMES*

Alors que le juge Malouf était en pleine délibération, à l'approche des élections provinciales de 1973, Robert Bourassa publia un livre intitulé *La Baie James.* Ce livre traite de la conquête du nord du Québec par le gouvernement québécois. M. Bourassa y expose pourquoi ce dernier doit occuper le territoire et favoriser le projet de développement hydroélectrique. En gros, on dit que ces projets sont essentiels à la bonne santé financière de l'État et que rien ne devrait empêcher le gouvernement d'aller de l'avant…

La sortie de ce livre à ce moment de notre bataille nous semblait plus qu'inusitée : cela mettait beaucoup de pression sur le juge Malouf afin qu'il rende un verdict en faveur de l'État québécois. À notre avis, cela brimait aussi nos chances de faire valoir notre point de vue auprès des Québécois et des Canadiens. […]

## NOVEMBRE ET DÉCEMBRE 1973

La Cour d'appel du Québec n'a pas pris de temps avant de suspendre l'injonction du juge Malouf, ébranlant du coup notre foi dans le système judiciaire canadien. Au delà du projet et de la lutte que nous lui livrons, ce jugement nous a permis de nous rappeler que l'histoire est faite par des gens de courage et de convictions, tel que le juge Malouf, *not by the meek and weak of heart.* […] Par la suite, nous avons été convoqués à une audience intensive de deux jours devant cinq juges de la Cour suprême du Canada afin de déterminer si l'injonction du juge Malouf allait être retirée ou définitivement prononcée. Nous avons alors perdu par un vote : trois juges contre deux décident de lever l'injonction. C'est environ à cette époque que j'ai pu observer un autre Robert Bourassa à l'œuvre.

## LE DÉBUT DES NÉGOCIATIONS

C'est en janvier 1974 que Robert Bourassa nous a démontré pour la première fois qu'il était un homme sensible et pragmatique en chargeant John Ciaccia de tenter de résoudre le conflit entre les Cris et Inuits et les gouvernements du Québec et Canada. Alors que le gouvernement fédéral s'entêtait à maintenir une position de neutralité dans ce dossier, Jean Chrétien a joué un rôle important dans son règlement. Je suis en désaccord avec M. Chrétien sur plusieurs points, mais je dois reconnaître qu'il nous a personnellement appuyés en enjoignant le Canada à participer aux négociations et à signer la Convention de la Baie-James. [...] En outre, je dois accorder beaucoup de crédit à M. Ciaccia qui a fourni d'honnêtes efforts afin de faire une différence en faveur des autochtones au sein du département des affaires autochtones et du développement du Nord. Il n'y a pas de doute dans nos esprits qu'il sentait que les Cris n'étaient pas traités correctement dans ce projet. Il fallu tout de même du temps et des erreurs au gouvernement du Québec avant de comprendre notre peuple. Il est possible d'affirmer que John Ciaccia et le juge Malouf sont tous les deux largement responsables de la reconnaissance de la nation crie et du respect de ses droits. Mon point est donc de dire que, avec le recul, je constate que M. Bourassa savait que M. Ciaccia partageait en plusieurs points notre perspective et que ce dernier était en désaccord avec la façon dont le gouvernement du Québec négociait avec les Cris. M. Bourassa a finalement compris qu'il devait faire un effort afin de nous comprendre et modifier l'opinion qu'il se faisait de nous. Il se devait d'accepter que nous sommes un peuple et que nous avons des droits, que nos sociétés devaient co-exister. Cela ne dut pas être facile pour lui d'admettre ses torts [...].

Au départ, nous étions hésitants à entrer en négociation avec M. Bourassa, encore plus hésitants à croire en ses bonnes intentions. [...] M. Bourassa a ensuite pris conscience qu'en signant la Convention de la Baie-James il entrait en quelque sorte dans l'histoire. En effet, il devenait celui qui avait conclu un accord progressiste de reconnaissance des droits des peuples autochtones. [...] Un accord de principe est intervenu entre les représentants le 15 novembre 1974 et la Convention de la Baie-James fut signée le 11 novembre 1975.

En conclusion, je pense qu'il est fondamental de reconnaître que M. Bourassa a joué un rôle déterminant dans l'histoire de la nation crie. Il nous a d'abord fait comprendre l'importance de se tenir debout tous ensemble et d'être solidaires dans la défense d'une cause. Il nous a ensuite fait comprendre l'importance de persévérer dans l'atteinte de nos objectifs. Bien qu'il ne s'agissait pas là de son but premier, nous nous souviendrons toujours que M. Bourassa fut l'un des principaux protagonistes pour réconcilier les autochtones avec la société québécoise.

# La stratégie de la corde raide

ROBIN PHILPOT

Permettez-moi de commencer en disant que si Oka, Québec, n'est jamais devenu un Waco, USA, ou encore un Wounded Knee, c'est grâce à l'humanité et à la détermination de Robert Bourassa. Et Dieu sait qu'avec tout le matériel militaire, la puissance de feu, qui se trouvait à quelques pas d'ici, Oka aurait pu être aussi désastreux, sinon plus, que Waco ou Wounded Knee. Mais nous devons poser la question : pourquoi Robert Bourassa a-t-il connu tant de crises dans ses relations avec les autochtones ?

La Baie-James première version est allée de crise en crise : la poursuite des Cris, le jugement Malouf, la fermeture du chantier et le déplacement de tous les travailleurs vers le Sud, signature d'une entente de principe et enfin la signature finale. Cela dit, ce dénouement a été, somme toute, plutôt honorable. Les grands chefs Billy Diamond et Ted Moses l'ont dit à maintes reprises, même s'ils n'ont pas aimé le processus.

La crise d'Oka aurait pu être évitée, comme le laisse entendre M. Ciaccia, mais elle ne l'a pas été. Elle a été d'une intensité inouïe. De part et d'autre, on croyait parfois au pire. Mais tout compte fait, considérant le peu de violence réelle et le fait qu'une seule personne a perdu la vie, on peut quand même qualifier son dénouement d'honorable.

Ensuite il y a eu la Baie-James, deuxième version, ou plus exactement Grande-Baleine. Voilà une autre crise, une crise particulièrement longue – de 1989 à 1994 – et plutôt désagréable pour toutes les parties concernées, ou presque. Cette crise n'a connu son dénouement qu'après le départ de M. Bourassa de la scène politique. Contrairement aux deux crises précédentes, ce dénouement ne peut être qualifié d'honorable, ni pour le Québec ni vraiment pour les Cris du Québec.

Gilles Lesage, ancien éditorialiste au *Devoir*, a parlé de Robert Bourassa, l'équilibriste. C'est trop passif à mon avis. Je parlerais plutôt de Robert Bourassa et sa stratégie consciente de la corde raide : ou son *brinksmanship* : l'art de laisser monter la tension au plus haut point pour obtenir **le résultat souhaité**. C'est ce qui caractérise la politique de Robert Bourassa dans ses relations avec les autochtones, et c'est ce qui explique le nombre et **surtout l'ampleur** des crises. M. Bourassa a réussi son pari deux fois sur trois, ce qui n'est pas une mauvaise moyenne. Mais cette moyenne, à quel prix a-t-elle été obtenue ? Quand on fait monter la tension, inévitablement on dégage de fortes vagues, des vagues qui laissent des dégâts.

Toute évaluation de M. Bourassa et de ses relations avec les autochtones, tout effort d'en tirer des leçons, doit prendre aussi la mesure de ces dégâts : le prix payé par M. Bourassa lui-même ; le prix payé par le Québec et le prix payé par nous les souverainistes. Pour lui d'abord, l'Accord du lac Meech : pourquoi des autochtones se sont vite trouvés au front dans la campagne contre Meech ? Ils n'avaient pas de raisons évidentes pour en vouloir tant au Québec. L'Assemblée des Premières Nations, Georges Erasmus et Ovide Mercredi en tête, a mené une campagne vigoureuse contre Meech, aboutissant notamment au refus d'Elijah Harper. Pourtant, la cote du Québec était à la hausse quand M. Bourassa a repris le pouvoir à l'automne 1985. Rappelons que, sous René Lévesque, le Québec avait rendu possible, aux négociations constitutionnelles de 1983, la modification de l'article 35 de la Constitution de 1982 pour y inclure la reconnaissance des droits des autochtones, exclus eux aussi en 1982. M. Lévesque avait accepté la demande de Billy Diamond d'y participer même après le coup de force de novembre 1981. Rappelons aussi Mary Two-Axe Early et le *forcing* du Québec pour que la Loi sur les Indiens reconnaisse le statut d'Indien aux femmes qui se mariaient avec un non-Indien. Mais M. Bourassa a gaspillé cette bonne cote dans sa façon de présenter et ensuite de forcer les nouvelles phases de la Baie-James. Pas de consultation, pas de mise à jour de la Convention, du moins jusqu'à ce que les poursuites et la campagne internationale ne l'y obligent – **brinksmanship**. Il n'est pas surprenant donc que dès 1988 les porte-parole autochtones commencent à se trouver dans le camp anti-Meech.

Si j'ai été amené à écrire *Oka: dernier alibi du Canada anglais,* c'est justement que pendant toute cette période, avant Oka, j'ai voyagé chaque année en Ontario et dans l'Ouest où on me rebattait les oreilles sur l'horrible façon dont le Québec traitait les Indiens. Quand même, quelle insulte d'entendre ce genre de choses à Thunder Bay ou à Kenora, en Ontario, à Winnipeg ou à Vancouver !

Les vagues ont atteint de rivages lointains : des législateurs des États du Massachusetts, du Connecticut, de New York, du Vermont, du Rhode Island, du New Hampshire ont été saisis de résolutions condamnant le gouvernement du Québec et Hydro-Québec pour toutes sortes de crimes, dont même le génocide. Des universités (Dartmouth, Tufts, Université de la Californie, pour ne nommer que celles-ci) ont été saisies de résolutions en faveur du désinvestissement des obligations du Québec et d'Hydro-Québec. Ces campagnes s'inspiraient – tenez-vous bien – des campagnes de désinvestissement contre l'apartheid en Afrique du Sud. Dartmouth et Tufts ont fini par s'en départir. Bien sûr, l'effet économique était minime, mais l'effet politique était considérable. Le *Ban the Dam Jam* à New York, *Bury My Heart at James Bay* dans *Time Magazine,* pleine page dans le *New York Times* sur le massacre des caribous et des Cris, signée par tous les bien-pensants de Manhattan – vous voyez la sorte d'amalgame de ces bien-pensants ! La liste est longue et triste.

Ça finit par laisser un très mauvais goût, de mauvais souvenirs, une très mauvaise réputation. Combien d'années a-t-on mis pour dissiper ce mauvais goût et cette mauvaise image ? Et qui devait porter le fardeau de cette mauvaise réputation ? Les souverainistes qui ont suivi M. Bourassa à Québec en 1994. Qui voudrait reconnaître un nouveau pays indépendant qui fait toutes ces choses horribles ? Le Québec aurait de la difficulté à se reconnaître lui-même. Pire encore. L'image et le vocabulaire utilisés ont contribué fortement à l'idée de la partition et au mouvement qui a suivi. Avec Oka, on voyait pour la première fois le Québec dépecé, morcelé selon l'imagination galopante d'apprentis sorciers canadiens. Avec Grande-Baleine, l'idée prenait de l'ampleur. De 1990 à 1995, cette carte de partition était de rigueur.

Dans ces crises, on avait toujours l'impression que la bataille mettait aux prises Robert Bourassa contre Matthew Coon Come et les Cris, Robert Bourassa contre Joe Norton et les Mohawks. Mais on sait pertinemment que ce n'était pas si simple. Accompagnant les Cris, il y avait une armée de *Canadians* qui n'étaient pas là seulement pour les Cris ou les Mohawks. Pendant longtemps, on a eu l'impression, voire la certitude, que l'appareil fédéral à Boston, à Washington ou à New York travaillait contre le Québec et Hydro-Québec. Par ailleurs, si les Cris ont fait un tabac aux États-Unis, ce n'était pas à cause de la supériorité morale des Américains : c'était aussi un mouvement protectionniste très fort. Les Cris permettaient aux Américains d'avoir bonne conscience en accroissant et en cachant leur protectionnisme historique.

M. Bourassa n'ignorait sûrement pas l'existence de ces adversaires. Mais pourquoi n'a-t-il pas osé en parler ? Jamais M. Bourassa ne disait publiquement que l'adversaire était à Ottawa, à Albany ou à Boston. Non, c'étaient seulement les Cris qui posaient problème. Avait-il peur d'alimenter la cause des souverainistes ?

On lui a accolé l'image de raciste qu'il ne méritait pas. La Convention de 1975 et les suites ont fait plus que toute autre chose pour combattre le mépris dont les Cris et les Inuits étaient l'objet. Ils sont maintenant des joueurs économiques importants en Abitibi et au Québec, égaux aux autres Québécois de Val-d'Or et de Rouyn et d'ailleurs. Finalement, le vrai dénouement des crises de la Baie-James a été la signature en février 2002, à Waskaganish, de la « Paix des braves ». Par ailleurs, la Société Saint-Jean-Baptiste a voulu contribuer aussi, bien que modestement, au dénouement de ces crises en invitant des Mohawks de Kahnawake au défilé de la Fête nationale en 2000. L'état actuel des relations me convainc de nouveau que les autochtones ne sont pas foncièrement contre le Québec et ne l'ont jamais été vraiment, ni contre la souveraineté du Québec. Ils savent bien qu'ils peuvent conclure des ententes globales et satisfaisantes avec Québec, ententes qu'Ottawa, pour toutes sortes de raisons, ne peut et ne veut pas signer.

Si nous sommes arrivés à ce point, nous devons remercier Robert Bourassa qui a ouvert la voie en signant en 1975 la Convention de la Baie-James et du Nord québécois.

# 3.3

## Syndicalisme et crises sociales

# Un jugement sévère du mouvement syndical

Fernand Daoust

On m'a demandé de traiter des rapports entre le mouvement syndical et les gouvernements dirigés par Robert Bourassa de 1970 à 1976 et de 1985 à 1994. Pour mettre un peu de piquant dans l'exercice, je propose de répondre à quelques questions candides :

« Comment un homme, dont tous s'accordent à louer la pondération, a-t-il pu être mêlé aux pires confrontations sociales des dernières décennies ? Qu'est-ce qui a transformé ce brillant intellectuel, intéressé plus aux débats d'idées qu'aux batailles épiques, en homme à abattre pour toute une génération de syndicalistes et de militants et militantes progressistes et souverainistes du Québec ? »

Ma prétention est que cet homme affable et réfléchi s'est trouvé au mauvais endroit au mauvais moment. Il nous était pratiquement inconnu au moment de son accession au pouvoir en 1970. À peine quelques mois plus tard, pendant la crise d'Octobre, il allait apparaître, pour nous, comme celui qui abdiquait devant le pouvoir fédéral.

Le mouvement syndical et la classe intellectuelle du Québec avaient condamné sans ambiguïté l'action du FLQ. Mais nous croyions que la répression ne pouvait pas être la seule issue à la crise. Sans doute dépassé par les événements, Robert Bourassa appelait de ses vœux l'application de la Loi sur les mesures de guerre. Pour nous, remettre l'entièreté du pouvoir québécois au gouvernement fédéral et à son armée était une sorte d'abdication inacceptable.

On connaît la suite : en quelques heures, plus de cinq cents militants et militantes des milieux souverainistes, syndicaux et populaires étaient arrêtés et privés de leurs droits fondamentaux. Certains allaient être maintenus en prison pendant plusieurs semaines avant de comparaître. Faut-il rappeler qu'à l'issue de cette opération spectaculaire une infime minorité de ces prisonniers virent des accusations retenues contre eux ? Aucun en tout cas n'a pu être relié aux actions du FLQ.

Je vous rappelle que les dirigeants syndicaux s'étaient joints à diverses personnalités québécoises pour réclamer l'ouverture d'un débat et d'une réflexion publique. Robert Bourassa n'entendit pas leur appel et préféra accréditer la rumeur fantaisiste et parfaitement dénuée de tout fondement selon laquelle « ce comité des sages » préparait un coup d'État contre lui.

Cette ouverture controversée des relations entre le mouvement syndical et le gouvernement dirigé par Robert Bourassa allait connaître bien d'autres péripéties que j'évoquerai plus loin.

Mais, dès maintenant, je voudrais mettre en lumière l'état du syndicalisme québécois au début des années 1970. Notre mouvement, qui avait alors cent ans, avait connu un développement difficile depuis sa naissance. Mais, dès ses origines, il se voulait porteur d'un projet de société cohérent. La dernière décennie, celle de la Révolution tranquille, avait répondu en partie à nos aspirations : un État moderne se mettait en place et assumait enfin ses responsabilités en matière d'éducation, de santé, de sécurité sociale. Cet État se donnait également les moyens d'intervenir pour maîtriser son développement économique.

Pour le mouvement syndical, cette conjoncture générait beaucoup d'espoir. Tout en bénéficiant de cette ère de changements et de progrès, les syndicats luttaient de moins en moins pour leur survie. Ils pouvaient peu à peu consolider leur rôle plein et entier d'acteur social. Ils peaufinaient leurs revendications sociales et intégraient de plus en plus, au cœur de leurs aspirations, la défense et la promotion de l'identité nationale.

C'est donc un mouvement syndical renforcé et animé par un bouillonnement idéologique sans précédent qu'allait trouver devant lui Robert Bourassa. Laissez-moi affirmer qu'il n'a malheureusement pas su prendre en compte la mutation profonde que vivaient non seulement les syndicats, mais l'ensemble de la société québécoise.

La FTQ, par exemple. Dans les années 1960, cette centrale liée au syndicalisme nord-américain situait son action dans le cadre du fédéralisme canadien, dont elle souhaitait des transformations en profondeur qui tiendraient compte des aspirations du Québec. C'est ainsi qu'assumant les aspirations populaires des Québécois sa position évoluait rapidement à l'égard aussi bien de la question nationale que du devenir du Québec.

Sur ce chapitre et à propos précisément de la question linguistique, la FTQ a livré de multiples batailles à l'égard de l'utilisation du français, aussi bien dans les relations de travail que dans les lieux de travail. La FTQ a joué un rôle de pionnier dans ce domaine et elle a déjà adopté vers la fin des années 1960 des positions visionnaires et prémonitoires. Ainsi dès 1969, une résolution de la FTQ revendiquait une politique linguistique dont je rappelle ici les principaux éléments :

- L'adoption, par voie législative, du principe que le français est la langue normale du travail et des communications à l'intérieur du Québec, et que le français doit être la langue officielle de travail à tous les échelons de l'activité économique au Québec ;
- La création d'une régie ayant des pouvoirs d'évaluation, de modification et d'application des programmes de francisation lancés par l'entreprise ou un secteur économique ;
- La modification du code du travail de façon à permettre au syndicat accrédité de choisir la langue de négociation, de rédaction et d'administration de la convention collective ;
- L'élaboration par le gouvernement d'une politique d'accueil afin que les personnes s'établissant au Québec acquièrent, dès leur arrivée, la connaissance du français, et l'obligation pour tout enfant néo-québécois de s'inscrire à l'école publique francophone. Tout immigrant désirant s'installer au Québec doit être avisé de ces exigences avant son départ ;
- Le retrait de la loi 63, dans l'attente d'une véritable politique linguistique globale.

Mais il a fallu attendre huit années plus tard sous le gouvernement de René Lévesque pour que ces principes soient repris intégralement dans la Charte québécoise de la langue française (1977).

Il n'est donc pas étonnant que, lorsque Robert Bourassa allait faire adopter en 1974 la loi 22 consacrant le français comme langue officielle, le mouvement syndical soit resté sur sa faim. Nous n'y retrouvions pas réponse à nos principales revendications sur la langue de travail et sur la langue de l'enseignement.

Le type de pouvoir assumé par Robert Bourassa allait être plus radicalement stigmatisé au sein du mouvement syndical lors de la première grande négociation du secteur public. Le premier front commun syndical fut créé au printemps 1972 autour d'importantes revendications salariales du secteur public et parapublic. Rappelons brièvement que ce front commun regroupait quelque 210 000 syndiqués : fonctionnaires, les personnels des réseaux de l'éducation et de la santé ainsi que les salariés des multiples sociétés d'État comme Hydro-Québec.

Une grève illimitée avait été déclenchée le 11 avril 1972. Ce débrayage sans précédent fut déclaré illégal par une loi spéciale, qui forçait le retour au travail des grévistes. Parce qu'ils ont conseillé à ces derniers de défier les injonctions de retour au travail, les présidents des trois centrales syndicales furent accusés et condamnés pour outrage au tribunal. Une sentence maximale de un an de prison leur était infligée.

Ces événements ont provoqué en mai 1972 les premières grandes grèves de solidarité dans l'histoire du mouvement ouvrier du Québec. Plus d'un demi-million de syndiqués du secteur privé comme du secteur public participeront pour quelques heures ou quelques jours à un vaste mouvement de débrayage spontané réclamant la libération de leurs leaders. Ces derniers, après quinze jours de captivité, en appellent de leur sentence et sont libérés. Quelques mois plus tard, les syndiqués du secteur public eurent gain de cause dans leurs principales revendications. Mais l'image de Robert Bourassa fut profondément ternie par ces événements.

La réélection de Robert Bourassa en 1973 ne met pas fin au sentiment de méfiance des syndicats à son égard. Malgré ses promesses de 100 000 emplois, c'était devenu l'ennemi à abattre. Son obsession de projeter une image de stabilité face aux investisseurs potentiels le conduisait à mettre au pas ce mouvement syndical qui contrecarrait ses projets.

La détérioration du pouvoir d'achat des travailleurs et travailleuses en 1973 et 1974 allait aussi allumer un nouvel incendie social. Le mouvement syndical décidait d'unir ses forces pour affronter ce problème. Les centrales décident de lancer une vaste campagne pour la réouverture des conventions collectives et la négociation de l'indexation des salaires au coût de la vie. Rappelons qu'en 1972 le Front commun des services publics avait obtenu cette indexation, ce qui constituait, sans aucun doute, un stimulant pour le secteur privé.

À force de moyens de pression et de grèves, des centaines de syndicats réussissent à rouvrir leurs contrats de travail pour enrayer l'érosion du pouvoir d'achat. Mais, dans les mois qui suivent, Québec et Ottawa adopteront des lois sur le contrôle des salaires. Résultat: des dizaines de milliers de syndiqués se feront couper par la Commission fédérale de lutte à l'inflation, des augmentations de salaires arrachées souvent au prix de luttes acharnées.

Les travailleurs tant du secteur public que du secteur privé se dresseront contre les « mesures de crise ». Le 26 novembre 1975, ils sont au-delà de 40 000 à manifester à Montréal, à l'appel des trois centrales syndicales.

Le début de cette décennie fut aussi marqué par des conflits très durs dans le secteur privé. Aux côtés de ses syndicats affiliés, notre centrale fut directement impliquée dans ceux de *La Presse* en 1972, Firestone en 1973, de United Aircraft en 1975. Dans tous ces affrontements, les attitudes patronales antisyndicales, le refus de négocier, l'utilisation de « scabs » s'envenimaient jusqu'à rendre impossible tout dialogue réel. Robert Bourassa est resté sourd et passif aux appels du mouvement syndical sur la nécessité d'apporter des réformes fondamentales à la législation du travail.

Il fallut attendre l'élection du Parti québécois pour assister à un apaisement des rapports patronaux-syndicaux, grâce à des mesures tels la Loi anti-briseurs de grève, le droit de retour au travail des grévistes, la formule Rand, l'arbitrage des premières conventions collectives et la réforme de la sécurité au travail, la lois des normes sur le travail.

Il n'est pas exagéré de dire qu'il y avait chez Robert Bourassa une sorte de refus latent, sinon explicite, de répondre aux aspirations du monde du travail. Lors de la campagne électorale anticipée de 1976, quelques semaines avant de perdre le pouvoir aux mains de René Lévesque, les deux hommes étaient réunis lors d'un fameux face à face radiophonique (CKAC).

Faisant son bilan, Robert Bourassa citait comme un haut fait d'arme son attitude face au mouvement syndical: « Nous avons pris en 1972 des mesures assez radicales pour faire face à la situation et qui ont abouti à l'emprisonnement des chefs syndicaux, des chefs syndicaux qui, ouvertement, disaient qu'ils veulent renverser le régime. »

Ce à quoi, René Lévesque répondit : « Avant 1970, le Québec ne comptait que 21 % des jours qui étaient perdus à cause des conflits de travail. En 1976, ce pourcentage a doublé en passant à 41 % ; ce qui est frappant c'est qu'avant 1970 c'était les mêmes lois, les mêmes compagnies et c'étaient aussi les mêmes syndicats, mais ce n'était pas le même gouvernement. »

Vous m'en voudriez si je passais sous silence l'épisode du saccage de la Baie-James et de la commission Cliche. Ces événements, le contexte qui les explique, les conséquences qu'ils eurent à l'intérieur du mouvement syndical et sur les relations de travail dans l'industrie de la construction mériteraient, à mon sens, la tenue d'un colloque consacré entièrement à ce thème.

Je me limiterai donc ici à faire quelques observations générales :

Ces événement malheureux ne sont pas un accident incongru de l'histoire. Des années auparavant, la FTQ, majoritaire sur les chantiers, expliquait que la situation était explosive : l'absence d'un contingentement réel de la main-d'œuvre générait une concurrence extrême dans cette industrie.

Quant à eux, les employeurs de ce secteur avaient des comportements qui attisaient la violence et la confrontation ; rappelons qu'à cette époque on enregistrait quelque 14 000 faillites par année. Qui dit faillite dit liquidation brutale, perte d'emplois et salaires impayés. La sécurité physique des travailleurs et les conditions de logement sur les chantiers isolés étaient exécrables.

Face à ces caractéristiques provocantes, devant l'absence de volonté politique d'y remédier, certains syndicats, il faut le reconnaître, adoptèrent peu à peu des méthodes et des mœurs répréhensibles. Malheureusement, la commission Cliche voulut tout expliquer par le « banditisme syndical » et se limita à recommander des mesures de mise au pas des syndicats.

La FTQ quant à elle ne s'est pas mise la tête dans le sable. Reconnaissant que tout ne tournait pas rond dans ses syndicats, elle a exercé elle-même une tutelle sur ses instances et a fait le ménage dans ses rangs. Elle a aussi soutenu une réforme des statuts et des structures en y introduisant des normes d'éthique syndicale.

Nous reprochions au gouvernement de Robert Bourassa de ne pas s'être attaqué véritablement aux causes profondes du malaise : la concurrence exacerbée de la main-d'œuvre et conséquemment la concurrence syndicale, les mœurs patronales répréhensibles, l'insécurité physique et les conditions de vie précaires sur les chantiers isolés. La prolifération du travail au noir et le non-respect généralisé des décrets hors des grands chantiers demeurent encore aujourd'hui un problème aigu, à mon sens.

Pour revenir au thème principal de mon intervention, je résumerais ainsi le jugement sévère que le mouvement syndical porte sur la première période d'exercice du pouvoir par Robert Bourassa : cet homme issu d'une formation politique qui avait orchestré la Révolution tranquille n'a pas su en prolonger la logique. Pendant qu'il lui donnait un coup de frein, le mouvement syndical et les forces vives du Québec développaient un plus grand appétit de réformes et d'affirmation nationale. C'était peut-être trop lui demander de s'identifier à un tel mouvement collectif.

Dix ans plus tard, reprenant le pouvoir, son manque d'enthousiasme allait nous faire rater un autre rendez-vous avec l'histoire. La mort de l'Accord du lac Meech et la réflexion collective quasi consensuelle de la Commission Bélanger-Campeau auraient pu faire de lui un homme politique qui aurait marqué durablement son époque. Plutôt que de profiter de cet élan sans précédent, il préféra se cantonner dans un repli stratégique plus conforme à sa nature de gestionnaire du *statu quo*, qu'à celle d'un réformateur audacieux.

Au moment de son retour au pouvoir il avait d'ailleurs donné l'image d'un homme ayant fait son deuil de convictions sociales-démocrates issues de la Révolution tranquille. S'il avait mis un frein au courant réformateur au début des années 1970, il annonçait maintenant son intention de renier les acquis des années 1960. Pour lui, l'État-providence était un anachronisme et l'État entrepreneur n'avait plus de légitimité. Il mit sur pied trois comités d'étude, l'un sur la déréglementation, le deuxième sur la privatisation et le troisième sur la révision des fonctions et des organisations gouvernementales. Deux d'entre eux sont confiés à des ministres (Pierre Fortier et Paul Gobeil), le troisième est présidé par un député (Reed Scowen).

Les rapports de ces comités ont provoqué de vives réactions des centrales syndicales. Ainsi le comité présidé par Pierre Fortier recommandait de privatiser pas moins de dix sociétés publiques. Le comité Scowen proposait d'alléger sensiblement la réglementation, y compris les lois du travail. Enfin, le comité Gobeil proposait la suppression pure et simple d'une centaine d'organismes gouvernementaux parmi lesquels la Commission de protection de la langue française, la Régie du logement. Il suggérait enfin la privatisation de Radio-Québec et de certains centres hospitaliers.

Ces réformes étaient d'une telle ampleur que Robert Bourassa hésita à les mettre en œuvre. Il afficha plutôt une grande prudence devant la réaction du mouvement syndical. Pour une fois, nous savions apprécier sa pondération.

Ce fut cependant la fin du cycle des grands Sommets économiques, des sommets sectoriels, etc. En un mot, le gouvernement défaisait ce qui avait été construit en matière de partenariat et de concertation. C'est aussi à cette époque que furent supprimés des organismes auxquels la FTQ tenait beaucoup, d'abord la Table nationale de l'emploi ensuite l'Institut national de la productivité.

Bien sûr, le climat social des années 1980 est différent de celui de la décennie précédente. Mais on constatera que, même si le Québec était loin de cette période d'ébullition, le pays était néanmoins aux prises avec des questions de fond auxquelles le gouvernement Bourassa n'avait pas les réponses appropriées.

L'arrivée de Bourassa au pouvoir en 1970 correspondait à une période exceptionnellement riche en événements au Québec. Ces événements étaient de nature politique, identitaire, mais aussi économique et sociale. C'est à cette période que le mouvement syndical gagnait en importance, il s'est structuré, s'est forgé une identité et a clarifié ses objectifs et ses stratégies d'action. Bien plus, il a connu une ascension fulgurante et il était au cœur de toutes les batailles menées au sein de la société québécoise.

Les rapports entre les gouvernements successifs de Bourassa avec le mouvement syndical étaient empreints de méfiance, voire d'hostilité. Ils ont culminé avec la crise d'Octobre et celle du Front commun de 1972. Le mouvement syndical revendiquait légitimement sa place de partenaire sur des bases fondées sur le respect des lois et la prise en considération des exigences du monde du travail.

Mais force est de constater que le gouvernement de Robert Bourassa, à la fois par ses orientations idéologiques et les particularités du style de son leader, était loin de répondre aux attentes syndicales. Au contraire, on avait le sentiment que le gouvernement gérait ces rapports par l'astuce, la ruse et par un certain jeu machiavélique. Robert Bourassa paraissait comme quelqu'un qui voulait une société d'ordre, stable et passive afin de ne point effaroucher les investisseurs.

Il n'a pas su créer un climat de dialogue, de bonne foi et de paix sociale avec ses partenaires. Les acquis du mouvement syndical pendant cette période ont été arrachés à la suite de dures batailles. Peu de concessions lui ont été faites et cela a contribué paradoxalement à renforcer le niveau de conscience, d'engagement, de mobilisation et de solidarité du mouvement syndical.

En son temps, retenons que le mouvement syndical a dressé un réquisitoire sévère contre Robert Bourassa. Il a fortement dénoncé certaines pratiques politiques, mais sans jamais se livrer à des attaques contre la personne du premier ministre.

Au-delà de son style de gouvernement et des faiblesses que nous lui reprochions, notamment un certain manque de fermeté et de décision, Robert Bourassa s'était efforcé avec plus ou moins de succès de gérer des questions souvent cruciales et quelquefois graves, toutes nées d'une période où la société québécoise était à la recherche de son point d'équilibre, économique, social et identitaire.

Son attachement au Québec était indéniable, mais sa vision du devenir du Québec fut dépassée par cette tendance lourde incarnée par le mouvement souverainiste qui fait resurgir, en l'actualisant, la profonde aspiration du peuple québécois à la pleine maîtrise de son destin.

# 4

# Bilan des réalisations de quatre mandats

# Un essai de bilan

Claude Ryan

De tous les premiers ministres qu'a connus le Québec depuis 1867, Robert Bourassa aura été le quatrième en ordre de longévité dans l'exercice du pouvoir. Maurice Duplessis vient au premier rang, ayant exercé cette fonction pendant 18 ans. Il est suivi de Louis-Alexandre Taschereau, 16 ans, et Lomer Gouin, 15 ans et neuf mois. Tout de suite après, vient Robert Bourassa, 14 ans et neuf mois en tout. Robert Bourassa fut ainsi par une forte marge le chef de gouvernement le plus durable que le Québec moderne ait connu. Sa longévité politique est d'autant plus remarquable qu'à l'époque de la télévision les carrières politiques se font et se défont plus rapidement.

Lorsque Robert Bourassa entreprit sa carrière politique en 1966, rien ne laissait présager qu'il accéderait très tôt à la plus haute fonction et qu'il y séjournerait aussi longtemps. La qualité de sa formation, son travail appliqué comme parlementaire, sa passion pour l'économie et les finances publiques l'imposaient certes à l'attention. Mais il était en même temps jeune, plutôt frêle d'apparence, apparemment dénué de charisme et fort discret sur ses ambitions. Il entreprenait en outre sa carrière à une période où l'étoile de Jean Lesage brillait encore, où la carrière de René Lévesque n'avait livré que ses premiers fruits et où celle de Pierre Elliott Trudeau venait à peine de commencer. Quoi qu'il en soit, dès l'âge de 36 ans, Robert Bourassa succédait à Jean Lesage à la tête du Parti libéral en janvier 1970. En avril de la même année, il devenait premier ministre du Québec. À quatre reprises, chaque fois avec des majorités considérables, il fut appelé à diriger les destinées politiques du Québec.

De nombreux facteurs expliquent le succès de la carrière politique de Robert Bourassa, notamment sa vive intelligence, son habileté hors de l'ordinaire, le caractère entier de son engagement dans la politique, son souci de l'équilibre, sa souplesse proverbiale, son absence à peu près totale de vindicte et une facilité d'abord qui le rendait sympathique aux personnes de toute condition. Autant de qualités que ses critiques commirent souvent l'erreur de sous-estimer. Mais le succès de Robert Bourassa s'explique aussi par l'idée éminemment pragmatique qu'à l'exemple du parti auquel il fut identifié, dès sa jeunesse, il se faisait de la politique. L'action politique était pour lui une forme d'engagement centrée sur la conquête et l'exercice du pouvoir. « Si vous ne voulez faire qu'un seul mandat », disait-il un à des universitaires en 1995, « vous pouvez y aller à fond de train, mais si vous voulez agir à plus long terme, il faut être pragmatique[1] ». Le pouvoir était pour lui l'objectif qu'il devait atteindre pour être en mesure d'agir sur les problèmes de la collectivité. Le parti était l'instrument tout désigné pour l'atteinte de cet objectif. Étant donné la diversité des intérêts et des opinions, ni le chef ni le parti ne devaient cependant être asservis à des solutions toutes faites ou à des programmes trop rigides.

En raison de cette conception qu'il avait de la politique, et aussi par tempérament, Robert Bourassa n'était pas attiré par les idéologies. Plus précisément, il s'y intéressait, car la marche des idées le passionnait. Mais, tout en empruntant à l'une ou à l'autre idéologie ce qui pouvait lui être utile, il n'en retenait aucune à l'état de dogme. Cela ne l'empêcha pas cependant d'être guidé dans son action par quelques idées-force qu'il eut dès le début et qu'il n'abandonna jamais. Ces valeurs de fond m'apparaissent comme ayant été l'identification au Québec, la primauté du développement économique, le souci de la justice sociale, le respect des libertés et la défense de l'autorité de l'État. Pour qui veut porter un jugement sur l'œuvre de Robert Bourassa en tenant compte de ce qu'il a voulu faire, ces idées-forces fournissent un cadre d'analyse tout indiqué.

Dans des entretiens qu'il eut en 1995 avec un groupe d'universitaires, Robert Bourassa soutint qu'il avait toujours été fédéraliste. Mais il s'en expliqua à certaines époques dans des termes ambigus qui soulevèrent des interrogations quant à ses convictions véritables. À la suite de l'échec de l'Accord du lac Meech, il laissa notamment percer des flottements qui laissèrent perplexes plusieurs de ses amis, mais la fermeté de son adhésion au fédéralisme ne fit plus de doute

1. Robert Bourassa, *Gouverner le Québec*, Fides, Montréal, 1995, p. 285.

après l'épisode du rapport Allaire. En tout état de cause, il fut francophone et Québécois avant d'être Canadien et fédéraliste. Quand on le pressait de questions à ce sujet, il répondait invariablement que son premier objectif était l'édification d'un Québec attaché aux libertés et ouvert sur le monde mais avant tout français. « Fédéralisme, néo-fédéralisme, quasi-fédéralisme, souveraineté-association, tout cela, finalement disait-il, au-delà de la signification symbolique, n'est que technique de gestion. Mais que le Québec soit reconnu comme État français en Amérique du Nord, avec le français comme seule langue officielle, ça me paraissait un objectif essentiel au plan historique[2]. » Son premier amour fut toujours le Québec. Le Québec était la raison d'être de son engagement, une option première à laquelle il voua le meilleur de lui-même. Accepté et apprécié comme une nécessité géographique et économique, le lien canadien était néanmoins pour lui affaire de raison plutôt que de cœur. Exception faite d'un bref séjour dans la fonction publique fédérale au tout début de sa carrière, il voyagea très peu au Canada sauf pour participer à des rencontres gouvernementales et n'eut jamais d'engagement politique ou professionnel ailleurs que sur la scène québécoise.

Comme un grand nombre de Québécois, Robert Bourassa, tout en appuyant le fédéralisme canadien, eut souhaité y apporter des changements qui eussent mieux assuré la reconnaissance et la pérennité du caractère distinct du Québec et permis un meilleur équilibre des pouvoirs entre le Parlement fédéral et les provinces. C'est parce qu'elle était silencieuse sur le partage des pouvoirs en matière de législation sociale, dont il avait fait un enjeu déterminant de cet événement, qu'il rejeta l'entente issue de la Conférence de Victoria en 1971. Avec l'Accord du lac Meech, il vint très près de réaliser le rêve d'une nouvelle entente, que partageaient avec lui une majorité de ses concitoyens. Mais l'Accord du lac Meech fut rejeté en 1990, tout comme l'Entente de Charlottetown en 1992. Celle-ci reprenait plusieurs éléments de Meech, mais y ajoutait trop d'autres éléments conçus pour plaire au reste du pays.

Le double échec de Meech et de Charlottetown fait partie du bilan de Robert Bourassa. On ne saurait l'ignorer. Au crédit de l'ancien premier ministre, on doit par contre retenir en matière constitutionnelle deux éléments positifs. En premier lieu, le Québec n'eut

---

2. *Ibid.*, p. 102

jamais à subir sous Robert Bourassa des reculs marqués comme ceux qu'il a connus sous des gouvernements péquistes, tels l'abandon du droit de veto (1980), le rapatriement unilatéral de la Constitution (1982), le Renvoi à la Cour suprême sur la sécession (1998) et la loi C-20 (1999). D'autre part, les cinq conditions qu'avait posées le gouvernement Bourassa pour l'adhésion du Québec à la Loi constitutionnelle de 1982 définissaient un seuil minimal pour l'adhésion du Québec à la Constitution de 1982 et devaient être suivies d'autres étapes où devaient être abordés l'avenir des institutions fédérales et le partage des pouvoirs. Ces conditions étaient néanmoins bonnes en soi et le demeurent quant au fond[3]. La preuve en est qu'elles ont généralement été retenues dans le nouveau programme constitutionnel du Parti libéral du Québec et que plusieurs d'entre elles ont été récupérées et semblent devoir continuer de l'être, en tout ou en partie, par la voie de mesures législatives (loi fédérale sur le droit de veto, résolution du Parlement fédéral sur le caractère distinct du Québec) ou d'ententes administratives (transfert de la formation professionnelle, prestations fiscales pour enfants, Bourses du millénaire, Fonds d'innovation technologique).

En ce qui touche le caractère français du Québec, il existe un large accord entre les deux partis principaux quant à la nécessité de le protéger et de l'affirmer dans la vie collective. Des désaccords ont toujours existé cependant au chapitre des moyens à utiliser pour réaliser cet objectif. Tout comme son parti, Robert Bourassa était d'avis que la persuasion devait primer sur la coercition en cette matière. Il croyait néanmoins à la nécessité d'une action législative dans certains secteurs névralgiques telles la scolarisation des enfants de familles immigrantes et la langue du commerce et des affaires. Par les diverses mesures législatives qu'il fit adopter, notamment par la loi 22 qui faisait du français la langue officielle du Québec, par la loi 178 qui fut assortie d'une clause dérogatoire afin de la mettre à l'abri de contestations judiciaires et enfin par la loi 86 dont l'objet était de rendre la

3. Les cinq conditions posées par le gouvernement Bourassa pour l'adhésion du Québec à la Constitution de 1982 étaient : a) la reconnaissance du Québec comme société distincte ; b) une formule d'amendement contenant un droit de veto pour le Québec ; c) la participation du Québec à la sélection des membres provenant du Québec au sein du Sénat et de la Cour suprême ; d) le renforcement des pouvoirs du Québec en matière d'immigration ; e) l'élargissement du droit de retrait à tout changement constitutionnel entraînant une diminution des pouvoirs des provinces et à tout futur programme fédéral à frais partagés dans un champ de compétence provinciale.

Charte de la langue française davantage compatible avec le réalisme économique, les chartes de droits, la jurisprudence et la sensibilité des communautés minoritaires, Robert Bourassa contribua fortement à procurer au Québec la paix linguistique qu'il connaît aujourd'hui. Il a toujours considéré que le Québec devait être français, mais qu'il n'était pas nécessaire pour cela d'exclure ou de rabaisser l'anglais.

Par-delà la politique constitutionnelle et linguistique, Robert Bourassa se préoccupait vivement de l'avenir démographique du Québec. Le bilan des échanges migratoires du Québec avec les autres provinces canadiennes fut nettement meilleur sous les gouvernements qu'il dirigea que sous les gouvernements péquistes. Depuis 1970, le PLQ et le PQ ont en effet exercé le pouvoir pendant quinze ans chacun. Leur bilan respectif se prête bien en conséquence à des comparaisons. Or, **le bilan démographique des années libérales est nettement supérieur à celui des années péquistes**. **Au chapitre des migrations internationales**, les années 1971 à 1976 et 1986 à 1994 furent marquées par un surplus total de 353 000 personnes, comparativement à un surplus total de 252 029 personnes pendant les années 1976 à 1985 et 1995 à 2000, soit un écart de plus de 100 000 en faveur des années libérales. Pendant son deuxième séjour au pouvoir, Robert Bourassa fit en outre adopter une politique d'immigration dont l'excellence a été reconnue par ses adversaires et conclut avec Ottawa l'entente McDougal-Gagnon-Tremblay assurant un rôle de premier plan pour le Québec dans la sélection et l'intégration des immigrants. **Au chapitre des migrations interprovinciales**, le Québec a essuyé des pertes chaque année depuis 1970. On enregistra sous les gouvernements péquistes un déficit annuel moyen de 20 283 personnes comparativement à un déficit annuel moyen de 12 023 sous les gouvernements libéraux, soit un écart défavorable au PQ de près de 125 000 personnes pour la période entière. Enfin, **au chapitre de la fécondité**, le nombre annuel moyen de naissances aura été de 91 827 pendant les années libérales, comparativement à 87 405 pendant les années péquistes; l'écart défavorable au PQ s'est particulièrement aggravé au cours des quatre dernières années. Pendant le second séjour de Robert Bourassa au pouvoir entre 1986 et 1994, on fut aussi témoin d'une augmentation appréciable de la natalité. Or, cette hausse coïncida avec l'instauration de mesures gouvernementales procurant un soutien financier accru aux familles. Pierre Lefebvre et Philip Merrigan, professeurs à l'UQAM, estiment que ces mesures ont augmenté la probabilité d'avoir un enfant dans des proportions allant de 10,9 % pour le premier enfant à 12,6 % pour le deuxième et à 25 % pour le troisième[4]. Le surcroît ainsi engendré aurait été de 10 000 à 15 000 naissances par année. L'abandon inconsidéré de ces mesures en 1997 a été suivi chaque année de chutes sévères de la natalité.

Sur le plan économique, la principale réalisation de Robert Bourassa demeure le développement des ressources hydroélectriques de la Baie-James. Tandis que le Parti québécois et son porte-parole économique, Jacques Parizeau, préconisaient le recours à l'énergie nucléaire, Robert Bourassa privilégia à juste titre le développement de l'énergie hydroélectrique[5]. Tous les premiers ministres qui se sont succédé à Québec depuis Jean Lesage, et notamment René Lévesque, ont certes contribué à faire d'Hydro-Québec un puissant moteur d'activité économique. Parmi les décisions qui ont favorisé son essor, il faut inscrire au premier plan le développement de la Baie-James.

Sur un plan plus large, Robert Bourassa avait préparé son retour au pouvoir en 1985 par un séjour de quelques années en Europe et la visite de plusieurs hauts-lieux du changement technologique aux États-Unis et au Royaume-Uni. Grâce à ses contacts assidus avec les milieux de décideurs au Québec et sur le plan international, il était bien averti des tendances de l'économie sur le plan canadien et international et des exigences qui en découlaient pour les gouvernements. Entre 1985 et 1994, il s'employa à promouvoir une vision libérale du défi technologique, c'est-à-dire une vision selon laquelle le rôle moteur en matière de développement devait incomber à l'entreprise privée, et en particulier à la petite et moyenne entreprise, tandis que devait être allégée le plus possible la pression exercée sur l'économie par les dépenses publiques[6].

---

4. Robert Baril, Pierre Lefebvre et Philip Merrigan, *Quebec Family Policy : Impacts and Options*, IRPP, 2000.
   Edith Duclos, Pierre Lefebvre et Philip Merrigan, *Quand le gouvernement subventionne la venue des cigognes : résultats d'une expérience « naturelle » concernant la politique familiale et la fécondité*, 2002.
   Kevin Milligan, *Quebec's Baby Bonus – Can Public Policy Raise Fertility* ? C.D. Howe Institute, Backgroounder Series, 2002.
5. Robert Bourassa a raconté l'histoire du projet de la Baie-James dans un livre intitulé : *L'Énergie du Nord – La force du Québec*, publié aux Éditions Québec-Amérique.
6. Robert Bourassa a résumé ses idées au sujet du défi technologique dans un livre intitulé *Le Défi technologique*, publié aux Éditions Québec-Amérique en 1985.

Le bilan de ces années est sans doute loin d'être parfait. Il est néanmoins meilleur que ce qu'une critique facile laisse souvent entendre.

a) **sur le plan économique**, nonobstant une récession sévère qui marqua les années 1990, on enregistra entre 1986 et 1994 une nette diminution de l'écart entre le Québec et le reste du Canada en matière de chômage ; une augmentation supérieure des investissements privés par rapport au reste du Canada et un accroissement marqué des investissements dans la recherche et le développement. De nombreuses mesures de soutien à l'innovation technologique, une réforme en profondeur de la formation professionnelle de niveau secondaire et un soutien accru à l'enseignement et à la recherche universitaires furent également institués ;

b) **sur le plan des finances publiques,** les deux premiers mandats (1970-1973 et 1973-1976) furent marqués par des déficits modestes qui maintinrent le niveau de l'endettement à un faible pourcentage du PIB. Il en fut de même du troisième mandat (1985-1989), dont les résultats amorcèrent un début de redressement après de lourds déficits encourus sous un gouvernement péquiste entre 1983 et 1985. Ces résultats furent cependant annulés par une augmentation importante des déficits pendant le quatrième mandat (1989-1994). Une partie de ce déficit fut sans doute attribuable à une sévère récession. Une autre partie doit cependant être attribuée à une gestion gouvernementale déficiente. Le deuxième séjour de Robert Bourassa au pouvoir donna néanmoins lieu à des diminutions d'impôt substantielles au profit des ménages à revenu faible et modeste et à l'annulation quasi complète de l'écart entre le Québec et l'Ontario en matière d'impôt sur le revenu des particuliers. Toutefois, ce dernier résultat fut principalement causé par des hausses de taxes dans la province voisine.

c) **sur le plan social**, la principale réalisation de Robert Bourassa fut l'instauration de l'assurance maladie, réalisée dans un contexte difficile où il dut faire face en même temps à la crise d'Octobre et à un arrêt de travail des médecins spécialistes. Très attaché à cette mesure, Robert Bourassa vit entre 1985 et 1994, en pleine période de compressions budgétaires, à ce que le secteur de la santé bénéficie chaque année de crédits budgétaires accrus. Il était en effet convaincu qu'il ne pouvait en être autrement, vu le vieillissement de la population et les besoins accrus qui en découlaient. Il ne voulait surtout pas que le réalignement nécessaire du rôle de l'État se fasse sur le dos des malades.

Entre 1985 et 1994, de nombreux changements furent institués dans les domaines de la santé, de l'éducation et de l'aide sociale. Mais ils furent toujours conçus de manière à réduire au minimum leurs conséquences sur les personnes plus vulnérables. Ainsi, l'aide sociale fut modifiée de manière à ce que l'obligation de travailler soit davantage respectée, mais aucune diminution ne fut apportée aux barèmes de l'aide financière. Les droits de scolarité exigés des étudiants universitaires furent augmentés de manière à les rapprocher, comme il le fallait, de la moyenne canadienne, mais des modifications furent en même temps apportées au programme de l'aide financière de manière à éviter que soient pénalisés les étudiants moins fortunés. Il en alla de même de l'accès aux médicaments. Une charge de 2 $ fut instituée sur les médicaments prescrits par ordonnance médicale mais cette contribution était minime par comparaison avec celle que se virent imposer des milliers de personnes avec l'assurance médicaments. En outre, les assistés sociaux et les personnes âgées furent exemptés de cette charge. Robert Bourassa veilla aussi à ce que les augmentations du coût de la pension exigées des personnes âgées résidant dans des centres d'accueil soient limitées au strict nécessaire.

Robert Bourassa était très conscient du devoir qui lui incombait de veiller d'abord et avant tout au respect des libertés. On lui doit à cet égard un document notable, la Charte québécoise des droits et libertés de la personne (1975). On lui doit aussi d'avoir manifesté un grand respect pour la liberté de la presse et d'avoir veillé à maintenir une diversification minimale, aujourd'hui quasi disparue, dans la propriété des organes de presse. Mais Robert Bourassa était également conscient du devoir qui lui incombait d'assurer le respect de l'ordre public et de la loi et de défendre à cette fin l'autorité de l'État contre les agressions dont elle fut souvent l'objet pendant les années de turbulence sociale où il exerça le pouvoir. Parmi les situations difficiles auxquelles il eut à faire face, rappelons la crise d'octobre 1970, les défis posés à la santé et à la sécurité de la population par de nombreuses grèves sauvages dans les services publics et la crise d'Oka. Certaines décisions prises à l'occasion de ces situations, notamment le recours à la Loi sur les mesures de guerre, continueront longtemps de donner lieu à des débats. En aucun cas, cependant, l'autorité de l'État québécois ne sortit diminuée de ces conflits. Dans chaque cas, le recours à la force ne fut employé qu'en dernier ressort et le retour à la normale fut réalisé sans tergiversation inutile.

Robert Bourassa avait enfin le sens des institutions. Il savait ce qu'il en coûte de travail et de persévérance pour les bâtir et les développer. Il savait aussi qu'elles doivent durer par-delà les mouvements d'humeur de l'opinion et les caprices de dirigeants dont le passage au pouvoir ne saurait durer qu'un temps limité. Il aimait s'inspirer du principe de subsidiarité, selon lequel l'autorité supérieure doit éviter de s'ingérer dans un domaine quand celui-ci peut être pris en charge à un niveau plus proche de la population. Il préférait en conséquence faire évoluer les institutions à l'aide de changements graduels auxquels il souhaitait les associer plutôt que de leur imposer à partir d'en haut des chambardements arbitraires qui eussent tendu à les affaiblir sinon à les asservir à l'autorité supérieure ou à les faire disparaître purement et simplement. « Ce qui compte, disait-il, c'est le concret, ce sont les garanties que l'on a pour notre développement économique et social, pour notre langue, pour notre culture. Voilà l'essentiel. C'est pourquoi j'ai refusé de jouer à l'apprenti-sorcier et d'accepter des chambardements qui étaient susceptibles, dans la réalité des faits, de nous faire reculer plus que de nous faire avancer[7]. »

Ces mots nous ramènent au thème de ce colloque. Robert Bourassa fut un bâtisseur, un bâtisseur habile, tenace, généreux et tranquille qui aimait travailler en harmonie avec l'opinion et les attentes de la population, qui œuvrait en fonction des besoins et des ressources disponibles plutôt que sous l'empire des idéologies et qui chercha avant tout l'amélioration de la condition concrète de ses concitoyens à travers des solutions inspirées de son attachement premier au Québec, de l'importance primordiale qu'il attachait au développement économique, de son respect des libertés et des institutions, de son souci de la justice sociale et du devoir qui lui incombait de veiller à l'intégrité de l'État. C'est sans doute parce que la population du Québec avait senti que Robert Bourassa s'identifiait profondément à elle, qu'il l'acceptait telle qu'elle était dans sa grande diversité, et ne vivait à vrai dire que pour elle, qu'elle lui accorda à quatre reprises

7. Robert Bourassa, *Gouverner le Québec*, p. 290.

une confiance non équivoque. L'histoire retiendra, je pense, que Robert Bourassa sut se montrer digne de cette confiance même si, à la fin de chacun de ses deux longs séjours au pouvoir, on put sentir d'inévitables fléchissements attribuables selon certains à l'usure même du pouvoir et selon d'autres aux frustrations que multipliait à la longue chez ses collaborateurs et interlocuteurs, et aussi dans la population, ce qui fut par ailleurs sa plus grande qualité, c'est-à-dire la recherche constante de solutions conciliatrices.

# 5

# Annexes

# Chronologie de Robert Bourassa (1933-1996)[1]

| | |
|---|---|
| 1933 | *14 juillet.* Naissance à Montréal. |
| 1957 | *Juin.* Admis au barreau de la province de Québec. |
| 1959 | Obtient une maîtrise en sciences économiques et politiques de l'Université d'Oxford en Angleterre. |
| 1960 | Obtient une maîtrise en fiscalité et en droit financier de l'Université Harvard de Boston. |
| | Conseiller fiscal au ministère du Revenu national à Ottawa. |
| 1961-1963 | Professeur en économie et en fiscalité à l'Université d'Ottawa. |
| 1963-1965 | Secrétaire et directeur de la recherche pour la Commission royale d'enquête sur la fiscalité. |
| 1966-1969 | Professeur de finances publiques à l'Université de Montréal et à l'Université Laval. |
| 1966 | *5 juin.* Élu député libéral à l'Assemblée législative dans la circonscription de Mercier lors des élections générales. |
| 1970 | *17 janvier.* Élu chef du Parti libéral du Québec. Il succède à Jean Lesage. |
| | *29 avril.* Réélu dans la circonscription de Mercier lors des élections générales. |
| | *Mai à octobre.* Ministre des Finances. |
| 1971-1972 | *11 février 1971 au 2 février 1972.* Ministre des Affaires intergouvernementales. |

1. La présente chronologie a été préparée par Michel Lévesque.

1973 *29 octobre.* Réélu dans la circonscription de Mercier lors des élections générales. Il s'agit de la plus grande victoire électorale de l'histoire du Parti libéral : 102 candidats sont élus sur une possibilité de 108.

1976 *12 octobre au 25 novembre.* Ministre des Affaires intergouvernementales.

*15 novembre.* Défait dans la circonscription de Mercier par le candidat du Parti québécois, le journaliste et poète Gérald Godin, à l'occasion des élections générales.

*19 novembre.* Remet sa démission en tant que chef du Parti libéral du Québec.

1977 Professeur invité à l'Institut européen d'administration des affaires à Fontainebleau et conférencier à l'Institut des affaires européennes à Bruxelles.

1978 Professeur au Center of Advanced International Studies à l'Université Johns Hopkins à Washington.

1979-1980 Professeur aux départements de science politique de l'Université Laval et de l'Université de Montréal.

1981 Professeur invité à l'Université de la Caroline du Sud.

1982 Professeur invité à l'Université Yale à New Haven.

1983 *15 octobre.* Réélu chef du Parti libéral du Québec.

1985 *3 juin.* Élu député libéral dans la circonscription de Bertrand lors d'une élection partielle.

*14 juin au 2 décembre.* Chef de l'opposition officielle à l'Assemblée nationale du Québec.

*2 décembre.* Défait dans la circonscription de Bertrand par le candidat du Parti québécois, Jean-Guy Parent, lors des élections générales.

1986 *20 janvier.* Élu député de la circonscription de Saint-Laurent lors d'une élection partielle.

1987 Récipiendaire d'un doctorat *honoris causa* en philosophie de l'Université de Tel-Aviv.

Récipiendaire de l'Ordre du mérite des diplômés de l'Université de Montréal.

1989 *25 septembre.* Réélu député dans la circonscription de Saint-Laurent lors des élections générales.

1993 *14 septembre.* Il annonce qu'il ne sollicitera pas un nouveau mandat lors des prochaines élections générales. Il demande au président du Parti libéral du Québec d'organiser un congrès à la direction du parti.

1994 *11 janvier.* Il démissionne de son poste de premier ministre et de celui de député de Saint-Laurent.

1994-1996 Professeur associé à la Faculté de droit de l'Université de Montréal.

1996 *2 octobre.* Décède à Montréal à l'âge de 63 ans.

*7 octobre.* Funérailles nationales en la basilique Notre-Dame de Montréal. Il est inhumé au cimetière Notre-Dame-des-Neiges à Montréal.

*15 octobre.* Adoption d'une motion à l'Assemblée nationale dédiant les principaux aménagements reliés à la centrale électrique LG-2 à la Baie-James à la mémoire de Robert Bourassa.

1997 *21 février.* Madame Andrée Bourassa reçoit de la part de l'ambassadeur de France au Canada, M. Alfred Siefer-Gaillardin, les insignes de grand officier de la Légion d'honneur décernés à l'ex-premier ministre à titre posthume.

1999 *26 janvier.* Lancement de la campagne de financement de l'Institut du cancer de Montréal en vue de la création du Fonds Robert-Bourassa pour la recherche sur le cancer.

2000 *1er juin.* Le président de l'Assemblée nationale du Québec, M. Jean-Pierre Charbonneau, remet, à titre posthume, l'insigne du grade de Grand Officier de la Pléiade à M. François Bourassa et à Mme Michèle Bourassa, enfants de l'ancien premier ministre.

# Notices biographiques des collaborateurs et collaboratrices[1]

## Michel Audet

Diplômé en sciences économiques de l'Université Laval et de l'École nationale d'administration de Paris (ENA), Michel Audet a occupé plusieurs fonctions au sein de l'appareil gouvernemental québécois : sous-ministre adjoint au ministère des Finances de 1974 à 1977, sous-ministre associé au ministère de l'Énergie et des Ressources de 1979 à 1984 et secrétaire général du Conseil exécutif de 1985 à 1987. C'est dans le cadre de cette dernière fonction qu'il agit à titre de coordonnateur pour le Québec lors des négociations sur le libre-échange avec les États-Unis. Il effectue un retour dans les ministères de 1988 à 1992 alors qu'il devient sous-ministre au ministère de l'Industrie, du Commerce et de la Technologie. Enfin, c'est en 1992 qu'il fait le saut vers le monde de l'information en devenant directeur de l'éditorial au quotidien *Le Soleil*, poste qu'il occupera jusqu'à sa nomination à la présidence de la Chambre de commerce du Québec en novembre 1993.

## Lise Bacon

Après avoir longtemps milité pour l'avancement du statut de la femme au sein d'associations libérales, Lise Bacon est élue députée dans la circonscription de Bourassa en 1973. Nommée ministre d'État aux Affaires sociales, elle occupe cette fonction de 1973 à 1975. Elle prend ensuite la tête du ministère des Consommateurs, Coopératives et Institutions financières et de l'Immigration de 1975 à 1976. Pendant une dizaine d'années, de 1985 à 1995 elle occupe les fonctions

1. Recherche et rédaction : Jean Décary et Valéry Colas.

de vice-première ministre, ministre des Affaires culturelles, ministre de l'Environnement et ministre de l'Énergie et des ressources. Le 14 septembre 1997, Lise Bacon est nommée au Sénat du Canada.

### ROBERT BERNIER

Détenteur d'un doctorat en science politique de l'Université de Montréal, Robert Bernier est l'un des rares chercheurs universitaires canadiens à s'intéresser au créneau du marketing politique. Il est l'auteur de plusieurs ouvrages. Il a travaillé dans le monde politique à titre de secrétaire particulier de Guy Saint-Pierre, ministre de l'Industrie et du Commerce, de coordonnateur des communications du PLC et de membre de l'exécutif national des communications du gouvernement canadien (1977-1978). Il fut ensuite conseiller spécial pour le ministre de la Défense nationale du Canada et auprès du ministre fédéral de la Condition physique et du Sport amateur. Il est actuellement professeur de marketing et management à l'ENAP.

### MARIO BERTRAND

Issu du monde des affaires, Mario Bertrand a été professionnel et cadre responsable de la communication à la Société des Jeux du Québec, chez Culinar et à la Brasserie Labatt. C'est au cours des années 1986 à 1990 qu'il occupe le poste de chef de cabinet sous le gouvernement de Robert Bourassa. Il quitte ensuite la politique et devient président et chef de la direction à Télé-Métropole, président Europe, président de New Ventures puis chargé mondial des occasions d'affaires chez Telesystem International.

### PIERRE BIBEAU

Diplômé en science politique de l'UQAM, Pierre Bibeau fait rapidement sa marque dans le domaine des communications, de la planification stratégique, de l'organisation et de l'administration. Dès les années 1970, il s'engage au sein du Parti libéral du Québec où il occupera diverses fonctions jusqu'en 1985. Il fut notamment directeur des Jeunes libéraux, organisateur en chef de la campagne référendaire de 1980 et directeur provincial des services d'organisation et d'animation. C'est en 1985 qu'il est nommé conseiller spécial de Robert Bourassa, alors premier ministre du Québec. Quatre ans plus tard, il devient président et directeur général de la Régie des installations olympiques (RIO) puis, en 1995, il est nommé directeur général du parc des Îles. Il effectue un retour en politique active en avril 2001 alors qu'il devient organisateur en chef du PLQ en vue des prochaines élections générales.

ROCH BOLDUC

Diplômé de l'Université Laval et de l'Université de Chicago en science politique, Roch Bolduc a mené une carrière dans le domaine de l'administration. Il fut nommé sénateur par le premier ministre Brian Mulroney, le 26 septembre 1988.

JEAN-PAUL BRODEUR

Diplômé de l'Université de Montréal (M.A. Philosophie, M.A. Criminologie) et de l'Université de Paris (Ph.D. Philosophie), Jean-Paul Brodeur est professeur titulaire à l'École de criminologie de l'Université de Montréal. Chercheur émérite, il a publié plusieurs articles et ouvrages. À titre de distinction, il fut nommé membre de la Société royale du Canada.

ANDRÉ BURELLE

Doctorant en philosophie de l'Université de Montréal, André Burelle a commencé sa carrière dans le monde politique en 1974 alors qu'il devient conseiller et rédacteur de discours au Cabinet du ministre fédéral Gérard Pelletier. Il occupe ces mêmes fonctions auprès de Mme Jeanne Sauvé, de 1975 à 1977 et de Pierre Elliott Trudeau de 1977 à 1984. Secrétaire adjoint du Cabinet en 1989, André Burelle a participé aux pourparlers de l'Accord du lac Meech, à la négociation de l'Entente Canada-Québec sur l'immigration et au processus de réflexions entourant l'Accord de Charlottetown. Il fut ensuite conseiller du gouvernement Mulroney. Auteur de quelques ouvrages, dont *Le Mal canadien : essai de diagnostic et esquisse d'une thérapie*, André Burelle est aujourd'hui consultant et un « observateur engagé » de la scène politique québécoise et canadienne.

## JOHN CIACCIA

Avocat de formation, John Ciaccia a occupé plusieurs fonctions au sein du gouvernement québécois: consultant au ministère des Affaires indiennes et du Nord canadien, responsable du programme concernant les Indiens et les Esquimaux du Canada en 1969 puis sous-ministre adjoint de ce ministère de 1971 à 1973. Candidat dans la circonscription de Mont-Royal en 1973, John Ciaccia est élu pour un premier mandat. Il représentera le premier ministre Robert Bourassa lors de la négociation de la Convention de la Baie-James et du Nord québécois en 1975. Réélu lors des élections de 1976, 1981, 1985 et 1989, il occupe successivement les responsabilités ministérielles du ministère de l'Énergie et des Ressources, de ministre délégué aux Affaires autochtones et de ministre des Affaires internationales de 1989 à 1994. Réélu aux élections de 1994 alors que le Parti québécois est porté au pouvoir, John Ciaccia ne sollicitera pas de nouveau mandat aux élections générales de 1998.

## VALÉRY COLAS

Diplômée de la maîtrise en histoire de l'UQAM, elle s'intéresse particulièrement à l'histoire de la santé publique, l'histoire politique et l'histoire urbaine de Montréal au début du XXe siècle. Elle travaille actuellement à la recherche et à la rédaction d'un livre portant sur le mouvement étudiant universitaire au Québec.

## PAUL-ANDRÉ COMEAU

Après des études en science politique à l'Université de Montréal et à la Fondation nationale des sciences politiques à Paris, Paul-André Comeau devient enseignant à l'Université d'Ottawa. Il fait son entrée dans le monde des communications en devenant correspondant à Bruxelles pour Radio-Canada puis, de 1985 à 1990, il occupe le poste de rédacteur en chef du quotidien *Le Devoir*. L'Assemblée nationale le nomme président de la Commission d'accès à l'information du Québec en 1990. Puis, en 2000, il effectue un retour vers l'enseignement à titre de professeur invité à l'École nationale d'administration publique du Québec (ENAP) et de professeur invité aux départements de science politique et d'information et de communication de l'Université Laval. Paul-André Comeau a signé de nombreux articles dans des ouvrages et revues scientifiques, en vue de publier le *Bloc populaire canadien* et d'assurer la direction de la Démocratie veilleuse (Québec/ Amérique).

### ROBERT COMEAU

Professeur au département d'histoire de l'UQAM depuis 1969, il a collaboré à de nombreux ouvrages en histoire du Québec, particulièrement en histoire politique et ouvrière ainsi que sur la question nationale québécoise. Il est directeur du *Bulletin d'histoire politique* depuis 1992. Il dirige la collection « Études québécoises » chez VLB-éditeur depuis 1987. Il a participé à l'organisation de nombreux colloques, dont ceux de la série sur les leaders du Québec contemporain de l'UQAM.

### BERNARD DAGENAIS

Professeur au Département d'information et de communication de l'Université Laval, Bernard Dagenais possède un doctorat de l'École pratique des hautes études en sciences sociales de l'Université de Paris. Avant d'enseigner, il a pratiqué le métier de communicateur pendant vingt ans, comme journaliste d'abord, puis comme relationniste dans divers ministères au gouvernement du Québec. Il est l'auteur de nombreux articles et livres sur la communication et sur la crise d'octobre 1970. Il a publié, entre autres, *La Crise d'octobre 1970 et les médias : le miroir à dix faces* (VLB éditeur) en 1990.

### MICHEL DAVID

Actuellement chroniqueur politique au quotidien *Le Devoir*, Michel David a commencé sa carrière de journaliste en 1978. D'abord correspondant du quotidien *Le Soleil* à l'Assemblée nationale de 1980 à 1991, il y signe ensuite de 1991 à 2001 une chronique politique. En plus de ses activités au *Soleil*, Michel David est élu, en 1988, président de la Tribune de la presse du Parlement de Québec et devient collaborateur régulier du quotidien *The Gazette* de 1994 à 2001. En collaboration avec le caricaturiste André-Philippe Côté, il a publié en 2001 un ouvrage intitulé *Les Années Bouchard*.

### FERNAND DAOUST

Actif dans le monde syndical depuis le début des années 1950, Fernand Daoust occupe le poste de secrétaire général de la FTQ de 1969 à 1991. Après 22 ans à ce poste, il devient président de la FTQ en 1993. Dès la fondation du Fonds de solidarité de la FTQ, il occupe la fonction de secrétaire de 1983 à 1994 puis devient président du conseil d'administration jusqu'en 1996. À titre de fonctions externes à la FTQ, il est aussi membre du conseil d'administration de l'Office de la langue française et membre du conseil d'administration de l'Université de Montréal. Actuellement, Fernand Daoust est conseiller spécial auprès du président du Fonds de solidarité de la FTQ.

### JEAN DÉCARY

Diplômé en communication de l'Université Laval, il termine actuellement une maîtrise en histoire à l'Université du Québec à Montréal. Le titre de son mémoire est *Claude Morin et les relations internationales du Québec (1963-1980)*. Il travaille à la Direction des communications du Bureau régional de l'Agence des douanes et du revenu du Canada (ADRC).

### ROBERT DEMERS

Avocat de formation, Robert Demers entre au gouvernement en 1964 à titre de conseiller technique pour le ministère de l'Éducation. Membre du Parti libéral du Québec, il participe activement à l'élection de Robert Bourassa comme député du comté de Mercier en 1966. Évoluant dans l'entourage politique de Bourassa, il fut désigné comme avocat pour le gouvernement du Québec afin de négocier la libération de James Cross et Pierre Laporte auprès du FLQ. Par la suite, en 1976, il devient président de la Bourse pour une période de cinq ans. Au fil des ans, il dirige des sociétés de courtage en valeurs mobilières puis il fonde sa propre société, Demers Conseil inc., en 1992.

### CHARLES DENIS

Après des études en droit, sciences politiques, administration et sciences économiques au Canada et en France, Charles Denis devient directeur du cabinet du ministre Éric Kierans sous le gouvernement Lesage. Par la suite, de 1970 à 1976, il occupe les fonctions de secrétaire de presse du premier ministre Robert Bourassa et de directeur de l'information du Conseil exécutif. De 1977 à 1985, il est conseiller économique au ministère de l'Industrie, du Commerce et du Tourisme du Québec puis, de 1987 à 1995, il est nommé président-directeur général de la Société générale des industries culturelles (aujourd'hui la SODEC). Charles Denis est actuellement consultant en matière d'affaires publiques et de communication et il travaille à la rédaction d'une biographie de Robert Bourassa.

### Billy Diamond

Homme politique, éducateur et homme d'affaires, M. Diamond est devenu, depuis plus de quinze ans, l'une des figures dominantes de la politique autochtone au Canada et au Québec. Il est l'un des membres fondateurs du Grand Conseil des Cris du Québec dont il est le Grand Chef de 1974 à 1984. Il participe aux conférences constitutionnelles de 1982 et 1983 en tant que représentant des Cris du Québec et de l'Assemblée des Premières Nations. C'est à la suite de ces conférences que la Constitution du Canada subit d'importants changements au chapitre des droits des autochtones. Billy Diamond est actuellement président de la Société crie de logement, une association sans but lucratif.

### Ghislain Dufour

Associé au Conseil du patronat du Québec depuis sa fondation en 1969, il en est président de 1986 à 1997 puis président du conseil d'administration pendant les années 1997 et 1998. Honoré à trois reprises « personnalité de la semaine » par le quotidien *La Presse*, Ghislain Dufour a été récipiendaire de plusieurs prix, dont le plus récent est le prix de Reconnaissance de l'an 2000 du Conseil interprofessionnel du Québec, remis à un membre de l'Ordre des conseillers en ressources humaines et en relations industrielles agréées pour « l'excellence de sa contribution au système professionnel québécois ». Depuis octobre 1997, il occupe les fonctions de conseiller principal aux Affaires publiques et est vice-président du conseil d'administration à l'entreprise National-Montréal.

## Pierre Fortin

Professeur en sciences économiques à l'UQAM depuis 1988 et chroniqueur économique au magazine *L'Actualité* depuis 1999, Pierre Fortin a abondamment publié dans des revues scientifiques canadiennes et étrangères, principalement dans les domaines des fluctuations économiques, de la croissance et de l'emploi. En 1984-1985, il fut conseiller économique principal du premier ministre du Québec. En 1995-1996, il a été président de la Canadian Economic Association. Pierre Fortin a obtenu le prix Purvis attribué à l'auteur du meilleur livre ou article récent dans le domaine de la politique économique du Canada en 1997.

## Lysiane Gagnon

Chroniqueure politique au quotidien *La Presse* depuis 1980 et au *Globe and Mail* depuis 1990, Lysane Gagnon possède une grande expérience comme reporter aux informations générales, en plus d'avoir été courriériste parlementaire de 1975 à 1980. Son examen rigoureux du paysage politique canadien et québécois lui a valu, en 1975, le prix Olivar-Asselin, et, à deux reprises, en 1976 et 1982, le prix de journalisme le plus prestigieux au Canada, le National Newspaper Awards. Gagnante du prix des lecteurs du Salon de Montréal en 1984 pour son roman *Vivre avec les hommes ; un nouveau partage,* elle fut également boursière de la fondation Asie-Pacifique en 1986 et de la communauté européenne en 1987.

## Raymond Garneau

Diplômé de l'Université Laval et de l'Université de Genève, Raymond Garneau a été secrétaire exécutif du premier ministre Jean Lesage de 1965 à 1966. Il est ensuite nommé chef du Cabinet du chef de l'Opposition de 1966 à 1970 puis élu candidat libéral dans la circonscription de Jean-Talon en 1970. Au cours de ce mandat, il occupe la fonction de ministre des Finances, jusqu'en 1976, et de président du Conseil du trésor de 1971 à 1976. Élu député libéral à la Chambre des communes en 1984, il devient leader du parti. À la suite de son retrait de monde politique, Raymond Garneau devient président et chef de la direction de L'Industrielle-Alliance de 1991 à 2000.

### Paul Gérin-Lajoie

Licencié en droit de l'Université de Montréal et détenteur d'un doctorat en droit constitutionnel de l'Université d'Oxford en Angleterre, Paul Gérin-Lajoie est élu député libéral dans la circonscription de Vaudreuil-Soulanges en 1960. De 1960 à 1966, il occupe les fonctions de vice-premier ministre, de ministre de la Jeunesse, et devient le premier titulaire du ministère de l'Éducation du Québec en 1964. Il devient ensuite président du comité constitutionnel du PLQ de 1966 à 1969. À l'amorce des années 1970, Paul Gérin-Lajoie occupe les fonctions de président de l'Agence canadienne de développement international (ACDI) jusqu'en 1977. Au cours de cette même année, il met sur pied un organisme philanthropique dans le domaine de la coopération internationale, la fondation Paul-Gérin-Lajoie. L'Université du Québec à Montréal lui a décerné un doctorat *honoris causa* en 1992.

### Pierre Godin

Écrivain, journaliste et biographe, Pierre Godin a fait des études en sciences politiques à l'Université Laval et à l'Université de Montréal. Après avoir travaillé comme reporter à *La Presse*, notamment à titre de responsable des pages politiques, il collabore de 1979 à 1985 à titre de pigiste au magazine *L'Actualité*. Par la suite, il occupe les postes de directeur de l'information adjoint, chef de pupitre et chroniqueur politique au quotidien *Le Devoir* de 1986 à 1990. Pierre Godin est l'auteur de nombreux livres sur l'histoire politique du Québec, dont les biographies de Daniel Johnson et de René Lévesque.

### Jacques Jourdain

Étudiant au doctorat en science politique et chargé de cours à l'UQAM, Jacques Jourdain s'intéresse particulièrement à la crise d'octobre 1970. Il vient de publier un livre *Mémoire d'un nègre blanc* aux éditions VLB.

### Guy Lachapelle

Professeur titulaire au département de science politique de l'Université Concordia et adjoint au vice-recteur des Affaires institutionnelles, il est également secrétaire général de l'Association internationale de science politique. Il a publié plusieurs ouvrages, le plus récent en collaboration avec John Trent : *Globalization, Governance and Identity* (Presses de l'Université de Montréal, 2000). Il a publié de nombreux articles sur la vie politique québécoise. Spécialiste en politiques publiques, il s'intéresse plus particulièrement aux liens économiques et politiques entre le Québec et ses partenaires nord-américains. Il détient un doctorat en science politique de l'Université Northwestern (Evanston, Illinois).

### VINCENT LEMIEUX

Professeur émérite au département de science politique de l'Université Laval, Vincent Lemieux a publié de nombreux ouvrages portant sur les partis politiques, les politiques publiques, la décentralisation, les coalitions et les réseaux sociaux. Plusieurs d'entre eux traitent plus particulièrement du secteur de la santé. Il a été président de l'Association canadienne de science politique en 1991-1992, et a agi à titre d'expert pour de nombreux organismes gouvernementaux et non gouvernementaux. De 1979 à 1981, il a été récipiendaire d'une bourse Killam du Conseil des arts du Canada. En 1995, l'Université d'Ottawa lui conférait un doctorat honorifique et, en 1998, il recevait le prix Léon-Gérin en reconnaissance de l'excellence de ses travaux en sciences humaines.

### GILLES LESAGE

Diplômé de l'Université de Montréal, Gilles Lesage a commencé sa carrière de journaliste dans différents hebdos. C'est en 1964 qu'il fait son entrée au quotidien *Le Devoir* à titre de reporter général. Il devient ensuite correspondant parlementaire à l'Assemblée nationale tant pour *Le Devoir*, *Le Soleil* et *La Presse*. Gilles Lesage a reçu de nombreux prix de journalisme et a également reçu la médaille de l'Assemblée nationale du Québec pour souligner ses 25 ans de carrière à la Tribune de la presse parlementaire. Il fut nommé chevalier de l'Ordre national du Québec en 1999 et il a été reçu chevalier de l'Ordre de la Pléiade de l'Assemblée parlementaire de la Francophonie en 2000.

### Michel Lévesque

Diplômé en histoire et en science politique des Universités Laval et McGill et de l'Université du Québec à Montréal, Michel Lévesque a été chargé de cours à l'UQAM et à l'UQTR. Il a publié plusieurs livres et articles sur la politique canadienne et québécoise, dont *René Lévesque* (1991), *René Lévesque: textes et entrevues 1960-1987* (1991), *Daniel Johnson. Rêve d'égalité et projet d'indépendance* (1991) et *René Lévesque. L'homme, la nation, la démocratie* (1992). Il a établi plusieurs bibliographies sur les partis politiques et les élections au Québec. Il est également l'auteur de *De l'idée de la démocratie au Québec. Une anthologie de la pensée démocratique au Québec au cours du XX^e^ siècle* (à paraître).

### Jean-François Lisée

Actuellement chercheur invité au département de science politique de l'Université de Montréal et au groupe de recherche CRITÈRES, Jean-François Lisée est l'auteur de six ouvrages à caractère politique, dont *Sortie de secours*, publié en 2000, et *Le Tricheur* et *Le Naufrageur* – Robert Bourassa et les Québécois 1990-1992, publiés en 1994. Il fut conseiller politique des premiers ministres Jacques Parizeau et Lucien Bouchard, après avoir été journaliste au magazine *L'Actualité* et correspondant à Washington et à Paris pour des médias québécois et français. Natif de Thetford Mines, il a fait des études de droit, de journalisme et de communications.

### Claude Morin

Diplômé de l'Université Laval et de l'Université Columbia (New York), Claude Morin devient professeur à Laval en 1956. De 1961 à 1965, il est aussi conseiller économique, à temps partiel, auprès du Conseil exécutif du Québec. Nommé en 1963 sous-ministre des Affaires fédérales-provinciales (Affaires intergouvernementales à partir 1967), il occupe cette fonction jusqu'à 1971, année où il réintègre l'enseignement universitaire à l'École nationale d'administration publique. Il adhère au Parti québécois en 1972 et devient membre de l'exécutif national du parti. Élu dans la circonscription de Louis-Hébert en 1976 et 1981, il est ministre des Affaires intergouvernementales de 1976 à 1982. Il revient ensuite à l'enseignement (ENAP) jusqu'en 1998. Actuellement à la retraite, il poursuit une carrière d'essayiste, comptant à son actif huit ouvrages et plusieurs articles publiés dans divers périodiques.

MICHEL PAILLÉ

Diplômé en histoire (licence et maîtrise, Université de Montréal), Michel Paillé a ensuite fait des études en démographie aux Universités de Montréal et de Pennsylvanie. Ancien professeur en sociologie à l'Université Bishop (1977-1980), il a été président de l'Association des démographes du Québec (1989-1993). À l'emploi du Conseil de la langue française pendant 22 ans (1980-2002), il s'est spécialisé en démolinguistique, domaine qui l'a amené à donner de nombreuses conférences sur nos politiques linguistiques. Auteur d'articles dans divers périodiques et recueils, il a publié des ouvrages portant, notamment, sur la scolarisation en français des immigrants installés au Québec, ainsi que des minorités francophones du Canada anglais.

GILLES PAQUET

Gilles Paquet a fait des études en philosophie et en sciences humaines à l'Université Laval ; il a fait des études supérieures en économie à Laval, à Queen's et à l'Université de Californie. Il a enseigné la science économique à l'Université Carleton pendant 18 ans, avant de passer à la faculté d'administration de l'Université d'Ottawa en 1981. Gilles Paquet a écrit ou édité plus de deux douzaines d'ouvrages et plus de 300 articles de revues ou chapitres dans des ouvrages sur des sujets qui vont de l'histoire économique à la gouvernance et l'entrepreneuriat. Il a été président de l'Association des économistes québécois et a reçu la médaille Esdras-Minville pour le corpus de ses travaux en sciences humaines.

JOHN PARISELLA

Diplômé en éducation de l'Université Concordia et détenteur d'une maîtrise en sciences politiques de l'Université McGill, John Parisella fait son entrée au PLQ en 1980 en tant que coordonnateur régional. De 1986 à 1994, il a occupé, tour à tour, les fonctions de directeur général du parti, de chef de cabinet adjoint et de chef de cabinet du premier ministre Robert Bourassa. Il est aujourd'hui vice-président du conseil d'administration de l'Université Concordia et président de BCP.

### ROBIN PHILPOT

Diplômé en histoire et lettres anglaises de l'Université de Toronto, Robin Philport a enseigné en Afrique quelques années avant de s'établir à Montréal. Pendant les deux derniers mandats de Robert Bourassa, il a occupé divers postes à Hydro-Québec, notamment en relations avec les autochtones et en communications, pendant les grands débats entourant les projets de Grande-Baleine et de Sainte-Marguerite. Depuis 1999, M. Philpot est directeur des communications à la Société Saint-Jean-Baptiste de Montréal. Il est l'auteur de divers ouvrages, dont son plus récent, *Oka: dernier alibi du Canada anglais,* a été publié chez VLB en 1991.

### RONALD POUPART

D'abord directeur général du PLQ de 1970 à 1978, Ronald Poupart devient directeur de cabinet adjoint du chef de l'Opposition officielle de 1982 à 1985. Entre les années 1990 et 1994, il occupe les poste de secrétaire du Comité ministériel de développement du Grand-Montréal et de Sherpa du gouvernement du Québec au sein de la francophonie. Au mois d'août 2001, Ronald Poupart a été nommé chef de cabinet du chef de l'Opposition du Québec sous Jean Charest.

### JEAN-CLAUDE RIVEST

Avocat de formation et détenteur d'un diplôme d'études supérieures en droit constitutionnel de l'Université de Montréal, Jean-Claude Rivest est attaché politique de Jean Lesage de 1968 à 1970. En plus d'être conseiller politique de Robert Bourassa entre 1970 et 1976 et 1985 à 1993, il fut le principal conseilleur politique et parlementaire de Gérard D. Levesque lorsque ce dernier est chef de l'Opposition officielle. Ensuite député dans la circonscription de Jean-Talon, il exerce les fonctions de vice-président de la Commission parlementaire des institutions, de porte-parole principal de l'Opposition officielle en matière de relations fédérales-provinciales et de relations internationales. Il a également agi à titre de conseiller constitutionnel auprès du Secrétariat des Affaires canadiennes où il a, notamment, été chargé du dossier des accords du lac Meech. Il exerce depuis 1993 la fonction de sénateur.

### CLAUDE RYAN

Après une participation active dans des organismes comme l'Action catholique et l'Institut canadien d'éducation des adultes, Claude Ryan est entré au journal *Le Devoir* en 1962 pour en devenir l'un de ses directeurs et éditorialistes les plus prestigieux. En 1978, il devient chef du Parti libéral du Québec jusqu'en 1982, ainsi que député d'Argenteuil à l'Assemblée nationale et chef de l'Opposition officielle. De 1985 à 1994, il occupera différents ministères, dont celui de l'Éducation, de la Sécurité publique et des Affaires municipales. Il fut également ministre responsable de l'application de la Charte de la langue française. Il est membre de plusieurs organismes, notamment du Comité éditorial de la revue *International Journal* et du conseil d'administration de la Chaire Fernand-Dumont. Il a publié plusieurs livres, dont le plus récent s'intitule *Regards sur le fédéralisme canadien* (Boréal, 1995).

### MICHEL SARRA-BOURNET

Titulaire d'un doctorat en histoire de l'Université d'Ottawa, Michel Sarra-Bournet est spécialiste en histoire politique et intellectuelle du Québec. Ancien conseiller de Lucien Bouchard à Ottawa (1993-1994) et à Québec (1999-2001), il est chargé de cours en histoire et en science politique à l'Université du Québec à Montréal ainsi qu'à l'Université de Montréal. Il est l'auteur de plusieurs ouvrages dont le plus récent, *Les Nationalismes au Québec du XIX$^e$ au XXI$^e$ siècle*, a été publié sous sa direction aux Presses de l'Université Laval en 2001.

### GUY ST-PIERRE

Diplômé de l'Université Laval et titulaire d'une maîtrise en génie civil de l'University of London, Guy St-Pierre est élu député dans la circonscription de Verchères en 1970. Il occupe d'abord les fonctions de ministre de l'Éducation de 1970 à 1927 et celles de ministre de l'Industrie et du Commerce de 1972 à 1976. Il devient par la suite président et chef des opérations des Minoteries Ogilvie ltée, poste qu'il occupe pendant plus de dix ans. En 1989, il est nommé président et chef de l'exploitation da la firme d'ingénierie SNC. Il occupe depuis 1996 le poste de président du conseil d'administration de SNC-Lavalin inc. Le 31 juillet 2001, il fut nommé président du conseil de la Banque Royale.

### MICHEL VASTEL

Michel Vastel a d'abord travaillé au gouvernement du Québec et au Conseil du patronat avant de reprendre son métier de journaliste successivement au *Devoir,* à *La Presse* et maintenant au *Soleil* dont la chronique politique est également publiée dans *Le Droit* d'Ottawa. Il est en outre collaborateur régulier du magazine *L'Actualité* pour les affaires canadiennes. En poste à Ottawa pendant 17 ans, il s'est installé en 1995 à Montréal. Affecté au bureau de Montréal du journal *Le Soleil,* il poursuit sa chronique sur la politique du pays, portant une attention particulière à l'actualité politique des capitales provinciales du Canada anglais. Auteur d'un premier livre, *Le Neveu,* en 1987, Michel Vastel a également écrit quatre biographies de premiers ministres – *Trudeau le Québécois* en 1989, *Bourassa* en 1991, *Lucien Bouchard, en attendant la suite...* en 1995 et *Landry, le grand dérangeant* en 2001.

# Comités

## COMITÉ ORGANISATEUR DU COLLOQUE

Roch Denis, recteur, UQAM

Frederick H. Lowy, recteur, Université Concordia

Pierre Parent, secrétaire général, UQAM et vice-président, Fondation de l'UQAM

John Parisella, vice-président du CA, Université Concordia et président de BCP ltée

Robert Comeau, professeur, Dép. d'histoire, UQAM

Guy Lachapelle, professeur, Dép. de science politique, Université Concordia et secrétaire général, Association internationale de science politique (AISP)

Francine Jacques, conseillère en relations de presse, UQAM

Christine Mota, coordonnatrice, relations avec les médias, Université Concordia

Nadia Kherif, relationniste, Université Concordia

## COMITÉ SCIENTIFIQUE DU COLLOQUE

Jacques Beauchemin, professeur, Dép. de sociologie, UQAM

Yves Bélanger, professeur, Dép. de science politique, UQAM

Johanne Bergeron, professeure, Dép. de management et technologie, UQAM

Robert Comeau, professeur, Dép. d'histoire, UQAM

Claude Corbo, professeur, Dép. de science politique, UQAM

Guy Lachapelle, professeur, Dép. de science politique, Université Concordia et secrétaire général (AISP)

## ÉQUIPES ÉTUDIANTES EN SOUTIEN AU COLLOQUE

### Équipe de coordination

Valéry Colas
Jean Décary
Daniel Moreau
Michel Trottier

### Équipe d'accueil Concordia

Nathalie Ouimet
Karine Parenteau
Brian Vincent

### Équipe d'accueil UQAM

Frédéric Barriault
Marianne Bélanger
Marie-Hélène Croteau
Émilie Gustafson
Karine Poirier
Yannick Quéau
Marie-Pierre Rouette

### Animateurs des séances

Dorval Brunelle
Michel C. Auger
Claude Corbo
Marc Laurendeau
L. Ian MacDonald
Jean Paré
Michel Venne

## LISTES DES COMMANDITAIRES

Commanditaire principal : Hydro-Québec
Gouvernement du Québec, Bureau du premier ministre Bernard Landry
Fonds de solidarité de la FTQ
SNC-Lavallin
SM
BCP

# Robert Bourassa : bibliographie

Michel Lévesque

## PRÉSENTATION

La présente bibliographie rassemble la plupart des écrits, discours et entrevues de Robert Bourassa tout au long de sa carrière politique (première partie) ainsi que les principaux titres s'y rapportant entre 1970 et 1976 (deuxième partie) et entre 1983 et 1996 (troisième partie). En ce qui concerne les textes publiés par le Parti libéral du Québec au cours des deux périodes pendant lesquelles Robert Bourassa en a dirigé les destinées, nous renvoyons les lecteurs à la bibliographie que nous avons publiée en 1992 avec la collaboration de Robert Comeau : *Partis politiques et élections provinciales au Québec*, Québec, Assemblée nationale du Québec (Bibliographie et documentation, n° 42), plus particulièrement aux pages 105-115 et 118-120. La présente bibliographie n'a pas la prétention d'être exhaustive. Notre principal objectif consistait à présenter un aperçu général des écrits portant sur l'ensemble de la carrière politique de Robert Bourassa.

## I – Écrits, discours et entrevues de Robert Bourassa

*Gouverner le Québec*, Montréal, Fides, 1995, 305 p.

« Des institutions parlementaires souples, ouvertes aux changements » (entrevue avec Jean-François Lisée), *Forces* (hiver 1991-1992), p. 44-47.

*Allocution de Monsieur Robert Bourassa, Congrès du Parti libéral, Palais des congrès, Montréal, le 8 mars 1991*, s.l., s.é., 1991, 7 p.

« Pour demeurer ce que nous sommes » (extraits de l'allocution prononcée lors de l'ouverture des audiences de la Commission sur l'avenir politique et constitutionnelle du Québec), *Le Devoir* (7 novembre 1990), p. B-12.

« Le discours du premier ministre Robert Bourassa » (extraits du discours prononcé à l'occasion de l'adoption du projet de loi 90 instituant la Commission sur l'avenir politique et constitutionnelle du Québec), *La Presse* (7 septembre 1990), p. B-3.

« Bourassa : l'entrevue oubliée », *L'Actualité* (entrevue avec Jacques Noël), vol. 15, n° 14 (15 septembre 1990), p. 11-12.

« Déclaration de Robert Bourassa », *La Presse* (24 juin 1990), p. B-2.

« Le Québec a la liberté de ses choix constitutionnels », *L'Action nationale*, vol. 80, n° 7 (septembre 1990), p. 907-911.

« La déclaration du premier ministre Bourassa suite au jugement de la Cour suprême », dans Roch DENIS (dir.), *Québec : dix ans de crise constitutionnelle*, Montréal, VLB éditeur (Études québécoises), 1990, p. 132-134.

« Le Québec a la liberté de ses choix », dans Roch DENIS (dir.), *Québec : dix ans de crise constitutionnelle*, Montréal, VLB éditeur (Études québécoises), 1990, p. 268-271.

« Québec, le grand gagnant ? » (discours présenté par le premier ministre Robert Bourassa à l'Assemblée nationale, les 18 et 23 juin 1987), dans Donald JOHNSTON (dir.), *Lac Meech, Trudeau parle...*, Montréal, Hurtubise HMH, 1989, p. 151-158.

« Allocution du Premier ministre du Québec l'Honorable Robert Bourassa » ; « Intervention de l'Hon. Robert Bourassa Premier ministre du Québec sur les conditions de remboursement des dettes » ; « Allocution de clôture prononcée par le Premier ministre du Québec, l'Honorable Robert Bourassa », dans COMITÉ D'ORGANISATION DU SOMMET DE QUÉBEC, *Actes de la deuxième Conférence des chefs d'État et de gouvernement des pays ayant en commun l'usage du français*, Québec, Éditions La Liberté, 1988, p. 186-188, p. 239 et p. 301-302.

« Robert Bourassa ou le triomphalisme prudent » (entrevue avec Jean-Paul Lejeune), *Revue Commerce*, 90e année, n° 9 (septembre 1988), p. 16 et 18.

« Robert Bourassa, interview », dans Axel MAUGEY (dir.), *La Francophonie en direct. Tome 1 : L'espace politique et culturel*, Québec, Conseil de la langue française (Dossiers du Conseil de la langue française, n° 31), 1987, p. 41-46.

« Vers une plus grande solidarité des peuples francophones » (entrevue avec Lise Bissonnette) », *Forces*, n° 79 (automne 1987), p. 13-18.

« La force du Québec sur l'échiquier canadien » (entrevue avec Graham Fraser et Gérald Leblanc), *Forces*, n° 77 (printemps 1987), p. 24-28.

« Le Québec n'a plus les moyens d'imiter la Suède » (entrevue au journal *Le Devoir*), *Le Devoir* (22 mars 1986), p. 13-14.

« Robert Bourassa au *Devoir*. – Le gouvernement du Parti québécois a fait son temps ; – La révision péquiste est stratégique ; – Le libre-échange ne peut être imposé au Québec », *Le Devoir* (5 octobre 1985), p. 11.

« Le seul objectif valable en matière fiscale est une fiscalité concurrentielle pour le Québec » (entretien avec Françoy Roberge), *Finance*, vol. 6, n° 16 (28 janvier 1985), p. 5-6.

*Le Défi technologique*, Montréal, Québec/Amérique, 1985, 145 p.

*L'Énergie du Nord. La force du Québec*, Montréal, Québec/Amérique, 1985, 224 p.

*Power from the North*, Scarborough (Ontario) Prentice-Hall, 1985, 182 p.

*Mémoire présenté par le Parti libéral du Québec devant la Commission sur l'union économique canadienne*, s.l., Parti libéral du Québec, 1984, 28 p.

« Rencontre avec Robert Bourassa », *Sélection du Reader's Digest*, n° 439 (janvier 1984), p. 49-53.

« L'avenir du Québec passe par les ressources naturelles » (entretien avec Jacques Forget et Denis Couture), *Finance*, vol. 4, n° 45 (5 septembre 1983), p. 8.

*Pour une politique québécoise réaliste du secteur agro-alimentaire* (25 septembre), s.l., s.é., 1983, 23 p.

*Éléments pour une relance cohérente du tourisme québécois* (notes pour une allocution prononcée par M. Robert Bourassa, 3 octobre), s.l., s.é., 1983, 14 p.

*Notes pour un discours de Robert Bourassa portant sur les relations de travail* (11 octobre 1983), s.l., s.é., 15 p.

*Les Entreprises du Québec et les marchés extérieurs : vers une politique intégrée* (13 septembre 1983), s.l., s.é., 36 p.

*La Haute Technologie au Québec : propositions pour une stratégie* (2 septembre), s.l., s.é., 1983, 53 p.

*High Technology Strategy for Quebec* (September 2), s.l., s.é., 1983, 52 p.

*Deux fois la Baie James*, Montréal, Éditions La Presse, 1981, 157 p.

« Premier ministre », *L'Actualité*, vol. 19, n° 10 (15 juin 1981), p. 29-34.

*La Conférence de Victoria* (texte de l'entrevue radiophonique de Robert Bourassa à l'émission *À Suivre*, de Jean Larin à Radio-Canada), le 30 décembre 1979.

*Les Années Bourassa. L'intégrale des entretiens Bourassa/Saint-Pierre*, Montréal, Éditions Héritage, 1977, 295 p.

« Robert Bourassa. Après avoir dirigé les destinées du Québec, il se représente... pourquoi ? », dans Pierre ROBERT (dir.), *Être candidat, pourquoi ?*, Montréal, Éditions Héritage, 1976, p. 83-93.

« Un État français au sein du marché commun canadien », *Le Monde diplomatique* (janvier 1975), p. 23-24.

« Déclarations de Robert Bourassa », dans Guiseppe TURI (dir.), *Les problèmes culturels du Québec vus par Jean Lesage, Daniel Johnson, Jean-Jacques Bertrand et Robert Bourassa*, Montréal, Éditions La Presse, 1974, p. 87-123.

*Déclaration sur l'énergie* (Conférence fédérale-provinciale des premiers ministres sur l'énergie, Ottawa, 22-23 janvier 1974), Québec, ministère des Communications, Service de reprographie, 1974, 54 p.

*Position Paper on Energy, Federal-Provincial Conference on Energy, Ottawa, January 22, 23, 1974*, Québec, ministère des Communications, 1974, 47 p.

*L'équipe Bourassa travaille pour vous*, s.l., Parti libéral du Québec, non daté [1973], 343 p.

« La chance du Québec » (discours du Premier ministre du Québec à la clôture du17e congrès du Parti libéral du Québec, dimanche le 19 novembre 1972) dans PARTI LIBÉRAL DU QUÉBEC, *Le Québec, c'est ton affaire*, Montréal, Éditions du Jour, 1973, p. 267-282.

« Québec ne prévoit pas de problèmes » (entrevue avec Jacques Guay), *Le Maclean*, vol. 12, nº 5 (mai 1972), p. 22-23.

« Robert Bourassa : « Une limite à l'action de mon gouvernement » », *Le Nouvel Observateur*, nº 328 (22 au 28 février 1971), p. 22-23.

*La Baie James*, Montréal, Éditions du Jour, 1973, 136 p.

*James Bay*, Montréal, Harvest House, 1973, 122 p.

« What does Québec want ? – 1970 » dans J. Peter MEEKISON (ed.), *Canadian Federalism : Myth or Reality*, 2nd edition, Toronto, Methuen, 1971, p. 434-445.

« Pourquoi Québec dit non à la Charte de Victoria » (texte de la déclaration), *Le Devoir* (25 juin 1971).

« Pour le Québec, deux objectifs essentiels : affirmation culturelle et décentralisation » (texte intégral de l'allocution d'ouverture), *Le Devoir* (15 juin 1971), p. 5 ; *La Presse* (15 juin 1971), p. A-5.

*Déclarations de M. Robert Bourassa, Premier ministre et ministre des Affaires intergouvernementales*, Conférence des Premiers ministres, Ottawa, 15, 16 et 17 novembre 1971, 51 p.

*Déclaration de M. Robert Bourassa, Premier ministre et ministre des Finances*, Conférence constitutionnelle, Ottawa, 14 et 15 septembre 1970, 23 p.

*Déclaration de M. Robert Bourassa, Premier ministre et ministre des Finances*, Conférence fédérale-provinciale des ministres des finances, Winnipeg, 5 et 6 juin 1970, 42 p.

*Bourassa/Québec !*, Montréal, Éditions de l'Homme, 1970, 126 p.

*Transcription du débat radiophonique Bourassa-Lévesque sur les ondes de C.K.L.M., le 27 février 1970*, s.l., s.é., polycopié, 1970, 65 p.

« Décennie 70 : croissance économique du Québec ? », *Forces*, n° 12, 1970, p. 4-17.

« Entrevue avec Robert Bourassa, Premier ministre du Québec » (entrevue avec Pierre Schooner), *Commerce*, vol. 72, n° 9 (septembre 1970), p. 44-53.

« Les stimulants fiscaux et le développement économique », *Revue juridique Thémis*, vol. 4, n° 1, 1969, p. 15-21.

« Un véritable discours-programme. Relancer la révolution tranquille sur des voies nouvelles », *Le Devoir* (5 septembre 1969), p. 5.

« Aspects économiques d'un Québec indépendant », dans Jean-Paul LEFEBVRE, *Réflexions d'un citoyen*, Montréal, Éditions du Jour, 1968, p. 99-114. Originalement paru dans *Maintenant*, n° 70 (octobre 1967), p. 309-313.

« La politique du Parti libéral du Québec en matière économique, linguistique et constitutionnelle », *Le Devoir* (7 octobre 1968), p. 5.

« Instruments de libération », *Maintenant*, (15 septembre 1967), n^os^ 68-69, p. 262-266.

« Revendications du Québec et partage des ressources fiscales », dans Le Devoir, *Le Québec dans le Canada de demain. Tome 1 : avenir constitutionnel et statut particulier*, Montréal, Éditions du Jour, 1967, p. 168-176.

« Conflits d'intérêts » et « Relations entre l'État et les agents économiques », dans Institut canadien des affaires publiques, *Disparités régionales d'une société opulente* (conférence annuelle de l'ICAP, 1966), Montréal, Éditions du Jour, 1966, p. 144-151.

## II – PRINCIPAUX ÉCRITS PORTANT SUR ROBERT BOURASSA (1970-1976)

BACCIGALUPO, Alain (1978), « Le cabinet du Premier ministre du Québec sous le gouvernement de Robert Bourassa », dans *Les Grands Rouages de la machine administrative québécoise*, Montréal, Agence d'Arc, p. 111-142.

BARBERIS, Robert (1978), « Un discours de Robert Bourassa », « Quand les journalistes jugent Robert Bourassa », dans *La Fin du mépris. Écrits politiques et littéraires (1966-1976)*, Montréal, Éditions Parti pris, p. 106-109 et 125-127.

———, (1974), *Ils sont fous ces libéraux*, Longueuil, Éditions Robert Antoine, 157 p.

———, (1973), *De la clique des Simard à Paul Desrochers en passant par le joual. Essai sur des parvenus du pouvoir*, Montréal, Éditions québécoises, 159 p.

BENJAMIN, Jacques (1976), « L'exercice du pouvoir sous Robert Bourassa. Un premier ministre-arbitre, un Parti libéral omniprésent, des conseillers soucieux de l'image plutôt que des politiques », *Le Devoir* (4 août).

———, (1975), *Comment on fabrique un premier ministre québécois. De 1960 à nos jours,* Montréal, L'Aurore, 190 p.

BERGERON, Gérard (1977), « De Trudeau en Bourassa, ou de Bourassa en Trudeau », dans *L'Indépendance : oui, mais...*, Montréal, Quinze, p. 31-36.

BERTRAND, Réal (1983), *Robert Bourassa,* Outremont, Lidec (Célébrités canadiennes), 64 p.

BOURGAULT, Pierre (1982), « Chef tête heureuse [Robert Bourassa] », dans *Écrits polémiques 1960-1981. La politique,* Montréal, VLB éditeur, p. 247-255.

CHAPUT-ROLLAND, Solange (1977), « Lettre ouverte à Robert Bourassa », dans *Lettres ouvertes à 13 personnalités politiques,* Montréal, Éditions Pierre Tisseyre, p. 119-126.

DELORME, Léo (1974), *Bill 22 : le Waterloo de Bou Bou,* Ottawa, Éditions de Duvernay, 180 p.

DION, Léon (1973), « Un défi redoutable pour Robert Bourassa : édifier au Québec une société solide », dans *La Prochaine Révolution,* Montréal, Leméac, p. 203-208.

FOURNIER, Pierre (1979), *Le Patronat québécois au pouvoir: 1970-1976,* Montréal, Hurtubise HMH (Cahiers du Québec, n° 53), 308 p.

GODIN, Pierre (1986), *Les Frères divorcés,* Montréal, Éditions de l'Homme, 1986, 360 p.

JOHNSON, William (1995), « Portrait d'un jeune premier ministre : Robert Bourassa », « Bourassa et Trudeau à Victoria : deux visions s'affrontent », dans *Le Mirage. Le Québec entre le Canada et l'utopie,* Montréal-Paris-Toronto, Éditions R. Davies, p. 101-108 et 109-119.

LANGLOIS, Guy (*et al.*) (1975), *Le Premier ministre Robert Bourassa, vu par les caricaturistes 1969-1972,* s.l., s.é., 250 p.

LA ROCHELLE, Louis (1982), « Le régime de Robert Bourassa », dans *En flagrant délit de pouvoir. Chronologie des événements politiques de Maurice Duplessis à René Lévesque,* Montréal, Boréal Express, p. 139-234.

LEMIEUX, Vincent (1979), « Robert Bourassa : l'homme de la gestion tranquille », dans *La fête continue. La vie politique au Québec depuis la Révolution tranquille jusqu'au référendum,* Montréal, Boréal Express, p. 100-104.

LÉVESQUE, Jean (1971), « Monsieur Robert Bourassa, chef du P.L.Q. », « Qui est Robert Bourassa ? », « Où se trouve le vrai Bourassa ? », dans *Les Antipropos 1970,* Montréal, Éditions du Rond-Point, p. 23-24, 88-91 et 130-132.

MACDONALD, L. Ian (1985), *De Bourassa à Bourassa*, Paris, Sand et Montréal, Primeur, 270 p.

MORIN, Claude (1991), « Robert Bourassa », dans *Mes premiers ministres : Jean Lesage, Daniel Johnson, Jean-Jacques Bertrand, Robert Bourassa, René Lévesque*, Montréal, Boréal, p. 355-451.

———, (1972), « Le cul-de-sac de Victoria »», *L'Action nationale*, vol. 61, n^os^ 8-9 (avril-mai), p. 623-650.

MURRAY, Don et Vera MURRAY (1978), *De Bourassa à Lévesque*, Montréal, Quinze, 264 p.

NEWMAN, Peter C. (1973), « Robert Bourassa », dans *Home Country. People, Places, and Power Politics*, Toronto, McClelland and Stewart, p. 156-159.

O'NEILL, Pierre et Jacques BENJAMIN (1978), « Les années de pouvoir de Robert Bourassa, (1970-1976) », dans *Les Mandarins du pouvoir. L'exercice du pouvoir au Québec de Jean Lesage à René Lévesque*, Montréal, Québec/Amérique, p. 95-183.

PARÉ, Jean (1977), « Le nouveau super Bourassa amélioré (novembre 1975) », « Les mains propres, propres, propres (juin 1973) », dans *Le Temps des otages (le Québec entre parenthèses 1970-1976)*, Montréal, Quinze, p. 79-95 et 211-215.

———, (1973), « Attitude de Robert Bourassa face à la protection des Indiens de la Baie James », *Le Maclean*, vol. 13, nº 6 (juin), p. 3-6.

PARTI LIBÉRAL DU QUÉBEC (1973), *Les 1000 premiers jours du gouvernement Bourassa*, Montréal, Éditions du Jour, 364 p.

PARTI QUÉBÉCOIS (1985), *Lévesque-Bourassa. Au-delà de l'image. Bilan 1970-1985*, Montréal, Québec/Amérique, 230 p.

PILOTE, Hélène (1970), « Les Bourassa. Un couple jeune et audacieux qui révèle le visage nouveau du Québec », *Châtelaine*, vol. 11, nº 9 (septembre), p. 30-32, 83-85, 87.

RACINE, Gilles (1970), *Les Étapes inédites de l'ascension de Robert Bourassa*, Montréal, Éditions La Presse, 23 p.

SILVERSON, Ronald Wayne (1979), *Robert Bourassa's Ideas on Canadian Federalism : His Concept and Rationale*, Mémoire de maîtrise, Kingston (Ontario), Queen's University, Département de science politique, 107 p.

STEWART, Walter P. (1976), « Bourassa », dans *The Ten Premiers of Canada, 1976*, Ottawa, Walter P. Stewart Consultant Ltd., Publications Division, p. 32-37.

TIME, (1970), « Enter the technocrat prince », *Time*, vol. 95, nº 19 (May 11), p. 10-15.

TURI, Joseph-Giuseppe (1973), *Index alphabétique des discours et des déclarations de monsieur Robert Bourassa (1970-1972)*, Québec, ministère des Affaires intergouvernementales, Service de recherche, 102 p.

## III – PRINCIPAUX ÉCRITS PORTANT SUR ROBERT BOURASSA (1983-1996)

L'ACTUALITÉ (1996), « Bourassa tel que nous l'avons connu », *L'Actualité*, vol. 21, n° 17 (1er novembre), p. 88-90, 92 et 94.

———, (1991), « Bourassa : le vrai bulletin de santé », *L'Actualité*, vol. 16, n° 3 (1er mars), p. 9-10.

———, (1985), « Le duel Bourassa-Johnson. De quel genre de premier ministre le Québec a-t-il besoin ? », *L'Actualité*, vol. 10, n° 12 (décembre), p. 27-32.

ARSENAULT, Michel (1989), « The Bou (phase two) », *Saturday Night*, vol. 104, n° 2 (February), p. 17-20.

———, (1989), « Bilan d'un mandat », *L'Actualité*, vol. 14, n° 9 (septembre), p. 29-32, 34, 36-37.

BEAULIEU, Carole et Luc CHARTRAND (1990), « Le plan de Bourassa », *L'Actualité*, vol. 15, n° 13 (1er septembre), p. 21-22, 24, 26 et 30.

BERGERON, Gérard (1986), *À nous autres. Aide-mémoire politique par le temps qui court*, Montréal, Québec/Amérique, 209 p.

———, (1985), « Encore les mêmes commandants au Québec : l'avènement de Robert Bourassa II et le toujours durable René Lévesque (1984) », dans *Notre miroir à deux faces : Trudeau/Lévesque*, Montréal, Québec/Amérique, p. 307-330.

BERTRAND, Luc (1997), *Robert Bourassa tel que je l'ai connu*, Montréal, Éditions Pierre Tisseyre, 118 p.

BOUCHARD, Bruno (1999), « Robert Bourassa. La souveraineté culturelle, un nouveau slogan (1970-1976) » et « Robert Bourassa (II). De l'accord du lac Meech au rapport Allaire (1983-1993) », dans *Trente Ans d'imposture : le Parti libéral du Québec et le débat constitutionnel*, Montréal, VLB Éditeur, p. 45-75 et 107-137.

BOURQUE, Jean-Louis (1987), « Le gouvernement du Parti libéral de Robert Bourassa, un an après », *L'Action nationale*, vol. 76, n° 5 (janvier), p. 448-459.

CHAPUT-ROLLAND, Solange (1984), « Robert Bourassa », dans *Regards 1983-84. Le mystère Québec*, Montréal, Pierre Tisseyre, p. 127-132.

CIACCIA, John (2000), *La Crise d'Oka. Miroir de notre âme*, traduit de l'anglais par Suzanne Roch, Montréal, Leméac, 355 p.

DESHAIES, Guy (1983), « Le marathonien du pouvoir », *L'Actualité* (novembre), p. 45-48, 50, 52, 54, 56-58 et 92.

DION, Léon (1995), « Robert Bourassa face au Québec d'aujourd'hui », dans *Le Duel constitutionnel Québec-Canada*, Montréal, Boréal, p. 150-157.

DUPUIS, Mimi (1986), *Étude des techniques de marketing politique illustrées par le cas de l'Honorable Robert Bourassa lors de la campagne au leadership du PLQ en 1983*, Mémoire de maîtrise, Montréal, Université de Montréal, Département de science politique, 261 p.

GAGNON, Charles (1992), « Bourassa », dans *Ne dites pas à mon père que je suis Québécois il me croit Canadien dans un Québec libre. Chroniques perdues et retrouvées d'une décennie morose*, Candiac (Québec), Éditions Balzac, p. 111-116.

GAGNON, Lysiane (1985), « Le coup de Bourassa », « La stratégie de Robert Bourassa », « Bourassa : second début », « Le retour de Bourassa », dans *Chroniques politiques*, Montréal, Boréal Express, p. 123-126, 233-235, 286-288 et 296-298.

GAUTHIER, Gilles (1994), « Les fonctions argumentatives de la référence aux personnes dans le débat politique télévisé : le débat Bourassa-Parizeau d'octobre 1992 », *Revue canadienne de science politique*, vol. 27, n° 3 (septembre), p. 559-580.

———, (1992), « Autopsie d'un débat politique : « l'interpellation » Parizeau-Bourassa : argumentation stratégique et communication politique » *Communication et Information*, vol. 13, p. 163-185.

GERMAIN, Georges-Hébert (1989), « Anatomie d'un premier ministre », *L'Actualité*, vol. 14, n° 5 (mai), p. 28-30, 32-33, 35, 37 et 39.

GODBOUT, Jacques (1993), « Bourassa : l'héritage », *L'Actualité*, vol. 18, n° 18 (15 novembre), p. 25-33.

HAEDRICH, Jean-Michel (1989), « Tapis rouge pour Robert Bourassa », *Paris-Match*, n° 2072 (9 février), p. 51-54.

LAFOREST, Guy (1993), « Robert Bourassa et la maîtrise du temps », dans *De la prudence : textes politiques*, Montréal, Boréal, p. 119-155.

L'ALLIER, Jean-Paul (1987), « Le rêve de Robert Bourassa », dans *Les années qui viennent*, Montréal, Boréal (Papiers collés), p. 216-221.

LESAGE, Gilles (1997), « Robert Bourassa l'équilibriste », dans Roch CÔTÉ (dir.), *Québec : 1998*, Montréal, Fides/Le Devoir, p. 101-103.

———, (1994), « Portrait de Robert Bourassa », dans Denis MONIERE (dir.), *L'Année politique au Québec 1993-1994*, Montréal, Fides, p. 25-28.

LEWIS, Robert (1983), « Return from the depths », *Maclean's*, vol. 96, n° 43 (October 24), p. 12-16.

LISÉE, Jean-François (1994), *Le Tricheur. Robert Bourassa et les Québécois 1990-1991*, Montréal, Boréal, 578 p.

———, *Le Naufrageur. Robert Bourassa et les Québécois 1991-1992*, Montréal, Boréal, 716 p.

MATHEWS, George (1990), *L'Accord. Comment Robert Bourassa fera l'indépendance*, Montréal, Le Jour Éditeur, 196 p.

MCQUAIG, Linda (1983), « Bourassa's second political coming », *Maclean's*, vol. 96, n° 22 (May 30), p. 14-15.

MORIN, Claude (1992), « Robert Bourassa : du recul à l'écrasement », *L'Action nationale*, vol. 82, n° 9 (novembre), p. 982-1010.

MORIN, Rosaire (1990), « À propos du lac Meech : M. Bourassa, un mauvais négociateur », *L'Action nationale*, vol. 80, n° 7 (septembre), p. 915-924.

PARÉ, Jean (1991), « Éditorial. Bourassa : 21 ans de négociations », *L'Actualité*, vol. 16, n° 14 (15 septembre), p. 6.

PELLETIER, Jean (1984), « The resurrection of Bourassa », *Saturday Night*, vol. 99, n° 2 (February), p. 13-16.

QUINN, Herbert F. (1984), « Political resurrection in Quebec : the re-election of Robert Bourassa as liberal leader », *Dalhousie Review*, vol. 64, n° 1 (Spring), p. 115-124.

RIVEST, Jean-Claude (1987), « Et si Robert Bourassa redevenait Premier ministre du Québec ? », dans *Le Québec 1967-1987 : du Général de Gaulle au lac Meech*, Montréal, Guérin, p. 81-83.

ROGEL, Jean-Pierre (1985), « Histoires d'eau : les grandes manœuvres de M. Bourassa », *Québec Science*, vol. 24, n° 2 (octobre), p. 16-23.

ROY, Monique (1988), « Bourassa intime », *Châtelaine*, vol. 29, n° 11 (novembre), p. 46-48, 50 et 52.

RYAN, Claude (1995), *Regards sur le fédéralisme canadien*, Montréal, Boréal, 242 p.

THELLIER, Marie-Agnès (1988), « Bourassa : confiance tous azimuts », *Le Devoir économique*, vol. 4, n° 9 (décembre), p. 8, 10-12, 14, 16-17.

VASTEL, Michel (1991), *Bourassa*, Montréal, Éditions de l'Homme, 320 p.

———, (1991), *Bourassa*, Toronto, Macmillan, 244 p.

WILSON-SMITH, Anthony (1984), « Bourassa's comeback campaign », *Maclean's*, vol. 97, n° 47 (November 19), p. 10b-10f.

———, (1984), « Bourassa's long climb back », *Maclean's*, vol. 97, n° 8 (February 20), p. 14-15.